小风老师 著

# 产品经理技术手册

## Product Manager

电子工业出版社·
Publishing House of Electronics Industry
北京·BEIJING

## 内 容 简 介

产品经理工作对人的综合素养要求很高。比如，硬技能方面的要求有：商业洞察能力、行业分析能力、需求分析能力、产品设计能力等；软技能方面的要求有：沟通能力、抗压能力、管理能力等。也正因为如此，能真正经受住实战考验，各方面都非常优秀的产品经理很稀缺。

大部分产品经理都会负责具体产品的设计规划与实现等工作，这期间经常需要与开发者打交道。缺乏对开发者和相关技术实现的了解，往往会导致工作效率低下，无法获得良好的工作结果。本书主要针对这些方面进行解读，包括对开发者思维方式及工作习惯的介绍，对常见产品设计背后技术实现原理的剖析，开发过程中的项目管理方法，以及进阶产品技术能力等方面。本书可以全面填补产品经理技术方面的短板，帮助产品经理更好地完成工作。

本书不仅适合各个不同阶段的产品经理阅读，也适合从事互联网产品相关工作的人阅读。

**图书在版编目（CIP）数据**

产品经理技术手册 / 小风老师著. —北京：电子工业出版社，2023.3
ISBN 978-7-121-44952-9

Ⅰ. ①产… Ⅱ. ①小… Ⅲ. ①企业管理－产品管理－手册 Ⅳ. ①F273.2-62

中国国家版本馆 CIP 数据核字（2023）第 016273 号

责任编辑：付　睿
印　　刷：三河市鑫金马印装有限公司
装　　订：三河市鑫金马印装有限公司
出版发行：电子工业出版社
　　　　　北京市海淀区万寿路 173 信箱　　　　邮编：100036
开　　本：787×980　　1/16　　印张：21　　字数：403 千字
版　　次：2023 年 3 月第 1 版
印　　次：2023 年 3 月第 1 次印刷
定　　价：99.00 元

凡所购买电子工业出版社图书有缺损问题，请向购买书店调换。若书店售缺，请与本社发行部联系，联系及邮购电话：(010) 88254888，88258888。

质量投诉请发邮件至 zlts@phei.com.cn，盗版侵权举报请发邮件至 dbqq@phei.com.cn。

本书咨询联系方式：010-51260888-819，faq@phei.com.cn。

# 前　　言

终于，这本书要以这样的一种姿态面世了。

我有很多想要说的话，在这里跟大家分享一下。

## 一、关于这本书

我初中开始对写作产生兴趣，看了不少书，还尝试自己写小说，甚至每年都投稿新概念作文大赛，只是很遗憾没有什么结果。上了高中和大学，我依然坚持写小说，累计突破 50 万字，虽没出版，但在朋友间流传着。

因此，出书变成了我的夙愿。

我大学学的是计算机专业，毕业后进入互联网行业做 Android 开发，后来又在机缘巧合下成为产品经理。工作之余，我会在网络上分享自己的产品心得，也正因如此，2019 年有几家出版社找我出书，但当时我都婉拒了。直到 2020 年，我终于有点闲暇时间，重燃写书的念头，便找到目前的责任编辑，表达了出书的想法。于是，2020 年 5 月 20 日那天我敲定了大纲，两个星期后，签约稿合同。我预计写一本 30 万字左右的书，一天写 1000 多字，半年左右搞定，于是约定于 2021 年 1 月 15 日交稿。

但在敲定交稿日之后不久，工作就发生了变化，变得更加忙碌了，直到 12 月才写下不到 15 万字，眼瞅着交稿日临近，我开始疯狂熬夜赶稿，终于在交稿日前一天完成。后来，经历了漫长的审稿和改稿过程，一晃到了 2022 年年底，成稿最终被删减了近 10 万字。

我想写的是一本给产品经理看的技术手册，因为我在工作中遇到了很多产品经理因技术知识匮乏，在设计产品时不考虑实际情况，频繁与开发者发生冲突，甚至给很多圈内人造成了"如果你啥都不会，就去做产品经理"的恶劣印象。实际上，好的产品经理所需要具备的能力是全方位的，而技术方面的知识储备是其中非常重要的一环。所以，无论是刚入行的产品经理，还是工作多年的产品总监，从技术实现角度思考产品，都是很有必要的。

其实本书真正定稿后，我没有太满意。书的内容一方面受限于我自己的技术能力，另一方面则由于技术仍在发展变化中，比如有的技术在我开始写的时候是用某种方式实现的，写完后又变成了用另一种方式实现，这时我不得不回过头去修改，这其实也是书这种载体的局限性。

当然，还有一个原因，那就是没有什么东西能让我一直满意。

但无论如何，这本书依然是独一无二的。

## 二、我的愿景

在现在这个时代，我希望有越来越多的人能够以个体干出超出公司的业绩。或者，越来越多的人能更好地实现自我、活出自我，同时可以获得世俗意义上的成功，即赚到大钱。

很多时候，身边的朋友会觉得，我有点过于理想主义，我的想法是不可能实现的。但幸运的是，我认识的很多人也证明了我的想法可以实现。他们大多以个体或者几个人的小团队来做着自己想做的事情，而且做得非常成功。

比如，以前一家公司几个人组成的产研小团队在离职创业后，依然能够获得可观而稳定的营收；一个独立开发者不上班，在家多年，独立完成了诸多免费、付费 App 的设计开发工作，并幸运地被苹果官方推荐；一名程序员短短 3 年自学成才，成为独立交易员，并实现财富自由。

为啥说幸运呢？因为，结果还不错，但从出发点或过程来说，有点"无知者无畏"或者"被逼上梁山"的意思，管它三七二十一，干就是了。

当然，当我把这些真实的故事讲给身边另一些朋友听的时候，很多人表现出了怀疑、质疑，或者觉得这些成功的人只是少数，而在我鼓励他们也试试的时候，他们几乎都退缩了。

人跟人的差别有那么大吗？做事情的差别有那么大吗？其实除了一些高精尖的科研工作有一定的智力门槛，大部分工作和生活中的事情，普通人都能很好地胜任。那么为什么实际结果却差异很大呢？我想是因为大家身上的负担不同，信心程度也不同。

我一直坚信，别人能做到的，我们也可以做到，只要用对方法。所以，我经常跟身边的朋友开玩笑地说：

*if you want, you can.*

只要你想，你就一定能成。

说这句话并不代表一种自负的态度，而是表明在对自己形成客观、理智的认知后，要尽自己最大的努力做到最好。

## 三、个体成长

在可预见的未来，生活和工作的方式即将发生翻天覆地的变化，新东西会层出不穷，指望学一个技能管一辈子的时代快结束了，我们需要终生学习。所以，快速学习新东西的能力是最需要的。更具体地说，就是快速独立思考、独立研究的能力。这种能力其实大部分人都不具备，因为大部分人都习惯了别人的灌输，而没办法自己通过阅读资料、上网搜索、独立思考进行学习。

那么应该如何改变和提升呢？

我在 10 多年前意识到这个情况后，开始重新认识自我，并调整了学习的方法。幸运的是，我有在早教机构工作的经历，发现类似的方法运用在孩子身上能展现神奇的效果。

我提炼出如下图所示的个体成长架构，把一个人的学习类比为一个操作系统，这个操作系统分为三层：底层、中间层和应用层。底层是各种基础能力，应用层是最能直接上手的技能，中间层则是连接这两层的纽带。越接近底层的能力越能支撑上层，而底层能力越强，上层的运转或迁移就越快。这就好比，越是拥有好的底层操作系统，软件使用起来就越流畅。比如，用老古董 586 计算机安装现在的大型软件和游戏，软件和游戏将无法运行。另外，越接近底层的能力，提升起来越困难，学习过程也越枯燥。这也是很多人学东西慢的原因。

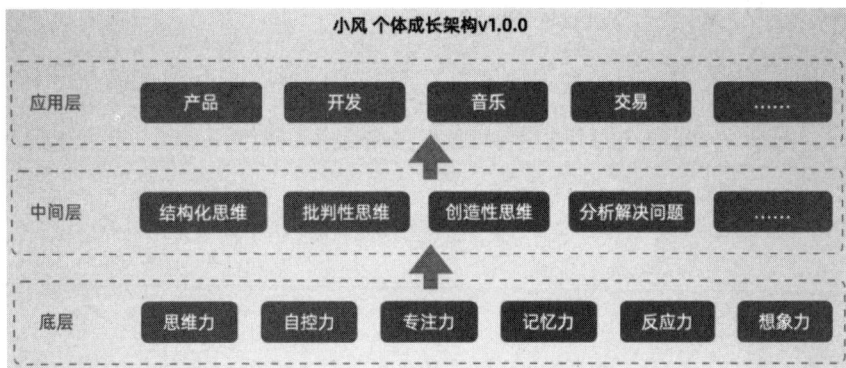

我差不多花了十年时间不断运用上面这个架构。尽管我的底层和中间层能力还需要不断提升，但我发现我学新东西变快了。比如，我大学时花了一个星期入门作曲、编曲，在后续的很多年中又把它们当作兴趣爱好，不断提升，现在我在网易云音乐上发布了接近 20 首原创作品，累计播放量破百万。再比如，我转行做产品经理，也是花了一个月时间看书后就直接工作，并做出了一些还不错的产品；再后来，我把自己习得的技能分享给他人，现在拥有累计学员破千名……

我不断地把我的想法分享给身边的朋友，看到一些朋友逐渐发生改变。我希望自己能够帮助更多的人。无论是我自己，还是其他人，都有很长的路要走，希望更多的人能够不断提升自我。

最后，回到本书，我想要感谢很多人。感谢推荐本书的各位朋友，王诗林老师、CHILLBOYCREW 品牌主理人 Sky 沙铉皓、资深 B 端产品经理李宽、CSDN 博客专家庄培杰、"人人都是产品经理"创始人兼 CEO 老曹；感谢编辑付睿老师的辛勤付出；也感谢身边一直在等待本书出版并支持着我的朋友们；当然，还要感谢我自己的坚持。

小风

2023 年 2 月于深圳

## 读者服务

微信扫码回复：44952

- 加入产品经理读者群，与更多同道中人互动交流
- 获取【百场业界大咖直播合集】（持续更新），仅需 1 元

# 目 录

## 第二部分　产品设计篇

# 第一部分 日常沟通篇

人类作为群居动物，为了更好地在社会中生活，都不可避免地需要与其他人通过各种不同的方式进行沟通，表达自己的想法、感受等，而沟通的基础建立在大家能够听懂彼此的话上。

在职场中，团队协作的工作方式导致了我们无论是处在什么岗位上，都需要与同事保持良好的沟通。而由于岗位不同，对沟通能力的要求存在着差异，比如，对于开发者，对沟通能力的要求相对不那么高，但是对于产品经理，如果我们在工作中没有办法与同事保持良好的沟通，工作无疑会受到巨大的阻碍。

在需要协作的团队中，开发者是与产品经理合作较多的人员，无论是在产品设计之初，还是在产品开发的过程中，我们都需要不断地与开发者进行沟通，这样才能确保产品向着既定的方向前进。所以，想要与开发者紧密合作，良好的沟通就是一切的基础。而由于开发者的思维方式、工作习惯，甚至日常工作中所使用的工具都与产品经理的存在着差异，因此很多没有技术背景的产品经理在与开发者沟通的过程中，会因为种种原因出现各种冲突。那么，产品经理就需要提升这些方面的认知来确保沟通的良好进行。

# 第 1 章 产品经理需要了解语言与开发者

开发者在工作中实现产品经理的需求时，大多数会使用编程语言，当然其中一些语言并不完全算作编程语言。既然我们产品经理每天都需要与不同的开发者打交道，那么在和他们沟通之前，我们应该先了解他们是什么岗位上的开发者，以及他们各自使用什么编程语言。

## 1.1 编程语言

当开发者实现产品需求时，经常能在他们的电脑屏幕上看到密密麻麻的英文，而正是通过相关的软件编译这些英文之后，它们最终才能变成一个个真实的可以被安装在我们手机里的 App、电脑上的软件、浏览器中的网页等。这些英文俗称"代码"，开发者则会借助编程语言来写代码。

编程语言其实是非常重要的工具，帮助开发者实现产品需求。如果进行类比的话，它们有点像产品经理在原型软件中使用的各种元件、样式、交互等。由于在实际工作中，公司所开展的业务不同，所需要开发的产品形态不同，所以不同公司所需的开发者类型也是不同的，而不同类型的开发者在工作中使用的编程语言也不同。在互联网公司，开发者主要使用的编程语言有 Objective-C、JavaScript、PHP、Java 等（本书中将会先介绍偏"前端"的语言，再介绍偏"后端"的语言）。对于自己工作中有工作往来的开发者所使用的编程语言，我们产品经理至少得对它们的用途有一个大概的了解。

### 1.1.1 Objective-C

工作中，Objective-C 经常被称为 OC，也可以被简写为 ObjC 或者 Obj-C。目前，大家对它比较熟悉的主要原因在于苹果公司，因为它是编写苹果公司相关系统及应用的核心语言。无论是 iOS 操作系统及其应用，还是 iPad 操作系统及其应用，甚至是 macOS 操作系统及其应用，都可以使用 Objective-C 这门编程语言。也正因为如此，随着苹果产品生态的繁荣发展，这门语言一度在全球编程语言排行榜中位居前列。

至于 Objective-C 为何能在苹果产品生态中起到如此重要的作用，这里还有一段故事。最早，苹果公司并未使用 Objective-C 作为开发语言。乔布斯在 1985 年被自己亲手创办的苹果公司的董事会赶出公司，之后又创立了一家叫作 NeXT 的公司，并在这一时期获得了 Objective-C 语言的授权，对相应的开发库及开发环境进行了完善，基于此推出了新计算机 NeXT Computer。到了 1996 年，乔布斯重新回归苹果公司，于是他顺理成章地将 Objective-C 这门编程语言作为苹果公司产品的开发系统及应用的基础语言。可以这么说，Objective-C 的发展壮大与乔布斯有着莫大的关系。

## 1.1.2　JavaScript

随着前端开发市场的火爆，JavaScript 成为一门非常热门的编程语言。至于这门编程语言为什么会火热起来，则有诸多原因。从开发的角度来讲，它比较简单，采用的是弱类型的变量，也就是对使用数据的类型没有严格的要求；同时，它作为脚本语言，并不需要像 C 语言那样编译后才能执行，而是在程序运行时进行同步编译；而且，最重要的一点是，它有着良好的跨平台运行特点，开发出来的应用不需要依托于操作系统，只需要浏览器支持就可以正常运行。这些其实都是这门编程语言能够风靡编程世界的重要原因。

对于这门编程语言而言，它应用最广的场景是开发网页。可以这么说，现在市面上几乎所有的网页中都用到了 JavaScript 语言，而它在网页中所起的最主要的作用是定义网页中的交互行为，也就是说，在网页中操作，提交、查看数据等都是 JavaScript 在发挥作用。

## 1.1.3　PHP

PHP 开发者的世界里流传着一句话："PHP 是世界上最好的语言。"这句话出自 PHP 官方文档中的 "PHP is the best language for web programming"，说明在 PHP 作者的眼中，PHP 是最适合做 Web 编程的语言，后来这句话慢慢地被众多开发者传播开来。

当然，我们不会在这里讨论 PHP 是否是世界上最好的编程语言，不过可以看出 PHP 语言确实有它的过人之处。首先，它的语法比较简单，同时兼具面向对象和面向过程的特点，这使得不同类型的开发者都可以很快上手。其次，PHP 的实际应用范围也非常广泛，既可以使用该语言对数据库进行操作，为相关功能开发服务端的接口，也可以作为网站页面的开发语言，用于呈现动态的页面内容，还能收集并提交页面中表单里的内容，甚至还可以用于编写桌面应用程序。最后，PHP 有着非常活跃的开发者社区、友好的文档及诸多开源框架，使得新手可以迅速地开发出相应的功能，非常适合入门学习。也正是因为这样，很多大型公司的门户网站都是采用 PHP 语言开发的。

## 1.1.4　Java

Java 算是一门被广泛应用的面向对象的编程语言，而且已经经历了很多年的发展。早在 1995 年，Java 语言就已经诞生，到了 1996 年，推出了第一个 JDK 版本，时至今日，Java 成为大多数公司使用的编程语言。

这门编程语言的应用场景也非常广泛，Android 应用程序就可以使用 Java 来实现，服务端的相关开发也可以选择 Java；在网站开发方面，Java 也有着丰富的应用场景；甚至在一些嵌入式平台上，Java 也有用武之地。

为什么 Java 能够被这么广泛地应用呢？其实这与这门语言本身的特点非常相关。Java 是一门面向对象的语言，而面向对象的思考方式与现实生活中人们的思考方式非常接近，这样开发者在开发时比较容易上手。另外，Java 在编译的时候会严格检查程序的各种错误，使得开发出来的应用非常可靠。而且，Java 相对来说有着更强的安全性，所以很多金融类产品采用 Java 作为平台的开发语言。最后，Java 支持多线程，从某种程度来说，它能够提升应用性能。

## 1.1.5　Python

Python 是一门面向对象的脚本语言，它的语法极其简单，这使得它非常容易上手。不仅如此，Python 的应用场景涉及了诸多方面，它可以非常方便地进行后端开发，类似于 PHP 或者 Java，也可以帮助后端开发工程师实现服务端功能及接口。除此之外，Python 还可以帮助开发者编写一些简单的脚本，用于自动执行批量任务，比如，在平时办公中若总是要重复操作处理 Excel 表格，就可以使用 Python 编写一些批量处理脚本来简化工作流程。

另外，Python 的强大还体现在数据分析及人工智能方向上，借助大量的开源库，通过 Python 可以轻松地编写爬虫程序来爬取数据，实现数据可视化，方便地呈现数据分析过程及结果。同时，该语言还在机器学习领域被大量应用。

甚至，可以这样理解，Python 是一门全栈编程语言，前端、后端、测试、运维中的很多事情都可以使用 Python 来完成。这也是为什么 Python 近些年越来越火爆的原因。

### 1.1.6 Swift 和 Kotlin

#### 1. Swift

苹果公司一直以来都把 Objective-C 作为官方开发语言，直到 2014 年苹果公司在 WWDC（苹果开发者大会）上发布了一门新的编程语言 Swift，该语言可以用于开发苹果相关系统中的应用程序。因此，它是专为苹果系统而生的语言，主要用来开发苹果系统相关的应用。

Swift 相对来说比 Objective-C 更精简，性能有所提升。当然，它也存在不足，比如其稳定性还有待提升、对第三方库的支持还不够等。

#### 2. Kotlin

类似苹果公司原本有一种官方开发语言，后来又推出了自己新的官方开发语言的这种情况，也发生在谷歌公司。一直以来，谷歌公司都将 Java 作为开发 Android 应用的编程语言，但 Java 不是谷歌公司研发出来的，而是来自甲骨文公司。之前甲骨文公司还因为谷歌公司在 Android 系统中使用了大量的 Java 代码，与谷歌公司产生过好几次法律纠纷。谷歌公司为了避免版权和专利权纠纷，开始积极研发其他编程语言，于是在 2017 年，它选择 JetBrains 公司所研发的 Kotlin 语言作为官方开发语言，并在当年的 Google I/O 开发者大会上宣布了这一消息。

Kotlin 的优势是能够完全兼容 Java，并且与 Java 相比，在实现同样的功能时，需要的代码量更少。对于开发者而言，Kotlin 在空指针处理上相比 Java 有了极大的提高，几乎不用担心空指针报错的问题。而且，用该语言编写的代码可以直接运行在 Java 虚拟机上，甚至还能被编译成 Java 字节码及 JavaScript 代码，这样在没有 Java 虚拟机的设备上也可以正常运行。

所以，正是因为这样的一些原因，Kotlin 才会越来越受到开发者的青睐，成为开发 Android 应用的备选开发语言。

## 1.2 标记语言

标记语言严格意义上并不能算作一门编程语言，因为它不具备编程语言的某些特点，但一般也可以把它当作一门"编程语言"。标记语言本质上是一种将文本及与文本相关的其他信息结合起来的语言。在标记语言中会包含呈现页面结构的部分和处理数据的代码，可以简单地认为标记语言会清楚描述页面的结构及数据。实际上标记语言最早用于图书出版行业中，是作者与编辑之间用于表明文档中的内容排版格式的标记，后来这种标记被慢慢地应用到了网站及其他一些应用中。

### 1.2.1 HTML

HTML 的英文全称是 Hyper Text Markup Language，即超文本标记语言。通常 HTML 用于指定页面上存在什么元素及元素如何呈现。在 HTML 中，一般会借助各种标签来完成元素的设置，在加上相应的文本信息后，就形成了所谓的 Web 页面。所以，HTML 常用于网站开发。

由于 HTML 的版本比较多，为了更好地区分这些版本，以便在浏览器中正确地显示网页，往往会在 HTML 文件顶部加上相应的版本声明，比如 HTML5 会在文件顶部加上<!DOCTYPE html>。除了在文件顶部加上区分版本的声明，HTML 中最核心的部分是各种用于标记的标签，开发者在使用这些标签的时候，只需要根据标签的作用使用对应的标签即可，所以 HTML 为了能够满足实际的开发需要，提供了大量不同类型的标签，其中有用于描述标题的<title>标签，用于描述段落的<p>标签，用于表示超链接的<a>标签，用于表示图像的<img>标签，用于在页面中定义表格的<table>标签等。而且在我们按照试图呈现的效果编写了一个页面之后，会将其保存为一个后缀名为.html 或者.htm 的文件，浏览器读取这个文件之后就能够显示最终的页面效果了。

如图 1-1 所示，这是一个简单的通过 HTML 提供的标签来编写的页面。从图中可以看出，所谓的标签其实就是带着尖括号的关键词，它们往往成对出现，比如<head>与</head>，前面的是开始标签，后面的是结束标签。在两个标签之间出现的内容则是页面中所需呈现的信息。

```
1  <!DOCTYPE html>                              HTML ✿
2
3  <html>
4
5  <head>
6  <meta charset="utf-8">
7  <title>产品经理 技术手册</title>
8  </head>
9
10 <body>
11
12 <h1>产品经理 技术手册</h1>
13 <h2>作者: 村上风 (小风) </h2>
14
15 <p>这是作为产品经理需要人手一本的书</p>
16
17 </body>
18 </html>
19
```

**产品经理 技术手册**

**作者：村上风（小风）**

这是作为产品经理需要人手一本的书

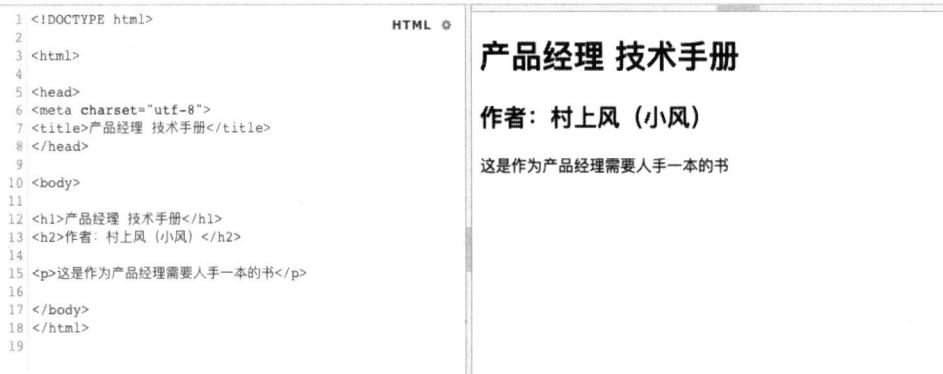

图 1-1　HTML 标签示意

## 1.2.2　CSS

CSS 的英文全称是 Cascading Style Sheets，即层叠样式表。在 Web 开发中，它往往与 HTML 配合使用。如果说 HTML 用于定义页面上需要显示的内容，那么 CSS 则用于定义页面上的这些 HTML 标签以什么样的方式显示。具体来讲，可以通过 CSS 定义页面标签的大小、出现的位置、排布方向、字体的大小和颜色等。所以，可以简单地认为，CSS 的作用是使 HTML 标签的样式更丰富。也正是因为如此，它被广泛地应用在各种网站的开发中。

开发者在使用 CSS 样式时，可以直接在 HTML 文件中使用，也可以将层叠样式表单独保存成后缀名为.css 的文件。无论采取哪种方式，都能够起到丰富 HTML 标签样式的作用。比如如图 1-2 所示的案例，HTML 区域中就是前面编写的页面标签，CSS 区域中是针对 HTML 标签设置的样式。

从图 1-2 可以看出，在编写 CSS 样式的时候，一般会以类似于 p{color:#7F7F7F;} 的方式来设置样式，而这其实就是编写 CSS 样式的基本规则，它包含了选择器和声明两部分。前面的 p 代表的是选择器，用于指定想要设置样式的标签类型，比如若想要给段落设置样式，指定 p 即可，这就是对应的 HTML 标签类型。第二部分是声明，声明可以被理解为想要将对应的标签设置成什么样式，所以为了达到这个目的，在声明里又会给属性加上属性值，而有时候若想要设置比较丰富的样式，可以针对一个选择器设置多个声明，比如图中在给 h2 标签设置样式时，就设置了两个声明，分别是针对颜色和文字下画线的声明，每个声明都以"；"结尾，其中的属性名是 color 和 text-decoration，对应的属性值分别是#7F7F7F 和 underline。

```
 1  <!DOCTYPE html>                                    HTML ⚙
 2
 3  <html>
 4
 5  <head>
 6  <meta charset="utf-8">
 7  <title>产品经理 技术手册</title>
 8  </head>
 9
10  <body>
11
12  <h1>产品经理 技术手册</h1>
13  <h2>作者：村上风（小风）</h2>
14
15  <p>这是作为产品经理需要人手一本的书</p>
16
17  </body>
18  </html>
```

```
 1  body {background-color:#F2F2F2;}               CSS ⚙
 2  h1    {font-size:36pt;}
 3  h2    {color:#7F7F7F;text-decoration: underline;}
 4  p     {color:#7F7F7F;}
```

# 产品经理 技术手册

**作者：村上风（小风）**

这是作为产品经理需要人手一本的书

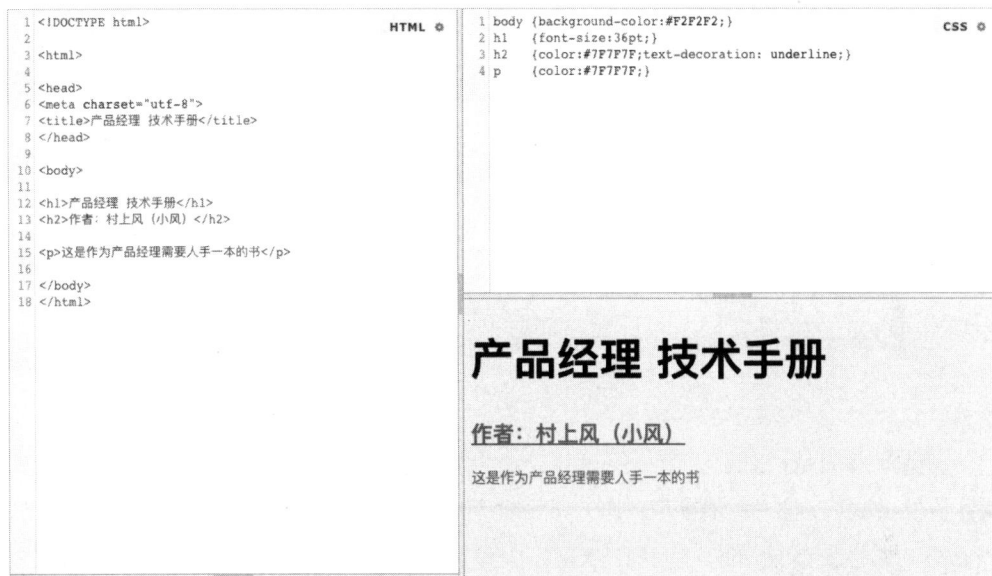

图 1-2　CSS 样式示意

## 1.2.3　XML

XML 的英文全称是 eXtensible Markup Language，是一种可扩展标记语言，按照 XML 方式所生成的文件是纯文本格式文件，主要应用于 Web 开发工作中，可对数据进行存储和传输。除此之外，XML 还可以在 Android 开发中用于应用布局。

而且 XML 实际上与 HTML 十分相似，也是由各个标签所组成的，同样每个标签也包含了开始标签和结束标签，以及两个标签之间所记录的内容。当然，它还有一些自己特有的规则，我们用下面的案例给大家进行讲解。

图 1-3 中是一个 XML 文档，可以看到其有以下特点：从上往下看，文档顶部包含的<?xml version="1.0" encoding="utf-8"?>是 XML 文档的声明，用于定义 XML 的版本及所使用的编码格式；接下来是文档的根元素，一个 XML 文档中只能包含一个根元素，也就是开始标签<description>与结束标签</description>之间的内容，当然也包含标签本身。在这个根元素中又可以包含很多子元素，每个子元素同样由开始标签、结束标签及其间的内容组成。

```
<?xml version="1.0" encoding="utf-8"?>

<description>

    <name type="string">小风</name>
    <Name type="string">村上风</Name>
    <occupation type="string">产品经理</occupation>
    <hobby type="string">音乐</hobby>

</description>
```

图 1-3　XML 示意

需要注意的是，对于一个标签来说，还可以设置它的属性信息，一般以属性名加属性值的方式实现，例如图 1-3 中在<name>标签中设置了 type="string"，其中属性名是 type，属性值是 string，注意在 XML 中设置属性值的时候必须加上引号；除此之外，XML 中的标签是区分大小写的，图 1-3 中的<name>和<Name>标签是两个完全不同的标签。

## 1.3　开发者

产品经理在工作中需要与非常多不同类型的人打交道，其中之一便是开发者。很多时候我们也称他们为"软件开发工程师"，或者调侃式地称他们为"程序猿"。

因为分工不同，不同开发者的具体工作也很不同。这点其实很好理解，正如我们会按照不同的分类方式将产品经理划分为不同的类别，比如专攻数据方向的数据产品经理、专攻 B 端方向的 B 端产品经理、专门负责商业变现方向的商业产品经理等。

通常，按照技术方向的不同，可以将开发者划分至不同的岗位。在互联网公司里，开发岗位非常多，并且有一些岗位并不是所有公司都会设置的。一般情况下，常见的开发岗位包括前端开发工程师、Android 开发工程师、iOS 开发工程师、后端开发工程师、运维工程师，以及全栈工程师等。

既然产品经理在工作中需要频繁地与这些岗位上的开发者接触，无论是对接需求，还是解答需求中的疑问，如果我们对这些开发者的职责没有比较清晰的认知，那么将难以想象工作可以顺利推进；即便项目能够如期上线，整个项目过程中也必然充斥着各种不快，开发者不满产品经理，产品经理也无法与开发者共处一室。所以，在多年的工作过程中，我发现，优秀的产品经理们不一定能写出好代码，但对各个岗位的开发者及其工作职责，甚至每个人的特点，都非常了解。

因此，了解这些岗位开发者的工作职责、工作流程及会使用的工具非常有必要。

### 1.3.1　前端开发工程师

对于前端开发工程师，实际上存在着广义与狭义的说法。从狭义来说，前端开发工程师指从事 Web 前端开发的开发者，通俗地讲，他们在工作中主要负责网页或网站的开发工作，主要使用的语言有 HTML、CSS 和 JavaScript。另外，微信小程序越来越火爆，而开发微信小程序需要使用微信自定义的语言 WXML、WXSS 和 WXS，其中 WXML 主要用于构建页面结构，WXSS 是一套样式语言，用于描述 WXML 的组件样式，而 WXS 是一套脚本语言，这三者分别与 HTML、CSS 和 JavaScript 很相似，因此很多前端开发工程师也负责微信小程序的开发。

除了狭义上的前端开发工程师，还有广义上的前端开发工程师，后者将 Android 和 iOS 开发工程师也包含了进来。尽管从技术角度，这种分类方式不太妥当，但工作中很多人都会采用这种分类方式。

就像产品经理绘制原型会用到 Axure 软件，对于前端开发工程师来说，也会使用一些软件来编写代码，他们比较常用的软件有 Visual Studio Code、WebStorm 和 Sublime Text。对于微信小程序，前端开发工程师可以使用官方提供的微信开发者工具来简单且高效地完成小程序的开发与调试工作，并且在开发完成之后，将小程序打包、上传到微信进行审核。

### 1.3.2　Android 开发工程师

我曾经做过好几年 Android 开发工作，对 Android 开发工程师这个岗位比较熟悉。在目前的工作中，我凭借之前的开发经验，做起产品经理的工作更是得心应手，我的主要优势在于对技术实现过程有比较清晰的认识。

说到 Android 开发工程师这个岗位，首先需要聊聊 Android 系统平台。相信大家对 Android 这个词都不会感到陌生，尤其是在如今这样一个 Android 手机盛行的时代，市面上充斥着各种装载 Android 系统的手机品牌，有华为、小米、OPPO、一加、锤子等。这些手机厂商能够定制自己的手机系统并生产手机，创造丰厚的利润，这在很大程度上要归功于 Android 系统的开源。如果某天谷歌公司不再将 Android 系统开源，那就意味着这些手机厂商需要向谷歌公司支付巨额费用。这也是各大手机厂商一直在想办法研发自己的手机底层操作系统的原因之一。

上面提到，Android 是谷歌公司研发的一套操作系统，下面我们来介绍一下 Android 系统。Android 系统的底层是基于 Linux 系统研发的，目前已发展成一套可以应用于智能手机、平板电脑、智能电视、车载系统等场景的全平台系统。从需求场景来看，Android 系统是比 iOS 系统应用更广的系统，这也催生了大量对 Android 开发工程师的市场需求。

正如前面所说，Android 系统其实有一个最大的特点，那就是它是开源的，也正因为如此，才能有那么多手机出现和发展。但是开源是把双刃剑，它所带来的好处是市场的繁荣，但最大的坏处是造成了系统的碎片化，因大量的手机厂商定制系统，导致不同品牌手机的系统各异，而且设备分辨率也不统一，这些都使得开发 Android App 的成本大大提升。

尽管开发成本显著提升，但市场上基于 Android 系统的 App 有增无减，这充分说明了 Android 系统本身具有优势。Android 系统所提供的丰富接口，以及对诸多硬件传感器的支持，都使得 Android 开发工程师能够开发出功能完善、体验优秀的产品。比如，微信的摇一摇就需要用到手机硬件中的加速度传感器，使用 Android 系统中提供的传感器相关方法，就可以实现通过摇动硬件的操作带来软件的反馈效果。

作为 Android 开发工程师，一般的开发过程可以分为两个步骤，首先是对界面布局的开发，然后是对页面逻辑的开发。界面布局的开发使用的是 XML，通过 XML 将 Android 系统中提供的元素进行有序组织，从而实现产品经理的需求，还原设计师的设计稿。有了界面，还需要基于界面进行页面逻辑的开发。在开发过程中，调用 Android 系统提供的组件及 API，从而实现相关功能。

业界使用较多的开发语言是 Java，近些年随着谷歌公司在 Google I/O 开发者大会上的宣传，Kotlin 也开始崭露头角，成为冉冉升起的明星语言，越来越多的公司都开始尝试用 Kotlin 开发 Android App。

当然，相对于 Java 而言，Kotlin 还显得十分年轻，毕竟 Java 这门语言早在 1995 年左右就正式发行了，无论是应用场景还是开发生态都更加完善，而 Kotlin 则是在 2016 年才发布了第一个稳定版本。

除了开发语言，还有编译器，开始 Android 系统一直没有官方编译器，Android 开发工程师更多的是使用 Eclipse 进行开发。这种情况一直持续到了 2013 年，谷歌公司才推出了自己的官方编译器 Android Studio。

当然，所有的新生事物从出现到流行起来都需要一定的时间，Android Studio 的优势十分明显，它的速度更快、界面更美观、提示补全功能更完善、插件系统更强大等，所以很多开发者渐渐转向使用 Android Studio，使开发效率也得到了提升。

### 1.3.3　iOS 开发工程师

在工作中，iOS 开发工程师总被认为是团队里最"豪气"的人，因为他们上班所使用的电脑、手机都是苹果的高配版，甚至有的还会配置一台 iPad。这与他们的工作岗位有着很大的关系，因为他们要从事苹果硬件相关的开发工作，开发环境只允许搭载在苹果硬件上，同时开发出来的无论是手机、PC 还是 Pad 端的应用，都无一例外需要基于苹果公司的系统和设备。也正是因为如此，相对来讲入门学习 iOS 开发的成本会更高一些，因为至少需要购买苹果电脑和手机等相关设备。

除了硬件设备，开发时所需的软件也是必不可少的，在 iOS 开发工程师的日常工作中，使用最频繁的开发工具就是苹果官方提供的 Xcode 了，而且通过该工具可以完成 macOS 及 iOS 应用程序的开发。除了编码过程，想要对已开发完成的应用程序进行调试和测试，也都可以使用该工具。

在使用的开发语言上，iOS 开发工程师大都会使用 Objective-C，随着 Swift 的风靡，也有很多公司的 iOS 开发工程师在开发项目时使用 Swift。

### 1.3.4　后端开发工程师

如果说前端开发工程师、Android 及 iOS 开发工程师在开发产品的过程中会把侧重点放在产品界面上，那么后端开发工程师则不太一样，他们在工作中甚至可以不用关注应用程序的界面，他们更侧重于数据方面的开发工作，比如将数据写入数据库、从数据库中读取数据、对所需的数据进行处理，以及将处理数据的逻辑以接口的形式提供给前端开发工程师调用。

很多后端开发工程师每天都在不断地编写接口，但实际上后端开发工程师要做的事情及需要具备的能力远不止如此，会编写接口只是后端开发工程师所需的基础技能。因为后端需要对前端提供支持，随着版本的迭代，后端需要支持的业务就会越来越复杂，于是后端开发工程师就需要具备对代码进行拆解或对整体架构进行设计的能力。除了功能层面，由于产品也有很多非功能性需求，这也使得后端开发工程师需要具备匹配的能力来实现这类需求，比如后端开发工程师需要在高并发场景下保证应用依然稳定运行。

除了工作方式，后端开发工程师所使用的语言有 Java、PHP、Python 等。

### 1.3.5 运维工程师

运维工程师是整个项目中最不起眼的角色，因为在平时的工作中，我们产品经理基本上不与他们进行工作对接，只在一些特定的场景下才会想到他们，比如线上服务器出现了故障和大量用户同时下单时开始报错等场景。所以，从这个角度讲，运维工程师有点像乐队中的贝斯手，平时你并不知道这个人在干啥，听歌的时候你可能也听不出有这个乐器，但若他突然罢工不干，你就会觉得音乐中缺少了厚重感。

那么运维工程师到底做了什么工作呢？无论他们具体做什么，他们都需要确保产品服务能够一直处于稳定运行的状态。毕竟对于一款产品来说，用户使用的可能只是手机中的客户端，需要由 Android 或 iOS 开发工程师来完成界面及实现数据的获取和提交，而数据的传输接口及业务处理则交由后端开发工程师来完成，至于数据的存储及代码运行环境等则由运维工程师来负责。如果将运维工程师的工作职责拆分到项目的各个环节中，可以大致拆分出几个不同工作侧重点的环节，分别是：在开发之前确保开发者及测试人员的工作环境是被正常部署的，包括服务器搭建、证书申请与绑定、数据库创建等；在开发过程中，协助后端开发工程师排查可能出现的问题；在产品开发完成即将上线时，确保代码能够安全并可控地发布到生产环境；在产品上线之后，通过系统化的方式持续监控产品的运行，确保产品能够 7×24 小时正常使用，如果出现了线上问题，需要能够及时对问题进行定位并迅速解决，甚至有时候产品还可能会遭受到竞争对手或者黑客的恶意攻击，此时也需要提前做好防范或者进行及时处理。

为了能够正常应对上面所提到的各种事情，运维工程师需要掌握很多技能。由于大部分服务器环境基于 Linux 系统，所以对于运维工程师来说，熟悉 Linux 系统并且能够使用 Linux 常用命令是必需的；为了能够部署环境，运维工程师需要熟悉一些硬件的维护方法，以及一些类似于 LAMP 的基础服务的体系；因为产品的使用离不开联网，所以运维工程师需要熟练掌握各种网络协议；此外，为了能够避免服务器被攻击，运维工程师需要做好安全方面的准备，例如部署防火墙，以及为了避免数据丢失进行的数据库备份。

### 1.3.6  全栈工程师

"全栈"应该是很多技术人的追求，因为它意味着什么都会，能够一个人搞定开发过程中的所有事情，包括产品的前端开发和后端开发，甚至连运维工作也都完全自己处理。站在公司的角度，如果一个团队里有这样的全能型人才，基本上就不需要再招其他技术人员了。那么，有没有这样的人存在呢？确实大有人在，凭一己之力搞定前后端开发和运维，甚至产品、设计、测试都一手包办。之前我身边就有朋友仅凭自己就设计并开发出了多款 App，而且这些 App 曾多次冲击 AppStore 某些分类榜的前几名。这样的人在互联网圈子里有另一个名字，即"独立开发者"，目前在业界享誉盛名的产品经理张小龙，曾经就是一名独立开发者。

回到全栈开发工程师，其实其与独立开发者不同，全栈开发工程师并不会包办产品设计方面的事情，更偏向做纯技术工作。也正是因为如此，他实际上与前端开发工程师或后端开发工程师没有本质上的区别，只不过在这个岗位上需要具备的技能更多。专攻某些方向的开发工程师是有等级区分的，全栈开发工程师同样有等级区分。若要成为各方面技术都非常娴熟与全面的全栈开发工程师，需要很多年，现实中很多全栈开发工程师更多的是比较擅长某一种技术，其他技术只是有所涉猎，能够使用而已。

无论是精通一种技术，能使用多种技术的全栈开发工程师，还是什么都只懂皮毛的全栈开发工程师，都需要掌握更加"全面"的技术，包括前端开发、后端开发、客户端开发等的相关知识及编程语言，所以他们的薪资会相对更高。这也使得很多公司并不会招聘这样的人，而那些舍得花钱的大厂，或者希望一个人就把所有活儿都给干了的小厂，才会考虑招聘全栈开发工程师。

# 第2章　开发者的思维方式和常见技术名词

通过前面的内容，我们已经知道，在开发过程中，尽管开发者的岗位不同，所使用的编程语言也不太一样，但他们做的事情是差不多的，那就是通过编写代码来实现产品需求。由于使用的编程语言不同，这些编程语言的特性不同，导致了不同开发者的编程思维方式也不同。但这并不是说使用某一编程语言的开发者就只能具备某一种编程思维方式，因为哪怕是在同一门编程语言中，也可能包含多种编程思维方式，基于不同的需求选择合适的方式即可。

与开发者打交道的产品经理经常会在工作中遇到类似这样的情况，那就是无论你认为自己的产品设计逻辑多么清晰、流程多么明确，开发者似乎总是不知道你想表达什么，或者你始终没办法了解开发者存在疑虑的原因，甚至即使双方谈论着同一个话题，表达同样的意思，但因为思维方式不同，完全没办法知道争议焦点在哪里。我之前在工作中也经常看到类似的情况，一个产品经理和另一个开发者吵得热火朝天，就快打起来了，然而两个人的观点是一模一样的，也就是开发者就是按照产品经理的方案来执行的，只不过开发者使用了程序化的思维方式进行表达，将产品经理流程化的思路抽象成了针对某些对象的思路，产品经理不能理解，以为开发者没有按照自己的流程来开发，从而出现了争议。

也正是因为工作中存在着大量类似的情况，如果我们产品经理不了解开发者的惯性思维方式，就很难达成共识。所以，在我看来，能友好地在工作中协调沟通的前提是思维方式上达成共识。这就好比，谈恋爱的两个人能不能长久地在一起，三观一致非常重要。

在了解了这些开发者的思维方式之后，产品经理在与开发者讨论技术方案的时候，起码能够听明白，不会出现理解错误的情况。但在讨论技术细节时，产品经理还是可能不理解开发者提到的技术名词，而这种不理解就会导致产品经理对于开发者提出的方案产生理解偏差。为了避免类似的情况出现，产品经理不能只听明白技术方案思路，也就是大框架是什么，还需要能听明白技术细节。

## 2.1　面向过程和面向对象

在编程过程中，存在着两类不同的思想，分别是面向过程和面向对象。下面分别来看看它们的区别和各自的优势与劣势。

### 2.1.1　面向过程

采用面向过程的思想进行编程时，会先把流程梳理出来，并针对流程中的各个环节定义函数或方法，然后在程序中依据流程在合适的地方调用对应的函数或方法。从这个描述可以知道，面向过程编程与大部分产品经理设计产品时采用的思维方式非常接近，这是因为大部分情况下产品经理设计产品的习惯性思维方式就是基于业务流程开展的。除此之外，仔细思考，你会发现面向过程思维与我们在现实生活中考虑问题的方式也特别接近。

下面举一个简单的例子。假定产品经理现在有一个需求，即希望提供一款产品，让用户可以查看多款商品的详细信息，并且可以直接将喜欢的商品一次性批量购买。如果以面向过程的思想思考这样的需求，写出的伪代码如图 2-1 所示。

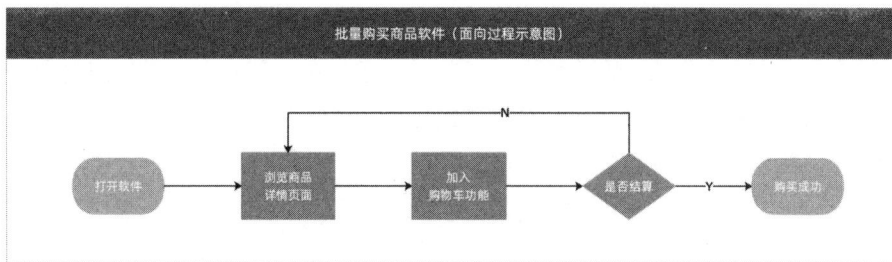

图 2-1　面向过程示意图

简单来说，就是用户首先查看某个商品的详情页，如果要继续添加其他商品进入购物车，就继续浏览其他商品的详情页，并将它们加入购物车，而如果不需要再将其他商品加入购物车，就直接进行批量结算。从本质上讲，面向过程编程就是把用户的购物行为像流水线一样用代码实现出来，与我们产品经理绘制流程图时使用的方法很类似，即把整个业务从头到尾一步一步地给串起来。

这样相对来说开发难度不大，只需要明确步骤或者流程是什么，然后基于步骤或流程分别编写代码即可。但这样编写出来的代码的最大问题是，如果产品需求发生了改变或业务需要调整，代码改动相对比较烦琐，极易造成对其他功能的影响。同时，开发者也无法很好地维护代码和实现功能的拓展性。正是因为这样一些原因，面向过程编程比较适合那些一旦开发完成，功能比较稳定，不怎么会变动的场景。

### 2.1.2　面向对象

关于面向对象，在网络上可以看到很多"段子"。比如，有段子说程序员不愁找不到对象，因为没有对象的时候，可以自己 new（创建命令）一个对象。可以说，面向对象编程在开发中使用非常普遍。

在前面的内容中，提到面向过程编程适合一些不太复杂且功能变化不频繁的场景，而在实际工作中，经常需要实现比较庞大的系统，这些系统往往牵一发而动全身，如果在开发类似的系统时没有使用面向对象编程，而是按照产品经理的需求完全还原当下的业务流程，没有处理好系统各功能间的逻辑关系，那么等到系统需要迭代升级的时候，一切就会变成灾难，要么迭代时间周期很长，要么几乎没办法在之前的版本上进行修改，甚至需要对系统进行重构。

那么应该怎么理解面向对象编程呢？如果说面向过程是针对流程进行思考，那么面向对象并不会考虑流程，而是把要解决的问题拆分成各个独立的对象，也就是说针对人或物来实现需求，把这些人和物都抽象成对象。在此基础上，提炼出对象的特点及其行为，最后通过各种方式把各个对象联系起来。

对于前面介绍的面向过程编程的例子，如果采用面向对象编程来实现，首先应该考虑在这样的场景中可以抽象出什么对象，比如用户、商品和购物车等。在此基础上，再为每种对象赋予相应的属性或行为。对于用户对象来说，可为其赋予浏览商品和将商品加入购物车的行为；对于商品对象来说，可为其赋予商品本身的相关属性，如商品的标题、图片、价格等；对于购物车对象来说，可为其赋予商品的展示、编辑、结算等功能。定义这 3 类对象及其属性和行为后，就可以通过第一个对象的行为将第二个对象和第三个对象的功能串联起来，从而实现整个系统。

通过上面的讲解，可以看出通过面向对象编程，产品结构更清晰，而且各模块彼此间松耦合，业务关联性不如面向过程编程强，这样可以使代码更易拓展。但是同样面向对象编程也存在缺点，最大的缺点在于对象的抽象，如果抽象出的对象不合适或者进行了过度抽象，那么开发过程反而会更烦琐，也没办法实现模块间的松耦合。

因此，面对对象编程更适合需求会频繁发生变化的场景，与面向过程编程这种变动某一个功能就会影响其他功能的方式相比，存在着更大的优势。

## 2.2 模块化、组件化和插件化

面向对象编程存在着巨大的优势，越来越多的开发者在项目中采用这种思想进行开发，并且在此基础上出现了一些高效的开发方式，最常见的有模块化、组件化和插件化。

首先介绍一下模块化。从某种程度上可以说，模块化的思路和产品经理设计产品的思路是一致的，因为我们在编写产品功能清单时会划分功能模块，比如针对电商产品，可以划分首页、商品详情页、购物车等不同的功能模块，开发过程中也会按照不同的模块分别进行开发，最终形成一套完整的系统。除此之外，从技术角度看，模块化开发并未体现在功能层面上，而是体现在非功能层面上，更准确的说法是体现在技术架构层面上，比如对不同类中涉及的公用方法进行抽取，对页面中常用的控件进行封装等，这样可以将整个产品拆分为不同的"模块"。从某种程度上，可以将模块化理解为，把代码中的公共部分或需要重复使用的部分抽取出来，作为单独的模块。

然后介绍一下组件化。通过组件化的思路开发产品时，以 App 为例，一般会在 App 中将项目的代码拆解成好几份组件代码，每一份都可以单独打包。若有需要，也可以将这些不同的组件代码打包到一起。从表现形式来看，组件化的侧重点是业务层面的解耦，即将不同的业务拆解开。若某个业务需要引用其他业务中的功能，可以将相关功能打包成类库，方便调用。这样当项目中有部分代码被修改时，基于组件化将不需要对整个项目进行重新编译。当公司业务线比较多的时候，有部分业务线可能需要接入其他业务线的功能，这时可以以类库的方式提供功能，这也是组件化。只要组件能够正常运行，我们在接入组件时，甚至不用关注组件具体是如何实现的，这样可以确保开发者更专注于自己的业务代码。

最后介绍一下插件化。插件化也是一种常见的开发方式，它最大的特点就是将一个应用的安装包拆分成多个不同的子安装包，即拆分成不同的插件。每个插件都可以独立编译和打包，但最终上线时需要把这些插件都集成在一起，形成一个功能完整的应用。用户在最终使用应用时，其中的插件都是以动态方式进行加载的，也就是只有在真正需要用到某个插件的时候，才会加载它。

总之，对于上面 3 种不同的开发方式，模块化可以被理解为抽取公共代码，组件化可以被理解为将部分代码打包成类库，以供他人使用，插件化则可以被理解为将应用的安装包拆分成多个不同的安装包。

## 2.3　基础名词

正如学英语要背单词一样，在互联网圈子里，若想听懂开发者平时聊什么，也需要对技术基础名词有所了解。

### 2.3.1　数据库相关名词

#### 1. 数据库

谷歌公司有一道非常经典的产品经理面试题 "Explain a database in three sentences to your eight-year-old nephew"，即用 3 句话向你 8 岁大的侄子解释什么是数据库。想要回答这道题，首先要明白数据库是什么，然后才能想办法用 8 岁小孩能理解的方式进行解释。

比如，以下解释都可以算作对数据库的理解。

- 一座图书馆，里面可以放很多书。
- 一个装满硬币的零钱罐。
- 一架搭载了乘客的飞机。

尽管，这些解释都没有给出数据库的实质概念，但能够让大家知道数据库应该是一个用于容纳某种东西的场所。在互联网项目中，数据库是一个非常重要的东西，开发者也会常常提到它，从本质上可以将其理解为一个容纳数据的仓库，并按照数据结构来进行组织、存储和管理。

不过在不同的产品中，数据会以不同的形式呈现，比如图片、文本、音频、视频等。对于我们产品经理而言，不一定有机会直接与底层数据打交道，但免不了间接地与数据打交道，这也是我们需要了解数据库的重要原因之一。

既然数据库如此重要，那么它是以什么样的方式工作的呢？当我们在手机上打开并使用 App 时，能看到丰富的图片或视频内容，这些内容原本并没有存储在我们的手机中，而是在连接网络后，从服务器的数据库中下载并保存到我们的手机中的，如图 2-2 所示。

图 2-2　打开 App 下载服务器数据库中的数据

通过上面提到的场景，能看出数据库的一些作用。因为很多人能同时在自己的 App 上查看来自同一数据库的内容，所以数据库能够实现数据共享；也正是因为这点，同样的内容可以被不同人反复查看，也就不需要为不同的人重复准备同样的数据，从而减少了冗余数据。

由于数据库可以对数据进行存储和管理，而对于非实体互联网公司，有时候数据甚至可以决定一家公司的存亡，因此数据库的安全性十分重要。因"删库跑路"造成损失的案例数不胜数，比如曾经某公司的某位开发者就因个人原因将公司数据库的大量数据删除，当时造成了公司股价暴跌，需要给客户付巨额赔偿，幸运的是大部分数据得以恢复，没给公司带来更大的损失。

由此也可以看出，数据库不仅要负责数据的存储和管理，还要保障数据安全。数据安全一般是通过数据备份来实现的，即将数据库中的数据完整地复制多份，存放在不同的地址。如果没有数据备份，一旦发生工作事故，后果将不堪设想。

另外，不同公司、不同项目在不同情况下会使用不同的数据库。目前市面上主流的数据库有两类，一类是关系型数据库，另一类是非关系型数据库。为什么会有不同的数据库类型？这需要从不同的数据结构讲起。

（1）结构化数据、半结构化数据、非结构化数据

前面提到过有不同形式的数据，如果按结构划分，这些数据可被划分为结构化数据、半结构化数据、非结构化数据，这3种类型数据的特点各不相同。

结构化数据又叫作行数据，它是采用二维表结构进行逻辑表达和实现的数据，并且严格遵循数据格式与长度规范。这些数据均以行为单位进行展示，一行数据表示一个实体信息，每行数据都有相同的属性。

如表 2-1 所示，每行数据都代表了某个人的基本信息，在这里人就是一种实体，而每行数据都用同样的多个维度描述某个人的特点，也就是图中的 id、name、sex、age、tel、address。

表 2-1　结构化数据呈现方式

| id | name | sex | age | tel | address |
|---|---|---|---|---|---|
| 110 | 小风 | 男 | 18 | 13414141414 | 广东深圳 |
| 119 | 中风 | 男 | 28 | 13616161616 | 湖北宜昌 |
| 120 | 大风 | 男 | 38 | 13818181818 | 湖北武汉 |

在产品设计中，很多数据都是结构化数据，比如用户的基本信息、商品的信息、订单的信息等。

严格来讲，半结构化数据也是一种结构化数据，但它的结构相对来说变化较大，

也就是同一种实体可以有不同的属性，这种数据一般可以用 XML 或者 HTML 文档的形式呈现。

比如，一个项目组的同事在互相介绍时，有的人可能会介绍自己的姓名、年龄，有的人可能会介绍自己的姓名、籍贯，如果用程序的方式进行记录，类似于图 2-3。这表达的便是对不同的同一种实体进行描述时采用了不同的属性，图 2-3 中同样对人这种实体进行描述，但第一个描述了姓名、年龄、性别 3 个属性，第二个描述了姓名、性别、地址 3 个属性。

```
<person>
    <name>小风</name>
    <age>18</age>
    <sex>male</sex>
</person>

<person>
    <name>中风</name>
    <sex>male</sex>
    <address>广东深圳</address>
</person>
```

图 2-3　半结构化数据呈现方式

这种数据在实际产品中也经常出现，比如，当记录用户在电商社交类 App 中的行为信息时，有的人有点赞行为，有的人有评论行为，有的人只有浏览行为，不同的人在行为上表现不一致，这时就可以考虑用半结构化数据进行记录。

顾名思义，非结构化数据就是没有固定结构的数据，各种图片、文档、音频、视频等都可以算作非结构化数据。这种数据的结构一般不规则或不完整，没有预定义的数据模型，不方便用二维表结构来表达。非结构化数据在进行存储的时候，一般需要被转化成二进制数据后再存储。尽管处理非结构化数据会很麻烦，但在实际的使用场景中，非结构化数据越来越多，甚至对于目前比较火热的大数据，非结构化数据也占据了很重要的位置。

（2）关系型数据库、非关系型数据库

在了解了不同结构的数据后，就会发现基本无法用同一套标准或者方式兼顾它们，这就好比我们在电脑上基本无法用一个软件高效地做所有事情。比如，写文档时会用 Word，做幻灯片时会用 PPT 或 Keynote，整理数据时会用 Excel，绘制原型时会用 Axure 等，这些本质上就是使用更合适的工具更高效地做事。当然有时我们也可以用 Axure 写文档，用 Word 做表格，但大都只是临时使用，并且没那么高效。

关系型数据库和非关系型数据库的出现也是基于这样的背景，即用更合适的数据库对不同结构的数据进行存储和管理。

关系型数据库指采用了关系模型来组织数据的数据库，这里的关系模型便是我们在前面提到的二维表结构。在关系型数据库中有很多张不同的二维表结构，每张表中都有提前定义好的字段，使用时根据需要往表中存入数据并对数据进行操作即可。

表中一般都有一个非常重要的字段，即主键，它主要用于唯一地标识表中的每一行数据。尽管对于有些数据库而言，主键并不是必需的，但最好为每张表都设置一个或者多个主键，以确保表结构的完整性，而且在与其他表关联时也更方便。关系型数据库中的表通常如图 2-4 所示，有点像 Excel 表格，所有的数据以行为单位进行呈现，而每列代表了不同的字段信息。

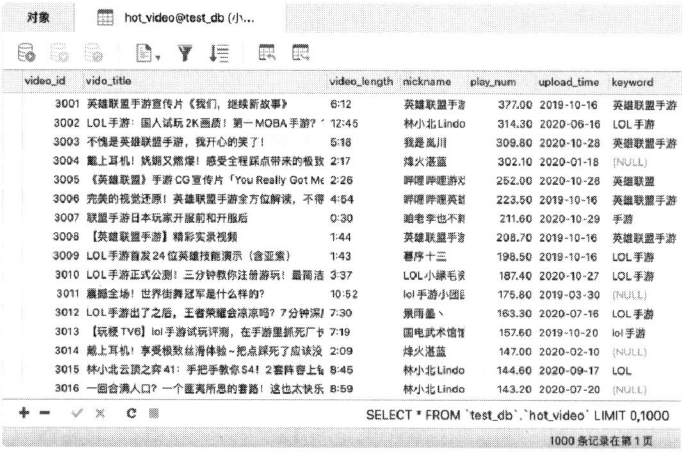
对象　hot_video@test_db (小...

| video_id | vido_title | video_length | nickname | play_num | upload_time | keyword |
|---|---|---|---|---|---|---|
| 3001 | 英雄联盟手游宣传片《我们，继续新故事》 | 6:12 | 英雄联盟手游 | 377.00 | 2019-10-16 | 英雄联盟手游 |
| 3002 | LOL手游：国人试玩2K画质！第一MOBA手游？ | 12:45 | 林小北Lindo | 314.30 | 2020-06-16 | LOL手游 |
| 3003 | 不愧是英雄联盟手游，我开心的笑了！ | 5:18 | 我是岚川 | 309.80 | 2020-10-28 | 英雄联盟手游 |
| 3004 | 戴上耳机！妩媚又燃爆！感受全程踩点带来的极致 | 2:17 | 烽火湛蓝 | 302.10 | 2020-01-18 | (NULL) |
| 3005 | 《英雄联盟》手游CG宣传片「You Really Got Me | 2:26 | 哔哩哔哩游戏 | 252.00 | 2020-10-28 | 英雄联盟 |
| 3006 | 完美的视觉还原！英雄联盟手游全方位解读，不得 | 4:54 | 哔哩哔哩英雄 | 223.50 | 2019-10-16 | 英雄联盟手游 |
| 3007 | 联盟手游日本玩家开服前和开服后 | 0:30 | 咱老李也不 | 211.60 | 2020-10-29 | 手游 |
| 3008 | 【英雄联盟手游】精彩实录视频 | 1:44 | 英雄联盟手游 | 208.70 | 2019-10-16 | 英雄联盟手游 |
| 3009 | LOL手游首发24位英雄技能演示（含亚索） | 1:43 | 暮序十三 | 198.50 | 2019-10-16 | LOL手游 |
| 3010 | LOL手游正式公测！三分钟教你注册游玩！最简洁 | 3:37 | LOL小绿毛 | 187.40 | 2020-10-27 | LOL手游 |
| 3011 | 震撼全场！世界街舞冠军是什么样的？ | 10:52 | lol手游小团 | 175.80 | 2019-03-30 | (NULL) |
| 3012 | LOL手游出了之后，王者荣耀会凉凉吗？7分钟深 | 7:30 | 景雨墨、 | 163.30 | 2020-07-16 | LOL手游 |
| 3013 | 【玩梗TV6】lol手游试玩评测，在手游里抓死厂长 | 7:19 | 国电武术馆 | 157.60 | 2019-10-20 | lol手游 |
| 3014 | 戴上耳机！享受极致丝滑体验~把点踩死了应该没 | 2:09 | 烽火湛蓝 | 147.00 | 2020-02-10 | (NULL) |
| 3015 | 林小北云顶之弈41：手把手教你S4！2套阵容上 | 8:45 | 林小北Lindo | 144.60 | 2020-09-17 | LOL |
| 3016 | 一回合满人口？一个匪夷所思的套路！这也太快乐 | 8:59 | 林小北Lindo | 143.20 | 2020-07-20 | (NULL) |

SELECT * FROM `test_db`.`hot_video` LIMIT 0,1000

1000 条记录在第 1 页

图 2-4　关系型数据库中的数据

正是因为用这种方式呈现数据，所以相对来说关系型数据库有着非常明显的优点。

首先，这种二维表结构非常符合现实逻辑。现实中我们会以“对象-属性”的方式描述一个东西，比如在描述手机的时候，会使用手机的内存大小、CPU 型号、屏幕尺寸等属性，即使描述不同的手机，依然会使用这些属性，这是常见的现实逻辑。关系型数据库也基本以同样的逻辑记录数据，我们会将手机的不同属性名作为数据库的字段名，将具体的手机属性值作为数据库中的值，如图 2-5 所示。

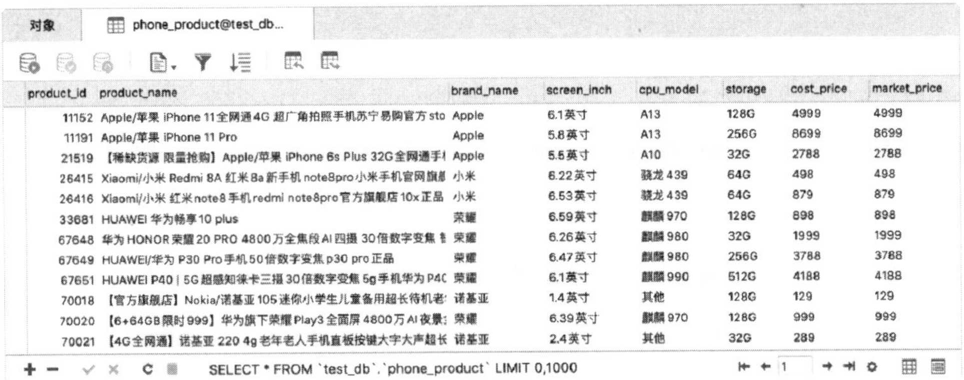


| product_id | product_name | brand_name | screen_inch | cpu_model | storage | cost_price | market_price |
|---|---|---|---|---|---|---|---|
| 11152 | Apple/苹果 iPhone 11全网通4G 超广角拍照手机苏宁易购官方 sto | Apple | 6.1英寸 | A13 | 128G | 4999 | 4999 |
| 11191 | Apple/苹果 iPhone 11 Pro | Apple | 5.8英寸 | A13 | 256G | 8699 | 8699 |
| 21519 | 【稀缺货源 限量抢购】Apple/苹果 iPhone 6s Plus 32G全网通手 | Apple | 5.5英寸 | A10 | 32G | 2788 | 2788 |
| 26415 | Xiaomi/小米 Redmi 8A 红米8a新手机 note8pro小米手机官网旗 | 小米 | 6.22英寸 | 骁龙 439 | 64G | 498 | 498 |
| 26416 | Xiaomi/小米 红米note8 手机redmi note8pro官方旗舰店10x正品 | 小米 | 6.53英寸 | 骁龙 439 | 64G | 879 | 879 |
| 33681 | HUAWEI 华为畅享10 plus | 荣耀 | 6.59英寸 | 麒麟 970 | 128G | 898 | 898 |
| 67648 | 华为 HONOR 荣耀20 PRO 4800万全焦段AI四摄 30倍数字变焦 | 荣耀 | 6.26英寸 | 麒麟 980 | 32G | 1999 | 1999 |
| 67649 | HUAWEI/华为 P30 Pro手机 50倍数字变焦 p30 pro 正品 | 荣耀 | 6.47英寸 | 麒麟 980 | 256G | 3788 | 3788 |
| 67651 | HUAWEI P40 \| 5G 超感知徕卡三摄 30倍数字变焦 5g手机华为 P4 | 荣耀 | 6.1英寸 | 麒麟 990 | 512G | 4188 | 4188 |
| 70018 | 【官方旗舰店】Nokia/诺基亚 105 迷你小学生儿童备用超长待机老 | 诺基亚 | 1.4英寸 | 其他 | 128G | 129 | 129 |
| 70020 | 【6+64GB限时999】华为旗下荣耀Play3 全面屏 4800万 AI 夜景 | 荣耀 | 6.39英寸 | 麒麟 970 | 128G | 999 | 999 |
| 70021 | 【4G全网通】诺基亚 220 4g 老年老人手机直板按键大字大声超长 | 诺基亚 | 2.4英寸 | 其他 | 32G | 289 | 289 |

图 2-5　手机信息表数据

这样的设计使我们很容易理解数据库中的数据。除此之外，关系型数据库中提供的完善的 SQL 语句，使得我们可以很便捷地操作数据库。无论是技术人员还是产品经理，掌握一些基础的 SQL 语句，便可以根据需求对数据进行相应的操作，甚至在没有掌握任何 SQL 语句的情况下，也可以借助一些类似 Navicat Premium 的可视化数据库管理工具来轻松操作数据库。我们会在后面的章节中介绍 SQL 语句相关内容。

当然，关系型数据库也存在很多问题，比如，当网站并发用户比较多时，有时甚至可以达到每秒上万次读写请求，这对硬盘 I/O 是极大的考验。在产生了海量数据后，如果直接在数据库中查询数据，查询效率是极低的。

目前市面上有很多主流的关系型数据库，比如 Oracle、Microsoft SQL Server、MySQL、DB2、Microsoft Access、SQLite、PostgreSQL、MariaDB 等，如图 2-6 所示，这些不同的关系型数据库各自有不同的优缺点。

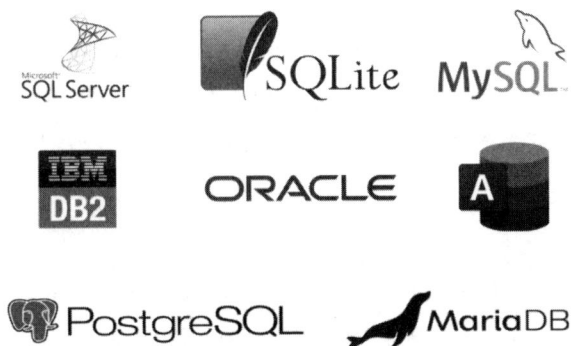

图 2-6　主流数据库

接下来，介绍一下非关系型数据库。非关系型数据库又被称为 NoSQL（Not Only SQL），从字面上理解，数据之间比较独立，甚至很多数据分散在多个服务器上，所以数据之间的关联关系没有那么强，也正是因为数据之间没有什么关联，所以使得数据的拓展变得非常容易。当数据量较大时，非关系型数据库依然能够保持比较高效的读写性能。

前面提到的半结构化数据或非结构化数据，其实就可以用非关系型数据库来存储和管理，原因是非关系型数据库适合存储联系较松散的数据。

比如，同样是用户相关信息，在关系型数据库中会以结构化数据来存储，而在非关系型数据库中则以非结构化数据来存储。这意味着，在关系型数据库中数据的结构是完全一致的，即表的字段是一样的，每行数据都包含同样的字段，但在非关系型数据库中数据的结构则可以有很大的差别，甚至每组数据包含不同的字段。在实际项目中，确实有很多数据不是结构化数据，不适合存储于关系型数据库中，相反存在大量基于实际场景的半结构化和非结构化数据，用非关系型数据库对它们进行存储和管理更合适。

由于半结构化和非结构化数据很多，这导致对应的非关系型数据库根据不同的适用场景，衍生出了各种不同的类型，主要有 Key-Value 类型数据库、列式数据库、文档型数据库、图形数据库等。

Key-Value 类型数据库是以键值对的形式存储数据的非关系型数据库，Redis 就是其中的代表。Redis 中的数据基于内存存储，所以读写效率更高，查询数据的速度也更快，因此这种类型数据库的突出特点就是性能高。而且，从技术角度出发，基于复制、持久化、客户端分片等特性可以将 Redis 很方便地扩展成包含数百 GB 数据、每秒处理百万次请求的系统。

但同样，这种类型的数据库也存在明显的不足。因为它是基于内存存储的，所以存储空间比较有限，无法保存大量的数据；也正是因为如此，数据很难"持久化"，可以认为在服务器关机或者重启后数据就不存在了，有丢失数据的风险；而且在查询数据时，查询方式比较单一，只支持键值对的方式，不支持条件查询，多条件查询的做法会造成数据冗余。

从 Key-Value 类型数据库的特点来讲，以 Redis 为代表的 Key-Value 类型数据库应用范围非常广泛。比如，对于资讯类型的产品，其中新闻是非常重要的内容，一般情况下新闻内容都有比较强的时效性，要让用户随时能够看到最新的新闻。在正常情况下，新闻发布后可以将其保存在服务器的关系型数据库中，而当用户想要看新闻的时候，就从关系型数据库中获取数据并通过接口返回给用户。但这样也会出现问题，那就是当用户量较大的时候，会给服务器带来比较大的访问压力。所以在中间的环节可以加上类似 Redis 的 Key-Value 类型数据库，将一些需要临时使用的数据从服务器的关系型数据库中复制出来，保存在 Redis 中。由于 Redis 在读取数据方面具有较高的性能，用户访问时可以直接从 Redis 中读取数据，从而减轻直接访问服务器带来的压力。

列式数据库的代表型产品是 HBase，这种类型的数据库基本上是基于列存储数据的，而很多关系型数据库是基于行存储数据的，也就是由一行数据构成某个单独实体的完整信息。而列式数据库则可以理解为拆分出每一列的数据，例如，将表 2-1 中的每列数据进行单独存储，就会得到如表 2-2 所示的结构。

表 2-2　列式数据库的数据存储方式

| id | name | sex | age | tel | address |
|----|------|-----|-----|-----|---------|
| 110 | 小风 | 男 | 18 | 13414141414 | 广东深圳 |
| 119 | 中风 | 男 | 28 | 13616161616 | 湖北宜昌 |
| 120 | 大风 | 男 | 38 | 13818181818 | 湖北武汉 |

这相当于每列数据会用不同的表格来单独存储，在需要大量查询某列精确数据时，列式数据库比关系型数据库在速度上具有更大的优势。这是因为关系型数据库若想查询某列精确数据，需要先根据某个条件查找某一行数据，这时就需要对磁盘进行逐行扫描，当数据量特别大时，相当于每次都需要额外查询一些不必要的数据，再从中寻找所需的数据。但列式数据库由于本身就是按列存储的，因此并不需要查询某个实体的所有信息，而是查询其中的部分信息——指定列的信息。列式数据库非常适用于数据分析或者需要大量存储数据的场合。

除此之外，列式数据库由于是按列存储数据的，比如性别这一列中一般只有男或女两个值，包含大量重复数据，所以可以压缩后再存储，有时候甚至可以压缩到原来的十分之一大小，这样大大节省了磁盘存储空间。但这种类型的数据库存在一些缺点，比如其运维比较复杂，而且很难根据条件进行查询。

文档型数据库，顾名思义，主要用于对文档进行管理，这种类型数据库的代表产品是 MongoDB。结合前面讲的不同结构的数据，文档型数据库里存储的基本上是半结构化或者非结构化数据。

以 MongoDB 为例，如果与关系型数据库类比，关系型数据库中的"表"在 MongoDB 中被称为 collection（集合），关系型数据库中的"行"在 MongoDB 中被称为 document（文档），MongoDB 中的数据是以 BSON 的方式存储的，BSON 即 Binary JSON，是一种二进制数据，与 JSON 比较相似。相比较而言，BSON 数据所占用的存储空间比 JSON 数据的更大，但 BSON 数据的操作速度更胜一筹。

图形数据库并不是专门用于存储图片的数据库，而是一种使用图形化模型对数据进行管理的数据库，比较典型的图形数据库有 Neo4J、HyperGraphDB 等。在图形化模型中，主要通过节点和关系来体现数据，节点类似于关系型数据库中的某个对象，每个"节点"上都可以携带若干"属性"，同时节点之间可以通过关系进行连接。

有人曾做过测试，在社交网络中找出人脉关系路径，使用关系型数据库和图形数据库测试后发现，当人脉关系达到一定深度时，图形数据库的查询效率远高于关系型数据库。可以看出，图形数据库在处理这种关联数据时，有着非常大的优势。这种优势与图形数据库所采用的图遍历技术密不可分，这使得图形数据库在查询数据时需要计算的数据量远远小于关系型数据库。也正是因为图形数据库的这种特点，使其非常适合在某些场合发挥作用，比如对于社交类型产品，经常需要查询各个用户之间的社交网络、人脉关系，这时使用关系型数据库实现就会非常复杂，但使用图形数据库便可以非常方便且高效地实现。

2. SQL

了解以上数据库后，我们与开发者对接时还会经常听到一个词——SQL。在不同的语境下，SQL 代表的含义不同，一般它指代 SQL Server 或 MySQL 数据库，还可以指代 SQL 语言。

SQL 的全称是 Structured Query Language，即结构化查询语言，是一种特殊的专门用于查询数据库的语言。早在 1974 年它就出现了，而且由于它使用便捷且功能丰富，所以在 1980 年的时候，便充当了关系型数据库语言的美国标准。从时间上看，SQL 语言的历史已经非常悠久了。

从功能角度看，SQL 语言主要是对数据进行相应的管理，常见的操作包括对数据的插入、删除、更新、查询等，这些操作也就是大家经常说的"增删改查"。当然，借助 SQL 语言还可以对数据的权限进行管理，也就是对不同用户的访问权限进行设置，使不同的用户可以查看或者操作的数据不同，以此来保证系统的安全性。

### 2.3.2　C/S 架构和 B/S 架构

#### 1. C/S 架构

C/S 架构中的 C 是 Client（客户端），S 是 Server（服务器），C/S 则是 Client/Server 的简写，即客户端/服务器。

这种类型的产品实际上非常常见，手机上安装的各种 App，比如淘宝、京东、微信、微博等都是 C/S 架构的产品，再比如电脑上安装的优酷、腾讯视频等客户端也是 C/S 架构的产品。这种类型产品的特点是，若用户想要在电脑或者手机上使用产品，需要安装相应的软件，然后借助网络获取服务器上的数据，或者把相应的数据发送到服务器上，以实现正常使用产品，并且当产品发布了新功能时，用户需要升级客户端软件才能够使用最新功能。

#### 2. B/S 架构

B/S 架构中的 B 是 Browser（浏览器），S 是 Server（服务器），B/S 则是 Browser/Server 的简写，即浏览器/服务器。

使用这种类型的产品时需要保证操作终端上安装了浏览器，然后在浏览器中输入网址来使用。相比较而言，B/S 架构的产品对用户使用的终端没有严格的限制，无论是 Mac、Linux、iOS 设备还是 Android 设备，一般只要兼容性没问题并且能够正常使用浏览器，通过网络便能正常使用 B/S 架构的产品。

这种类型的产品也非常常见，比如各种门户网站、各大电商平台的网页版，很多公司的内部系统等产品也是采取 B/S 架构进行设计的，而且与 C/S 架构的产品相比，B/S 架构的产品有一个非常突出的优势，那就是用户可以时刻使用产品的最新版本，不需要像 C/S 架构的产品一样对产品进行升级。

### 2.3.3　端口

我们产品经理在工作中可能经常会从开发者那里听到"×××端口被占用了，改一下端口号""×××端口报错了，排查下"，那么他们所说的端口到底是什么呢？

准确地说，对端口有两种不同的理解。一种是我们在生活中可以经常接触到的路由器、交换机等的接口，比如 RJ-45 端口；而另一种则是逻辑上的端口，一般指 TCP/IP 协议（最基本的网络通信协议）中的相关端口。工作中提到的端口一般指的是后者。

对于服务器而言，有很多不同的端口，而被设计并安装的各应用也有自己的端口，这些端口需要与服务器上的端口相对应，目的是让这些应用能够通过端口找到服务器并正常使用服务器提供的服务。同时，由于端口（Port）很多，为了区分这些端口，还需要对每个端口编号，即端口号（Port Number）。每个不同的端口号代表着提供不同的服务，比如，在计算机上 80 端口代表提供 HTTP 服务，用于访问网页；21 端口代表提供 FTP 服务，允许用户使用上传、下载文件的功能。这些端口号是有范围的，范围为 0～65535，其中 0 不能使用，1～1023 为系统默认端口，1024～65535 为用户端口。

### 2.3.4　HTTP 协议

HTTP 的英文全称是 HyperText Transfer Protocol，即超文本传输协议。它的历史也非常久了，早在 1990 年就已经问世，1996 年正式被确立为标准，并且 1996 年的版本被命名为 HTTP/1.0。1997 年 1 月又发布了 HTTP/1.1 的版本，尽管后面推出了 HTTP/2.0 版本，但直到现在，HTTP/1.1 依然是市面上最主流的 HTTP 协议版本。

HTTP 协议的模式是，由客户端发起请求，服务器对请求进行响应。从这个角度看，在使用 HTTP 协议的时候，若客户端没发起请求，服务器就没办法将消息发送给客户端。那么，客户端怎样才能将请求发送给服务器，又怎样才能从服务器获取响应数据呢？这就需要了解一下一个网络请求经历了什么。

举个简单的例子，大家经常使用浏览器上网，在我们打开客户端浏览器，输入网址，按下回车键，等页面加载完成后，就可以正常浏览网页了。但其实在这个过程中还有一些底层步骤，将输入网址并按下回车键作为起点，此时就需要根据网址（也就是 URL）解析对应的服务器 IP 地址，如何解析呢？浏览器会先根据客户端本地的 hosts 文件查看其中有没有域名与 IP 地址的记录，如果有，就直接访问该域名对应的 IP 地址的服务器；如果没有找到匹配的记录，再找叫作 DNS 的服务器进行解析，或者更进一步到 DNS 根服务器中进行解析，直到找到与该域名匹配的 IP 地址。

完成了上面这一步之后，就需要与服务器建立连接，这个过程就是通过三次握手来建立 TCP 连接。首先由客户端发起请求并发送携带 SYN 标记的数据包，然后服务器收到数据包之后会确认信息并返回携带 SYN/ACK 标记的数据包，最后客户端继续发送一个携带 ACK 标记的数据包给服务器，这标识着握手结束，也意味着连接成功建立。

通过上面的三次握手就建立起了 TCP 连接，这时客户端才可以真正地向服务器发送 HTTP 请求，而在发送请求的时候，会将请求报文发送给服务器，服务器收到请求报文后会对数据进行处理并响应客户端，返回相应的响应报文。客户端浏览器在收到服务器发来的响应报文之后，就会对数据进行解析，并将内容渲染到页面中展示。在整个过程中，HTTP 的报文信息非常重要，其分为请求报文和响应报文两类。

1. 请求报文结构

先来介绍一下请求报文。它是前端或客户端开发工程师在请求后端开发工程师设计的接口时所组织的报文信息，为了让网络协议本身及后端开发工程师明确所需的内容是什么。整个请求报文包含请求行、请求头、空行和请求体 4 部分内容。

为了能够让大家更清晰地了解这 4 部分内容是如何组织的，下面把整个请求报文的结构给大家标出来，如图 2-7 所示。图中报文是使用火狐浏览器打开百度网站，在其中输入关键词"测试"进行搜索时所产生的请求报文。图中框选部分依次是请求行、请求头和请求体，在请求头与请求体之间存在空行，目的是标识请求头结束。

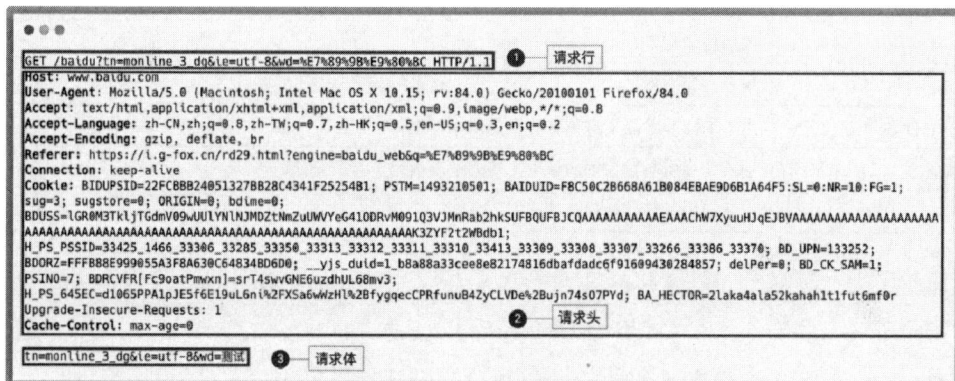

图 2-7　请求报文结构

（1）请求行

请求报文看起来很复杂，但它的结构是很清晰的。图 2-7 中的第一行信息叫作"请求行"，它主要用于明确本次请求是用什么方法基于什么协议访问服务器的什么资源。为了达到这个目的，请求行中提供了 3 个字段，分别是请求方法、请求 URI 和 HTTP 协议及版本。

如图 2-8 所示是请求行的内容，在该内容中从左到右框出了 3 个字段，每个字段之间用空格分隔。第一个字段是请求网络所使用的方法，第二个字段是请求 URI，第三个字段是 HTTP 协议及版本。

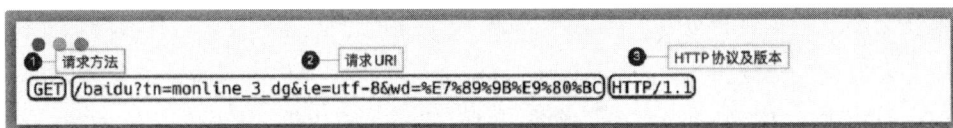

图 2-8  请求行结构

● 请求方法

以 HTTP/1.1 协议为例，下面提供一些常见的方法，具体的请求方法和作用简介如表 2-3 所示。

表 2-3  HTTP/1.1 协议具体的请求方法及作用简介

| 请求方法 | 作用简介 |
| --- | --- |
| GET | 用于获取资源并返回响应内容 |
| POST | 用于提交数据，数据被包含在请求体中 |
| HEAD | 与 GET 方法类似，只是不返回报文的主体部分，只用于获取一些头部信息 |
| PUT | 用于传输文件 |
| DELETE | 用于删除文件 |
| OPTIONS | 用于询问服务器支持什么类型的请求方法 |
| TRACE | 用于回显服务器收到的请求，该方法一般用于测试或诊断 |
| CONNECT | 用隧道协议连接代理服务器 |

使用上面提到的方法，可以应对很多场景。比如，用户在注册、登录网站的时候需要向服务器提交个人资料，服务器会返回注册成功的响应信息；用户在浏览商品的时候需要向服务器请求商品相关的参数并获取商品详情页中展示的数据等。总之，开发者可以根据适合的场景选择对应的请求方法，不过其中最常见的请求方法只有 GET 和 POST 方法。

● URI

URI 的英文全称是 Uniform Resource Identifier，即统一资源标识符。它是一个用于标识某一资源名称的字符串，理论上网络上所需要访问的各种资源，无论是图片、音频、视频还是其他类型的文档，都可以采用 URI 定位。而且对于 URI 来说，还可以细分出两种不同的表现形式，一种是我们经常听到的 URL，另一种是 URN。

URL 的英文全称是 Uniform Resource Locator，即统一资源定位符，可以简单地将其理解为一个具体路径，而为了明确这个路径，需要了解访问的服务器是什么和要访问的资源在服务器上的什么位置，于是一般情况下 URL 会包含协议类型、服务器的 IP 地址和资源在服务器上的具体路径 3 部分，也正是因为如此，URL 会随着资源在服务器上位置的改变而发生改变。URN 的英文全称是 Uniform Resource Name，即统一资源名称，它是一种基于特定命名空间来给资源指定名称的方式，它的重点在给资源命名上，而并不需要明确资源的位置在哪里。

下面用简单的例子区分 URL 和 URN 两种方式。假定我们要谈论某首热播音乐，使用 URL 方式时需要明确地知道这首音乐在哪个平台哪个分类哪张专辑里，歌名叫什么，是谁唱的；而使用 URN 方式时只用关注歌名是什么。

（2）请求头

下面介绍一下请求头。请求头中包含了很多信息，主要为了说明从哪里发起了什么请求，当然还会包含一些附加信息，通过这些信息就可以让服务器根据客户端的情况提供更合适的响应信息，而这些信息的呈现方式如图 2-9 所示。

```
Host: www.baidu.com
User-Agent: Mozilla/5.0 (Macintosh; Intel Mac OS X 10.15; rv:84.0) Gecko/20100101 Firefox/84.0
Accept: text/html,application/xhtml+xml,application/xml;q=0.9,image/webp,*/*;q=0.8
Accept-Language: zh-CN,zh;q=0.8,zh-TW;q=0.7,zh-HK;q=0.5,en-US;q=0.3,en;q=0.2
Accept-Encoding: gzip, deflate, br
Referer: https://i.g-fox.cn/rd29.html?engine=baidu_web&q=%E7%89%9B%E9%80%BC
Connection: keep-alive
Cookie: BIDUPSID=22FCBBB24051327BB28C4341F25254B1; PSTM=1493210501;
BAIDUID=F8C50C2B668A61B084EBAE9D6B1A64F5:SL=0:NR=10:FG=1; sug=3; sugstore=0; ORIGIN=0; bdime=0;
BDUSS=lGR0M3TkljTGdmV09wUUlYNlNJMDZtNmZuUWVYeG41ODRvM091Q3VJMnRab2hkSUFBQUFBJCQAAAAAAAAAAAAAEAAAChW7XyuuHJqE
JBVAAAAAAAAAAAAAAAAAAAAAAAAAAAAAAAAAAAAAAAAAAAAAAAAAAAAAAAAAAAAAAAAAAAAAAAAAAAAAAK3ZYF2t2WBdb1;
H_PS_PSSID=33425_1466_33306_33285_33350_33313_33312_33311_33310_33413_33309_33308_33307_33266_33386_33370;
BD_UPN=133252; BDORZ=FFFB88E999055A3F8A630C64834BD6D0;
__yjs_duid=1_b8a88a33cee8e82174816dbafdadc6f91609430284857; delPer=0; BD_CK_SAM=1; PSINO=7;
BDRCVFR[Fc9oatPmwxn]=srT4swvGNE6uzdhUL68mv3;
H_PS_645EC=d1065PPA1pJE5f6E19uL6ni%2FXSa6wWzHl%2BfygqecCPRfunuB4ZyCLVDe%2Bujn74sO7PYd;
BA_HECTOR=2laka4ala52kahah1t1fut6mf0r
Upgrade-Insecure-Requests: 1
Cache-Control: max-age=0
```

图 2-9　请求头字段

从图 2-9 可以发现，这些信息都是以类似属性名加上属性值的方式存在的，并且这些不同的字段会在请求过程中起到不同的作用。HTTP 请求头中的常见字段及其作用如表 2-4 所示。

（3）请求体

在整个请求报文中，最核心的内容在请求体中，因为需要请求的参数基本上都会放在请求体中传送给服务器，而根据实际的应用场景，HTTP 协议的请求体会存在几种不同的形式，分别以 JSON、XML、表单和文件的形式将所需提交的数据格式化，然后提交给服务器，在开发时这些不同的文件类型会被标记为 application/json、text/xml、application/x-www-form-urlencoded 和 multipart/form-data。

表 2-4  HTTP 请求头常见字段及其作用

| 请求头字段名 | 作用 | 请求头示例 |
| --- | --- | --- |
| HOST | 指定想要访问的服务器的域名或 IP 地址，以及对应的端口号 | Host: www.baidu.com |
| User-Agent | 简称 UA，用于向服务器表明客户端的操作系统及浏览器的类型和版本信息 | User-Agent: Mozilla/5.0 |
| Accept | 用于指定客户端可以接受的内容类型 | Accept: text/html |
| Accept-Language | 用于指定客户端可以接受的语言 | Accept-Language: en-US,en |
| Accept-Encoding | 用于指定客户端所支持的服务器返回内容时压缩编码的类型 | Accept-Encoding: gzip |
| Accept-Charset | 用于指定客户端可以接受的字符编码集 | Accept-Charset: utf-8 |
| Accept-Ranges | 用于定义范围的单位 | Accept-Ranges: bytes |
| Authorization | HTTP 授权的授权证书 | Authorization: Basic CbhuHINVzokpl |
| Referer | 用于表示访问的来源 | Referer:https://www.example.com/×××× |
| Connection | 用于标识是否需要持久连接 | Connection: close |
| Cookie | 用于指定本地所存储的 Cookie 信息 | Cookie: PHPSESSID=1212212dfdfd; |
| Content-Length | 用于指定请求时的内容长度 | Content-Length: 666 |
| Cache-Control | 用于指定请求和响应时所遵循的缓存机制 | Cache-Control: no-cache |

## 2. 响应报文结构

下面再来介绍一下响应报文。在服务器接收到客户端发送的请求报文后，服务器需要对报文进行解析和处理，之后将相应的数据通过响应报文返回给客户端。为了方便客户端进行后续的数据处理，响应报文也包含了 4 部分，分别是响应行、响应头、空行和响应体。

同样，我们把整个响应报文的结构标了出来，如图 2-10 所示。图中用框圈起来的部分依次为响应行、响应头和响应体，在响应头与响应体之间也有空行，空行标识着响应头的结束和响应体的开始。

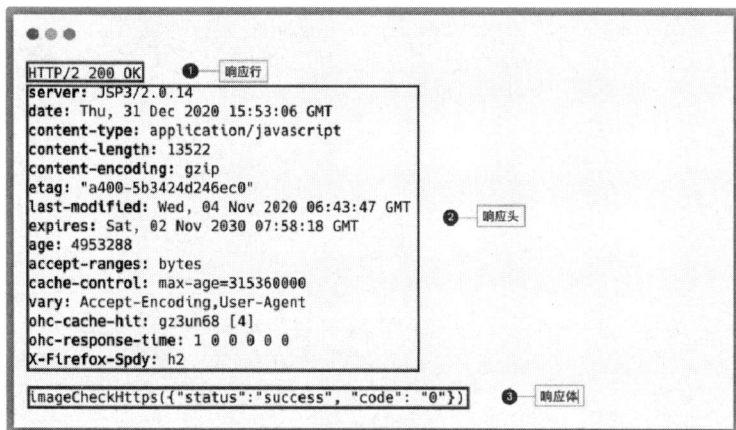

图 2-10　响应报文结构

（1）响应行

响应行用于让客户端明确服务器是否能正常处理请求，于是在响应行中存在用于识别的状态码及描述信息的字段，此外响应行还会提供具体的协议类型及版本号。如图 2-11 所示，这就是响应报文中的第一行内容，即响应行，可以看出前面的 HTTP/2 代表基于 HTTP 协议返回数据，并且使用的协议版本号是 2。

图 2-11　响应行

另外，在图 2-11 中还能看到一个数字和"OK"字样，其中的数字代表本次请求返回的状态码，而"OK"则是对状态的简单描述。通过 HTTP 协议中约定好的状态码及对应的描述，客户端在拿到服务器返回的信息后，就可以非常方便地基于状态码进行判断，从而更便捷地执行后续操作。下面我们来了解一下常见的状态码。

如果大家留意过，可能会发现在一些网页中会出现与图 2-12 相似的页面。一般这时意味着该页面出现了某种问题。为了让我们知道出了什么问题，页面上往往会给出一段提示，显示一个数字，这个数字就是 HTTP 状态码。

404

页面不存在，请点击 返回首页

图 2-12　404 状态页面

这个 HTTP 状态码出现的过程如下：首先，在访问一个网页时，浏览器会给网页服务器发送请求，服务器接收到请求后，会将报文信息返回给浏览器，报文信息中包含了 HTTP 状态码的信息头，以响应浏览器的请求。这个状态码可以告诉客户端当前服务器的响应情况，这时客户端就可以根据服务器的响应情况来判断服务器的情况，开发者也可以凭借服务器返回的状态码来确定目前出现了什么问题。

从上面描述的场景来看，为了更好地标记服务器问题，设定了多种 HTTP 状态码，比如图 2-12 中的 404 状态码，这就是一个经常出现的状态码，另外还有 400、500、502 等，它们也是常见的状态码。对于我们产品经理而言，至少需要知道有哪些常见的状态码，以及这些状态码分别代表了什么意思。这样，如果在验收产品的过程中遇到页面上出现了状态码，就能够对问题有个初步的判断，并联系开发者解决问题。

HTTP 状态码一般由 3 个数字构成，第一个数字代表了状态码的类型，后两个数字则对应具体的问题。状态码可以分成 5 个类型，分别对应 1～5，下面分别对这 5 类状态码进行讲解。

以 1 开头的状态码是服务器对信息的响应代码，表示服务器已经接收到请求，但是需要继续处理。从这个角度来看，它其实代表了一个未完成的状态，也就是临时响应。

- 100 Continue，说明服务器已经接收到请求头，客户端应该继续发送后续的请求。

- 101 Switching Protocols，说明服务器不仅接收到请求头，而且理解了请求，并且开始切换所使用的协议。

以 2 开头的状态码是服务器成功响应的代码，表示服务器已经成功接收到客户端的请求。

- 200 OK，这是最常见的状态码之一，因为只要请求成功，就会在响应头中返回该状态码。

以 3 开头的状态码是重定向的代码。我们先简单解释一下重定向。可以简单地认为重定向是由某个链接跳转到另一个链接，那么为什么会存在需要重定向的情况呢？可能的原因主要有网站路径发生了改变，或者某个网页的扩展名（也就是网页文件的后缀名）发生了改变。在这些情况下，如果没有做重定向，用户继续按照之前的链接访问页面，就会被提示 404，这对于平台而言也不好，因为可能导致用户认为网站不存在，从而流失了用户。

- 301 Moved Permanently，该状态码被称为永久性重定向，一般在某域名彻底不使用的情况下才会使用该状态码。
- 302 Found，该状态码有时候也会显示为"请求的资源已被临时移动"的提示，这意味着后面可能会变回原来的域名地址或者使用新的域名地址。

以 4 开头的状态码是客户端发生错误的代码，表示出现的错误是由客户端造成的。

- 400 Bad Request，该状态码表示客户端发起的请求报文中存在错误信息，要么是语法上的错误，要么是存在无效参数。若参数类型不符合接口要求，也可能出现该状态码。
- 403 Forbidden，该状态码表示访问页面的用户没有访问权限，而用户没有权限的原因有很多，比如 IP 地址被封，或者确实只是用户账号对相应页面没有访问权限。
- 404 Not found，这应该是最常见的状态码了，该状态码表示访问的页面不存在。

以 5 开头的状态码是服务器发生错误的代码，表示出现的错误是由服务器造成的。

- 500 Internal Server Error，开发者之间有时候会在工位上喊"报 500 了，赶紧看一下"，出现 500 状态码，要么是运维工程师在对服务器做服务重启等操作，要么是后端开发工程师做了什么。

- 502 Bad Gateway，该状态码表示一台服务器收到了另一台服务器的无效响应，通常在查询或请求过程太长的情况下，服务器无法给出正常响应，于是报错。

- 503 Service Unavailable，由于系统正在维护，因此服务器没办法处理客户端发起的请求，这时服务器便将该状态码返回给客户端。

（2）响应头

介绍完响应报文中的响应行之后，再来介绍一下响应头。响应头中包含了很多信息，主要用于说明什么样的服务器返回了什么样的数据，帮助客户端更好地对数据进行后续的处理。在响应头里还提供了一些其他的辅助信息，HTTP 响应头常见字段及其作用如表 2-5 所示。

表 2-5　HTTP 响应头常见字段及其作用

| 响应头字段名 | 作用 | 响应头示例 |
| --- | --- | --- |
| Allow | 用于说明服务器支持哪些请求方法 | Allow: GET, POST |
| Access-Control-Allow-Origin | 用于标识允许哪个域发送请求 | Access-Control-Allow-Origin: * |
| Accept-Ranges | 用于说明服务器是否支持部分请求 | Accept-Ranges: bytes |
| Cache-Control | 用于告诉客户端缓存机制的类型 | Cache-control: max-age=315360000 |
| Content-Encoding | 用于表明服务器返回的数据压缩编码类型 | Content-Encoding: gzip |
| Content-Length | 用于表明响应体的长度 | Content-Length: 666 |
| Content-Type | 用于明确返回内容的 MIME 类型 | Content-Type: text/html; |
| Content-Language | 用于表明响应体所使用的语言 | Content-Language: en |
| Expires | 用于表明响应过期的时间 | Expires: Sat, 02 Nov 2030 07:58:18 GMT |
| ETag | 用于标识所请求的服务器资源 | Etag: "5dc3a743-0" |
| Last-Modified | 用于告知客户端文档最后的修改时间 | Last-modified: Wed, 04 Nov 2020 06:43:47 GMT |
| Location | 用于重定向接收方到非请求 URL 的位置来完成请求或标识新的资源 | Location:https://www.example.com/×××× |
| Refresh | 用于告知浏览器间隔多久刷新一次 | Refresh: 100 |
| Server | 用于告知服务器的类型和版本 | Server: nginx/1.4.4 |
| Set-Cookie | 用于设置与页面相关的 Cookie | Set-Cookie: BD_CK_SAM=1;path=/ |

（3）响应体

响应体是整个响应报文中客户端或前端开发工程师比较关注的内容，因为需要在页面中渲染的数据基本上都会被后端开发工程师放在响应体中返回。通常会根据响应头中指定内容的 MIME 类型来返回数据，如果 MIME 类型是 text/html 类型，会返回 HTML 代码；如果 MIME 类型是 image/png 类型，会直接返回 png 格式的图片；如果 MIME 类型是 text/javascript 类型，会返回一段 JavaScript 脚本。总是根据不同类型返回不同格式的数据，这样就可以方便客户端开发工程师进行针对性的解析处理了。

## 2.3.5  HTTPS 协议

HTTP 协议是常用的网络协议，但它也有很多不足之处，最明显的不足是它在通信过程中使用的都是明文，没有对传输中的报文信息进行加密，这就可能导致传输中的信息被拦截并窃取。这种情况对于一个产品而言是非常严重的，如果自己的产品基于 HTTP 协议来进行网络数据传输，而竞争对手使用某些手段对这些数据进行了拦截，由于没有任何加密措施，那么他们可以轻而易举地查看数据。如果被拦截的数据非常重要，那么势必会给公司带来重大的影响。

在这样的背景下，出现了两种不同的解决方案，一种是对通信内容进行加密，一种是对通信管道进行加密。

对通信内容进行加密，实际上就是保持协议不变，对传输报文中的部分内容进行加密，并且服务器和客户端都有密钥进行加密和解密，就算数据被他人拦截，由于没有解密的密钥，他人只能看到密文信息。但如果密钥被破解，那么数据的安全性依然得不到保障。因此出现了另一种解决方案，即对通信协议本身进行加密。HTTP 协议本身并没有加密机制，但它可以与 SSL（Secure Socket Layer，即安全套接层）或 TLS（Transport Layer Security，即安全层传输协议）组合使用，从而实现加密。基于 SSL 建立安全通信线路之后，便可以安全地实现 HTTP 通信了。这种与 SSL 或 TLS 组合使用的 HTTP 协议便被称为 HTTPS 协议，也就是超文本传输安全协议。

采用 HTTPS 协议进行通信的网站网址以 https:// 开头，在浏览器中点击网址前面的查看网站信息入口（带锁的位置），还会显示如图 2-13 所示的提示框。

在提示框中点击证书，可以查看网站证书详细信息，如图 2-14 所示。

这个证书是怎么来的？证书的主要作用是什么？下面给大家介绍一下。

首先来看看证书是怎么来的。一般情况下，无论是做网站还是开发 App，当想要使用 HTTPS 协议时，需要执行以下步骤。

图 2-13　提示框

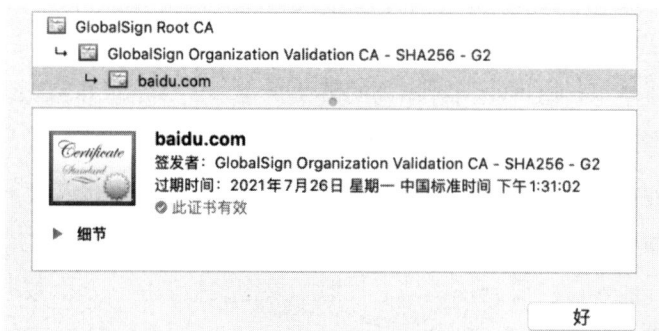

图 2-14　网站证书详细信息

### 1. 向第三方权威 CA 机构申请证书

CA 是 Certificate Authority 的缩写，即数字证书授权，它是负责签发证书、认证证书、管理已颁发证书的机构。由于 HTTPS 协议通信过程中会涉及第三方 CA 机构的校验，所以申请商业用途证书都是收费的，并且在申请证书时，需要向机构提交公司的组织和域名信息。目前国内几大云服务厂商，如阿里云、腾讯云等，都提供了 SSL 证书的申请服务，它们直接与业界知名的 CA 机构合作，所以我们在需要使用 HTTPS 协议时，只需要到这些服务厂商平台上进行注册，然后按要求提交资料即可。

### 2. CA 机构基于公司提交的资料进行审核

CA 机构在收到提交的资料后，便会对资料进行审核，审核通过后会生成证书。

3．审核通过后为公司生成证书

在生成的证书中一般包含了公司的信息、CA 机构信息、证书有效期限、证书序列号及证书签名，而最主要的信息是公钥信息。

有了证书，在开发过程中就可以基于证书使用 HTTPS 协议来实现对通信过程的加密了，从而可以确保数据传输的安全性。

## 2.3.6　开发中的各种环境

作为产品经理，在与开发者一起工作的过程中，经常能听到开发者提到"环境"，比如可能会听到前端开发工程师在工位上喊："开发环境挂了，快看一下。"或者测试工程师怒气冲冲地拿着测试机跑到开发者跟前说："你看这些页面在测试环境下都加载不出来，赶紧解决下。"

其实"环境"本质上是不同的服务器，而在不同的服务器上会有各种数据库和代码。那么为什么会有不同的环境呢？这还得从互联网项目流程说起。

对于一个互联网项目而言，项目大概会经历立项、需求收集、需求分析、产品设计、产品开发、产品测试、产品验收、产品上线、产品运营等环节，若项目的前期工作已经完成，在需求文档产出并且评审通过后，就会开始投入开发环节。

在开发过程中，为了不对真实用户造成影响，一般会将给客户端提供数据的数据库和能让系统运转的后端代码放在单独的服务器上，将会随时对数据库和代码进行修改的内容放在另一台服务器上。在产品从开始开发到最后上线的过程中，还会经历测试、验收、发布等多个环节，所以按照用途一般会提供多个不同环境的服务器，比如开发环境、测试环境、预发布环境、生产环境/正式环境等。

1．开发环境

前面介绍过，存在不同岗位的开发者，但从大的方向来说，基本可分为偏"前端"的开发者和偏"后端"的开发者。在开发过程中，一般先由运维工程师搭建好基础的服务器，也就是开发环境，并在上面部署好相应的数据库。

后端开发工程师会在开发环境下进行数据库的设计，并开始撰写相关的逻辑代码。前端开发工程师则开始进行页面和交互的开发，并且需要与后端开发工程师进行联调，此时所有前端开发工程师获取到的数据都来自开发环境下的数据库，产生的数据也需要提交给开发环境下的数据库。在这个过程中，开发者会造很多"假数据"，以确保联调过程能够正常进行，既然是"假数据"，所以很多数据在从数据库传给前端展示的时候与真实用户看到的并不一样。

但这很正常，毕竟此时开发者的重点是确保代码的逻辑通畅，并不在意数据的真实性，更多的细节将在开发过程的后期慢慢完善。

## 2. 测试环境

当开发到一定阶段时，就会进入测试环节。此时，后端开发工程师会把代码和数据库都同步给另一台服务器，即测试环境，而前端开发工程师也会把获取和提交数据的相关接口切换到测试环境，这时测试工程师就可以在测试环境下对产品进行测试了。

在测试环境下进行测试的目的是寻找产品中的 Bug。为了达到这个目的，会在测试环境下基于各种用户场景修改数据，并且这些修改不会对真实用户造成任何干扰。

## 3. 预发布环境

在测试到一定阶段后，产品基本上没什么问题了，这时就需要验收并准备发布了。这时一般会把代码部署到预发布环境下，这里的代码和配置基本与生产环境下的一致，甚至有些公司会将预发布环境下的数据库与用户真实使用的数据库相连，而有的公司则单独配置一套数据库。

既然与生产环境基本一致，那么为什么要单独部署预发布环境呢？主要原因在于，在预发布环境下，一般会进行产品上线前的最后测试，如果没有在与生产环境一模一样的环境下进行过测试，会导致产品上线之后才暴露出各种因数据库不同或服务器配置不同带来的 Bug，所以预发布环境是非常有必要的。甚至在极少数情况下，哪怕在预发布环境中验收通过，产品依然在上线后出现了问题。

## 4. 生产环境/正式环境

在预发布环境下验收通过之后，后端开发工程师或者运维工程师会把代码全部部署到生产环境下，该环境在不同的公司可能有一些不同的叫法，比如线上环境、正式环境等。因为是真实用户使用的环境，所以在该环境下执行的操作会对用户造成影响。

为了避免对真实用户造成影响，一般需要项目管理人员从管理制度上进行把控，比如开发者不能私自将代码发布到线上，所有涉及对线上代码的改动都要经过测试工程师、产品经理、项目经理等相关人员的确认后才可发布；发布代码时，应尽量挑选用户不太活跃的时间段，这样就算出了问题，也可以使影响降到最低。

### 2.3.7　前后端分离

对于很多互联网公司而言，前端和后端开发工程师在工作对接的过程中，经常会因各种原因而尝试采取"前后端分离"的方式进行开发。很多不懂技术的产品经理会感到纳闷，不是本来就存在前端和后端开发工程师了吗？怎么还要再"分离"？所谓的前后端分离，到底指的是什么？接下来，就给大家介绍一些前后端分离的知识。

首先，需要说明的是，前后端分离不是一个岗位，从某种意义上说，它是一种架构模式。所谓的架构模式，简单理解就是为了更好地搭建一套软件系统所形成的解决方案，利用这些成熟的解决方案可以保障系统的整体根基（包括结构）不会出现太大的问题。

在讲解前后端分离前，还需要了解传统的开发方式。对于传统的 Web 开发方式，开发者需要完成数据库开发，并在此基础上进行业务逻辑的开发，然后将生成的数据渲染到 HTML 页面中。从这个角度来说，可以认为只有全栈开发工程师才能正常地完成一个项目的开发工作，因为开发者需要完成数据库开发、后端开发、前端开发等一系列工作，这对于开发者的要求非常高。随着时代的发展，这种情况慢慢地发生了变化，在项目中开始出现一种新的模式，即由一部分开发者专门负责开发静态页面，另一部分开发者将这些静态页面嵌入自己的代码中并完成一些逻辑开发和数据填充，这时已经开始有了前后端分离的苗头，不同的开发者在整个项目中负责了不同的开发任务。

只是在这种模式下，依然有很多问题，所有的代码全放在一起，而且一方对另一方有着非常强的依赖性，这导致一旦代码出现问题，需要进行调试或者修改，彼此之间的沟通将极为不便，问题的处理也十分烦琐。在这样的背景下，慢慢演变出了新的模式，这就是前后端分离。前后端分离本质上是将开发过程中的工作职责彻底划分清楚，前端和后端互相不干扰，前端开发工程师主要负责页面的开发和数据的渲染，后端开发工程师主要负责数据库开发和业务逻辑的处理，前后端之间则通过后端开发工程师提供的接口来实现数据的联通。另外，有一些公司的前后端分离实践不仅把开发者的工作职责做了清晰的划分，甚至将前后端的代码都放在各自的代码仓库中进行管理。

这种前后端分离模式的好处显而易见。因为前端和后端开发工程师的职责划分十分清晰，所以工作中可以实现并行开发，后端开发工程师只需要针对数据和业务的处理提供接口，前端开发工程师只需要开发界面，并基于后端开发工程师提供的接口提交数据或者将数据渲染到界面上，从而提高了开发效率。也正因为如此，开发者可以更专注于自己的领域，而不像以前那样纠结于是否应该学习各种开发技术，这样开发者也有机会更加专业和深耕某一领域。同时，由于前后端分离，前后端代码不会彼此关联嵌套，通过接口就能完成数据传输，这样代码维护也更方便。

既然前后端分离可以带来这么多好处，那么是不是所有的产品在开发过程中都应采取前后端分离的模式呢？答案是否定的，因为没有模式是万能的，这就好比关系型数据库和非关系型数据库，都有各自适合的场合。下面我们来了解一下前后端分离主要适用的场景。如果产品比较重视用户体验或页面交互效果，那么采用前后端分离会更好，让专业的人做专业的事。如果公司做了很多不同形态的产品，如 Web 客户端、App 客户端、小程序客户端，而且这些产品的功能大致相似，那么推荐采用前后端分离，这样可以公用接口。另外，还应该从结果出发进行考虑，如果采用前后端分离模式没有带来团队工作效率的提升，而只是追寻技术潮流，那将没有任何意义。

## 2.4　技术实现常用名词

在了解一些基础名词后，接下来我们再从开发者实现产品需求的过程中会经常运用的技术角度出发，介绍技术实现常用名词。

### 2.4.1　常见 ID

在产品设计或者使用过程中，只要涉及数据相关内容，就不可避免地需要与各种 ID（UserID、AppID、OpenID、UnionID）打交道。尽管很多时候相关工作可以完全交给开发者，但这样一来，原本需要产品经理自己设计的基础逻辑就变成了他人代劳，这样无论是对产品经理自身的发展和提升还是对展现出的专业度都造成了不好的影响。而且，各种 ID 其实没有那么复杂，只需要稍加了解，就能够掌握。接下来，就讲解常见 ID 及其作用。

#### 1. UserID

目前市面上的绝大多数产品都提供了注册、登录功能，无论是使用手机号+验证码的方式注册，还是使用邮箱+密码的方式注册，用户在注册后都可以在系统里设置自己的昵称及其他信息。用户在产品中的任何行为或操作，理论上都可以被记录下来，并且可以精准地对应到某个具体的用户登录账号。为什么可以实现这种效果呢？原因是当用户注册的时候，系统会把用户填写的信息记录到数据库中，并且为用户生成一个唯一标识。用户在系统中执行的任何操作，都会通过这个唯一标识对应到用户身上。

这类似于在现实社会中，孩子出生后会办理出生证明，然后父母拿着出生证明去派出所办理相关手续，这时孩子就拥有了一个属于自己的身份证号码，这个号码不会与其他任何人的重复。为了避免重复，身份证号码在设计上加入了很多信息，身份证号码前两位是出生地省份编码，第 3 位和第 4 位是城市编码，第 5 位和第 6 位是区县编码，第 7～14 位是出生年月日，第 15 位和第 16 位是出生地派出所编码，倒数第 2 位是性别，奇数代表男性，偶数代表女性，最后一位数字是一个随机生成的校验码。正是因为如此复杂的设计和长度编排，才能保证身份证号码不重复且包含了必要的信息。人们在生活中经常使用身份证号码作为自己的唯一标识。

系统中的 UserID 与身份证号码的用法差不多，UserID 在系统中也经常被叫作用户 ID。为了能够更好地给注册系统的用户分配一个专属 ID，我们作为产品经理，应该了解一下可以采取什么规则设计 UserID。

（1）自增 ID

因为 UserID 是保存在数据库中的用户信息的一个字段，所以如果将某个数作为初始值，每当有新用户注册时，就在上一个数的基础上加上某个值作为新用户的 ID，那么从理论上看每个用户的 UserID 都不会重复。而且对于开发者而言，也能在数据库中进行很方便的设置，比如使用 Navicat Premium 这种可以对数据库进行管理的可视化工具，只需要在创建用户表时，定义字段名称并设置数值自动递增即可，如图 2-15 所示。

如果使用 SQL 语句，可以在创建表时，直接在 userID 字段后面添加 AUTO_INCREMENT 来实现数值自动递增，如图 2-16 所示。

虽然用数值递增的方式实现起来比较容易，但是存在明显的缺点，那就是很容易暴露一些信息，比如用户量，尤其是在不方便对外透露真实用户量的情况下。而且由于 ID 是数值递增的，它并不受代码中的业务逻辑所控制，所以就会出现另一个问题，当需要与其他数据库中的表做数据合并或者进行数据统计时，可能会出现因大量 ID（不同数据库中的 ID）重复而导致的数据难以合并或难以去重统计。

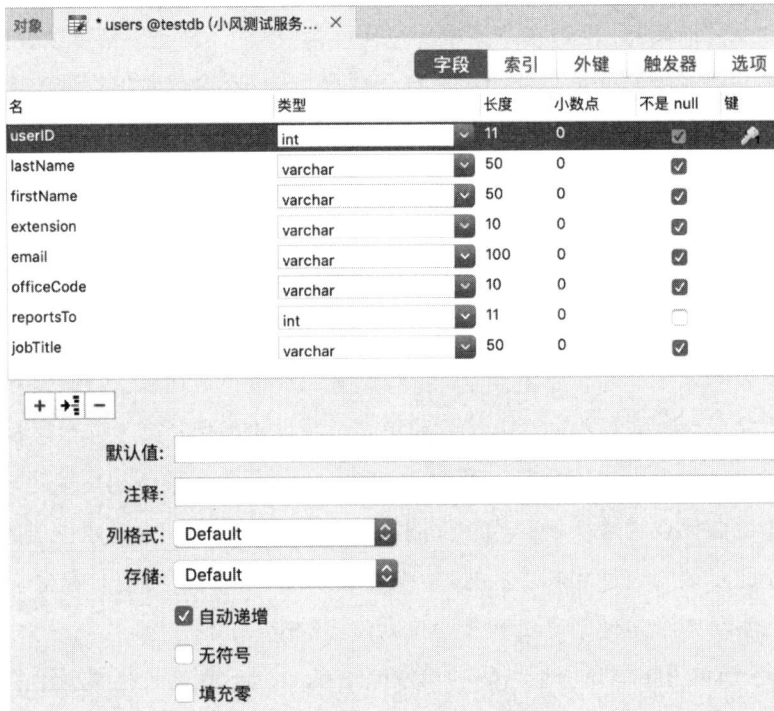

图 2-15　在可视化界面上创建用户表时定义 userID 字段数值自动递增

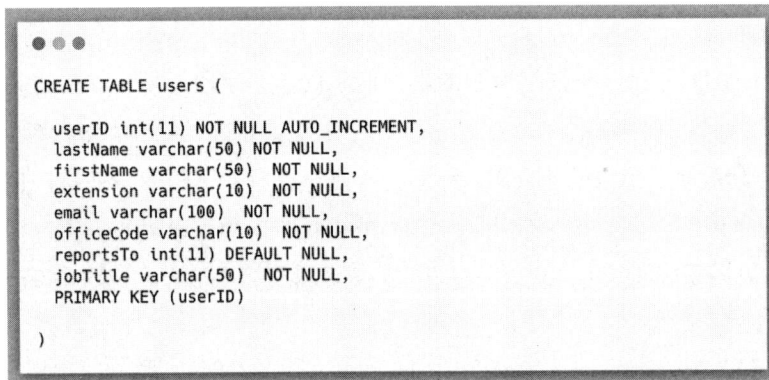

```
CREATE TABLE users (

userID int(11) NOT NULL AUTO_INCREMENT,
lastName varchar(50) NOT NULL,
firstName varchar(50)  NOT NULL,
extension varchar(10)  NOT NULL,
email varchar(100)  NOT NULL,
officeCode varchar(10)  NOT NULL,
reportsTo int(11) DEFAULT NULL,
jobTitle varchar(50)  NOT NULL,
PRIMARY KEY (userID)

)
```

图 2-16　用 SQL 语句实现 userID 字段数值自动递增

（2）UUID

正是因为有多个表中 ID 重复的情况存在，所以市面上出现了一种叫作 UUID 的行业标准，用于生成类似 UserID 的需要进行唯一区分的 ID。UUID 实际上是 Universally Unique Identifier 的缩写，即通用唯一识别码。

通常这个 ID 是通过特定算法计算得到的，在实际工作中，它是类似 bd5fb37d-225f-41f5-b29d-7c3168ab827a 的 32 位长度十六进制数（除其中的 4 个连字符）。而且，为了确保 UUID 生成的值是唯一的，一般会基于系统的当前时间、计数器和某些硬件标识（如电脑的 MAC 地址）等数据计算来生成。

（3）自定义规则

除了前面提到的这些办法，我们产品经理在定义 UserID 时，也可以考虑采用其他办法，但归根结底，最核心的原则是保证每个用户自己的 UserID 是唯一的、不重复的。另外，对于使用纯数字作为 UserID 的平台，一定要考虑目前和未来的用户量级，如果 UserID 的长度不够，可能很快就会用完，导致后面不得不修改 UserID 的生成规则。

### 2. AppID

了解了 UserID 之后，接下来要讲解的这个概念会比较容易理解。UserID 指的是用户 ID，那么顾名思义，AppID 指的是 App（也就是应用）的 ID。一般在自己公司的应用要对接第三方平台时，在第三方系统中会遇到 AppID 这个词。开发者在需要对接第三方平台的时候，就会找到我们产品经理，让我们提供第三方平台分配的 AppID，或者他们自己去对应的第三方平台上找 AppID，将其作为开发必备参数，以保证应用能够正常地与第三方平台对接。

下面以一个例子来进行说明。比如，目前某公司要开发一个电商 App，其中支付功能必不可少，这时就需要对接市面上的主流支付工具，如微信、支付宝等，产品经理会到微信或支付宝网站上申请它们的支付功能。申请支付功能时一般需要提交公司的营业执照、域名或 App 等相关信息。从微信、支付宝公司的角度看，找它们申请开通支付功能的 App 非常多，为了能够更好地区分各个 App 并提供相关的支付服务，它们便为所有在平台上开通了支付功能的 App 分别分配 ID，用于唯一地识别 App。需要注意的是，这里是按 App 分配 ID 的，而不是按公司分配的，因为同一家公司可能会开发多个 App。

在产品经理准备好资料、提交申请并且第三方平台审核通过后，接下来就需要开发者进行具体的技术对接了，这时我们产品经理需要将申请下来的 AppID 提供给开发者。一般情况下，不仅会提供 AppID，还会提供一些其他的字段信息，比如 AppSecret 字段，以确保对接过程的安全性。

### 3. OpenID

OpenID 是一套身份验证系统，它与传统的账号系统比较相似，但又不太一样。要想明白 OpenID 系统，得先从传统的账号系统讲起。若应用中使用的是传统的账号系统，那么当用户首次使用系统时，需要注册账号，再次登录系统时输入自己的账号名称、密码等就可以进入系统。

若应用中使用的是 OpenID 系统，那么只要用户注册并获取了 OpenID，则在使用了同一 OpenID 的其他应用中都不需要再进行注册，登录该 OpenID 系统的其他应用时，只需要验证 OpenID 相关信息是否匹配即可，只要匹配成功就可以正常登录。

OpenID 系统作为一套成熟的身份验证系统，其实际应用也很常见。微信相关的应用开发工作大多会涉及 OpenID 的运用，而且在微信的整套机制中，OpenID 字段是系统中用于识别用户的唯一标识。

当想让某个应用接入微信授权登录方式时，就需要在微信开放平台上注册，并提交应用的相关基础资料，审核通过后，就可以在自己的应用中接入微信授权登录方式了。一旦成功授权登录，微信就会根据不同的用户信息生成对应的 OpenID 并返回，这个 OpenID 可以作为用户微信登录的唯一识别标识。除了微信，其他很多平台也有类似的机制。

### 4. UnionID

UnionID 是微信体系里的一套典型机制。只要应用涉及微信公众号、微信小程序、App 对接微信等方面，基本上都绕不过 UnionID。那么，下面先简单了解一下 UnionID 的相关概念。

对于一家公司，如果有自己的微信公众号，公众号中配置了 H5 商城，又在此基础上开发了微信小程序，甚至还有 App，而且这些不同形态的产品都支持微信授权登录方式，那么基于前面的 OpenID 系统，某用户用自己的微信账号分别登录了微信公众号、微信小程序、App，微信会针对这 3 个产品生成 OpenID，但是 3 个 OpenID 完全不同。

这时问题就出现了。公司开发的不同产品，很多情况下只是产品形态不同，而业务有重合，甚至完全一样。比如，拼多多既有 App 又有微信小程序，如果两个产品都提供了微信授权登录方式，用户也使用同一个微信账号进行了授权登录，但微信却因产品不同分别返回了不同的 OpenID，这就像一个人去微信登记，但却被微信认定为两个人一样，那么这种情况会导致很多业务上的问题。比如，一个用户可能会在

App 和小程序中都下单，并且在我的订单中应该看到相同的订单信息，但实际上用 OpenID 系统无法实现。

微信为了解决这样的问题，推出了 UnionID。首先需要知道微信公众号和微信小程序的注册要去微信公众平台上申请，而要在 App 中对接微信授权登录方式则需要在微信开放平台上申请。对于微信公众平台而言，一个账号只能绑定一种产品类型，也就是注册一个微信公众平台账号，要么开发微信小程序要么开发微信公众号，若要同时开发微信公众号和微信小程序，需要注册两个微信公众平台账号。基于前面的场景，当公司需要开发微信公众号、微信小程序和 App，并且都要接入微信授权登录方式时，就会产生 3 个不同的 OpenID，没办法鉴别同一用户和打通对应的信息。这时 UnionID 出现了，对于微信，主要通过 UnionID 字段信息来标记通过同一个微信账户登录同一家公司不同产品的同一个用户。

产品经理在做类似需求的时候需要注意，我们应将 UnionID 字段作为判断同一个用户的依据。另外，UnionID 并不是自动生成的，需要我们完成一些准备工作。对于在不同产品中识别同一个用户的需求，需要将对应的微信公众号账号、微信小程序账号与 App 对接微信授权登录方式的账号绑定在同一个微信开放平台上，这样开发者在向微信请求数据时才会获取到 UnionID 字段，才能完成后续的开发工作。

## 2.4.2　Session、Cookie 和 Token

### 1.　Session

前面已经了解过 HTTP 网络协议，该协议是一种无状态协议。举个例子，当客户端想访问某个网站的某个页面时，需要向服务器发起请求，想访问另一个页面时，再次向服务器发起请求，这两次请求实际上是没有任何关联的，上一次的请求对后面这次请求不会造成任何影响，这就是所谓的无状态。

既然是无状态的，也就是说服务器压根不认得用户，但用户在使用产品的过程中实际上经常需要被服务器认识。比如，在电商平台上，用户注册登录之后，需要可以浏览商品，执行将商品加入购物车、收藏商品、下单等操作，如果没有机制来解决无状态问题，那么用户每执行一步操作都需要再次登录。针对这种情况 Session 机制出现了。

Session 机制是怎么实现的呢？基于上面的场景，用户注册后服务器就会为该特定用户创建特定的 Session，用于标识该用户，接下来理论上该用户的所有行为都可以被跟踪,比如浏览、收藏、点赞、下单等,直到用户退出,整个过程可以被称为"一次会话"。一般情况下,一次会话可以包含多次不同的 HTTP 请求和多个响应行为,结束的标志是客户端或服务器中的任何一方断开连接。断开后再次连接则是另一次会话,会产生新的 Session,服务器为了区分不同的 Session,会为它们分别设置唯一的 Session ID。

基于这些 Session ID,就可以对不同用户的不同操作或不同状态进行区分了,甚至还可以将不同用户、不同操作、不同状态下产生的数据分别和 Session ID 绑定后存储到 Session 中,这些数据可以被存放在服务器的数据库中,或者以文件的形式保存,甚至可以临时存放于内存中。

正是因为 Session 的这些特点,所以 Session 机制非常适合处理临时数据,比如对用户自动登录的验证。由于 Session 是存储在服务器中的,因此可以通过一个变量来判断用户是否登录,首次验证通过后设置变量值为 true,后续则直接判断该变量的值是否为 true,不是的话再让用户重新登录即可。

再比如,不同用户登录同一系统后的权限访问控制也可以使用 Session 机制实现。某个用户登录后就会生成相应的 Session,然后从数据库查询该用户的权限,并且将数据保存在当前用户的 Session 对象中,这样服务器在用户访问页面的时候,就可以基于 Session ID 进行匹配判断,并提供相应的内容展示给当前用户。

### 2. Cookie

我们能在很多场合下看到或听到 Cookie 这个词。在访问网站时,可能会在网页的顶部或底部弹出类似图 2-17 的提示,即网站请求使用 Cookie 信息,以便为用户提供更好的使用体验。

在讲解 Cookie 是什么之前,给大家介绍一下客户端和服务器进行交互的过程。正常情况下,当用户在客户端做了某些涉及需要与服务器数据交互的操作时,客户端会发送 HTTP 请求到服务器,服务器在收到客户端的请求之后会给客户端发送响应报文,响应报文中会包含 Cookie 信息,客户端在收到服务器的 Cookie 信息后会将其保存下来,之后每次发送 HTTP 请求的时候都会将该 Cookie 信息发送给服务器。

大概的过程可以通过浏览器的开发者模式查看,比如使用谷歌浏览器打开百度搜索引擎,然后输入 Cookie 关键词进行搜索,服务器会在 HTTP 响应报文中通过 Set-Cookie 方式向客户端发送 Cookie 信息,如图 2-18 所示。

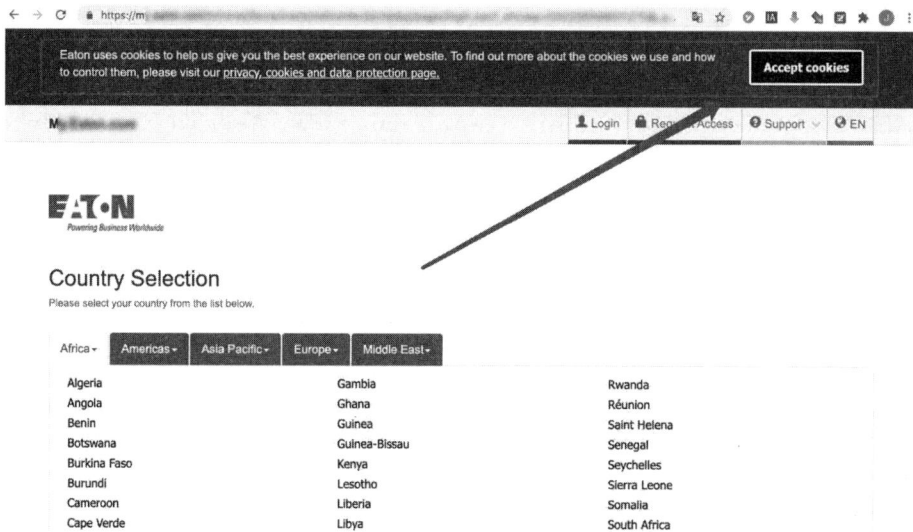

图 2-17　网站请求使用 Cookies 的提示

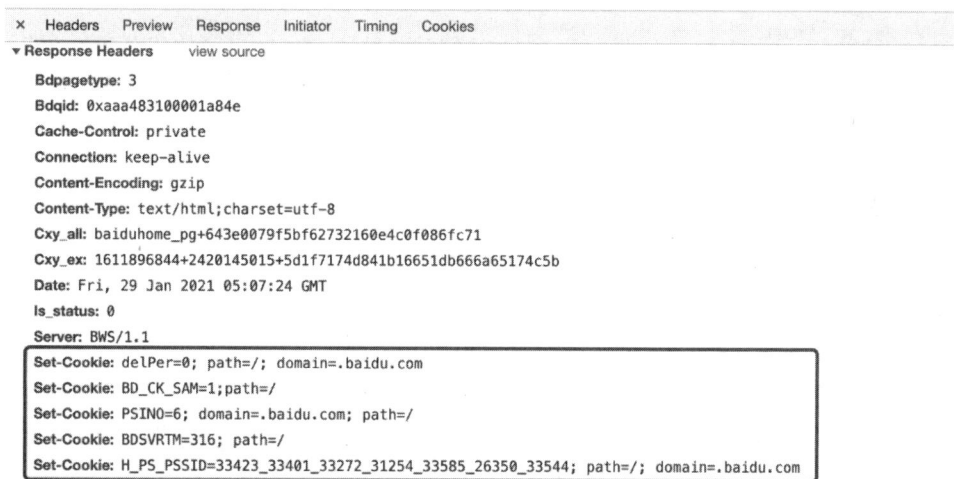

图 2-18　在 HTTP 响应报文中通过 Set-Cookie 方式向客户端发送 Cookie 信息

　　客户端收到了服务器发送的 Cookie 信息后，后续客户端每次发送 HTTP 请求时都会带上 Cookie 信息，如图 2-19 所示，直到 Cookie 信息失效为止。

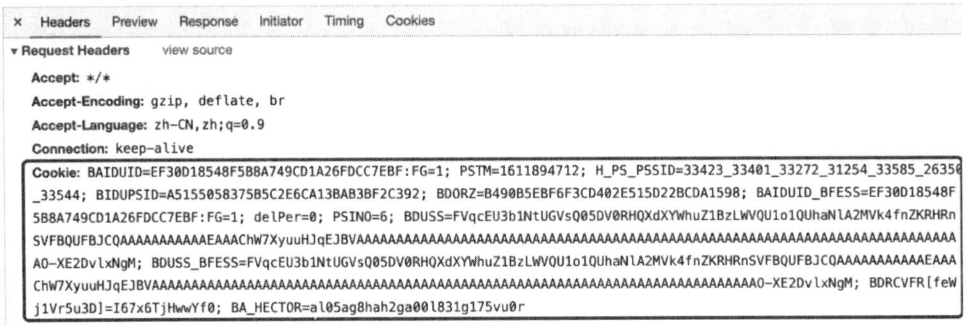

图 2-19　HTTP 请求报文中携带的 Cookie 信息

所以，Cookie 其实是一种在服务器上生成，发送给客户端并保存在客户端的文件，而且相关内容在文件中是以键值对的方式保存的，一般不会存放大量数据。正是因为 Cookie 保存在客户端，所以在很多场合下都可以借助 Cookie 来方便地实现功能。下面拿记住密码的功能举例，理论上用户登录后会将账号和密码以 Cookie 的形式保存在客户端本地，下次当用户想要登录时，只需从本地的 Cookie 中将相应的数据取出，然后通过 HTTP 协议将数据发送给服务器校验，通过后即可正常登录，这样用户就不用重复输入账号和密码了。

在电商网站中，有时候产品经理会提出类似需求，即允许用户在未登录的情况下将商品添加到购物车里，当用户需要结算时，再跳转到登录界面，而且用户登录后可以直接对添加到购物车内的商品进行结算。这种需求也可以借助 Cookie 来实现。大概的实现思路如下：在用户还未登录的时候，允许用户添加商品到购物车，此时将用户和购物车中的商品信息保存到浏览器的 Cookie 信息中，而在用户登录了网站后，从浏览器的 Cookie 信息中把购物车相关信息添加进该用户的购物车并将数据同步给服务器。

### 3. Token

说起 Token，它还有另一个名字"令牌"。Token 其实与 Cookie 很相似，它也是由服务器生成的，但主要用于用户的身份认证相关场景。那么为什么会出现 Token 方式呢？主要因为在获取或者提交数据时，客户端需要向服务器请求数据，为了让服务器清楚地知道应该查询哪个登录用户的账号数据，客户端需要带上请求数据的用户信息，服务器根据该用户信息在数据库中查询匹配的数据，在查到匹配数据的情况下才能够正常响应。在这种情况下，尤其当用户量比较大的时候，频繁的数据请求会对数据库造成较大的压力，于是 Token 产生了。

在使用 Token 的时候，大致可以遵循如下步骤：某个用户在第一次登录成功后，会基于用户的 UserID 和其他一些参数，经过加密算法计算，在服务器上生成 Token，并将这个 Token 返回给客户端；在客户端获得服务器返回的 Token 后，会将它保存在本地（也可以直接将它保存在 Cookie 中）；当客户端再次向服务器发送请求时，就会将这个 Token 加入请求参数并发送给服务器，服务器收到该 Token 后会对其进行校验，校验通过后才能正常返回数据。客户端通过这种方式就不需要在每次发送请求时都将账号和密码发送给服务器，服务器也不需要根据账号和密码在数据库中查询匹配数据了。

## 2.4.3　接口、API 和 SDK

### 1. 接口

接口是一个很宽泛的概念，生活中也非常常见。电脑上就有各种不同类型的接口，如电脑外部连接 U 盘或其他设备的 USB 接口、连接显示器的 HDMI 接口或 VGA 接口、连接网线的 RJ45 接口，以及电脑内部连接硬盘的 SATA 接口，电脑主板上的各种 PCI 接口（可接显卡、声卡、网卡等设备）。这些接口用于连接各种硬件，所以一般被称为硬件接口（Hardware Interface）。

还有一种接口，叫作 User Interface，简称 UI，即用户界面。从某种角度来说，UI 不应该算接口，而应该被当作一种媒介，用户与硬件之间通过 UI（被设计出来的软件）这种媒介进行交互。硬件设备不同，软件设计方式不同，交互方式也会不同。

除此之外，还有一种接口，这种接口更多地出现在技术人员口中，它们有时候会被叫作 API。

### 2. API

API 的全称是 Application Programming Interface，即应用程序接口，在开发过程中经常被用到。基于前面介绍过的 HTTP 协议相关知识，会比较容易理解 API。当用户下载了某个 App 时，打开 App 填写完必要的信息并点击注册按钮，此时客户端就会将用户填写的信息通过网络请求发送给服务器，服务器在收到数据后会对提交的信息进行校验并保存到数据库中，在这个过程中，客户端的数据就是通过接口传输给服务器的，也就是通过 API 进行了数据传输。从这个角度来说，API 有点像一个专门用来传输数据的管道。

为什么会出现 API？这也比较容易理解。在开发产品的过程中，存在不同的开发岗位，大概可划分为偏前端的开发者和偏后端的开发者，偏前端的开发者又可以细分出前端开发工程师和客户端开发工程师，再加上目前很多公司采用了"前后端分离"的架构，这样为了确保不同岗位的开发者能够分工明确且紧密协作，API 就出现了。API 让前端开发工程师或客户端开发工程师专注于界面及交互的实现，而让后端开发工程师专注于对业务数据的处理并提供接口。API 的主要作用有两个：一是通过接口返回数据给前端开发工程师或者客户端开发工程师，二是为前端开发工程师提供接口，将数据提交给后端开发工程师。

### 3. SDK

SDK 的全称是 Software Development Kit，即软件开发工具包。因为是工具包，所以 SDK 中包含了各种内容，比如开发文档、开发案例、开发工具等，当然其中最核心的是各种开发工具，而且大部分工具是对 API 进行封装形成的。

为什么 SDK 中会包含上面提到的这些内容呢？首先，API 的出现与目前市面上的主流开发模式有关，比如前后端分离和后端提供接口给客户端调用，那么辅助开发软件 SDK 需要提供丰富的 API 来达到这些目的。其次，有的 SDK 并不是由应用开发者提供的，而是由第三方提供的，在使用过程中可能会出现各种问题，所以必要的开发文档和简单的开发案例非常重要。

通常，某个 SDK 适用于特定的需求场景，比如与支付相关的 SDK、与数据统计相关的 SDK 等，在频繁使用某功能的开发场景下，将功能封装成 SDK 会非常高效。比如，公司业务做得很大，开发了多个 App，但每个 App 中都有相似的基础功能，这时就可以考虑把相似功能做成 SDK，各个不同业务线的 App 开发工程师就可以直接拿来使用，从而减少了重复的开发工作。而且，现在有些大公司也会把常用功能打包成 SDK，这时其他想使用类似功能但开发能力不足的公司就可以购买相关 SDK，直接使用，这样不仅提高了开发能力不足公司的开发效率，而且提供 SDK 的公司也获得了收益。

### 2.4.4 "写死"和"写活"

在与开发者对接的过程中，我们产品经理可能会经常听到他们针对需求提出疑问，比如"这个地方要不要写死？"你刚听到这句话时，心里肯定觉得诧异，不就是做个需求嘛，不用把人写死吧？大不了我们改需求……类似的情况经常发生，对接及沟通多次后，我们就能知道"写死"代表的是什么了。

打开大部分手机 App 之后，能在 App 底部看到相应的导航栏，比如微信 App 底部就有"微信"、"通讯录"、"发现"和"我"4 个选项，分别由文字和对应的 icon 组成，如图 2-20 所示。

图 2-20　微信 App 底部的导航栏

细心的或经常使用微信的人，应该会留意到这款产品或很多其他产品底部的选项，即使 App 升级多次，这些选项也没发生变化，当然是否发生变化主要与产品的迭代需求有关，但一般情况下，大部分 App 的底部导航栏基本不发生变化，即文字和 icon 基本不变。对于这种情况，就可以采取"写死"的方式来实现。所谓的"写死"，可以理解为将部分内容固定在客户端的代码中，并且这些内容没办法通过后端进行更改。

与"写死"对应的还有"写活"的说法。如图 2-21 所示，这是淘宝 App 的首页，页面从上到下依次可以划分出搜索栏、分类栏、轮播图、金刚区、活动区等。比如，轮播图有一个特点，那就是其中的内容经常发生变化：展示的图片经常换，点击图片后会跳转到与图片对应的页面，而且 App 不需要升级就可以在每次打开 App 时看到这些变化。

这就是用"写活"的方式实现的，页面内容可以发生动态的改变。结合前面介绍的知识，也就是客户端上的内容来自服务器通过接口传输进来的数据，而没有在客户端中固定"写死"。"写活"方式的好处是不需要

图 2-21　淘宝 App 首页

用户升级 App 就可以不断地调整 App 中的内容。这对于运营人员来说，是非常方便的。

基于以上案例，我们就能明白"写死"和"写活"方式的运用场景是什么样的了。一般情况下，对于长期不会发生变化的功能或内容，可以考虑用"写死"的方式实现；对于需要频繁变动的功能或内容，最好用"写活"的方式实现，通过后台配置来实现前台展示的变动，比如电商平台的活动入口、商品的详情信息展示等。

在明确了"写死"和"写活"的特点后，在实际的产品设计中，甚至可以考虑综合运用两种方式来达到更好的产品体验。比如，当用户打开某个页面时，通常需要通过网络向后端请求数据，并且将后端返回的数据渲染在页面上进行展示，但这个过程需要时间，用户很可能无法立刻看到任何页面内容，这时可以考虑在还没有获取到后端返回的数据之前，展示一个"写死"的界面，等到后端返回数据后，再将数据刷新到页面上，从而为用户提供一个更好的体验。

## 2.4.5 常量和变量

介绍了"写死"与"写活"后，下面介绍另一组概念"常量"与"变量"。如果说"写死"与"写活"是对网页呈现效果的描述，那么"常量"与"变量"就是与之对应的开发者技术实现中对数据进行定义的方式。

基于前面的内容，我们知道"写死"时页面上的信息固定不变，应用升级对相应的代码进行更改时才能改变"写死"的信息，而"写活"时用户无须升级应用便可以实现内容的灵活变动。从本质上讲，一个页面上的所有元素都可以划分为两类，一类是控件，另一类是数据，控件是用于承载数据的容器。控件类型不同，可承载的数据量及样式也不同；而数据类型则决定了页面内容是否可以灵活改变。对于数据类型来说，一般又可以分成两大类，一类是常量，另一类是变量。

简单理解的话，常量就是不会发生变化的数据。定义常量时，开发者一般会给这个常量赋予一个默认值，该数值在没有被开发者直接改动的情况下，不会变成另一个数值。而变量则不同，它的特点就是数值会发生改变，也就是在定义变量的时候，开发者可以不用为该变量赋予默认值，而且变量的值会根据代码中的变量赋值逻辑变为其他值。从两者的概念上看，常量适用于页面中数据"写死"的场景，而变量则适用于页面中数据"写活"的场景。

下面举个简单的例子来进行说明。假定我们的产品中包含如图 2-22 所示的个人中心页面，对于其中的页面元素，开发者在开发时，需要分两步来处理。首先通过控件定义页面上的元素，文字使用文本控件，图标使用图片控件；接下来往控件中填充数据，很明显，在打开该页面时任何人都应该看到"个人中心""年龄""性别""地址""个人收藏"等字段，也就是这些字段是不变的，于是可以将这几个字段的数据类型定义为常量，并在代码中为它们赋予固定值。

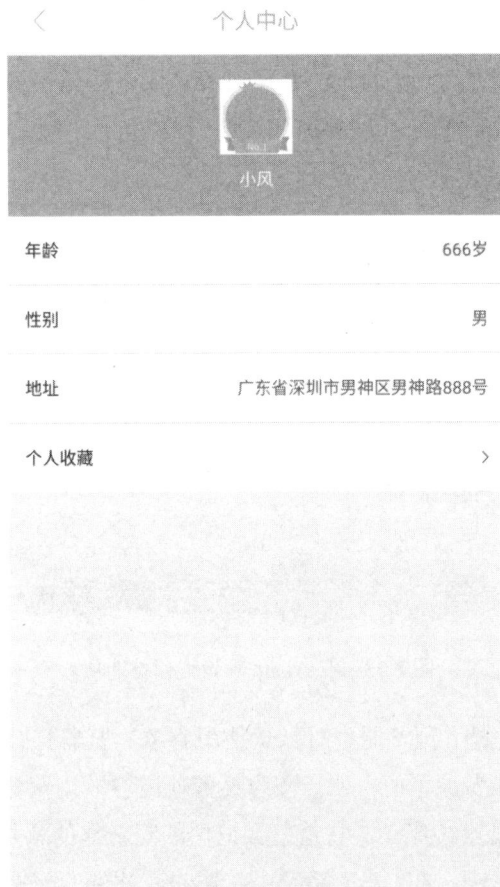

图 2-22　个人中心页面

对于另一些数据，也就是图中的头像 icon、"小风"、"666 岁"、"男"、"广东省深圳市男神区男神路 888 号"等，不同的用户应该看到不同的值，而且应该与用户自己最初设置的值匹配。从这个角度来说，这些数据应该保存在服务器的数据库中，当用户打开页面时通过数据接口从数据库中取出数据并展示在页面上。在这样的情况下，如果将这些数据定义为常量，将无法满足产品需求，所以应该将它们的数据类型定义为变量，并且需要通过接口返回的数据给这些变量赋值。

### 2.4.6 配置文件

无论是在产品开发过程中，还是在平时使用软件的过程中，我们经常能接触到"配置文件"。为了让大家更清晰地知道配置文件是什么及其作用，下面用我们产品经理熟悉的软件 Axure 进行介绍。

Axure 中就有配置文件，当我们产品经理在 Axure 中绘制好原型后，在预览原型之前可以设置预览选项，如图 2-23 所示。

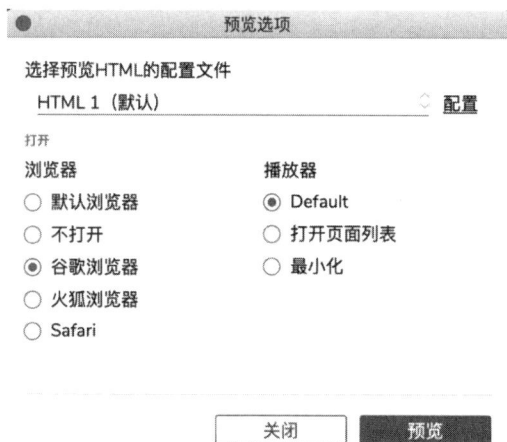

图 2-23 在 Axure 中设置预览选项

在图 2-23 中，设置了预览原型时默认使用谷歌浏览器打开页面。设置完成后，下次打开 Axure 软件预览原型时，就会按照设置使用谷歌浏览器打开页面了。也就是说，软件记住了我的设置。那么，它是怎么记住的呢？靠的就是配置文件。

配置文件位于哪里呢？在 Mac 系统中，Axure 软件的配置文件保存在系统路径 Users/UserName/Library/Preferences/ 下，该路径中的 UserName 是你登录系统的用户名，在该路径下找到 com.AxureRP9. plist 文件并使用编辑器（如 PlistEdit Pro）打开，就能看到如图 2-24 所示的界面。

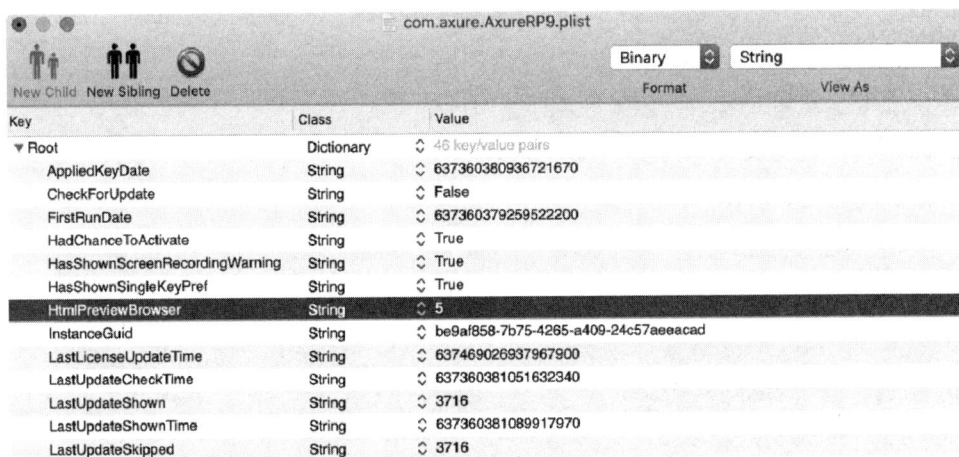

图 2-24　用 PlistEdit Pro 打开 com.AxureRP9.plist 文件

可以看出图 2-24 中的信息是以键值对方式存储的，Key 代表内容名称，也就是键，Value 代表具体的内容，也就是值。前面在 Axure 软件中设置的预览选项，就是图中的 HtmlPreviewBrowser，它的值为 5，为了验证它确实是预览选项，在这里我把 5 改成 3，然后保存文件。再次使用 Axure 软件预览原型时，就会发现打开的浏览器不再是谷歌浏览器了。

在上面的案例中，plist 类型的文件就是 Axure 软件的配置文件。配置文件一般用于记录软件或用户的相关信息，那么为什么需要一个文件来记录这些信息呢？这是因为，在很多场景下，用户在对软件进行设置后，需要把相关设置记录下来，以保障用户在后续的使用中拥有一致的体验。除了这个原因，很多软件也可能会被安装在不同的电脑或系统中，为了确保软件能够按照设计正常运行，就可以提前设置好软件运行必要的参数并以配置文件的方式存储起来。有时候为了让用户使用某款 App 时拥有更好的体验，需要提前设定让 App 只能横屏使用，这时也可以用类似配置文件的方式来实现。

本质上，配置文件真的就是一个文件。那么既然它是一个文件，它就应该有很多不同的存储方式，比较常见的存储方式有二进制文件和纯文本文件。不同的存储方式有各自的优缺点，对于我们产品经理而言，在考虑将配置信息以文件方式存储时，最好结合不同存储方式的优缺点及产品的使用场景进行选择。

二进制文件最明显的优点是文件比较小，缺点是用文本编辑器打开后无法直接看懂其中的内容，所以它适合记录固定的、不需要编辑的配置信息。纯文本文件则有好几种记录形式，如键值对、JSON、XML 等都是常见的形式，而且文件格式也有很多种，即对应的文件后缀名不同，配置文件保存后的常见文件格式有.conf、.ini、.txt、.plist、.properties 等。不论形式是什么，它们本质上就是文件，可以对其进行编辑，软件使用中需要配置信息时从配置文件中读取即可。

比如下面两个文件中包含了同样的数据，分别以 JSON 和 XML 形式展示，如图 2-25 和图 2-26 所示。

```
{
    "name": "小风",
    "properties": [{
        "key": "职业",
        "value": "产品经理"
    }, {
        "key": "爱好",
        "value": "音乐"
    }]
}
```

图 2-25　JSON 形式的数据展示

```
<?xml version="1.0" encoding="UTF-8"?>
<Users>
    <name>小风</name>
    <properties>
        <key>职业</key>
        <value>产品经理</value>
    </properties>
    <properties>
        <key>爱好</key>
        <value>音乐</value>
    </properties>
</Users>
```

图 2-26　XML 形式的数据展示

我们在设计产品的过程中，其实有很多类似的需求，比如，当需要记录软件配置信息或用户相关信息时就可以考虑用配置文件的方式实现。

## 2.4.7　同步和异步

大家在使用应用的时候，可能会发现这样的情况：打开某一个页面，页面上已经展示了一部分内容，稍等一会儿，全部内容才会展示出来。也就是，同一页面上的内容加载顺序不同。

如图 2-27 所示，这是一个小程序的首页，从刚进入首页到完整加载页面经历了两个步骤。首先页面上显示了一部分文字（图 2-27 的左图），此时已经可以上下滑动页面了，稍等一会儿（一般时间很短），页面上的其他内容，特别是图片，才会完全显示出来（图 2-27 的右图）。

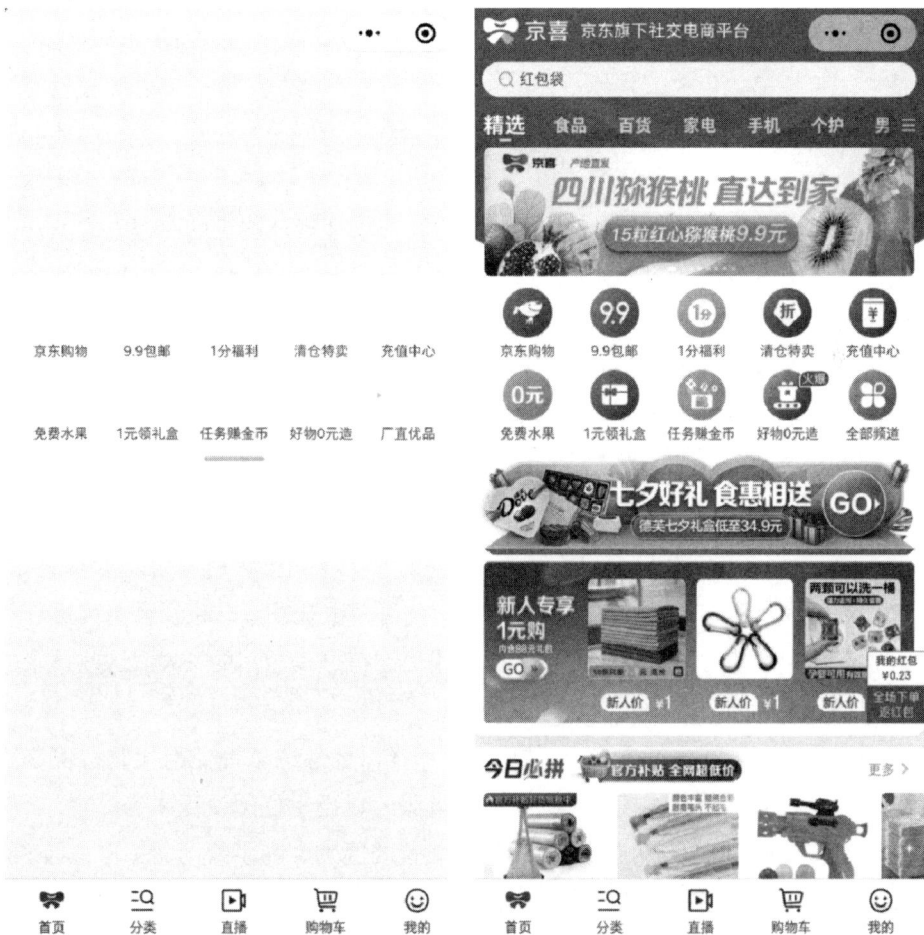

图 2-27　进入小程序首页到加载完整内容的过程

以上场景有一些明显的特点。

- 做 C 事情的时候不影响做 A 事情。
- 做好 A 事情后会自动返回结果。

其实，这就是"异步"模式。基于前面介绍过的 HTTP 网络协议，我们来介绍一下"异步"模式。客户端在发起请求时，会将参数包裹在报文里提交给服务器，服务器不会立刻把处理结果返给客户端，而是先返回一些处理过程中的状态，等到完成处理后再将结果返回给客户端，这就是"异步"模式。

那么什么是"同步"模式呢？下面也用一个案例进行说明。比如，在某些表单页面上填写信息，完成后提交信息，这时页面一直处于提交状态，而不能进行其他的操作，必须等到提交完成并返回提交成功的信息后，才可以进行后续的操作，这样的情况就是"同步"模式。也就是说，"同步"模式是客户端发起请求，将参数包裹在报文中提交给服务器，需要等待服务器将处理好的结果返回给客户端，客户端才能进行其他的操作。

根据"同步"模式和"异步"模式的特点，我们在设计产品的时候，应结合使用场景来考虑技术方案的选型。比如，对于需要在数据库中查询数据并返回简单的结果信息的场景，"同步"模式是比较好的方案，用户可以更快地看到结果；对于操作包含多个步骤，后一步依赖前一步结果的场景，也可以考虑使用"同步"模式。而当需要在数据库中执行较复杂的查询操作或其他操作时，一般处理时间比较长，应该考虑使用"异步"模式。

### 2.4.8　进程和线程

进程和线程在开发中是非常常见的概念。公司面试开发者时也经常会问进程和线程的区别，开发者在工作中也经常要进行多线程和跨进程通信的开发，这些技术的运用在不同场景下发挥着不同的作用。

对于我们产品经理，尽管不用像开发者那样需要熟练掌握并用代码实现这些技术，但应该了解并明确这些技术的典型应用场景，以便更好地设计产品。

下面结合案例，给大家介绍一下进程和线程的区别。为了帮助大家更好地理解，我们先要介绍一下应用程序的概念。无论是在 Windows 电脑中还是在 Mac 电脑中，都有一个类似于任务管理器的工具，Windows 中它叫任务管理器，Mac 中它叫活动监视器。通过这个工具可以查看电脑上目前启动了哪些软件（应用程序），如果在移动端，指的则是各种 App。

以 Mac 电脑为例，在打开了活动监视器后，切换到"能耗"界面，就能在列表中看到目前电脑上正在运行的应用程序，如图 2-28 所示。

图 2-28　使用 Mac 活动监视器查看电脑上目前正在运行的应用程序

如果点击某个应用程序名称前面的展开按钮，就会显示该应用程序中正在运行的不同进程。怎么看出是不同的进程呢？这是因为列表中有一个 PID 字段，专门用于展示进程 ID，PID 不同进程就不同。通过这个工具，可以看出只要应用程序处于正在运行的状态，CPU 就会为其至少开启一个进程。当然也可以看出，有的应用程序甚至同时开启了多个进程，比如微信和 XMind 等。由此可见，进程的开启依赖于应用程序的运行，如果应用程序没有运行，是不会在系统中开启进程的。但是要注意的是，这里的运行并不是说应用程序一定要在前台可见，因为有时候应用程序可能会在后台"偷偷"运行着。

除了进程的开启依赖于应用程序的运行，而且一个应用程序可以开启多个不同的进程，再仔细看看图 2-28，就会发现线程字段中有不同的数字，这些数字与 PID 不同，PID 指的是每个进程的 ID，而线程字段中的数字指当前进程下有多少线程正在同时运行着。所以，根据图 2-28 可以得到另一个结论，那就是一个进程下允许多个线程同时运行。综上，进程的开启依赖于应用程序的运行，一个应用程序中可以开启多个进程，而一个进程中又可以允许多个线程同时运行。

正是因为系统中有进程和线程的区分,所以系统应该如何设计呢?如果系统不为各个应用程序单独开启进程,而是开启进程后各个应用程序都可以使用,那么就会导致一个应用程序中的进程可以操控另一个应用程序中的进程,使系统处于混乱的状态。比如,某应用程序完全可以让自己开启的进程干扰手机上的竞品应用程序,让其无法正常运行。这就是为应用程序单独开启进程的原因。但是不同的应用程序和进程完全隔开又是不可能的事情,因为肯定存在不同的应用程序或进程之间相互获取数据的情况,比如在使用微信的时候,如果想要分享照片,需要获取相册 App 中的数据。也正是因为如此,衍生出了跨进程通信(IPC)技术。为了更好地满足业务需求,需要在打开某个页面或在某个页面上执行了操作之后,不影响接下来要做的事情,与此同时服务器处理请求并返回结果,这样又衍生出了多线程编程技术。在明确了上面提到的应用程序、进程和线程之间的关系后,接下来介绍基于进程和线程的开发技术,及其在产品设计中是怎样运用的。

大家如果在手机上使用过音乐 App,就会发现这样的场景:在播放音乐的过程中,将 App 退至后台运行,这时音乐依然可以播放,并且在系统通知栏上也可以看到当前正在播放的音乐,还可以对播放状态进行控制,比如暂停、播放、切换上一首、切换下一首等,如图 2-29 所示。

上面这种场景其实用到了跨进程通信,当音乐 App 处于运行状态的时候,系统至少为它开启了一个进程,将该进程称为主进程,然后又开启了一个新进程,让正在播放中的音乐显示在系统通知栏上。为什么要使用这种方式呢?主要因为,在 Android 系统中,应用程序的每个进程都有相应的内存预算,超出内存预算后,系统就会"杀掉"该进程。为了避免这种情况出现,让对用户而

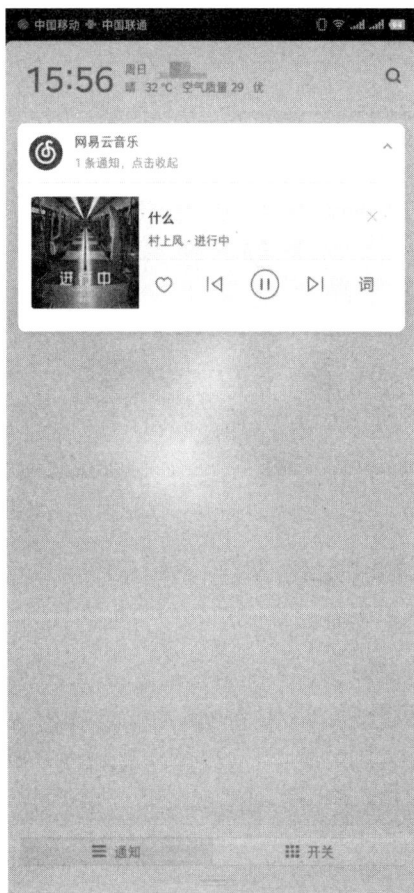

图 2-29 系统通知栏上的音乐 App 播放控制

言重要的功能保持运行状态，在上面的场景中也就是保证音乐继续播放，因此开启一个新进程在系统通知栏上显示正在播放中的音乐。对于音乐 App 而言，由于有时候用户会将 App 退到后台去查看其他 App，比如听着音乐去聊微信，如果系统因内存紧张要"杀掉"进程，会优先将退到后台的 App 主进程"杀掉"，此时就算主进程被"杀"，也不会影响正在播放中的音乐，因为单独给音乐播放开启了一个新进程，这样做的用户体验明显更好。在这种场景下，如果开发者不使用跨进程通信技术，主进程就有可能在退到后台后被系统"杀掉"，从而音乐没办法继续播放。

作为产品经理，如果我们对这类技术一无所知，就会导致在撰写需求文档或验收 App 的时候完全不会考虑这些情况，进而导致实际应用场景出现各种问题。

由线程概念衍生出的多线程编程相关技术，与前面提到的同步和异步有一定的关系。同步模式是客户端发送请求后等服务器处理请求并返回结果，在该过程中不能执行其他的操作。每次在发送网络请求的时候，客户端都会单独运行一个线程，专门发送这个网络请求，而在等服务器处理请求并返回结果时，客户端会运行另一个线程。由于两个线程是彼此独立的，所以对程序而言，不用等服务器处理完成后才执行下一个操作，这就是异步模式。在产品设计或开发过程中，哪怕是对同一个页面上的内容，也可以考虑用不同的线程进行处理，先用一个线程加载主要数据，再用另一个线程异步地返回不那么重要或需要时间处理的数据，以提高用户体验。

## 2.4.9　编译、打包和部署

在开发过程中，不同的开发者可能会做除用代码实现需求以外的其他事，比如编译、打包和部署就是常见的需要做的事情。接下来就介绍一下编译、打包和部署。

### 1. 编译

使用不同的开发语言开发产品，都要经历的一道工序就是编译。编译本质上不是一个人为处理过程，它借助编译工具将开发语言转换为更通用的计算机可识别语言。从某种程度上说，编译过程有点像翻译过程。而且在编译过程中，编译工具还会自动检查代码问题，比如语法是否有错误，代码是否还可以优化等，主要以计算机的角度进行判断，如果发现问题，则会提示开发者编译不通过，直到开发者改正了错误。从这个角度来看，编译又有点像一个自动质检机器人。

## 2. 打包

我们平时使用电脑时，经常会用到打包这个词，最常见的打包出现在我们有一大堆文件想发送给别人，一个一个传不太方便或者文件太大的情况下，这时就会考虑用压缩工具对文件进行压缩，最终生成一个压缩包，使文件数量减少和体积减小。开发中的打包从本质上讲也是一个意思，就是把一个或多个文件/文件夹进行压缩生成压缩包的过程。只不过对于不同的开发语言，打包的方式或生成的文件不同。对于客户端开发，比如 Android 和 iOS 开发，打包是利用开发软件将编译通过的代码生成安装包，Android 开发中会生成 apk 格式的安装包，iOS 开发中则会生成 ipa 格式的安装包。打包完成后，就可以将安装包用于产品测试或提交到应用市场上了。对于前端开发，由于前端产品的代码运行在不同的浏览器上，而且这些代码被放在服务器硬盘的某个目录下，所以前端打包更像是将代码压缩并生成压缩包，然后传到服务器上。对于后端开发，不同的开发语言情况不同，可打包成不同的形式，比如 Java 开发中会把代码打包成 jar 包，PHP 开发中会把代码打包成 phar 包，目的就是在使用和部署的时候更方便。

## 3. 部署

部署也是开发过程中的常见工序。在开发完成后，代码通过编译，打包成安装包，接着由相关人员进行部署，一般由运维工程师负责这项工作。由于代码有很多运行环境，如开发环境、测试环境、预发布环境、生产环境等，针对每个环境都会进行不同的参数设置，所以运维工程师在做环境部署的时候，为了尽可能地减少环境给开发者带来的干扰，需要注意很多细节。

### 2.4.10　关于重构

产品经理在经历了多个公司或项目后，会发现很多产品都会遇到需要重构的情况。其实，重构并不是新鲜事，在还没有产品经理岗位出现的时代，它就已经存在了。那时的重构更多地指对软件代码进行调整，改善软件本身的质量或性能，或者使软件架构更合理，使软件的拓展性和可维护性得到提升。

随着互联网时代的发展，项目中的重构现象越来越多，当然引发重构的核心原因并没有改变，主要是由于技术架构不合理而出现了各种问题，但此时导致技术架构不合理的原因则更多的是互联网时代业务变化太快了，针对这种情况如果维持原有的产品形态或架构,就会使产品后续的迭代过程异常艰难,对项目周期也会造成影响。

另外,互联网时代的很多项目都要求进行敏捷开发,先从 MVP(最简化可实行产品)做起,后续再一步一步地迭代。从互联网发展的角度,这种方式确实带来了开发周期的缩短和开发效率的提升,但是问题也比较明显。很多公司在从 MVP 做起时,由于各方面的制约,只从功能实现的角度写代码,在后续业务迭代过程中,因早期产品没做好底层架构设计,缺乏拓展性的规划,导致产品迭代到某一阶段,出现迭代不如重做的效率更高的情况。

除了业务变化频繁、初期架构设计不合理,还有一个不可回避的问题,那就是开发者的水平参差不齐。特别是在接手其他人做的项目时,由于自身技术能力的限制或习惯不一样,很难接受其他人的代码风格或架构方式,所以也有可能出现需要重构的情况。

因此,如果项目出现了重构需求,一定要先明确是什么原因造成的,我们需要就不同的原因做出判断。如何判断要不要重构呢?或者换个问题,重构有没有意义呢?我们应该从目的出发,不同的项目目的不同,有的项目的功能可能已经比较完善且不怎么变动了,但是业务流程或操作很烦琐,这时可以考虑对整体流程进行梳理并重构;而有的项目可能需要对技术框架做调整,需要重构。总之,无论是出于什么样的原因,一定要从目的出发。

无论是出于什么样的原因,如果到了迫不得已需要重构的时候,作为产品经理,我们需要做什么事呢?做事的大概思路如下:熟悉老业务、明确新业务、预测未来业务,下面详细介绍一下。

首先是熟悉老业务。这对于产品经理而言,算是基本功。产品经理入职一家公司做的第一件事,就应该是熟悉公司的现有业务。熟悉业务的方式有:可以看之前的产品需求文档或系统文档;可以向公司的业务方或需求方,甚至其他熟悉业务的同事了解业务;还可以直接使用软件来加深对业务的理解。甚至,为了更好地让自己熟悉业务,自行整理业务流程图。这些是熟悉业务时首先要做的事情。

然后,除了熟悉老业务,还需要明确新业务。无论是公司业务方还是真正的用户,在基于现有业务使用产品的过程中,或多或少会遇到一些问题,可能是流程问题,也可能是产品体验的问题等,总之通过公司内外部渠道能够收集这些需求,而这些需求在未来可能会成为产品新的业务方向。很多时候,我们也可以将之前的业务数据作为推断业务方向的依据。

最后，是预测未来业务。产品经理若想预测未来业务，需要对公司现况和业务发展情况有非常深入的认识，有时候也可以通过对同类产品中的头部竞品进行分析，找到目前公司没有做，但在未来能够做的需求。

只有这样，才能够基于业务明确产品架构设计，不至于出现经过几次迭代就不得不重构产品的局面。

## 2.5　异常问题相关名词

对于一款产品，我们除了考虑产品的主流程，因用户使用产品的场景错综复杂，还需要挖掘很多异常流程。同样，开发软件时，也经常需要处理异常问题。在处理异常流程和异常问题时，会涉及一些相关名词，下面介绍一下它们的含义。

### 2.5.1　Bug

事实上，对于任何一款产品，无论它的用户量有多么庞大，还是产品知名度有多么高，或多或少都存在一些问题。甚至可以这么说，要找到一款完美的没有任何问题的产品是不可能的事情，不过很多产品中的问题并未造成严重的后果。通常我们会把这些产品中的问题称为 Bug。

Bug 由来已久，甚至有非常多著名的 Bug。早在 1870 年，爱迪生就在自己的笔记本中用 Bug 这个词来形容机器故障。最经典的 Bug 则发生在 1947 年 9 月 9 日，当天下午 3 点 45 分一个名叫 Grace Murray Hopper 的程序员在自己的电脑中找到了一只飞蛾（Bug），并将其贴在日记本里，记录下一句非常有名的话 "First actual case of bug being found"。这句调侃使 Bug 这个词成为通用的指代软件错误的词语。

除了上面这两个案例，历史上还有其他造成重大影响的 Bug，比如千年虫 Bug。早期开发者（20 世纪的开发者）没有想过自己写的代码能够一直用到新千年，再加上当时内存容量十分有限，所以他们为系统设计的时间规则省略了年份的前两位数字，甚至将年份前两位数字默认设为 19。正因为如此，在时间快到 2000 年的时候，很多开发者开始担心在千禧年来临的时候所有的电脑系统都会出现故障，比如过了 1999 年 12 月 31 日，电脑系统中的日期会变成 1900 年 1 月 1 日，而不会变成 2000 年 1 月 1 日，只要软件中涉及与时间相关的计算时就会出现故障，轻则显示异常，重则全球电脑瘫痪。为了解决这个 Bug，全球当时花了上亿美金用于升级系统。尽管如此，这个 Bug 还是对一些国家造成了影响，比如冈比亚就成为第一个受千年虫 Bug 严重影响的国家，不少地方电力供应中断，而且很多政府服务部门也都受到了影响，无法正常办公。

可以看到，很多历史 Bug 给人类社会或人们的生活造成了非常严重的影响，这也是大家非常关注互联网产品的 Bug 的原因。毕竟谁都不希望，自己公司因某些极端严重的 Bug 而被"搅黄"。既然 Bug 影响如此之大，是不是在产品上线之前所有的 Bug 都需要被解决掉呢？当然不是，很多成熟的产品上市后依然存在 Bug。对于我们产品经理来说，需要对 Bug 进行分类并判断，明确立马解决的 Bug，以及哪些 Bug 可以推后再解决。

这就是说，我们需要划分 Bug 的优先级。尽管在很多情况下，Bug 的优先级是直接由测试工程师决定的，但是工作中也经常出现测试工程师与开发者意见不一致的情况，这时候需要产品经理出面做出决策。因此，对于产品经理而言，很有必要了解 Bug 相关知识。

Bug 是软件中存在的问题，我们可以对其按方向进行划分，比如功能方面的 Bug、界面方面的 Bug、性能方面的 Bug、安全方面的 Bug 等，其中功能方面的 Bug 最常见。而测试工程师在测试产品时会发现各种不同的 Bug，他们会将 Bug 记录下来并反馈给开发者，这时他们会按照影响程度对 Bug 进行划分，比如致命、严重、一般、次要等，当然不同公司对 Bug 的影响程度的命名可能不完全一致。

**致命 Bug** 一般指那种影响软件正常使用的 Bug，或者说这种 Bug 对主线流程造成了阻碍。比如，打开 App 就闪退的 Bug，这种 Bug 影响软件的正常使用；再比如，用户在购物车页面点击结算按钮时 App 卡死的 Bug，虽然这种 Bug 不影响软件的使用，但电商 App 的购物车结算功能是核心流程，会影响 App 营收，造成用户流失，所以也属于致命 Bug。

**严重 Bug** 的影响程度比致命 Bug 要轻一些，影响面也要小一些，可能是产品某些功能存在问题，但没有对整体业务流程产生阻碍。比如，在电商 App 中，商品详情页中的图片和介绍信息不能加载的 Bug，不过用户可以正常下单，这种 Bug 就可以算作严重 Bug。

**一般 Bug** 更多指的是产品功能不完善，但又不影响用户使用。比如，用户在某个页面点击提交资料时，需要等待较长时间，这种 Bug 就可以算作一般 Bug。

**次要 Bug** 则更偏向界面问题或建议优化的问题，程度更轻微。比如，页面上有错别字，页面上某个地方文字和图片重叠，或者页面文字或图标没有对齐等，都可以算作次要 Bug。

既然按照影响程度划分了 Bug，那么与之对应就应该为 Bug 划分优先级，这与需求优先级类似。Bug 的优先级决定了修复 Bug 的先后顺序，可以划分出高、中、低优先级，也可以采用 P0、P1、P2 的方式（数字越大，优先级越低）划分。划分优先级的依据是 Bug 的影响程度，越是致命或严重的 Bug，优先级就越高。

有时候，严重或一般 Bug 的优先级会存在争议，这时产品经理应基于当前的产品目标和解决 Bug 的性价比来进行权衡。比如，如果某 Bug 很严重，但没有出现在核心业务中，就可以考虑暂时降低其优先级。再比如，如果某 Bug 很严重，不过没有达到致命程度，但修复 Bug 需要投入大量的时间和精力，甚至可能产生不可控的影响，这时也可以考虑降低其优先级。也就是，产品经理表面上是对 Bug 优先级进行决策，实际上是对产品方向和团队管理进行全局把控。

### 2.5.2 打断点

不同类型的产品是由不同的开发者使用不同的开发语言编写代码开发出来的，无论采用哪种语言进行开发，编写代码与写文章一样，都有相应的结构、主题、段落等。

如图 2-30 所示，这是一段 Android 代码，这段代码只做了一件事情，可以认为代码的"主题"是将用户发表的评论通过网络请求提交给服务器，并对服务器返回的数据进行处理，根据处理结果展示处理成功的内容或者处理失败的提示信息。

对于我们产品经理，哪怕看不懂图 2-30 中的代码也没关系，至少从图中大概能看出代码是在做一件事，即将用户发表的评论提交给服务器。结合部分注释内容，还能看出成功和失败的处理逻辑是分开写的。即便从最浅显的角度来看，也能发现，代码都是一行一行的。哪怕我们只能看出上面的这些信息，对我们理解断点也已经足够了。

那么打断点是什么意思呢？从图 2-30 中，我们能发现代码都是一行一行的，那么软件运行的本质就是代码逐行被执行，只不过这个过程很快，可能 1 秒就运行了几百上千行的代码。有时候，我们可能会在使用软件的过程中遇到问题，比如在提交评论的时候一直报错，那么从代码的角度看，应该是代码运行到了回调失败的方法中，不过这时开发者单从界面提示没办法知道到底出了什么问题，因为可能性太多了。为了确认到底哪里出了问题，开发者可以在出问题代码的附近打上断点，打断点后的效果是当开发者再次运行代码时，代码会卡在打了断点的位置，开发者可以借助开发工具中的调试工具逐行判断到底哪行代码出了问题，从而更好地帮助开发者发现和修复 Bug。

```
/**
 * 作用: 我的评论列表请求
 * 作者: 小风
 */

private void myCommentsTask() {
    HashMap<String, String> map = new HashMap<>();
    map.put("rid", rid);
    map.put("audiotype", audioType);
    map.put("userid", userId);

    mRequestModel.requestPost(Interface.getMyCommentsPath(), map, new RequestCallback() {
        private JSONObject jsonObject;

        @Override
        // 成功后的处理逻辑
        public void onSuccess(String response, int id) {
            try {
                jsonObject = new JSONObject(response);
                int ack = jsonObject.getInt("ack");
                if (ack == 1) {
                    musicComments = GsonUtils.getMusicComment(jsonObject.getString("comments"));
                    myCommentsAdapter.initData(musicComments);
                } else {
                    Resolve.centerToast(getApplicationContext(), getResources().getString(R.string.intent_error));
                }
            } catch (JSONException e) {
                e.printStackTrace();
                Resolve.centerToast(getApplicationContext(), getResources().getString(R.string.intent_error));
            }
        }

        @Override
        // 失败后的处理逻辑
        public void onFail(int id, int errCode, String errMsg) {
            Resolve.centerToast(getApplicationContext(), getResources().getString(R.string.intent_error));
        }
    });
}
```

图 2-30　处理用户发表的评论的 Android 代码

打断点是开发者工作必备技能。不同的开发软件或开发工具中基本上都提供了打断点功能，一般情况下会针对某行代码打断点，并且对应代码行前方会显示断点标记，如图 2-31 所示，在代码的 106 行打了一个断点。这样代码在运行到断点位置的时候，就会停住，接着开发者可以使用开发工具查看更多的信息。

```
96      mRequestModel.requestPost(Interface.getMyCommentsPath(), map, new RequestCallback() {
97          private JSONObject jsonObject;
98
99          @Override
100         // 成功后的处理逻辑
101         public void onSuccess(String response, int id) {
102             try {
103                 jsonObject = new JSONObject(response);
104                 int ack = jsonObject.getInt( name: "ack");
105                 if (ack == 1) {
106                     musicComments = GsonUtils.getMusicComment(jsonObject.getString( name: "comments"));
107                     myCommentsAdapter.initData(musicComments);
108                 } else {
109                     Resolve.centerToast(getApplicationContext(), "网络连接异常，请稍后重试");
110                 }
111             } catch (JSONException e) {
112                 e.printStackTrace();
113                 Resolve.centerToast(getApplicationContext(), "网络连接异常，请稍后重试");
114             }
115         }
116
117         @Override
118         // 失败后的处理逻辑
119         public void onFail(int id, int errCode, String errMsg) {
120             Resolve.centerToast(getApplicationContext(), "网络连接异常，请稍后重试");
121         }
122     });
123 }
```

图 2-31　在 Android Studio 中打断点的示意图

## 2.5.3　抓包

前面在讲解 HTTP 网络协议的时候已经提到过，数据在客户端和服务器之间是通过接口传输的，而且数据以一定的格式保存在报文信息中。既然服务器或客户端能接收到报文信息，如果有某种工具可以全程监控、记录传输过程，那么该工具也应该能够查看报文信息。

抓包是对网络中通过接口传输的报文信息进行截获，并执行查看、编辑、存储等相关操作的过程。比较典型的抓包场景是，在前端开发或调试过程中，当出现了因数据问题导致的无法正常显示页面的情况时，开发者可以直接打开浏览器的开发者工具，查看网络请求的过程，以此来判断到底是前端传递参数时出现了问题，还是服务器接口返回数据时出现了问题。但对于移动端的开发来说，就没有这么方便了，如果测试工程师或产品经理发现 App 的某些页面无法正常显示，客户端开发工程师是没办法直接判断出到底是谁的问题的，因为客户端不像前端那样可以直接在 App 中打开一个开发者工具去查看网络请求的整个过程。在这种情况下，为了在客户端开发中方便地像前端开发中那样看清楚整个过程，就会采取抓包的方式来处理。

为了方便地完成抓包这件事，市面上提供了很多成熟的抓包工具，可以帮助我们轻松地拦截并查看网络中的报文信息，而且通过对抓取的信息进行分析，可以排查出很多问题。市面上流行的抓包工具有 WireShark、Fiddler、Charles 等，尽管这些抓包工具在功能上有所差异，但基本原理都差不多。

其中，WireShark 算是应用最广泛的抓包工具之一，它的功能十分强大，不仅可以抓取 HTTP 协议的相关数据包，而且对于网络中不同层及不同协议（如 TCP、UDP、HTTP、HTTPS 等协议）的数据包也都可以获取。但正是因为这样，抓取的过程中会获取大量无效信息，经常需要手动过滤、筛选。与此同时，该抓包工具没办法对获取到的数据包进行编辑，即只能查看数据包。

从图 2-32 可以看出，通过 WireShark 抓包，可以获取很多不同类型协议（Protocol）的数据。

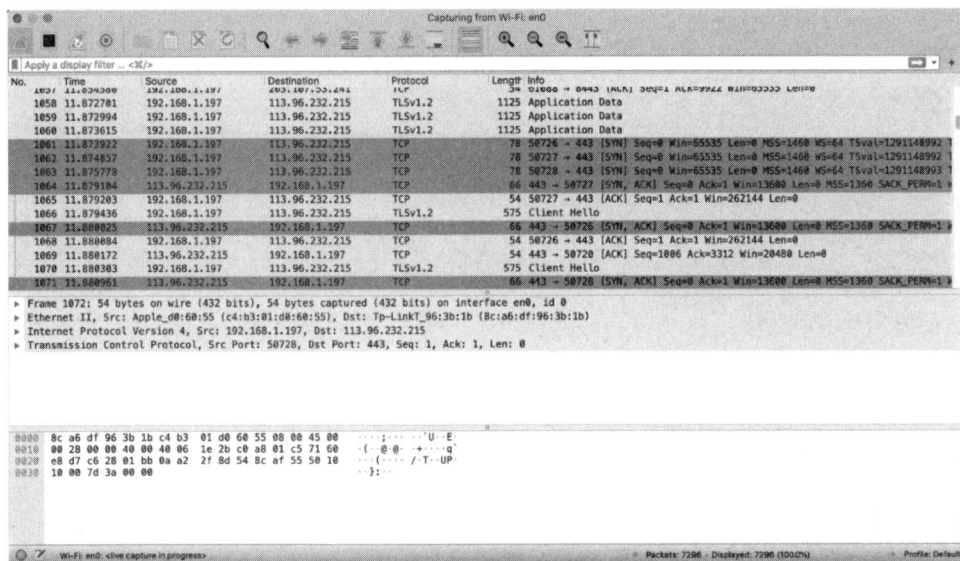

图 2-32　WireShark 抓包示意图

Fiddler 与 WireShark 不同的是，它主要针对 HTTP 及 HTTPS 协议进行抓包，操作上更便捷。但 Fiddler 在 Windows 平台上稳定，在 Mac 上不算特别稳定，使用过程中经常会遇到问题。

还有一款抓包工具，那就是 Charles。它在本质上是一个代理服务器，可以将想要抓包对象的代理服务器地址设置为 Charles 所安装的主机地址，然后就可以截取到交互过程中的数据包了。该抓包工具官方提供了不同平台的版本，在 Windows、Mac 及 Linux 系统上都可以稳定运行。Charles 作为一款收费软件，下载安装后可以免费试用 30 天。比较有意思的是，试用期结束后，你依然可以继续免费使用，只不过每次使用时间不能超过 30 分钟，且打开软件时会有额外的 10 秒等待时间。除此之外，

Charles 本身的功能与 Fiddler 的比较类似，包括支持的抓包协议及使用方式，如图 2-33 所示。

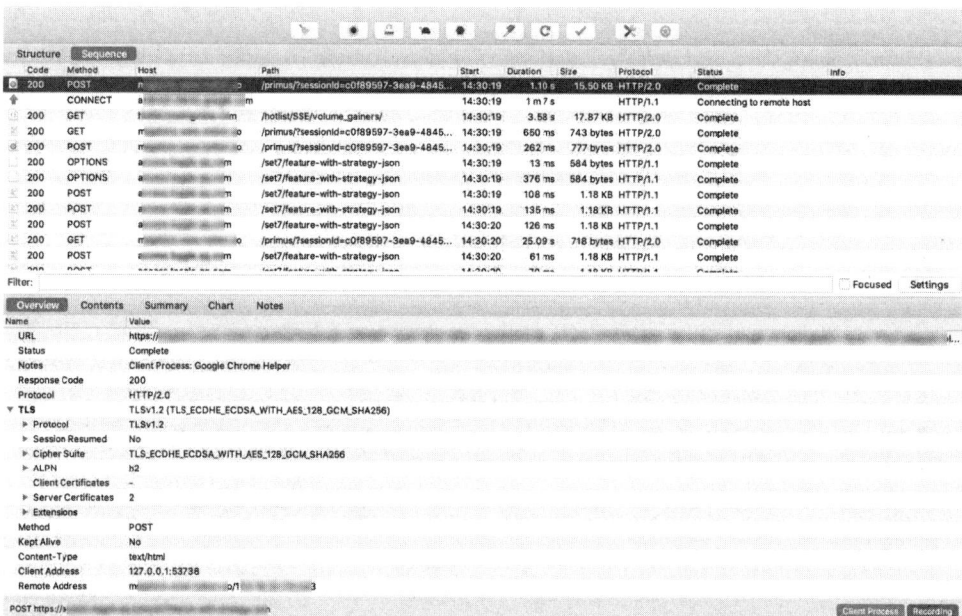

图 2-33　Charles 抓包示意图

那么怎样借助抓包工具来帮助我们解决实际工作中的问题呢？我们会在后面的内容中专门讲解。

### 2.5.4　跨域

大家工作中应该都遇到过这样的情况：产品经理通过自家公司的网站跳转到合作公司网站以获取资源，跳转后需要填写相关信息，而实际上自家公司网站中有这些信息，这时产品经理可能会提出在跳转到合作公司网站的时候直接把需要填写的信息也传过去的需求，这样可以减少用户操作。这个需求在产品经理视角来看是非常正常的，也确实解决了问题，但开发者却会反馈这个需求实现不了，原因是跨域访问。

#### 1.　什么是跨域

那么，到底怎样界定跨域呢？域可以被理解为计算机网络中的一种形式，同一个域中的服务器可以互相访问资源，而不同域中的服务器之间无法互相访问资源。因此，所谓的跨域实际上指，属于某个域的脚本试图与另一个域中的资源产生交互行为。

从广义的角度讲，提交表单到不同域、向其他域发起请求等，都可以算是跨域。从狭义的角度讲，跨域是只限于浏览器中的一种场景。其中，存在着一种基础的安全策略——同源策略。

同源策略的目的是保证用户使用浏览器时的安全性，防止用户无意中访问恶意网站，从而被攻击，甚至导致用户隐私信息泄露或造成其他更严重的后果。浏览器中的同源策略是如何防止类似事情发生的呢？本质上，它会阻止在当前域中获取或操作其他域中资源的行为，确保当前页面所在的域与请求接口所在的域是一致的。

具体来说，会从 3 个角度规避访问或操作其他域中资源的行为，分别是网络协议、域名和端口。互联网中的资源都有网络地址，网络地址中包含网络协议、域名和端口。如图 2-34 所示，https 代表网络协议，www.example.com 是具体的域名，8080 是端口号，端口号可用于区分服务器中的不同服务。当两个域中的资源通信时，浏览器就会从这 3 个角度进行判断，只要发现其中之一是不同的，就可以认定跨域。

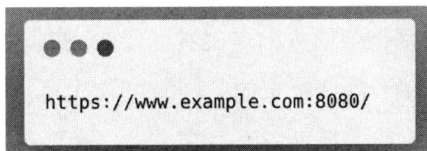

图 2-34　网络地址

2. 需要跨域的场景

因为允许跨域访问会带来安全隐患，所以浏览器才会使用同源策略对跨域进行限制，但这种做法有点"一刀切"，阻碍了正常的需要跨域的场景。针对这些场景，需要有应对方案。但首先，我们应该知道在哪些场景下需要跨域。

需要跨域的场景其实非常多，除了前面提到的访问合作公司域名下的资源，还有一种非常典型的场景：在前面介绍过的"前后端分离"开发模式下，可能会出现前端和后端开发工程师的域名不一致的情况，这时就需要解决跨域问题。

3. 常见跨域方案

由于存在上面这些场景，因此开发中需要通过跨域方式来实现产品中的一些功能。下面介绍常见的跨域方案。

（1）JSONP 跨域方案

在网页 HTML 代码中，如果有<script>标签，那么在该标签中发起的跨域请求将不受浏览器的同源策略限制。为什么<script>标签能够实现跨域？它是怎样实现跨域的？原因并不复杂，即 HTML 的<script>标签中的资源被认为与当前页面同域。在<script>标签中使用 JavaScript 脚本发起跨域请求，网站后端会根据请求直接获取并返回相应的资源，而前端会基于后端返回的数据进行后续处理。

这种跨域方案，为了便于客户端使用数据，慢慢演变成了一种数据传输协议，被称为 JSONP，全称是 JSON with Padding，其本质就是 JSON 的一种使用模式。需要注意的是，采用这种方案来处理跨域问题，接口的请求方法只支持 get 方法。

（2）<iframe>标签跨域方案

另一类实现跨域的方案与<iframe>标签相关，在开发页面时使用该标签可以实现在一个 HTML 的文档中嵌入另一个 HTML 文档，即在一个页面中借助该标签嵌入另一个页面。这与使用 Axure 绘制原型时使用的“内联框架”元件的效果类似，在一个已经创建好的嵌入了内联框架的页面中嵌入另一个新创建的页面。

更进一步，提供了内联框架的页面是父页面，内联框架中嵌入的页面是子页面，而父子页面间可以是跨域的，即两个页面的网络协议、域名或端口号可以不同。那么为什么使用<iframe>标签能够实现跨域呢？它是怎样实现跨域的？<iframe>标签有 3 种方式来实现跨域。

第一种方式是通过 document.domain 来实现的。document.domain 是什么呢？默认情况下，它是当前页面的服务器域名，它的值可以通过手动方式变更，但只能够被设置成当前的域名或上级域名。比如，目前有两个网站页面，父页面的 document.domain 值是 www.example.com，而子页面的是 big.example.com，很明显在父页面中载入子页面属于跨域的情况。为了确保分属两个域的资源能够正常交互，前端开发工程师可以将父页面和子页面的 document.domain 值均设置成 example.com，这样从浏览器的角度看，原本两个不同域的页面就属于同一个域了。更进一步，我们可以知道，采用这种方式来实现跨域的两个页面需要有共同的上级域名。

第二种方式是通过 location.hash 来实现的。在访问某个网站的时候，打开浏览器开发者工具，切换到控制台页面，在其中输入 location.hash 命令并按下回车键，返回的结果是网址中的#符号及之后的部分，而如果网址中不包含#符号，将获取不到任何内容，如图 2-35 所示。

图 2-35　谷歌浏览器中 location.hash 命令返回的内容

　　了解 location.hash 命令后，我们再来看看如何实现跨域。通过该方式实现跨域，除了需要提供父子页面，还需要提供一个额外的中间页面。假定目前有两个需要跨域访问资源的域名，父页面的域名是 www.example.com，子页面的域名是 www.handsome. com，在父页面中使用<iframe>标签载入子页面，然后通过父页面设定并给子页面传递一个 hash 值，在子页面获取到该 hash 值之后，通过给父页面的 parent.location.hash 值赋值的方式来将子页面的 hash 值赋给父页面，从而使两个页面的 hash 值一致，这时浏览器就会认定它们属于同一个域。但是，有些浏览器中存在限制，在子页面中无法对父页面的 parent.location.hash 值进行修改，这时就需要一个中间页面了。同样使用<iframe>标签，在子页面中载入一个中间页面，将子页面的 hash 值继续传递给中间页面，其中的关键在于必须确保中间页面与父页面同属一个域名，如中间页面的域名可以是 www.example.com/smart。由于父页面与中间页面是同域的，因此可以直接使用 local.hash 来改变父页面的 hash 值，这样就完成了将子页面的 hash 值通过中间页面赋给父页面。

　　第三种方式是通过 window.name 实现的。核心思路是，在确保窗口不关闭的情况下，同域页面可以共享 window.name 的值，非同域页面则无法共享，且 window.name 的值在此期间不会发生改变。具体实现方式是这样的：假定在一个窗口中，有两个不同域的父子页面，并存在一个与父页面同域的中间页面，父页面通过<iframe>标签的 src 属性可以载入非同域的子页面，载入后子页面将想要传送的值赋给 window.name，然后在当前窗口中继续跳转到与父页面同域的中间页面，此时 window.name 的值依然保持与刚才设定的值一致，且由于中间页面与父页面同属一个域，因此父页面可以获取中间页面对应的 window.name 值，也就相当于实现了跨域访问数据。

（3）CORS

CORS 的英文全称是 Cross-origin resource sharing，即"跨域资源共享"，从字面上就能看出这是常用的实现跨域的做法，其主要通过在服务器上对 HTTP 协议的响应头进行相应的设置来实现。

在前面讲解 HTTP 协议响应头的时候，提到过 Access-Control-Allow-Origin 字段，这个字段主要用于标识服务器允许接受哪个域发起请求。如果该字段的值被设置为*，则意味着服务器资源可以被所有域发起的请求访问，而如果该字段的值被设置为某个确定的域名，格式类似于 Access-Control-Allow-Origin:https://www.example.com，则只允许这个确定域访问服务器资源。根据需要设置服务器后，即便是在跨域访问的情况下，也能够正常访问。

# 第3章　开发者的工作习惯

前面已经介绍过很多不同角色的开发岗位，他们在工作中所使用的编程语言不同，工作方式也不太一样，甚至连思维方式都可能存在差异。当然，思维方式存在差异非常正常，因为每个个体之间都存在着思维方式上的差异。

对于互联网项目而言，大家都处于团队作战的状态，产品经理经常在工作中充当团队领头羊。如何带领团队向更好的方向前进，非常考验产品经理的综合能力。从生活化的视角来讲，产品经理有时候有点像一家之主，需要想很多办法来维系家庭关系的和谐、稳定，并且让每个人都觉得有奔头，而不是给人乌烟瘴气的，每天都想逃离的感觉。为了达到这样的目的，一家之主需要对家庭成员有充分的了解，并针对性地处理家庭关系，这样才可以达到比较好的效果。

在项目组团队中也是如此，如果团队成员能够积极地配合产品经理，并且完全按照产品设计方案开发、上线，那自然非常顺利。但现实中更多的是团队成员之间容易出现各种问题，这时产品经理能不能从中很好地协调并解决问题，才是考验产品经理综合能力的重要体现。对于我们产品经理而言，需要了解开发者工作中关注的重点，以及出现问题时，应该采取什么方式解决。

## 3.1　开发者在项目不同环节关注的重点

在互联网项目中，有专门负责网页开发的前端开发工程师，有专门负责 App 开发的 Android 和 iOS 开发工程师，也有专门负责后端开发的 PHP 或者 Java 开发工程师，还有专门负责系统运维部署的运维工程师。

在前面的章节中，对这些开发者的工作方式进行了讲解，下面还需要对他们工作中关注的重点事项进行讲解。为了能够让大家思路清晰，我将从项目的流程角度对这些重点事项进行串联。

无论是大公司还是小公司，都有自己不同的项目流程和规范，但总体来说，工作流程大同小异。下面用一次 App 版本迭代来介绍一下基本工作流程：产品经理需要先收集需求，基于收集到的需求进行分析，分析后得出初步方案，过程中可能会与需求方进行核实，核实无误后，继续产出详细的需求文档，后续会组织团队的开发、测试等主要人员进行需求评审，这期间可能会多次修改文档，最终通过评审，接下来投入正式的开发工作中，产品开发完成，在测试验收后产品就上线了。概括地说，整个产品工作流程中的环节有需求收集、需求分析、产品设计、需求评审、产品开发、产品测试、产品验收、产品上线等。

下面按不同的环节分别介绍不同开发者会关注的重点事项。

### 3.1.1 需求收集

在需求收集这一环节，开发者基本上不用介入，更多的是产品经理与需求方进行对接，或者产品经理通过竞品分析和其他不同的渠道收集需求，并将收集到的需求记录到需求池中。

### 3.1.2 需求分析

在需求分析这一环节，产品经理会基于需求池中记录的需求，逐条查看并分析，一般由产品经理团队开展这项工作。正常情况下，产品经理在分析需求后，会对需求进行优先级划分，但有时候产品经理无法准确评估需求的优先级，比如对技术可行性进行评估，这时可能因为产品经理自身技术能力不足，而没办法得出一个相对准确的判断，而需要开发者介入。产品经理需要做的就是邀请不同的开发者进行评估，可能不会开正式的会议，而是直接把开发者拖到自己的座位前，目的就是评估需求的技术可行性。

因需求涉及的产品形态不同，不同的开发者关注的重点也不同。需求一般有两种：某一端就能完成的需求和需要多端配合才能完成的需求，因此开发者在评估需求时的重点之一是看需求涉及的是多端配合还是单端。

更进一步，如果仅是某一端的需求，那么前端或客户端开发工程师就会继续评估，看需求是否会涉及页面的复杂交互或技术难点；而如果是多端配合的需求，后端开发工程师主要会关注是否需要设计接口。

### 3.1.3 产品设计

在产品设计环节，产品经理主要会设计产品原型和撰写文档。很多互联网公司遵循敏捷开发流程，经常出现开发者对上一个版本的需求进行迭代开发的情况。

这并不是说，开发者不需要关注目前版本的需求，而是版本迭代对于开发者来说，可以简化为两大类：一类是对之前的功能做出调整，比如删掉某个功能，修改某个之前功能的逻辑，这也就意味着迭代版本跟之前的版本存在着一定的关联性；另一类是新增功能，迭代版本与之前版本的关联性没有那么强。

有一些架构意识或拓展意识的开发者，除了想办法实现当前需求，还会试图关注下一个版本的需求，主要目的是在目前的开发过程中为下一个版本做准备。比如，他发现下一个版本的需求是在当前版本的基础上做调整，那么为了下一个版本调整起来更方便，他可能会在写代码的时候就留下调整的余地，避免因没有考虑到而在下次迭代时做出大改动。

### 3.1.4 需求评审

在需求评审环节，开发者只会粗略地翻看需求文档，不会仔细研究文档中的细节。尽管产品经理在开需求评审会议之前都会预留充分的时间给开发者，让他们详细阅读需求文档，但残酷的事实是这时大部分开发者都不会认真阅读。原因有很多，比如开发者可能还忙于做上一个版本的需求，所以没有时间看。不过，更多的情况是开发者只有在真正开发的时候才会仔细阅读需求文档。

在需求评审会议上，开发者关注的重点是本次版本迭代的业务流程，以及有没有一些从技术角度看难以实现的需求。由于在需求评审会议完结后，需要进行项目排期，开发者需要分配各自的工作，为了能够高效完成工作分配，他们也会在需求评审会议上重点关注自己要参与开发的需求。

### 3.1.5 产品开发

等开发者分配好各自的工作，就进入了真正的开发环节。这时产品经理更多的是跟进项目进度，并对开发过程中出现的问题进行解答。开发者在产品开发过程中，随着开发过程的深入，会更加关注产品需求文档的细节，但同时也会出现一些问题，比如在需求评审或自己粗略阅读文档时没有想到的问题逐渐暴露了出来。这时，开发者不断地与产品经理进行沟通，试图弄明白文档的细节逻辑，以确保自己实现的功能与产品经理提出的需求一致。

### 3.1.6 产品测试与产品验收

在产品开发到一定程度后，就可以将产品投入测试了。对于一个处于测试阶段的产品来说，包含大量 Bug 是一件再正常不过的事情，所以这时的开发者会将关注的重点转移到 Bug 上，每天改 Bug 是这个阶段开发者的主要工作。

测试无误后，就会由产品经理或需求方对产品进行验收。可以将验收理解为一个简单的测试过程，通常经过严格测试的产品不会出现严重的 Bug，但有时可能会因为各种情况而出现其他问题，可以说验收就是确保最终的产品符合产品经理需求的一道工序。开发者此时主要关注验收过程中会不会出现新的 Bug，有的话则需要进行相应的修改。需要注意的是，有些公司也会把验收环节放在转测试之前，甚至在转测试之前和测试完成之后，产品经理都需要参与验收。

### 3.1.7 产品上线

在开发完成，测试和验收通过后，就可以准备产品上线了。这时不同的开发者需要做的事情不太一样，运维工程师主要负责将正式环境部署好，并且由前端、后端和客户端的开发工程师将代码打包，将测试环境或预发布环境的代码同步更新到正式环境中，开发者需要注意的是，代码是不是在打包过程中出现了遗漏等问题。

对于客户端开发工程师，还需要额外关注一些其他方面的事。因为 Android 或 iOS 开发工程师（尤其是 Android 开发工程师）在打包的时候，需要根据不同的应用市场分发渠道打不同的渠道包，为了确保不会出现错误，客户端开发工程师在打包完成后，需要对打好的包进行检测，或者直接由测试人员对其进行测试，确保渠道包打包无误，然后才会将渠道包提交到应用市场。

## 3.2 如何与开发者沟通协作

产品经理和开发者之间的关系总被调侃，主要是因为两者在工作中经常不和谐，甚至因此产生了很多互联网段子。我是开发出身的产品经理，并且擅长调节矛盾，所以在工作中几乎没与开发者发生过大冲突。但不可否认，产品经理和开发者之间发生矛盾确实是常态，出现分歧的原因有很多，最核心的原因是大多数产品经理不太懂技术，而且沟通能力欠缺。

　　既然产品经理和开发者之间的矛盾如此深，那么是不是一定不可调和呢？也不完全是，因为只要是问题，就一定有解决办法。对于以解决问题为生的产品经理而言，我们应该尽可能地避免这些问题的出现，在无法避免的情况下，正面面对并积极解决问题，这样才能够更好地推进项目。甚至，那些非常擅长与开发者沟通协作的产品经理会让开发者觉得"你说怎么干我们就怎么干"。尽管并不是所有的产品经理都能这么厉害，但是让自己在开发者心中形象更好，才能够把项目做得更好。这是产品经理只要努力尝试做，基本上都可以做到的。那么，怎样才能更好地与开发者沟通协作呢？根据我自己的实际工作经验，以及与很多业内朋友沟通的结果，我觉得可以从以下方面做。

## 3.2.1　提升专业能力

　　这一点至关重要，不只是针对产品经理，只要是职场人士，在工作中展现出专业能力，才能赢得他人的尊重。若产品经理的专业能力没达到行业平均水平，开发者就会将你与他接触过的其他产品经理进行对比，一旦觉得你与其他人有差距，就会下意识地对你产生不认可的想法，而且专业能力不足会让你做事情不自信，工作中也更容易犯错。

　　为了确保与开发者沟通协作顺畅，产品经理提升自身专业能力非常有必要。产品经理的专业能力有需求收集、需求分析、产品设计等，甚至很多大公司会按照产品专业能力对产品经理进行划分，通常也有严格的量化标准或考核标准。

　　在产品经理与开发者对接工作的过程中，有几个典型场合：第一个是，对于不确定的需求，需要让开发者做技术可行性分析；第二个是，产品经理将需求文档交给开发者实现；第三个是，开发过程中若出现问题，需要产品经理协助解决。这几个典型场合都非常考验产品经理的专业能力。

　　对于第一个场合，当我们产品经理遇到不确定的需求，需要评估技术可行性时，应该把需求的相关背景清晰地讲给开发者，而不应该以"我不管，你就得给我实现"的态度进行交流。在沟通过程中，必然也会遇到难点，开发者会将其反馈给我们，并且告知我们技术上不可行的原因。如果开发者用各种方式解释了原因，而产品经理还是没能理解，而是一味地觉得开发者能力不够（当然，确实有这种情况），两方就会爆发冲突。从这个场景来看，我们产品经理需要提升的专业能力是沟通能力和理解技术的能力。

对于第二个场合，产品经理需要撰写需求文档并进行评审，需求文档也是开发者开发时主要查看的文档，几乎会伴随整个开发过程。那么需求文档是否清晰、准确地表达出了产品的设计意图及相应的细节，或者说，开发者通过查看需求文档能不能准确理解产品是如何设计的，并且知道如何进行开发，非常重要。如果需求文档没有撰写得足够清晰、准确，那么势必会造成产品与预期不一致的情况。虽然在开发过程中产品经理与开发者可以不断地沟通，但是这种沟通不可能 24 小时不间断，而且有时候开发者也会自认为自己理解得很好而不与产品经理进行沟通，这样很可能导致产品在某个未来的时间点需要大改动。因此，在保证合理、有效沟通的前提下，产品经理撰写需求文档的能力是专业能力非常重要的组成部分。

对于第三个场合，在开发者根据需求文档实现产品的过程中，经常会出现很多问题需要产品经理辅助解决，能不能及时解决开发者的问题非常重要。这个过程中比较常见的问题有：开发者对需求的理解不清晰；产品方案本身存在漏洞，甚至是不可行的；项目周期与预估周期存在差距，一般比预估周期需要更长的时间。当遇到这些问题时，产品经理需要及时且合理地进行处理。开发者理解不清晰的问题比较容易处理，可以当面沟通，但如果是产品方案本身的问题，就需要慎重对待了，这时前面提到的技术理解能力就会发挥重要作用。

如果真的是产品方案有问题，那么将不可避免地需要变更需求。这时开发者肯定会觉得反感，而我们产品经理应该坦诚自己的产品设计存在问题，不要碍于面子硬扛，要立马、及时告知相关开发者哪些需求需要变更，让开发者停下相关功能的开发而做其他工作，然后还需要及时更新需求文档并与开发者再次沟通、确认。

如果项目周期与预估周期存在差距，产品经理需要先与开发者沟通，明确到底是什么原因导致出现问题的，是开发经验不足，是开发人力不够，还是其他问题？针对不同的问题进行针对性的解决。经验不足的话，有可能需要开发者适当加班；开发人力不够的话，产品经理应该从其他部门协调人力资源。需要注意的是，加班解决不了所有的问题，长此以往也会加深产品经理和开发者之间的矛盾。

### 3.2.2　了解开发者的特点

产品经理提升自己的专业能力，无论是技术理解能力、撰写文档的能力，还是沟通能力，抑或其他能力，都是为了适应工作需要。互联网项目非常需要团队协作，而产品经理自己能力突出不一定能够保障项目正常推进，如果能够非常了解合作的开发者的特点，工作的推进将游刃有余。

电影中的职场经常存在钩心斗角、落井下石的情况，但在互联网行业中，类似的情况却非常少见，大部分开发者都是比较"单纯"的人，可能每天都处于"两耳不闻窗外事，一心只想撸代码"的状态。他们可能在偶尔遇到奇怪的需求时有所抱怨，但大部分时间都在埋头写代码，当然也有一些开发者会直接对产品经理发泄情绪，但大多都是对事不对人的。作为产品经理，为了保障项目正常上线，就需要根据不同开发者的特点，采用不同的策略，与他们沟通。

下面根据开发者的特点进行划分。

一、被动完成任务型。碰到这种开发者，产品经理需要帮助他们明确任务。这些开发者会很认真地完成自己职责范围内的工作，但开拓意识、主动意识不强，对于他们，明确任务更高效。

二、技术大牛型。技术大牛又可以分为两类。一类技术大牛的技术特别厉害，工作经验也很丰富，甚至考虑问题时比产品经理想得更全面，与这类开发者一起工作将非常顺畅。让我印象深刻的技术大牛中有一位 iOS 开发工程师，他涉猎过多种开发语言，像是全栈工程师，不过最精通的还是 iOS 开发。他对自己的要求非常高，经常帮助产品经理补充没有考虑到的场景，甚至有点"自虐"倾向，每次开发完产品后会进行疯狂自测，能找出测试人员都找不到的高质量隐藏 Bug。与这种人一起工作，真是省心省事。另一类技术大牛，在技术上同样无可挑剔，但可能有点"恃才傲物"。平时沟通中，他们有可能会对产品需求表现出不屑的态度，尤其是在有些流程或逻辑上存在漏洞时。对于这样的开发者，哪怕他们的态度不是特别好，但我们也要保持良好的态度，并对他们提出的意见表示尊重和感谢。

三、不爱主动沟通型。这类开发者非常多，大多数开发者长期面对电脑屏幕，经常沉浸在自己的世界里，这种缺乏与人面对面沟通的工作方式，导致他们沟通能力不足。很多开发者在遇到需求实现方面的问题时，为了避免与产品经理沟通，会按照自己的想法开发，直到测试完成并收到 Bug 反馈后才进行修改，这其实会导致一些项目问题拖到最后。对于这类开发者，我们产品经理要更主动，每天都与他们聊聊天，问问他们有没有遇到问题，通过不让对方感到压力的方式，引导他们表达，这样我们才能尽早发现问题。

# 第二部分 产品设计篇

很多初入职场的产品经理，甚至一些在职场摸爬滚打多年的产品经理，都会存在一个比较大的问题，那就是当他们与公司的其他同事沟通的时候，他们能够展现出非常良好的沟通技巧，但当他们沉下心来坐在电脑前设计一款产品的时候，他们却没有那么得心应手。更极端的情况是，让他们天马行空地表达自己对产品战略和其他方面的想法时，他们可以畅所欲言，但让他们真正落地这些想法时，往往举步维艰，更有甚者，几乎没办法让一款产品真正落地。

这种情况在很多产品经理身上屡见不鲜，归根结底在于产品经理缺乏设计一款可以真正落地的产品的技能。在本部分，我们将从常见的产品形态及特点，UI 设计和交互设计到从场景窥探让产品能够落地的技术原理进行介绍，帮助产品经理获得能够让产品真正落地的技能。

# 第4章　常见的产品形态及特点

无论是什么产品，只要会被用户使用，它一定是以某种形式呈现在用户面前的，可能是一款装在手机里的 App，也可能是一款装在电脑中的应用软件，当然，还可能压根不需要安装，只要用户使用的设备中有浏览器，就可以直接通过输入网址的方式对产品进行访问。这些其实都是常见的产品形态，作为产品经理的我们，在设计一款产品时，需要考虑用户在什么场景下使用什么形态的产品更方便，这时就需要我们对常见的产品形态及特点有非常清晰的认识。

## 4.1　原生应用

智能手机的发展带来了移动端各种 App 的繁荣，互联网公司大多会设计自己的 App 来承载公司业务。在移动互联网早期发展阶段，基本上所有的 App 都是采用原生方式开发的，也就是原生应用（Native App）。

原生应用是基于移动端操作系统，使用原生开发语言开发的 App。目前市面上最主流的两大移动端操作系统当属 Android 和 iOS，针对它们的原生开发语言是 Java 和 Objective-C。在开发过程中，需要借助原生开发语言，调用操作系统提供的软硬件功能，来开发功能丰富的原生应用。

因此，使用原生应用方式开发有一个非常突出的特点，那就是针对不同平台使用不同语言开发的 App 没办法跨平台安装和使用，所以基本上对于同样功能的产品，需要由不同的客户端开发工程师分别开发 Android 和 iOS 版本的 App，这导致开发成本较高。

此外，采用纯原生应用方式开发，最明显的不足之处是，当每次想要更新功能时，都需要发布新的 App 版本，用户在下载、安装新版本后才能够使用新功能。因为一般情况下需要将原生应用提交到不同的应用市场（需要将 iOS 应用提交到苹果官方的 AppStore，需要将 Android 应用提交到应用宝之类的应用市场），用户从应用市场下载、安装 App 后才能使用。如果需要经常更新 App 版本，用户就需要频繁地下载、安装，这对用户并不友好。如图 4-1 所示，这是用户手机需要更新 App 的场景。

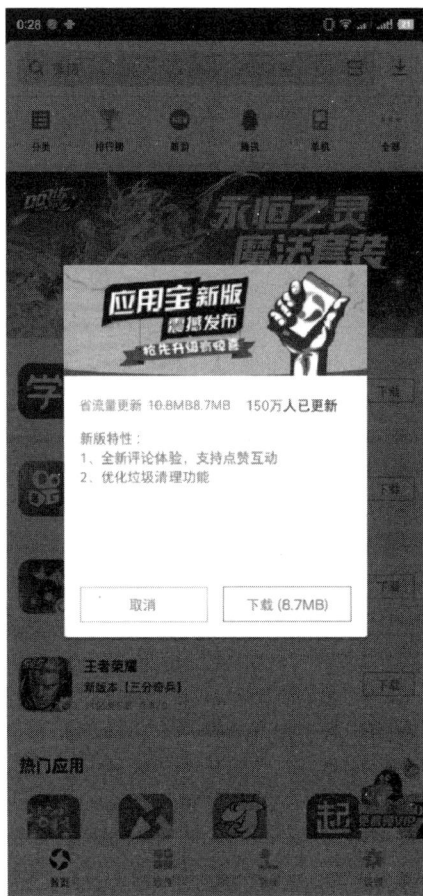

图 4-1　提示用户更新 App 的弹窗

原生应用除了上面提到的不足，并不是一无是处的，否则也不会有这么多产品使用了这种产品形态。那么，这种产品形态到底有什么优势呢？它采用了客户端系统自带的开发语言，并且可以借助系统的软件接口将手机硬件的优势发挥到最佳，比如，可以通过软件接口使用手机的摄像功能、定位功能、蓝牙功能、麦克风功能等，同时操作系统提供了很多系统级软件，也可以借助系统自带的接口将部分功能提供给第三方应用的开发者，总之这种产品形态为用户带来了更流畅的使用体验和更炫酷的交互效果。

## 4.2　网页应用

　　除了原生应用这种产品形态，还有一种产品形态也很常见，叫作网页应用（Web App）。严格来讲，网页应用不算应用，其本质还是网页，使用的开发语言也不是客户端系统的原生开发语言，而是 HTML、CSS、JavaScript 语言。也正是因为网页应用的本质是网页，所以在有网络的情况下，基于浏览器才能够正常使用它们的功能。

　　因为网页应用是基于浏览器使用的，所以这种产品形态可以同时运行于不同的操作系统上。比如，理论上，一款网页应用产品，无论是在移动端还是在 PC 端，无论是在 Android、iOS 系统上还是在 macOS、Windows 系统上，均可以使用。相对于原生应用必须下载、安装，并且每次版本迭代时都需要重新下载、安装，网页应用方便多了，只要用户的设备上有浏览器，就可以使用网页应用，无须下载、安装，而且网页应用更新功能时，用户也不需要做任何特殊操作，下次打开网页时就可以使用最新的功能。因为无须下载、安装，所以用户只要保证设备联网并且设备上有浏览器，就能使用网页应用，这在某种程度上节省了用户设备上的存储空间，尤其是手机存储空间不像 PC 硬盘容量那么大。

　　但凡事有利必有弊，网页应用方式虽然优势明显，但也有不足之处。网页应用依赖于浏览器，这导致其只能使用有限的硬件设备功能，没办法实现很多原生应用可以轻松实现的功能。每次打开网页应用的时候，页面内容都需要重新加载，这也使得页面加载速度没有原生应用那么快。

## 4.3　混合应用

　　除了原生应用和网页应用，还有一种产品形态也很常见，我们称之为混合应用（Hybrid App）。直接看混合应用可能看不出它与原生应用有什么区别，但借助一些技术或其他手段，就能够大致判断到底是混合应用还是原生应用。

　　如图 4-2 所示，在 Android 手机中，开启开发者选项中的"显示布局边界"入口，然后打开网易云音乐 App 的不同页面，就会看到类似左边的这张图，页面上的文字或图标周围都有边框，也会看到类似右边的这张图，整个页面上除了一个大叉，页面上的文字或图标都没有边框，右图是原生应用中的一个网页，一般是借助 WebView

或类似 WebView 的其他控件将某个网页内容加载到原生应用中的，从而实现在原生应用中显示网页内容的功能，这种既有原生元素又有网页元素的 App 就是一个混合应用。除了在 Android 手机上采用这种方式查看一个 App 是不是混合应用，也可以通过对网络请求进行抓包的方式来判断。若能够在某些页面加载过程中抓取到网页数据，基本上也可以判定这是一个混合应用。

图 4-2 在 Android 手机中开启了"显示布局边界"入口后查看 App 页面

通过上面的案例，大家应该能够知道什么是混合应用了。实际上，这是从开发语言角度进行划分的，原生应用是基于操作系统本身的开发语言开发的 App，网页应用是基于网页开发语言开发的应用，混合应用则是介于两者之间的一种产品形态，既使用了系统原生开发语言，又使用了网页开发语言。混合应用的这种特点使得它融合了原生应用优秀的用户体验和网页应用可以跨平台使用的优势，并且混合应用的开发时间更短，也可以节约开发成本。

对于混合应用，大部分混合方式是，外面是原生应用的壳儿，里面用类似网页的方式进行开发，这样用户仍需要下载、安装才能够正常使用 App，但在 App 需要升级的时候，用户不需要像原生应用那样每次更新都重新下载、安装，开发者只需将开发好的网页上传到服务器对应的路径下，用户在自己的手机上打开 App，就能够使用最新的功能。从这个场景来说，混合应用用户体验比原生应用好多了。此外，除了这种混合方式，还有对原生应用中一些需要频繁变动的页面，采用网页的方式实现的混合方式。

## 4.4  小程序

无论是原生应用、网页应用还是混合应用，都有各自的优势、劣势，而且对于原生应用和混合应用，用户都需要下载、安装才能够正常使用，虽然网页应用不需要用户下载、安装，但网页应用的用户体验不够好。在这样的情况下，加上应用市场趋于饱和，很多用户也形成了自己的使用习惯，只使用固定的 App，导致很多用户不愿意下载新 App。对于开发 App 的公司，App 的开发和推广成本变得越来越高，有一些公司开始探索一些新的产品形态。

2016 年，微信正式推出了一种新的产品形态——小程序，随后很多公司争相模仿，推出了自己的小程序，现在市面上有微信小程序、支付宝小程序、字节跳动小程序等，小程序也成为一种常见的产品形态。

小程序到底是一个什么样的产品呢？按其推出时微信介绍它的话来说，小程序是一种不需要下载、安装即可使用的应用，它实现了应用"触手可及"的梦想，用户扫一扫或搜一下就可以打开应用。但要注意的是，小程序自己虽然不需要下载、安装，但它的运行是建立在宿主的基础上的，也就是说，要想使用小程序，必须先安装一个支持它运行的应用，在该应用内打开小程序。比如，使用微信小程序之前需要先安装微信 App，使用支付宝小程序之前需要先安装支付宝 App，使用字节跳动小程序之前需要先安装今日头条 App，然后用户才能在这些 App 中通过不同的方式打开要使用的小程序。

从小程序的使用方式可以看出，小程序本身确实比 App 有更大的优势，下面是它的主要优势。

### 1. 跨平台

无论是哪家厂商推出的小程序，由于其编码风格和方式都与前端开发语言的很相似，所以大部分小程序开发者都是从前端开发工程师转过去的。

小程序的运行需要宿主应用，开发者会针对不同的操作系统（如 Android、iOS）分别开发宿主应用，小程序借助宿主应用运行而不需要针对不同的操作系统分别开发。发布小程序之后，用户可以在不同的操作系统上通过宿主应用使用同样的小程序，这样实现了一次开发、到处使用的效果，这就是所谓的跨平台。

### 2. 推广便捷

小程序的打开方式非常丰富，以微信小程序为例，通过直接扫描二维码或小程序码的方式，通过在微信中搜索小程序名称的方式，通过在聊天界面长按识别别人转发的二维码或小程序码的方式，通过点击公众号文章中某个小程序入口的方式，都可以打开小程序。正是因为小程序的打开方式如此多，只要运营得当就能形成快速裂变的效果。

用户在使用小程序时，并不像使用 App 那样下载、安装后才能使用，小程序的打开和使用不是一件非常耗费时间和精力的事情。而且 App 会占用手机存储空间，经常有使用频率低的 App 长期占用手机存储空间的情况。从这个角度出发，用户更容易接受小程序这种产品形态，这也是小程序推广更便捷的原因。

### 3. 用户体验佳

小程序可以给用户带来良好的用户体验。由于其具备跨平台的特点，只要用户的手机上安装了宿主应用，无论是在 Android 系统上还是在 iOS 系统上，都可以直接使用小程序；由于其依托于宿主应用，所以小程序可以通过宿主应用使用系统的部分硬件功能，小程序在很多情况下都可以媲美原生应用。比如，微信 App 可以称得上是"国民应用"了，其用户基数大、使用率高，而微信小程序的打开场景非常丰富，所以给用户带来了非常好的使用体验，用户也会经常使用微信小程序。

## 4.5　H5

产品经理可能经常会听到 H5 这个词，甚至经常提到。在产品经理的工作中，大家提到这个词通常指某个移动端网页。严格来说，H5 并不是一种产品形态，它是 HTML5 的简写，而 HTML 是前端开发工程师经常使用的一种标记语言，HTML5 是 HTML 语言的 5.0 版本。由此可见，把 H5 当作产品形态是行业内的误传，但源头已无法追溯。移动端网页中大量使用了 HTML5 技术，可能出于该原因，大家在沟通中慢慢地把它说成了一种产品形态，甚至成为行业内的约定俗成。

既然大家对这种误传产生了共识，大家都能听明白，那么在很多场合也可以这么说，H5 指代的是一种移动端网页应用，是网页应用中的一类特殊产品形态。

## 4.6　PC客户端

尽管从技术角度说，Android 和 iOS 是两种截然不同的操作系统，但是在这两个系统上开发的 App 都可以被称为客户端应用。同样，对于个人电脑（Personal Computer）来说，常见的操作系统有 Windows、macOS、Linux 等，在这些不同的操作系统上运行的应用也可以被称为客户端应用，只是把电脑系统中运行的应用叫作 PC 客户端应用。如图 4-3 所示，这是一家公司官网上提供不同端应用下载入口的页面，其中的"Windows 下载"和"Mac 下载"是两种不同操作系统 PC 客户端应用的下载入口。

图 4-3　一家公司官网提供了不同端应用的下载入口

在下载不同端应用安装包后，需要在电脑上安装，然后才能够在电脑上正常打开应用，示例如图 4-4 所示。

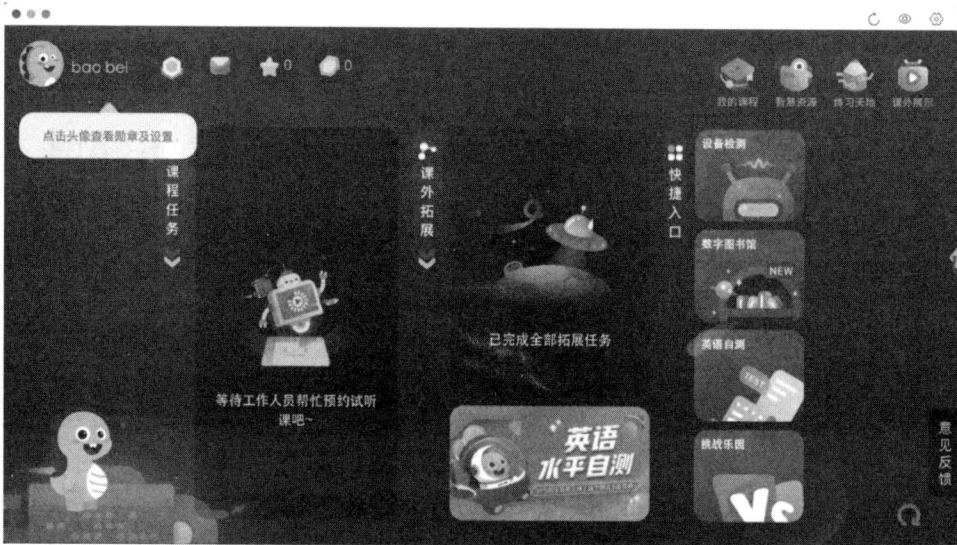

图 4-4 一家公司 Mac 客户端应用页面

从上面的案例可以看出，PC 客户端产品都需要用户下载安装包并安装在电脑上，才能正常使用，与前面介绍的移动端原生应用十分相似。PC 客户端由于操作系统不同，在开发客户端应用时使用的开发语言也不同，比如很多 Windows 系统客户端应用都是基于 C++ 和 Java 语言开发的，目前用得比较多的是 C++ 语言。基于 C++ 语言的 Qt 跨平台图形用户界面应用程序开发框架现在用得比较多，使用 Qt 开发的应用可以在多个平台上部署。很多公司对 PC 客户端产品不够重视，但这些产品又是不可或缺的产品形态，所以这些公司会招聘擅长做 Qt 开发的开发者来直接开发跨平台 PC 客户端产品，达到降低开发成本的目的。另一种常见的 PC 客户端产品是 macOS 客户端应用，由于 Mac 电脑和 iPhone 手机都是苹果公司的硬件产品，而苹果公司为了开发者生态的一致性，要求开发其 PC 客户端应用与开发 iOS App 使用一样的开发语言 Objective-C。

现在，对于 PC 客户端产品而言，相对移动端产品来说有着很多劣势，大家除了办公或打游戏，很少会使用电脑，电脑携带也不够方便，而且移动设备已经能够满足绝大部分人的日常生活了。

尽管如此，PC 客户端产品依然有用武之地，办公就是典型场景。虽然移动设备目前的性能已经非常优异了，但由于其屏幕不够大，在办公方面应用不多，而且移动设备的硬件也有限制，比如在在线教育场景下，学生需要在直播间里与老师互动，或者需要在白板上用鼠标绘图等，都需要使用 PC 硬件或外接设备，这些都是移动端产品没法相提并论的。这也是很多公司依然会设计 PC 客户端产品的重要原因之一。

其实 PC 客户端产品与移动端产品很相似，移动端也是一种客户端，只是一般大家习惯于把移动端应用称为 App，把 PC 客户端应用称为桌面软件。因此，PC 客户端产品在技术实现方式上也有类似于移动端产品的原生、混合等方式。如果只使用 PC 操作系统的原生开发语言来开发客户端应用，可以将其理解为原生应用；如果使用 PC 操作系统的原生开发语言和网页来混合开发客户端应用，那就是混合应用了。

## 4.7　如何选择产品形态

通过前面的学习，我们对互联网常见产品形态有了初步的认识，产品经理工作中经常涉及移动端应用和 PC 端应用，移动端应用有原生应用、混合应用、网页应用、小程序，PC 端应用有 PC 客户端应用等。

在设计产品时，同样的功能可以使用不同形态的产品实现，作为产品经理，我们除了想办法规划出符合需求的产品，产品形态也是我们需要考量的。注意，并不是要选择最好的产品形态，"最好"只是一个相对概念，我们需要选择最合适的产品形态。为了达到这个目的，我们需要做到有依据地选择，可以从以下角度进行考虑。

（1）从产品形态的角度考虑

不同形态的产品有其自身的特点。移动端原生应用或 PC 客户端应用，由于背靠各自的系统平台，它们能够直接使用系统提供的软硬件接口和框架，相关产品在功能上有着天然优势。偏网页形态的产品则有很多限制，主要表现在接口和功能上不够丰富。

（2）从产品开发推进的角度考虑

不同形态的产品所使用的开发语言和开发方式是不同的，因此开发时要根据开发者、开发难度和开发周期来考虑使用哪种产品形态。

首先，对于开发者来说，从市场需求量和实际从业者数量来看，移动端开发工程师或前端开发工程师的数量远远多于 PC 客户端开发工程师的数量，大部分互联网公司都会设有移动端开发工程师和前端开发工程师岗位，但是很少设有 PC 端开发工程师岗位，除非公司把 PC 客户端开发也作为核心规划。如果公司突然选择做 PC 客户端产品，那么将不容易立马招聘到相关开发者，需要提前做好招聘计划。

然后，对于开发难度来说，客户端产品要比前端产品更难开发，也就是 PC 客户端应用、Android App、iOS App 的开发会比小程序、网页应用的难一些，而且前端开发语言比客户端开发语言更轻量，这就是很多需要快速上线的产品会采取前端方式开发的原因之一。

最后，一般情况下，客户端产品的开发周期比前端产品的开发周期长。

（3）从不同产品形态运营的角度考虑

由于用户获取不同形态产品的方式是不同的，为了让用户方便使用产品，推广运营的方式也非常重要，好的推广运营可以使产品被更多的用户使用。但受限于不同产品形态的特点，推广各种产品形态产品的成本是不同的，需要用户下载、安装的产品的推广成本往往比无须下载、安装便可使用的产品的推广成本大得多，也就是移动端原生应用或 PC 客户端应用的推广成本比网页应用或小程序的高。

除了推广，运营过程也很重要，常规的用户运营、社群运营、内容运营等都可以使用。此外，由于微信生态非常强大，因此很多产品如果在设计时就能考虑到微信生态的链路关系，有时甚至可以突破产品形态自身在运营层面上存在的不利因素。比如，对于在线教育类型的应用，可以让家长在朋友圈分享孩子的学习情况来吸引新客注册，同时家长可以获得更多的课时，这就是使用用户的社交关系链来进行运营的例子，通过这种方式一方面可以更便捷地获取新用户，另一方面也提升了老用户的活跃度。再比如，拼多多借助微信生态中的小程序，以拼团核心业务模式，产生了非常好的用户裂变效果。

目前来看，从运营角度出发，移动端应用和 PC 客户端应用与小程序、H5 等产品相比存在劣势，但它们可以借助不同的富有创造力的运营方式来进行弥补。

（4）从用户体验的角度考虑

最后要介绍的是用户体验，用户体验其实是综合多方面因素所形成的结果。对用户而言，他们一般只会考虑产品用起来好不好。对于产品经理来说，很多因素会导致用户产生不同的想法，比如产品功能的丰富程度、交互的完善程度、UI 的美观程度等，以及应用是否需要下载，安装包大小等，这些都会间接决定用户体验。

产品经理经过以上这些角度的考虑后，已经能够形成一个大概的判断了。在实际工作中，产品形态的选择没有固定的标准，只有进行多方考虑、分析后，我们才能够选择适合的产品形态。

# 第 5 章　UI 设计和交互设计

对于很多执行层的产品经理，原型设计是日常主要工作。原型设计，除了包括需要分析、制定流程、制定规则，还包括绘制原型。绘制原型本质上就是将自带的元件库或第三方元件库中提供的各种元件在画布中排列组合，最终形成完整页面的过程。

整个过程中，很多产品经理并不会考虑具体的技术实现，直接展开天马行空的"设计"，这样会导致在最后评审时或产品投入开发后，遇到各种问题，出现类似下面的沟通场景。客气的开发者会说："这个控件的效果没法实现，要不然换一个吧。""你说的这个交互方式在 iOS 上做起来简单，几行代码就能搞定，但在 Android 上实现起来很麻烦。""那是 PC 上的操作，手机端没法这么搞。"而不太客气的开发者则可能直接把你怼得体无完肤，让你怀疑人生。遇到这种情况的时候，负责的产品经理会在平衡工期、技术实现成本等各方面的因素后做出决策，但有的产品经理会甩下一句话："我不管，某某 App 能做，你也要做出来。"后者甚至不是少数，很多大公司的高级产品经理依然如此。

总的来说，可以将上面这些场景概括为产品经理对 UI 设计、交互设计，以及从原型界面到技术实现方式，没有清晰的认识。因此，从技术角度出发，了解一些关于 UI 设计或交互设计的知识是很有必要的。为了对从界面到技术实现的大概过程有清晰了解，下面提炼了一些关键元素，一一展开进行讲解。

## 5.1　控件

下面主要讲解控件是什么，以及在开发者使用控件进行开发的时候，会使用的常见控件类型有哪些。

### 5.1.1 什么是控件

控件是什么呢？简单地说，控件对于开发者来说像我们产品经理在使用 Axure 绘制原型过程中使用的元件库中的各种元件，系统会提供自带的元件库，甚至还可以载入第三方元件库。在软件开发过程中，尤其在客户端或前端开发过程中，开发软件界面时会使用各种各样的控件。

下面看看 Axure 中的元件库，如图 5-1 所示。默认的元件库中提供了大量的元件，基于这些元件进行样式调整，便可以绘制出各种不同的原型界面，同时进行交互设计，便能实现各种效果。

图 5-1　Axure 默认元件库中提供的大量元件

开发者实际开发软件时，实现过程与我们产品经理画原型时也很相似。我们画原型时，会先画静态的原型，再考虑做交互或写文档。开发者也会先实现静态页面，再实现动态效果和其他逻辑。在实现静态页面时，本质上就是把各种系统提供的控件或自己写的控件放置到与 UI 设计稿一致的界面位置。

图 5-2 是手机中自带的录音机 App，它就是由多种不同类型的控件组成的。顶部左上角的齿轮和右上角的菜单入口是两个图片控件，而标题中间的录音机 3 个字是一个文本控件。

再看另一个界面，图 5-3 是某电商 App 中的商品详情页，在该页面中呈现了很多界面元素。从开发的角度，可以拆解出页面上的控件元素，比如，顶部的返回、分享、更多入口是图片控件，下面的手机封面图也是图片控件，文字信息部分是文本控件，底部的"到货通知"和"无货订购"是按钮控件。

图 5-2　手机中自带的录音机 App

图 5-3　某电商 App 中的商品详情页

通过以上案例，可以看出控件是构成一个界面的基本元素，即一个完整的界面是由很多不同类型的控件构成的。从设计师的角度，可以把界面上的基本元素划分为条栏、内容视图、控件和临时视图等。但从开发者的角度，无论是条栏还是内容视图、临时视图，都可以当作控件。

### 5.1.2 常见控件类型

不同系统中的控件不完全相同，但产品经理不需要了解各个系统中的具体控件，我们只需要知道一些控件知识，方便工作中与开发者进行沟通协作即可。

大部分系统自带的控件已经能够满足绝大部分产品的需求，这类控件被称为原生控件。但仍有原生控件难以实现的效果，这时就需要使用自定义控件了。对于这两类控件，原生控件就像 Axure 自带的元件库中的元件，自定义控件就像我们自己制作的元件库中的元件，其中自定义控件对开发者的要求更高一些。在原生控件中，尽管不同开发语言控件的使用规范、属性（可对控件进行的设置）和名称不同，比如前端称控件为标签，但它们做的事情是一致的。接下来，就从界面元素的角度看看到底有哪些类型的常见控件。

1. 条栏

对于移动端产品，随处可见的页面元素是各种"栏"，由于它们在页面中所处的位置不同或者起到的作用不同，命名各有不同，比如状态栏、标题栏、标签栏、导航栏、搜索栏、范围栏、工具栏等。

移动端产品中一般会包含不同的栏。状态栏是手机系统顶部用于显示当前系统时间、电量、通信服务商等信息的栏；标题栏是 App 中顶部的栏，一般用于展示 App 的名称，有时也会包含一些操作入口；标签栏一般出现在 App 的底部，数量为 2～5 个；导航栏根据出现的位置不同，有不同的名称，如果出现在 App 顶部，被称为顶部导航栏，相当于标题栏，而如果出现在 App 底部，则被称为底部导航栏；搜索栏，从字面上就能看出，主要承担了搜索功能，搜索栏常出现在标题栏的位置，用以替代标题栏，或出现在标题栏下方的位置；范围栏很多情况下都会与搜索栏一同出现，主要用于定义搜索内容的范围，在实际的产品设计中，范围栏渐渐演变成了用于分类内容的栏，但这也符合"范围"的定义；最后是工具栏，可以将其理解为专门放置各种工具的栏，比如手机自带的浏览器底部就有一个比较典型的工具栏。

以上对各个栏的位置和作用进行了简单的介绍，下面再从开发实现角度看看，基于这些常见的控件，产品经理在移动端产品的设计中需要考虑什么因素。

（1）状态栏

在移动端各个不同的控件中，严格来讲，其实并不存在状态栏控件，因为状态栏本质上是系统的一部分，并不是 App 的一部分，既然它是超出了 App 的存在，所以没办法对其进行控制，也就不存在所谓的状态栏控件。

但是，很多时候，打开不同的 App，状态栏又会呈现不同的色调，这样 App 整体色调和状态栏色调接近，用户在使用 App 时不会因为状态栏色调不同产生割裂感。如图 5-4 所示，在一部手机中，打开左边的 App，状态栏呈现白色，打开右边的 App，状态栏变为黑色。如果对于开发者而言不存在状态栏控件，那么怎么实现类似的效果呢？

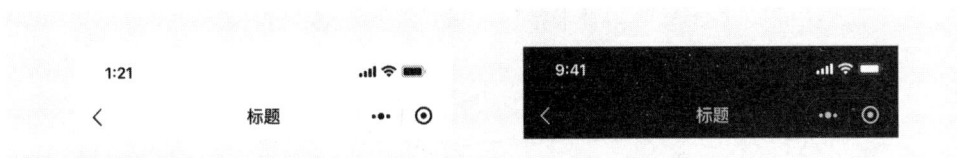

图 5-4　不同色调的状态栏

实际上，移动端系统基本上都提供了让开发者调整状态栏的方法或者对状态栏主题进行调整的方法，从而实现对状态栏颜色及透明度的调整或者是否显示状态栏等常见效果，但对于状态栏上本身的元素，比如电量图标、时间，则没办法进行随意调整。

（2）导航栏控件

界面元素中的导航栏和标题栏，其实可以归为一类控件，这是因为如果将导航栏放在 App 顶部位置，它就和标题栏是一回事。对于这类控件，可以设置它的高度、颜色、透明度等属性，同时还能设置在其中显示的元素，这使得导航栏可以呈现出不同的风格，并且有的导航栏上有返回按钮，有的则没有。比如，iOS 系统自带的 UINavigationBar 控件，就可以让 iOS 开发工程师很方便地调整相关属性，Android 系统中对应的控件是 Toolbar，而且 Toolbar 控件更灵活，可以被放置到页面中的任意位置，不只是用来实现顶部导航栏效果。

导航栏除了可以被放置在 App 顶部，还可以被放置在 App 底部，它此时可以算是标签栏。有的开发语言中也直接提供了控件来帮助开发者快速实现 App 的底部导航效果，比如，通过 Android 系统自带的 BottomNavigationView 控件就可以很方便地设置底部导航栏中要显示的图标数量、图标及名称，以及导航栏本身的高度、颜色和透明度等基本属性，如图 5-5 所示。

图 5-5 底部导航栏

（3）分段控件

分段控件比较常见的呈现效果是范围栏，比如图 5-6 中的某款手机自带的电话
App 的顶部，中间的"全部"和"未接"区域就是用分段控件实现的。

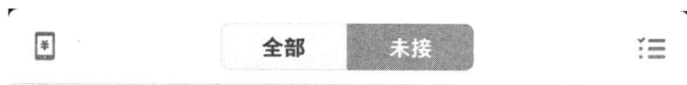

图 5-6 分段控件

从图 5-6 也能大致看出，使用分段控件可以设置控件中有多少标签，哪个标签被
选中，以及选中及未选中时标签的颜色等。一般情况下，点击标签后，可以实现页面
的切换。

对于分段控件，iOS 系统中提供了 UISegmentedControl 控件帮助开发者实现类似
上面的效果，但 Android 系统中目前没有自带的分段控件，所以需要开发者自行开发
实现。

（4）搜索栏控件

由于出现搜索栏的场景非常多，而且它的界面形式比较固定，基本上都会包含搜
索框、搜索按钮及默认文本提示，如图 5-7 所示。

图 5-7 搜索栏

大部分开发语言中都提供了搜索栏控件，比如 Android 系统中的 SearchView 控件，
iOS 系统中的 UISearchBar 控件等。这类控件基本包含相似的属性，可以设置是否需
要显示放大镜图标，默认文本提示的内容及颜色等。此外，也可以设置整个搜索框的
颜色和透明度。

### 2．内容视图

可以认为展示内容的部分都算内容视图，而内容的呈现形式有文字、图片、音频、视频等。当内容过多时，对于移动端界面，以循环列表结构来展示，这将非常符合手机操作习惯。从 UI 及交互设计角度来看，按照呈现的内容来划分，常见的内容视图有地图视图、文本视图、图片视图、视频视图，如果按照呈现的形式来划分，常见的内容视图有列表视图、表格视图、网页视图等。同样，下面还是从开发角度来看看有哪些常见控件可以便捷地实现内容视图。

（1）文本类型控件

文本类型控件可以算最常用的控件之一了，主要用于显示文本。软件界面上只要涉及文字，无论是中文、英文还是其他特殊字符，都可以用文本类型控件来实现。而且在 iOS 和 Android 中分别提供了 UITextView 和 TextView 文本类型控件供开发者使用。

如图 5-8 所示，所有的文字部分都可以采用文本类型控件实现。另外，我们也可以发现，同样是文本类型控件，其中的文字字号、颜色、字体等也有所不同，其实这些均可以通过对文本类型控件的属性进行设置来实现，而且一般情况下同样位置且属性相同的文字只用一个文本类型控件就可以实现。但如图 5-8 所示的"来自"和"三星 Note20 Ultra 5G"这两处文字，则需要分别使用两个文本类型控件来实现，原因在于它们的文字颜色、字号不同，也就是控件属性不同，只使用同一个文本类型控件，不方便实现这样的效果。

图 5-8　文本类型控件对应的页面示意图

（2）图片类型控件

图片类型控件主要用于需要显示图片的相关场合，App 中的图片有几种最常见的表现形式，比如可以是页面上的一个图标，也可以是一张图片。iOS 和 Android 中分别提供了 UIImageView 和 ImageView 图片类型控件供开发者使用。图 5-9 中的所有 App 图标都可以使用图片类型控件来实现，轮播图中的图片也是如此。

图 5-9　图片类型的控件对应的页面示意图

图片类型控件也有一些常见属性可以设置，比如图片的透明度，通过设置图片的透明度可以方便地实现图片需要模糊显示的效果。此外，还可以对图片进行裁剪和缩放，这些属性可以很方便地应用于实际产品的设计，因为实际使用中也经常需要裁剪和缩放图片。比如，用户将自己相册中的一张照片上传到社交软件中，上传成功后需要根据具体情况来裁剪或缩放图片并显示。很多图片类型控件提供了按照原图尺寸展示的设置方式，这样无论是多大的图片，都可以不按照图片类型控件的大小展示，而让图片类型控件的大小随着图片的大小发生变化。当然也可以按照不保持原图尺寸的方式设置，这样可以按照图片类型控件的大小来展示图片。这时如果原图尺寸比控件尺寸大，就会在横纵方向上缩小图片来适应控件尺寸；如果原图尺寸比控件尺寸小，则会在横纵方向上拉伸图片来填满控件空间。要注意的是，这种方式能够确保原图完整展示在控件中，所以对原图要求比较高，但当原图尺寸和控件尺寸比例不一致时，必然会导致为了完整展示原图而强行拉伸或缩小图片，从而破坏原图的长宽比例，使图片变形的情况。还有另一种与上面这种方式类似的设置方式，这就是将原图在横纵方向上都进行等比例缩放来适应图片类型控件的尺寸，但这种方式与前面方式的不同在于，它不保证一定会将原图完整地展示在图片类型控件中，但能确保原图的横纵方向展示比例不变。这种方式不会破坏原图在图片类型控件中的显示比例，但可能会出现原图没办法完整展示的情况。

（3）列表视图类型控件

列表视图在产品中几乎无处不在，这导致很多平台都提供了可以方便实现相关效果的控件，比如 iOS 中的 UITableView 控件、Android 中的 ListView 控件，以及谷歌官方提供的 RecyclerView 控件，它们的效果都不错。但是，比较而言，iOS 中的列表视图更具弹性，也就是官方所说的 bounce 回弹效果。也就是，用户在将内容拖拽某个边界，松开手后视图会被回弹。如果要在 Android 中实现 iOS 中同样的回弹效果，Android 开发工程师的工作量会比 iOS 开发工程师的大很多。

除了这些细腻的交互效果，如果只需要满足列表视图的基础功能，比如以列表方式展示内容，并且可以点击、长按或用其他操作方式获得页面反馈，那么在 Android 和 iOS 中都可以比较方便地借助系统自身提供的控件来实现。

下面来看看列表视图的界面效果。图 5-10 就是一个典型的采用列表视图类型控件开发的页面，这种页面的特点是具备相同的"循环结构"，每块结构中的布局方式也是一样的，只是填充的数据不同。

（4）网格视图类型控件

同列表视图一样，网格视图也在产品中经常出现。iOS 中的 UICollectionView 控件和 Android 中的 GridView 控件都可以非常方便地实现网格视图效果，下面先来看看网格视图的界面效果。

图 5-11 中方框内的部分，就可以采用网格视图类型控件来实现。网格视图的应用场景也非常多，比如，手机系统桌面就是一个非常典型的可以用网格视图类型控件来实现的应用场景。总的来说，网格视图实际上比较适合需要多行多列方式展示信息的情况。

在很多情况下，我们会发现网格视图和列表视图经常配合使用，比如在电商类型的 App 中，根据关键词搜索商品后，搜索结果可以通过一键切换功能来切换列表视图和网格视图两种不同的展示方式。图 5-12 的左侧便是一个列表视图，右侧是通过使用一键切换功能后得到的网格视图。

（5）网页视图类型控件

网页视图实际上是在原生应用中加载网页内容，通常很难通过肉眼分辨它们，但它们又广泛存在于各种移动端应用中，尤其是在现在，混合应用开发模式被越来越多地运用到各种商用 App 中。不同的操作系统中都提供有网页视图类型控件，帮助开发者很好地做出原生与网页结合的 App，比如 iOS 中的 UIWebView 控件、Android 中的 WebView 控件。

两种不同平台中的网页视图类型控件，除了能够实现在原生应用中加载网页，还能够实现 Android 客户端中的代码与 JavaScript 代码的互相调用，从而实现很多需要原生页面和内嵌网页之间的交互效果，比如为了界面的统一性，若内嵌网页中遇到问题而需要弹窗，并且要保持使用原生代码创建的弹窗，此时相当于 JavaScript 通过 WebView 调用 Android 代码。

图 5-10 列表视图类型控件对应的页面

图 5-11 网格视图类型控件对应的页面

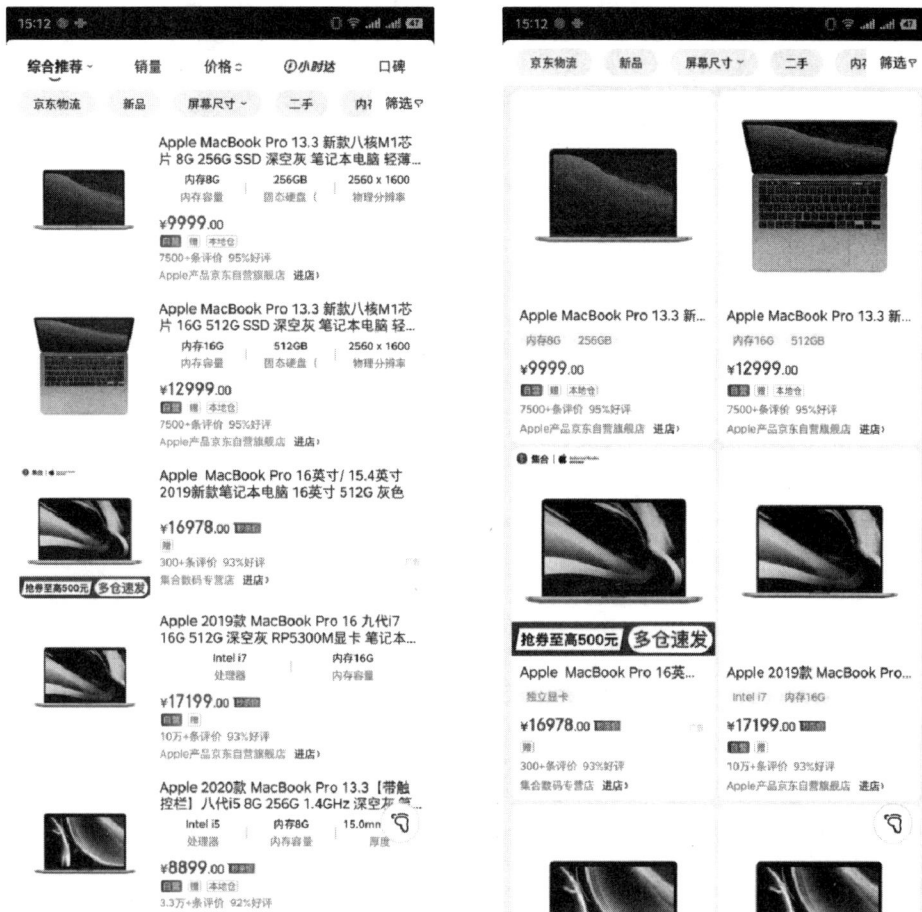

图 5-12　列表视图与网格视图

**3．基础控件**

除了前面的条栏及内容视图，页面中还有其他控件，比如页面中的某个按钮或者文字框，这些都是组成一个完整页面所需的基础控件。

（1）输入框类型控件

这种类型的控件一般用于文本信息的输入，比如搜索页面中的搜索框，注册登录页面中填写手机号的文字输入框，社交软件中与人聊天输入消息的对话框，输入框类型控件在这些场景发挥着作用。如图 5-13 所示，页面顶部的搜索框就是输入框类型控件的典型应用场景。

图 5-13　输入框类型控件对应的页面

在图 5-13 的搜索框中，不仅可以输入内容进行搜索，而且在未输入任何内容的时候，输入框中有一个默认的文字提示，这说明该控件包含一个默认的属性设置，一般可以称其为 hint，但有时不同语言中的叫法也可能不同。

除了上面这个特殊的属性设置是文本类型控件所不具备的，其他的属性输入框类型控件与文本类型控件基本一样，也就是说，输入框类型控件也可以对输入的文字大小、颜色、字体进行设置，甚至还可以对输入的文本长度（最多允许输入多少个字符）及文本类型（中文、英文、特殊字符）进行设置。

（2）按钮类型控件

按钮类型控件与文本类型控件比较相似，也可以展示文字，但按钮是需要用户操作的界面元素，而且更多应用于需要确认的场景。比如，App 的注册登录界面中就有很多按钮类型控件，在用户输入注册或登录信息后，需要点击确认注册或登录的按钮，有时为了让用户在完成必要信息的填写后才能确认，有的 App 会对按钮本身进行设置，让按钮在必要信息填写完成和没有填写完成时表现出不一样的状态。

如图 5-14 所示，左图是用户没有完成必要信息填写时，注册按钮处于置灰不可点击的状态，右图是用户填写完必要信息后，注册按钮变为正常的可点击状态。

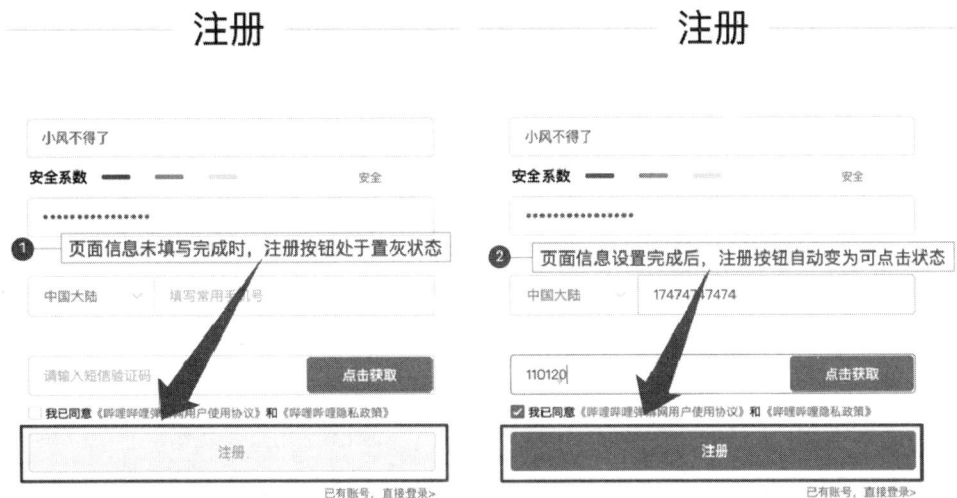

图 5-14　注册按钮状态的变化

除了可以按照上述方式设置按钮，还有其他设置方式，比如，在用户按下按钮时，让按钮显示一种颜色，在用户松开按钮后，让按钮显示另一种颜色，这种设置按钮的方式在实际应用中非常常见。上面说到的两种设置按钮的方式，本质上都是对按钮的背景样式属性进行设置。所谓按钮的背景样式属性，就是设置按钮所在区域的颜色，当然也可以用图片来填充按钮。对于按钮类型控件，除了能够设置上面提到的属性，还可以对按钮上的文字进行设置，这也是按钮类型控件的常见属性。

4．临时视图

临时视图是一种临时出现在页面中的视图内容，也就是在需要的时候出现，在不需要的时候消失。按照适用场景的不同，可以把临时视图控件划分为几种不同类型的控件，最常见的控件有警告框、操作菜单、模态视图及吐司。

（1）警告框控件

手机用户应该经常会遇到一些情况，比如在删除某个微信好友时，会弹出是否删除联系人的警告框，在用户二次确认后，才会执行删除联系人的操作。通过这种方式，可以有效避免用户因误操作而执行对自己造成不好影响的操作，也提供给用户一个再考虑一下或改变主意的机会。

对于图 5-15 中的警告框，无论是 Android 系统还是 iOS 系统，都提供了相应的控件来方便开发者实现这种效果。Android 中的控件是 AlertDialog，iOS 中的控件是

UIAlertView。这种控件最基本的用法是，设置警告框的标题和提示内容，以及确认按钮；当然，这种控件还有其他用法，比如还可以提供让用户选择的选项，只不过这时的警告框可能就变成了提示框。

（2）操作菜单控件

操作菜单控件也非常常见。有时用户在进行页面操作时，会出现一个弹窗，其中提供了多个选项供用户选择，这其实就是一个操作菜单。操作菜单一般可以分为两类，一类单纯地提供了几个并列选项和取消选项；另一类则是在操作菜单的选项中提供强调用户关注的选项，并将其突出显示。在如图 5-16 所示的界面中，点击右上角的按钮后，页面的底部就会出现一个操作菜单，供用户选择上传图片的方式，两个并列选项分别是拍摄和从相册选择，此外还有取消选项。

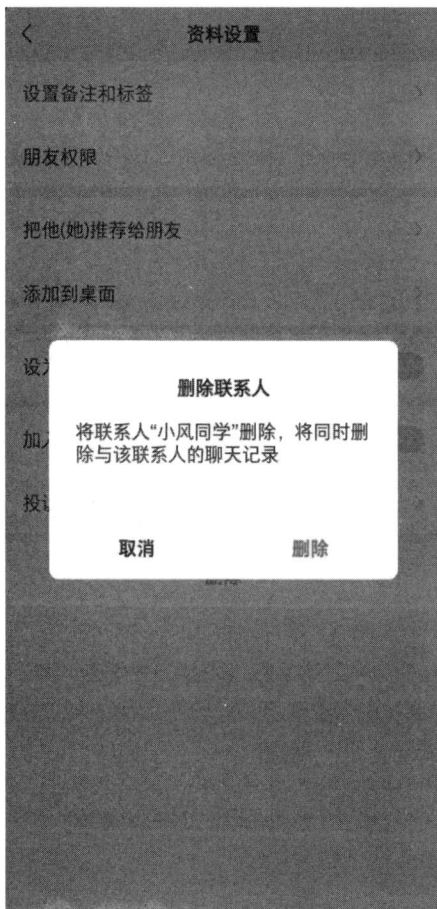

图 5-15　删除联系人的警告框　　　　　　图 5-16　操作菜单

　　iOS 系统中自带的 ActionSheet 控件可以方便开发者创建操作菜单，在使用时直接设置好操作菜单中需要展示的文字及文字样式，并设置好对应的点击事件即可。而 Android 系统中则没有为开发者提供这样的控件，这时开发者需要自定义，实现方式有很多，比如可以直接基于 Dialog 进行自定义。

　　（3）吐司

　　吐司原本是 Android 系统中的一个控件，叫作 toast，因发音很像"吐司"，所以大家慢慢地就这么叫这个控件了。通过这个系统自带的控件，可以非常方便地实现需要临时出现又立马自动消失的提示信息。比如在使用微博时，用户在页面上通过下拉进行刷新的时候，页面顶部就会出现"更新了 $m$ 条微博"的提示信息，而且这条提示信息又会很快消失，吐司控件主要运用在这种场景中，如图 5-17 所示。

图 5-17　微博 App 中更新微博数量的吐司控件

对于原生的吐司控件，除了它本身的特点，开发者还可以根据控件提供的方法，方便地修改吐司控件在页面中出现的位置、文字样式（如背景颜色、文字颜色）等，甚至还可以在吐司控件中不仅展现文字信息，也能呈现图片信息。

因为吐司控件在用户实际使用产品的过程中确实很有用，但 iOS 系统中并没有提供原生的吐司控件，所以在 iOS 中，如果开发者想要实现这种效果，将不得不采用自定义控件的方式实现，但工作量会稍微大点。

（4）模态视图与非模态视图

模态视图和非模态视图在设计中是非常大的概念，因为很多界面元素都可以算作这两种类型的视图，而且它们都是一个页面中的子视图。"模态"的概念最早出现在苹果公司提出的设计规范中，很快 Android 中也慢慢地开始使用同样的概念。

那么怎么区分模态视图和非模态视图呢？对于模态视图来说，它最大的特点是会打断用户当前正在执行的正常操作。也就是说，用户必须对模态视图进行操作后才能执行其他操作。模态视图往往以"浮层"或者"蒙层"的形式出现，比如，前面介绍的操作菜单就可以算作模态视图。那什么是非模态视图呢？非模态视图不会影响用户在页面中的正常操作，甚至用户都可以不用理会它，它往往会在出现之后自动消失，或者不用对内容进行确认，但可以手动关闭它，比如之前提到的吐司控件就是一种典型的非模态视图。

5. 自定义控件

前面提到了很多不同平台系统自带的常见控件，这些控件也可以被称为原生控件或系统控件。对于产品经理或设计师的需求，在大部分场景下，使用原生控件已经能够满足。但是也有一些场景或一些需求，直接使用原生控件很难实现或压根不能实现产品经理和设计师想要的效果，此时就需要利用自定义控件技术来实现了。

（1）自定义控件的定义及用途

自定义控件是客户端或前端开发中的一门技术，与前面介绍的各种原生控件类似，都是为了帮助开发者实现需求的。无论是原生控件还是自定义控件，本质上都可以拆分成两方面，一方面是静态页面，另一方面是动态效果。不同的是，原生控件中的静态页面和动态效果已由系统提供，开发者直接拿来使用即可，而自定义控件则需要"创造"原本没有的静态页面和动态效果。要注意的是，这里所说的"创造"并不是从无到有地开发。

由于自定义控件开发体系很庞杂，比如其包括 Canvas 画布、绘图、自定义属性、自定义样式等，甚至为了做出完美的动画效果还会使用很多数学中的复杂计算，这导致精通自定义控件的开发者并不多。另外，也和市场环境有很大的关系，在大部分情况下，产品经理并不会执着于交互细节，只要能实现用户场景即可，但也存在少部分情况，比如曾经的锤子手机就是为数不错的非常执着于交互细节的厂商。这种市场环境导致很多做应用开发的工程师总在不停地实现常见功能，很少有机会在项目中大量实践自定义控件技术。即使有时候需要使用自定义控件，也只是直接把开源控件拿来使用或稍微做一些调整后使用。

（2）实现自定义控件的常见方法

既然自定义控件这么复杂，那么是不是当产品经理给开发者提出需求，开发者说"这要用自定义控件实现，很复杂"时，就不去做了呢？当然不是。

为了更好地理解自定义控件，产品经理需要对自定义控件常见的实现方法有所了解，这样才能对实现难度有所预判。尽管从技术角度来看，实现自定义控件的方法非常多，但是从产品角度来看，主要有以下 3 种实现方法。

- 组合原生控件。
- 继承原生控件。
- 自定义控件。

从开发难度上说，这 3 种实现方法难度依次递增。

组合原生控件就是把系统提供的控件像搭积木一样拼凑起来，形成一个更完整的控件来使用。

继承原生控件则是基于系统提供的某个控件，进行一些改进，可能是修改了原生控件的静态界面样式，或者是修改了原生控件的某些动态效果，所以相对来说会比开发组合原生控件复杂。

自定义控件这种实现方法，其实并不需要完全自己绘制，因为仅从逻辑上思考一下，跳脱出系统框架写的代码，系统压根就不认，这样的代码又怎么可能正常运行？关键还是在系统框架内进行自定义。所有的控件都是基于系统中的最基础的元素开发的，比如 iOS 系统基于 UIView，Android 系统基于 View，自定义控件也不例外，但自定义控件相对原生控件来说能够实现的效果更丰富。无论是静态界面还是动态效果，很多高级的界面和细腻的动态效果都是靠自定义控件实现的。

在项目中，如果开发者反馈某个地方需要采用自定义控件来实现，相对来说，工期就会久一些，尤其是要实现一些比较复杂的交互效果。但好在代码世界比较崇尚开源精神，所以市面上常见的复杂界面和交互效果几乎都有开源实现，在著名的 GitHub 网站上几乎都能找到源码。如果下次你不能实现某个复杂交互效果，可以上 GitHub 找找看，或者请开发者找找有没有类似的开源实现。实在找不到或实现不了，再更改方案即可。

## 5.2 布局

绘制原型是很多产品经理的日常工作之一，基于软件自带元件库、第三方元件库、自己创建的元件库来绘制原型是我们经常采用的方法。在绘制原型的过程中，可以将元件拖曳至画布区域，摆放到合适的位置，并最终形成完整的页面。开发界面的过程实际上与产品经理绘制原型的过程大同小异，只不过不是拖曳元件，而是使用不同的控件，无论是原生控件还是自定义控件，然后在此基础上定义控件的属性。为了能够将这些控件组成符合原型或者设计稿的界面，开发者会使用布局来实现。

那么布局是什么呢？它可以用来定义整个页面的结构，以及页面内包含了哪些控件。换种方式来理解，其实布局更像一种规则或约束，用来定义或约束内部控件互相之间的位置关系。为了更好地进行约束，不同的系统中提供了常见的布局方式，方便开发者快速实现页面布局。

### 5.2.1 Android 常见布局方式

Android 系统提供了几种常见布局方式供开发者使用，比如线性布局（LinearLayout）、相对布局（RelativeLayout）、帧布局（FrameLayout）、表格布局（TableLayout）、网格布局（GridLayout）、绝对布局（AbsoluteLayout）等。

后来，随着人们对界面及交互的要求越来越高，以上这些布局方式在实现一些界面和交互效果的时候变得越来越复杂，甚至会影响性能，所以谷歌公司又推出了一种叫作约束布局（ConstraintLayout）的布局方式。

在实际的开发过程中，线性布局和相对布局用得最多。由于 Android 提供了 ListView 和 RecyclerView 等控件，因此可以很方便地实现表格布局和网格布局的效果，所以表格布局和网格布局用得比较少。而绝对布局已经不适合这个安卓手机分辨率和屏幕尺寸碎片化很严重的时代了，因为它使用需要固定控件位置的方式来布局，所以会导致控件在某个尺寸的手机上显示正常，而在其他尺寸的手机上出现位置偏移甚至变形的情况，目前该布局方式已被官方标记为废弃。此外，帧布局中的全部控件是以屏幕的左上角为起点来布局的。

下面介绍一下实际开发中运用比较多的线性布局（LinearLayout）、相对布局（RelativeLayout）和约束布局（ConstraintLayout）3 种布局方式，以及借助这些布局方式可以方便地实现什么效果。

1. 线性布局（LinearLayout）

当界面上需要呈现的元素都以线性分布的方式出现时，适合使用线性布局。比如，如图 5-18 所示，这是微信的设置页面，一个比较典型的场景。首先，该页面的入口相对固定，不会经常发生变化。其次，每一栏（显示各个入口名称的文本控件和入口图标的图片控件）都是以从上到下的顺序依次线性分布的，如果把每一栏（即文本和箭头入口）所在区域当作一个整体，就可以用线性布局的方式便捷地实现。

图 5-18 微信设置页面中的线性布局

　　需要注意的是，使用线性布局的时候一定要指定内部控件的方向。在相应的布局代码中，可以通过设置属性 android:orientation 来控制内部控件的方向，即布局中的控件是按什么方向摆放的。针对这种布局方式，Android 系统提供了 vertical 和 horizontal 两种属性值。如果设置 android:orientation = "vertical"，则控件会按照从上到下的顺序摆放；如果设置 android:orientation = "horizontal"，则控件会按照从左到右的顺序摆放。如图 5-19 所示，控件按照从上到下的顺序摆放。

图 5-19　在线性布局方式中指定控件摆放方向

　　比如，要实现图 5-19 的效果，通过分析可以知道，页面元素包括 1 张背景图以及 4 个从上到下依次摆放的文本控件。这可以使用线性布局方式轻松实现，其中线性布局的方向是垂直。代码如图 5-20 所示，通过 android:orientation = "vertical"指定了布局方向为垂直。

```
<?xml version="1.0" encoding="utf-8"?>
<LinearLayout xmlns:android="http://schemas.android.com/apk/res/android"
    xmlns:tools="http://schemas.android.com/tools"
    android:layout_width="match_parent"
    android:layout_height="match_parent"
    xmlns:app="http://schemas.android.com/apk/res-auto"
    android:background="@mipmap/bg_login_page"
    android:orientation="vertical"
    tools:context=".LoginActivity">

    <TextView
        android:id="@+id/tv_wind"
        android:layout_width="wrap_content"
        android:layout_height="wrap_content"
        android:layout_centerInParent="true"
        android:layout_gravity="center_horizontal"
        android:layout_marginTop="200dp"
        android:text="@string/text_wind"
        android:textColor="@color/white"
        android:textSize="@dimen/big_text_size"
        android:textStyle="bold" />

    <TextView
        android:id="@+id/tv_mid_wind"
        android:layout_width="wrap_content"
        android:layout_height="wrap_content"
        android:layout_centerInParent="true"
        android:layout_gravity="center_horizontal"
        android:layout_marginTop="20dp"
        android:text="@string/text_mid_wind"
        android:textColor="@color/white"
        android:textSize="@dimen/big_text_size"
        android:textStyle="bold" />

    <TextView
        android:id="@+id/tv_big_wind"
        android:layout_width="wrap_content"
        android:layout_height="wrap_content"
        android:layout_centerInParent="true"
        android:layout_gravity="center_horizontal"
        android:layout_marginTop="20dp"
        android:text="@string/text_big_wind"
        android:textColor="@color/white"
        android:textSize="@dimen/big_text_size"
        android:textStyle="bold" />

    <TextView
        android:id="@+id/tv_yellow_wind"
        android:layout_width="wrap_content"
        android:layout_height="wrap_content"
        android:layout_centerInParent="true"
        android:layout_gravity="center_horizontal"
        android:layout_marginTop="20dp"
        android:text="@string/text_yellow_wind"
        android:textColor="@color/white"
        android:textSize="@dimen/big_text_size"
        android:textStyle="bold" />

</LinearLayout>
```

图 5-20  线性布局指定垂直方向代码

除了上面的线性效果，采用线性布局方式来包裹各种控件时，为布局内部控件设置 weight 属性，可以轻松实现多个控件按比例显示的效果。

如图 5-21 所示，线性布局中包裹了 3 个横向的文本控件。通过在代码 LinearLayout 中设置 android:orientation = "horizontal"，使控件按照水平方向摆放，然后又为每个 TextView 设置了 weight 属性，属性值分别是 1、2、3，这代表着 3 个控件的宽度比为 1∶2∶3，在右侧的实时预览页面中也能看出 3 个控件的宽度与我们的设置一样。 weight 属性设置的是控件宽度比，这样开发者在需要适配不同尺寸屏幕时，就可以借助它来实现，因为控件会随着屏幕尺寸的变化自动变化宽度。

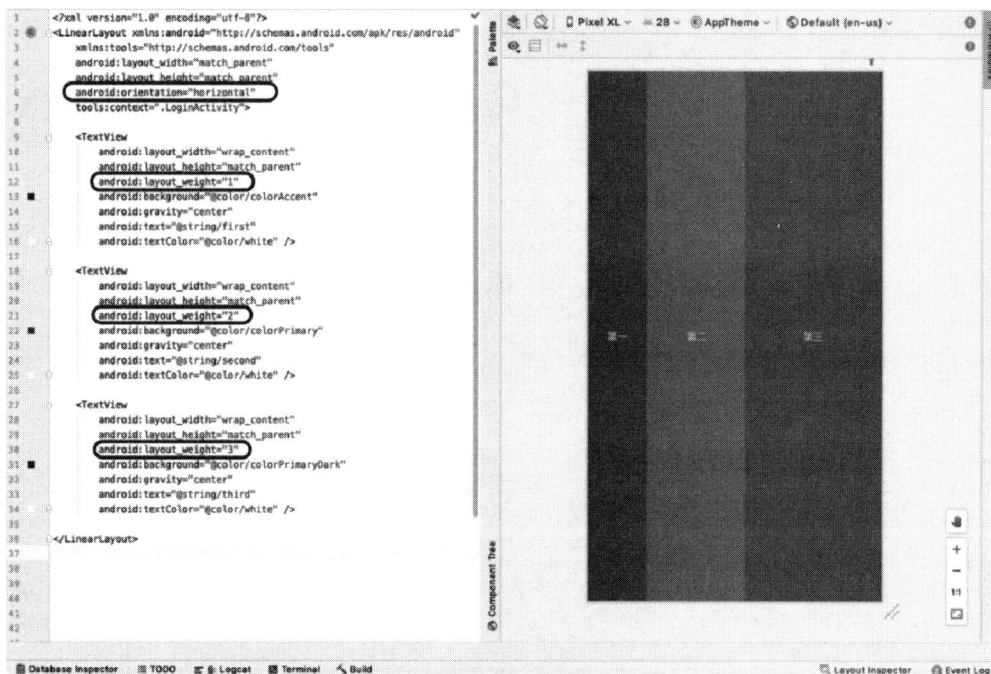

图 5-21　线性布局设置 weight 属性的代码及效果

## 2. 相对布局（RelativeLayout）

在使用线性布局时，必须指定其内部控件的方向，而且只能按照一个方向设置，所以当页面比较复杂的时候，就不得不嵌套多层线性布局，这样会导致页面的渲染速度变慢，进一步使得页面加载速度变慢。相比之下，相对布局不需要指定内部控件的方向，但可以指定内部控件相对于外部控件的位置，以及内部控件之间的相对关系，比如 A 控件在 B 控件的左边还是右边。从这个角度来说，相对布局比线性布局更灵活，不过在使用相对布局的时候，必须为内部控件设好 ID（控件名称），这样才能够指定谁相对于谁在什么位置。

正是因为相对布局可以减少布局的嵌套层级，使得页面渲染速度变快，所以相对布局的适用场景也比线性布局更多，非常适用于一些复杂的界面设计。从理论上来说，同一个界面上的任何两个控件之间总存在某种相对关系，或是 A 控件在 B 控件的上方，或是 C 控件在 D 控件的右边等，总之只要将这些控件放置在相对布局中，就可以通过它们之间的相对关系来轻松定义界面。

从技术实现的角度来说，相对布局一般存在两种定义页面上控件位置的方法，一种是控件基于外部容器来定位，也就是内部控件基于外部的相对布局来定位，另一种是同在相对布局内部，多个控件之间互相作为参考来定位。

图 5-22 是在 App 中设置字体大小的界面，这个界面就能通过相对布局很方便地实现。除了顶部的标题栏，页面元素都可以被放置在一个相对布局中。商品图片位于整个布局左上角的位置，可以用一个图片控件来实现，而其他控件可以将这个图片控件作为参照物，商品标题位于图片控件右边，商品价格也位于图片控件右边，同时位于商品标题下方，而"点击按钮切换文字大小"的提示位于整个相对布局中间，设置后效果的相关提示则位于其下方，最后在相对布局底部放置两个按钮，一个按钮靠近左边界并离左边界有一定的距离，一个按钮靠近右边界并离右边界有一定的距离，这样页面上的所有控件就都被一层相对布局所包裹，不存在多层布局嵌套的情况，从而在某种程度上提升了页面性能。

图 5-22　在 App 中设置字体大小的页面

当然，上面这个页面比较简单，但总的来讲，如果页面上控件比较多、布局比较复杂，而且控件之间的相对关系或与父容器的相对关系比较明确，就可以考虑用相对布局来减少页面的层级嵌套。

3. 约束布局（ConstraintLayout）

约束布局是谷歌公司针对线性布局和相对布局嵌套层级太多的场景而提供的解决方案。对于复杂的界面，使用约束布局可以极大地提高性能，同时约束布局在屏幕适配方面也有很大的优势。针对复杂场景，很多开发者会优先考虑约束布局。

约束布局非常神奇，它极大地简化了很多复杂界面的实现过程，而且在约束布局中控件与控件、控件与约束布局之间也存在着相对关系，只不过在约束布局里这种相对关系被称为约束关系。

很多约束关系与相对布局中控件之间的相对关系是类似的，但在约束布局中也存在着一些比较特殊的约束关系。比如，在表单页面中，需要让文本输入框的左侧都以一条垂直线对齐，而让文本输入框前面文字的右侧也以这条垂直线对齐，有点像文本输入框与前面的文字被某条看不见的垂直线分开了，这些控件分别位居垂直线的两侧。约束布局中有个叫 Guideline 的工具可以很好地解决此类问题，Guideline 可以被理解为用户界面中的一条看不见的参考线。开发中可以在界面上的任何位置创建出这条水平或垂直参考线，以约束其他控件，但在用户界面中是看不到这条参考线的。

约束布局还可以让布局内的控件按照角度来定位。其他布局方式往往只能在水平或垂直方向摆放控件，但约束布局中不仅可以在水平或垂直方向上摆放控件，还能使控件旋转一定的角度。也就是说，在指定了角度和距离属性后，可以轻松地指定一个控件在另一个控件 120° 方向距离 100dp 的位置。

除此之外，约束布局中还有一种比较特殊的关系，叫作链。如果在水平或垂直方向上，多个控件两两互相存在约束关系，它们就可以被称为链。链可以帮助开发者实现多个控件均分屏幕或间距相等的场景。

谷歌官方提供了 4 种链风格，可以通过 chainStyle 属性设置，属性值有 Spread、Spread inside、Weighted 和 Packed，可以针对水平方向或垂直方向设置链风格，这 4 种链风格的效果如图 5-23 所示。

第一种链风格是 Spread。它会使约束布局内的控件按照水平或垂直方向均匀分布，确保在整个布局某个方向上边界与控件、控件与控件之间距离相同，如图 5-23 的①所示。

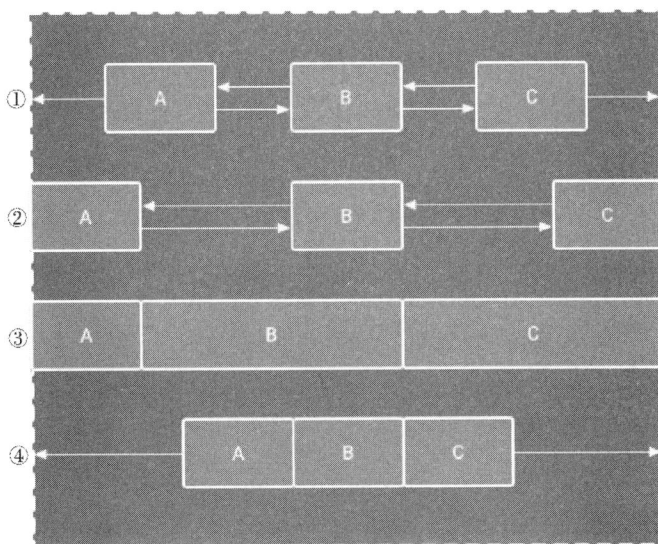

图 5-23　谷歌官方提供的 4 种链风格的水平方向效果

第二种链风格是 Spread inside。它会先将链中的第一个控件和最后一个控件分别固定在约束布局某个方向的边界上，然后确保布局中的控件彼此之间间距相同，如图 5-23 的②所示。

第三种链风格是 Weighted。按照这种方式设置时，首先要确保整个链的风格为 Spread 或 Spread inside，然后针对约束布局内的单个控件或多个控件分别设置水平或垂直方向上的尺寸，将控件的宽度或高度属性设置为 match_constraint。如果针对单个控件设置了该属性，该控件就会将链上对应方向的剩余空间全部占满；如果针对链上的多个控件都设置了该属性，那么被设置的控件就会将链上的剩余空间均分后占满。在此基础之上，还可以使用与线性布局类似的 weight 属性，根据设置的不同权重值来分配各个控件在页面中占据空间的比例，权重值大的占据空间多，权重值小的占据空间少，如图 5-23 的③所示。

第四种链风格是 Packed。它会将链上的各个控件打包组合在一起，再通过其他的属性来设置打包之后控件在约束布局内的位置，最典型的属性就是 bias。一般情况下，bias 的值越大，控件左边的空间就越大，如图 5-23 的④所示。

除了上面介绍的常见的基于链对约束布局中的控件进行布局的方式，约束布局也有一些与相对布局或线性布局类似的布局方式，比如对于两个尺寸大小不同的按钮，需要让两个按钮按照按钮中显示的文字中线对齐的方式来布局，这时就可以根据 Baseline 来进行相对定位。

### 5.2.2　iOS 常见布局方式

在 iOS 系统中，开发者在对页面元素进行布局时，与 Android 开发工程师会有些不同。iOS 系统提供了两类辅助方式进行布局：一类是手动布局方式，另一类是自动布局方式。

#### 1.　手动布局方式

采用手动布局方式时，iOS 系统中需要遵循一些不同的步骤。首先需要通过代码创建好控件并设置好不同控件的属性，完成这一步之后再将对应的控件放到不同的视图中展现。对于任何一个控件来说，它都会出现在页面中，于是就需要指定它的位置，此外，还需要考虑控件大小。iOS 系统也为开发者提供了相关方法来方便实现手动布局，比如调整控件位置时可以设置 frame 和 bounds 属性。其中，frame 属性用来指定当前视图在父视图中的位置和大小，而 bounds 属性用来指定当前视图在其自身坐标系中的位置和大小。

#### 2.　自动布局方式

手动布局方式可以帮助开发者指定控件或视图在页面中的绝对位置，但如果考虑到要适配更多不同尺寸的手机屏幕，则需要使用另一种自动布局方式，叫作 AutoLayout。

自动布局方式相对更灵活，可以自由地指定某个控件与另一个控件的位置关系，比如某个控件位于另一个控件左边一定的位置等，这样就可以确定页面中各个元素的相对位置了。从这个角度讲，这种布局方式有点像 Android 开发中的相对布局和约束布局。

### 5.2.3　前端常见布局方式

前端开发中的布局方式其实与移动端开发中的布局方式类似，但由于 Web 端开发技术发展时间更长，而且在实际应用中最终需要展示的页面场景更加多变，比如屏幕的尺寸差异巨大、屏幕的分辨率各不相同，因此前端开发中存在更多布局方式。但最根本的布局方式还是将各种"控件"在页面上从上到下或从左到右来摆放，只是前端里的"控件"被叫作"标签"。对于我们产品经理来说，只需要理解即可，所以本书中暂时统一用"控件"来进行介绍。

前端最主要的布局方式有：静态布局、弹性布局、自适应布局、流式布局、响应式布局、浮动布局、定位布局等。每种布局都有各自的特点，由它们的特点也会带来使用中存在各自的优缺点，也正是因为如此，又导致了这些布局有着各自的适用场景。

## 1.　静态布局

这种布局方式是一种比较传统的布局方式，最大的特点是页面上的标签尺寸使用像素（px）作为单位，这样无论屏幕有多大，网页都会按照代码中设置好的尺寸显示。在这种布局方式中会设置一个最小宽度，也就是 min-width，如果实际打开网页的屏幕宽度小于这个宽度，就会出现横向滚动条，而如果大于这个宽度，就会将网页主体内容居中显示，两边显示背景。

可以看出，这种布局方式最大的优点是，开发难度不大，不用考虑适配问题，设置好最小宽度，设置好其余页面元素对应的标签宽高即可。缺点也是显而易见的，那就是在屏幕尺寸过小和分辨率过低的情况下，用户在浏览网页时，有可能会出现横向滚动条，用户需要拖动滚动条才能查看完整的网页内容，无法保证不同的屏幕呈现出大致一致的显示效果。

对于这种布局方式，由于它的开发便捷性，以及存在的问题，比较适用于相对简单的页面，或者对适配要求不高的页面，比如大部分公司的官网就是采用这种布局方式来进行布局的。

那么如何判断一个网页是不是使用了静态布局方式呢？方法也非常简单，在浏览器中打开开发者工具，在 element 中查看页面样式，如果发现 body 中设置了 min-width，基本上就可以判断该网页使用了静态布局方式，比如，图 5-24 中将 min-with 属性设置为 1024px。

图 5-24　在网页中设置了 min-with 属性

2. 弹性布局

弹性布局的英文名是 Flex，它是 Flexible Box 的缩写，翻译过来就是"灵活的盒子"。将某元素设置为弹性布局后，它就成了一个放置各种子元素的容器，而它的子元素就成为这个容器中的项目（item）。

对于弹性布局来说，可以设置一些属性。最常见的就是通过 flex-direction 属性设置内部元素的排列方向（横向或纵向），通过 flex-wrap 属性设置项目数较多且单行无法完全展示项目时的换行规则（不换行、第一行在上面或第一行在下面），通过 justify-content 和 align-items 属性设置布局内部元素的各种对齐方式（顶部对齐或底部对齐，左侧对齐或右侧对齐等）。

对于容器内部项目，也就是对于弹性布局的内部元素来说，也可以设置一些属性。比如，通过 order 属性来定义各个项目的显示位置，通过 flex-grow 和 flex-shrink 属性来分别定义各个项目的放大和缩小比例，还可以借助 align-self 属性来针对布局内部的一些特殊元素设置单独的对齐方式。

与静态布局非常不同的一点是，弹性布局内不再以像素（px）作为各个标签的尺寸单位，而是使用 em 或者 rem。为了让大家更好地理解，下面简单介绍 px、em 和 rem 的区别。首先，这几个长度单位都是相对长度单位，px 是相对于显示器的屏幕分辨率而言的；em 是相对于当前元素内的字号大小来确定的，如果没有设置当前元素内的字号大小，就将浏览器的默认字号大小作为参照，浏览器的默认字号大小可以在浏览器的设置功能相关入口内找到，一般浏览器中的常见字号大小为 16px；rem 则是相对于 HTML 页面中的根元素来说的，也就是<html>标签对应的字号大小。

正是因为弹性布局有着以上特点，以及可以便捷设置页面元素，使得它能够更方便地实现一些用传统布局方式难以实现的复杂布局效果，也能比较轻松地实现同样的网页在不同分辨率的屏幕上正常显示的效果。这些都使得弹性布局方式成为目前比较流行的布局方式之一。

尽管这种弹性布局方式优点如此明显，但并不是说它就没有不足之处。这种布局方式最大的缺点是兼容性差，只能兼容 IE 9 及以上版本的浏览器。

基于以上内容可以发现，弹性布局比较适用于希望兼容多种不同分辨率设备的场景，而且对于页面中想要以网格方式或不规则列表方式呈现的效果，都可以考虑使用弹性布局方式来实现。

3. 自适应布局

自适应布局指同样的网页在不同分辨率的屏幕上显示不同的效果。也就是说，这种布局方式实际上创建了多个不同的静态布局，而且每个静态布局都会分别对应一个屏幕分辨率范围，也就是说，只要打开网页的屏幕分辨率处于某个范围内，就选择预先创建好的某范围内的静态布局来展示。因此，达到的效果就是在不同分辨率屏幕上或者手动更改屏幕的分辨率时，会切换页面的静态布局。不过就算切换到不同的静态布局，页面中的标签或元素大小并不会随之发生改变。

正是因为自适应布局有以上特点，所以对于开发者而言，只需要同时做出几套市面上主流分辨率屏幕下的静态布局即可，相对而言开发难度不大，技术不会特别复杂，但因为需要多做几套不同的静态布局，所以会增加时间成本，迭代或维护时也会更麻烦，会涉及多套不同布局代码的调整。

自适应布局，比较适用于公司产品投放多端的情况，比如可以在电脑上访问产品，也可以在移动端访问产品。若电脑端和移动端产品页面中的元素和内容差异较大，可以考虑专门做一套适合电脑分辨率的静态布局和一套适合移动端分辨率的静态布局。当用户打开网页时，先判断用户是通过哪个端访问网页的，再根据用户的实际情况，来决定展示哪套静态布局。

### 4. 流式布局

流式布局方式实际上与它的名字很相关，也就是页面上各种元素的宽度可以随着屏幕分辨率变化，而整体的布局不发生改变，页面效果就像瀑布一般从上往下"流"。

对于流式布局，会使用百分比来定义宽度，高度则采用像素作为单位。通过这种布局方式，可以使页面根据不同的屏幕分辨率进行实时调整。在很多情况下，在使用流式布局的时候，还会对标签的最大宽度和最小宽度等属性进行设置，从而控制页面整体的显示范围，避免出现影响展示效果的情况。

与自适应布局相比，流式布局方式可以尽可能地在不同分辨率的屏幕上使用一套代码实现，使显示效果尽可能一致，从而节省时间成本。但其实这种布局方式也存在比较明显的问题，如果屏幕分辨率范围跨度太大，即出现屏幕分辨率太大或太小的情况，而宽度使用百分比定义，高度使用像素作为单位，有可能导致布局中的标签没办法正常显示。尤其在有些大屏幕手机上，部分页面内容的宽度随着屏幕变宽被拉宽，而高度不发生什么变化，这时总体页面效果就会十分奇怪。

正因如此，流式布局比较适合那些需要页面元素宽度随着屏幕分辨率变化而自动调整，但高度及页面整体布局基本无须变化的场景。比如，很多页面中的列表效果，很多网站首页的侧边导航栏等，当然最典型的场景是采用流式布局来实现主搜索历史记录或热搜之类标签的展示。

### 5. 响应式布局

当我们在一些网页中拖动浏览器边框，使浏览器的显示尺寸发生改变时，如果发现页面元素对浏览器的变化产生了"响应"，即自动适应展示布局，就说明页面中应用了响应式布局方式。

响应式布局其实与自适应布局的目的类似，只不过实现方式不太一样。对于自适应布局来说，是通过开发针对多种不同尺寸和屏幕分辨率的多个布局来实现的，而响应式布局真正地通过开发一套界面兼容了多个不同尺寸和屏幕分辨率。

响应式布局方式基本上包含了两方面的响应，前提条件都是浏览器的尺寸发生变化。一方面的响应是各种页面元素会随着标签或控件大小的变化而变化，另一方面的响应则是页面中的内容和布局都会发生变化，但是这种变化不是持续存在的，当浏览器尺寸改变到某个程度时，页面才会发生突然的变化，可以称这个程度为变化的临界点。

图 5-25 中的页面就是在电脑中按照浏览器的默认尺寸打开某个网页所显示的页面。

图 5-25　网页按照浏览器默认尺寸展示时的布局

通过拖曳方式调整了浏览器的尺寸后，网页中的布局发生变化，如图 5-26 所示，这是一个典型的使用了响应式布局方式的网页。

图 5-26　改变浏览器尺寸后网页的布局

采用响应式布局方式带来的好处十分明显。站在用户的角度来看，用户会觉得随着屏幕尺寸和分辨率的变化，页面元素会自动适配，以达到良好的效果。站在开发者的角度来看，响应式布局方式不像自适应布局方式那样，需要开发多套布局界面，所以在代码的后期维护上，不用同时维护多套代码，相对来说更加方便。

当然，响应式布局方式也有缺点。对于开发者而言，不太可能通过开发一套布局界面就完美适配所有屏幕。如果真的这样做，开发者会需要花费大量时间，针对不同屏幕进行开发与调试。所以一般情况下，只能做出取舍，尽可能适配市面上主流的屏幕分辨率。

由于响应式布局方式的优势突出，目前很多网页中都使用了响应式布局方式来进行开发，甚至可以说，优秀的网页基本上都会考虑使用响应式布局方式。

## 5.3　适配

了解控件与布局之后，我们应该能够明白开发者在开发时就是按照设计师的设计稿将产品经理的需求用代码的方式实现出来的。其中，界面的实现是互联网产品开发中不可或缺的环节之一。基于前面的内容，我们可以知道开发者通过不同的系统所提供的各种原生"控件"或自定义"控件"，以不同的方式在页面上进行布局，从而实现完整的界面。但是用户终端特别多，屏幕尺寸和分辨率都不太一样，这时就涉及适配了。下面我们就来介绍一下适配，以及一般情况下从技术上怎么实现适配。

### 5.3.1 适配的本质

以移动端为例，目前主流的两大操作系统是 Android 和 iOS 系统。

熟悉 Android 系统的人都知道，谷歌公司为了吸引更多的用户或厂商来使用它的系统，把 Android 系统做成了一个开源系统。也正是出于这样的原因，国内很多智能手机厂商纷纷基于 Android 系统开发自己的定制化系统，比如锤子科技的 Smartisan OS、小米公司的 MIUI、OPPO 的 ColorOS 等，都是具有代表性的定制化系统。如果大家了解过不同厂商的定制化系统和它们的手机硬件，就会发现这些厂商的系统和硬件之间存在着非常大的差异，比如，手机尺寸有 4.4 英寸、5.0 英寸、5.1 英寸、5.2 英寸、5.5 英寸、6.0 英寸等，屏幕分辨率有 320×480 像素、480×800 像素、720×1280 像素、800×1280 像素、1080×1920 像素、1440×2560 像素等。

iOS 系统是苹果公司推出的移动端操作系统，该系统是封闭式的，从系统到应用的所有生态都处于苹果公司的监管范围内。这样做的好处非常明显，设计者及开发者只需要遵循苹果官方的规范，与 Android 手机尺寸和屏幕分辨率的严重碎片化相比，苹果硬件则相对好一些。随着苹果业务线的扩张，其手机尺寸也开始增多，目前最主流的手机尺寸有 4 英寸（iPhone SE）、4.7 英寸（iPhone 6/6S）、5.5 英寸（iPhone 6 Plus/6S Plus）、5.8 英寸（iPhone X/iPhone 11 Pro）、6.1 英寸（iPhone 11）和 6.5 英寸（iPhone XS Max）等，而屏幕分辨率主要有 640×1136 像素、750×1334 像素、1125×2436 像素、828×1792 像素、1242×2688 像素等。

作为产品经理，我们知道，在绘制原型时不用为每种手机尺寸单独绘制原型，那么设计师和开发者怎样基于同一套原型使用户在不同的终端上看到的产品效果差异不大呢？这就涉及适配了。如果没有进行适配，可能出现的场景有：某个设计师以像素为单位标注了设计稿，而开发者按照设计稿上的尺寸进行开发，最后如果实际手机的尺寸与设计稿不同，实际显示界面就会非常奇怪。为了解决这种场景问题，就需要做适配。

那么什么是适配呢？通俗地讲，适配就是使页面效果能够匹配不同的手机尺寸和屏幕分辨率，为了实现这样的效果，需要使用一些办法。

### 5.3.2　适配的基础概念

了解适配的本质后，为了理解开发者和设计师做适配的过程，让我们产品经理更好地进行类似场景下的沟通，需要了解一些关于屏幕适配的基础概念。

#### 1. 屏幕尺寸

这是一个平时生活中接触得比较多的名词，比如 27 寸显示器、55 寸电视机，其中的 27 寸、55 寸指的就是显示器和电视机的屏幕尺寸，而这里的寸实际上指的是"英寸"，只是大家平时习惯这么说。需要注意的是，这里的屏幕尺寸指屏幕对角线长度。

#### 2. 屏幕分辨率

对于一个屏幕，当使用放大镜或其他工具将其放大到足够大的时候，就会发现屏幕中的画面都是由一个个小点组成的，这些小点被称为像素（px）。所谓的屏幕分辨率实际上指屏幕的横向和纵向方向上分别包含了多少个像素点。

也就是说，手机厂商宣传的手机分辨率 1080×1920 像素指手机屏幕横向有 1080 个像素点、纵向有 1920 个像素点。

基于分辨率，还有一个引申概念，即分辨率比，也就是我们经常听到的 4：3、16：9、16：10 等，指的是纵向和横向上的像素比值。比如，屏幕分辨率 1080×1920 像素对应的分辨率比是 16：9。

#### 3. ppi

ppi 是 pixels per inch 的缩写，指每英寸对角线上的像素数。

ppi 是数码产品显示效果的衡量单位。对于一台显示器或一个手机屏幕，ppi 越高，显示效果越好。更专业的说法是，屏幕的拟真度就越高，人眼感知到的图像更清晰。

既然 ppi 是每英寸对角线上的像素数，那么它就是可以计算的，计算公式如下：

$$\text{ppi} = \frac{d_p}{d_i} = \frac{\sqrt{w_p^2 + h_p^2}}{d_i}$$

其中，$d_p$ 代表对角线上的分辨率，$w_p$ 代表横向分辨率，$h_p$ 代表纵向分辨率，$d_i$

代表屏幕尺寸（即对角线长度）。

例如，如图 5-27 所示是某款 13.3 英寸 Mac Air 的显示屏相关参数，它的屏幕分辨率为 $2560\times1600$ 像素，ppi 为 227，将数值代入公式，可以得到 $ppi=\dfrac{\sqrt{2560^2-1600^2}}{13.3}$ $=226.98$，约等于 227，与图中给出的 ppi 值一致。

显示屏

**视网膜显示屏**

13.3 英寸 (对角线) LED 背光显示屏 (采用 IPS 技术)；初始分辨率 2560 x 1600 (227 ppi)，支持数百万色彩

支持的扩展分辨率：

- 1680 x 1050
- 1440 x 900
- 1024 x 640

16:10 宽高比

原彩显示技术

图 5-27　某显示屏相关参数

### 4. dpi

dpi 是 dots per inch 的缩写，指图像在每英寸长度内的点数。

最开始 dpi 只在打印或印刷场景下使用，一张图片的打印清晰度是由打印机本身的分辨率决定的。理论上，一张图片包含的像素越多，越高 dpi 打印机打印出来的图片就越清晰。在照片像素数一定的情况下，打印机的 dpi 越高，为了保证清晰度，打印机打印出来的图片尺寸就越小。

后来 dpi 这个概念慢慢地延伸到了数码相关产品上，从定义上，它和 ppi 非常相似，区别就在于"点"，也就是 dot 的概念。用图 5-28 解释一下，如果下方每个小方块代表一个像素，那么左图可用于理解 ppi，右图中的每个小点可用于理解 dpi，一个像素中可以包含多个点，反过来理解也是可以的，即一个点中可以包含多个像素。

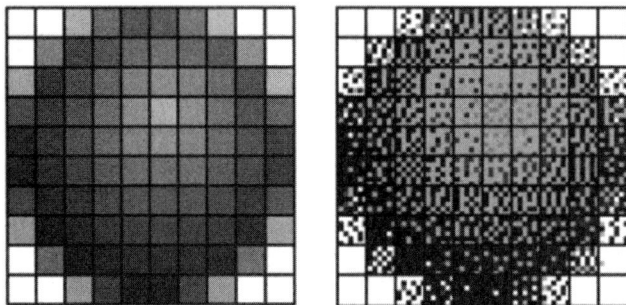

图 5-28　对 ppi 与 dpi 的理解

从概念上看，用 ppi 衡量数码产品更合适。那么为啥还会用到 dpi 呢？甚至谷歌公司在开发 Android 系统时，根据不同的精度由低到高划分出了 mdpi、hdpi、xhdpi、xxhdpi、xxxhdpi，然后让开发者把不同精度的图片放置到对应的目录下。其实，主要原因在于像素没办法直接换算成英寸或其他的长度单位，而必须在 dpi 的基础上才能换算。

### 5. dip/dp

dip 是 device independent pixels 的缩写，代表设备独立像素，它表示的是一个与屏幕密度没有关系的单位，有时也可以被简写为 dp。

dip 是 Android 系统特有的一种长度单位，好处是在 Android 设备碎片化严重，屏幕像素密度差异很大的条件下，可以方便地使各种界面呈现出大致相同的视觉效果，开发中一般经常使用 dp 这个单位来指定不同控件或视图之间的距离，如图 5-29 所示。

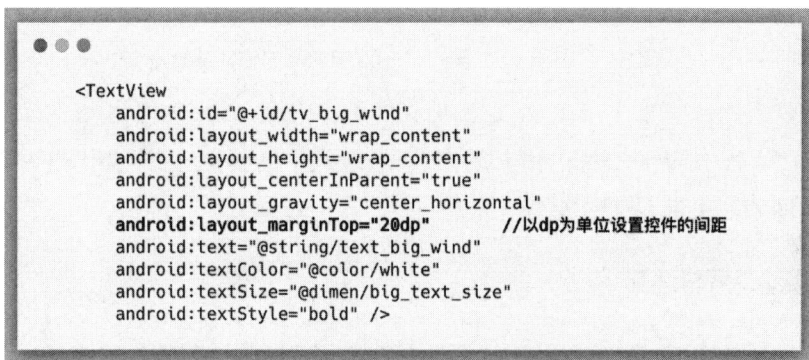

```xml
<TextView
    android:id="@+id/tv_big_wind"
    android:layout_width="wrap_content"
    android:layout_height="wrap_content"
    android:layout_centerInParent="true"
    android:layout_gravity="center_horizontal"
    android:layout_marginTop="20dp"          //以dp为单位设置控件的间距
    android:text="@string/text_big_wind"
    android:textColor="@color/white"
    android:textSize="@dimen/big_text_size"
    android:textStyle="bold" />
```

图 5-29　Android 开发中以 dp 为单位设置控件间距

1dp 约等于中密度屏幕（160dpi，"基准"密度）上的 1 像素。有时候，当需要将 dp 单位转换成像素单位时，可以采取如下公式计算：

$$px = dp \times (dpi / 160)$$

### 6. sp

在 Android 开发中，有一个与 dp 单位对应的，也能够产生类似效果的单位，叫作 sp，只不过 sp 单位更多地用于对文字大小进行设置，如图 5-30 所示。

```
<TextView
    android:id="@+id/tv_yellow_wind"
    android:layout_width="wrap_content"
    android:layout_height="wrap_content"
    android:layout_centerInParent="true"
    android:layout_gravity="center_horizontal"
    android:layout_marginTop="20dp"
    android:text="@string/tv_yellow_wind"
    android:textColor="@color/white"
    android:textSize="20sp"                    //以sp为单位设置文字的大小
    android:textStyle="bold" />
```

图 5-30　Android 开发中以 sp 为单位设置文字大小

### 7. pt

在 iOS 开发中，有一个与 Android 开发中的 dp 单位类似的单位，叫作 pt。pt 单位的本质其实是用点来描述长度。这里的点与前面提到的 dot 不太一样，它指代的是独立像素，是一个绝对长度，不会随着屏幕像素密度变化而变化。

苹果公司为了对开发者更友好，确保图片在不同分辨率的屏幕上显示效果相似，根据屏幕分辨率的不同定义给出了 3 种不同的规则，分别是 1pt 等于 1 个像素、1pt 等于 2 个像素、1pt 等于 3 个像素，也就是我们工作中经常看到或听说过的@1x、@2x、@3x 的图片。那么为什么不采用像素作为开发过程中的单位，主要原因是对于不同像素密度的屏幕，像素本身的大小也不太一样。

### 5.3.3　移动端屏幕适配

基于前面的内容，我们已经对屏幕适配的原因、屏幕适配的相关概念有了一定的了解。在开发者开发完成并交付产品时，甚至在开发者开发产品的过程中，无论是设计师还是产品经理，都需要对交付的产品进行验收。对于移动端产品，不同手机上网页显示效果大致一致，这是其中一个比较基础的验收标准。

如前面的内容，适配的本质就是使页面上的布局、控件能够自动适应屏幕。基于这一点思考，可以发现其中至少包含两方面的因素。因为要达到自动适应屏幕的目的，最重要的一点就是屏幕，而不同屏幕的尺寸往往不同，即便是同样尺寸的屏幕也可能分辨率不同。正因为如此，结合前面介绍的概念，如果要做屏幕适配，需要保证在不同屏幕尺寸和不同屏幕密度下，布局或控件能保持大致一样。

如图 5-31 所示，这是在两款不同型号的手机中打开同一个 App 时的界面，一款手机是坚果 R1，另一款手机是坚果 Pro。这两款手机的屏幕尺寸和分辨率均不同，前者屏幕尺寸为 6.17 英寸，屏幕分辨率为 2240×1080 像素，后者屏幕尺寸为 5.5 英寸，屏幕分辨率为 1920×1080 像素，但两者的像素密度均为 403ppi。从图 5-31 可以看出，尽管两款手机在屏幕尺寸和屏幕分辨率上存在差异，App 中各控件和各布局的大小也存在差异，但两款手机中画面的大致比例或呈现效果基本一致，而且对于分辨率较高的屏幕（右图），控件和布局所占区域的尺寸相对更小，对于分辨率较低的屏幕（左图），控件和布局所占区域的尺寸相对更大。

图 5-31　不同屏幕尺寸和分辨率的手机查看同一款 App 的效果

对于同一款 App，为了达到类似上面的效果，在开发者开发产品的过程中需要做什么呢？对于我们产品经理来说，在了解了这些常见的适配方式后，我们在设计产品或验收产品时就可以在实现效果不理想时更好地考虑调整方向。下面将基于 Android 和 iOS 这两个主流的移动端讲解适配方式。

### 1. Android 端屏幕适配

（1）不同屏幕尺寸

● 使用 wrap_content 和 match_parent 设置宽度和高度

前面在讲解控件的时候曾提到过，对于一个控件，可以设置的最基础的属性就是控件尺寸，也就是控件的宽度和高度。在 Android 开发中，在给一个控件设置宽度、高度属性的时候，除了可以以 dp 的方式设置，还可以根据使用场景将宽度和高度属性值设置为 wrap_content 或者 match_parent。

比如，某个布局的宽度和高度属性值被设置为 wrap_content，则布局会按照所需尺寸自动调节自己的宽度和高度，也就是布局内部包含的内容越多，布局尺寸就越大，即内容越少，布局尺寸就越小。当宽度和高度属性值被设置为 match_parent 的时候，则布局会按照它外面容器的大小调整自己的宽度和高度，如图 5-32 所示。

图 5-32　设置"登录"按钮控件的宽度属性值为 match_parent 的效果

图 5-33 为图 5-32 中"登录"按钮所对应的布局代码，从图 5-32 呈现的效果可以发现，将宽度属性值设置为 match_parent 使"登录"按钮的宽度与外面父容器的宽度保持一致（此时的父容器是整个屏幕），这时"登录"按钮的两边与屏幕的两端对齐。而该按钮的高度属性值则被设置成 wrap_content，即按钮高度被内部文字大小所控

制，文字内容越多、字号越大，则整个按钮的高度就越高。

```
<Button
        android:id="@+id/sign_in_button"
        android:layout_width="match_parent"      //宽度设置为match_parent
        android:layout_height="wrap_content"     //高度设置为wrap_content
        android:layout_marginTop="25dp"
        android:background="@drawable/button_border"
        android:text="@string/login"
        android:textColor="@color/white"
        android:textSize="@dimen/text_size"
        android:textStyle="bold" />
```

图 5-33　设置"登录"按钮控件属性的代码

采用这种方式给特定的控件或布局设置尺寸，比较适用于控件或布局尺寸需要自动调节和变化的场景。

● 线性布局，可使用 weight 属性进行等比例分配

weight 属性是线性布局中的特有属性，一般用数字来表示权重。给线性布局中的控件设置 weight 属性，属性值越大则权重越大，父容器内的控件宽度或高度属性值就越大。如果多个控件的 weight 属性值相同，则它们会在水平或垂直方向上等分父容器，如图 5-34 所示。

图 5-34　在线性布局中设置了 weight 属性

图 5-35 为图 5-34 界面效果所对应的布局代码。图 5-34 可以被理解为屏幕左边一半的区域和右边一半的区域，左边为小公举的相关布局（包含了图片和按钮控件），右边为小王子的相关布局（包含了图片和按钮控件）。

```
<LinearLayout
    android:layout_width="match_parent"
    android:layout_height="match_parent"
    android:background="@drawable/baby_sex_bg"
    android:baselineAligned="false"
    android:orientation="horizontal">

    <LinearLayout
        android:layout_height="wrap_content"
        android:layout_gravity="center_vertical"
        android:layout_width="0dp"              //包裹住小公举图片和按钮的外框 宽度设置为0
        android:layout_weight="1"               //包裹住小公举图片和按钮的外框 weight设置为1
        android:orientation="vertical">

        <ImageView 此处省略掉小公举图片属性设置的相关代码/>

        <Button   此处省略掉小公举按钮属性设置的相关代码/>
    </LinearLayout>

    <LinearLayout
        android:layout_height="wrap_content"
        android:layout_gravity="center_vertical"
        android:layout_width="0dp"              //包裹住小王子图片和按钮的外框 宽度设置为0
        android:layout_weight="1"               //包裹住小王子图片和按钮的外框 weight设置为1
        android:orientation="vertical">

        <ImageView 此处省略掉小王子图片属性设置的相关代码/>

        <Button   此处省略掉小王子按钮属性设置的相关代码/>
    </LinearLayout>

</LinearLayout>
```

图 5-35　在线性布局中设置 weight 属性的代码

从以上代码可以发现，左边和右边的布局宽度均被设置成 0dp，也就是没有宽度，这里的逻辑很奇怪。那么在没有宽度的情况下，为什么两边的布局还能够占据屏幕的一半呢？这就是另一个属性 weight 在发挥作用了。通过仔细观察，可以看出左右两边布局的 weight 属性值都被设置成 1，这意味着在没有其他布局和控件加入的情况下，左右两边的布局会对整个父容器的宽度进行 1∶1 的均分。这样无论屏幕尺寸多大，均能够实现等分屏幕的效果。

使用 weight 属性进行适配，非常适用于在不同的屏幕上均需要让页面元素均匀分布的场景，比如底部导航栏，再比如很多页面中都有的分类标签栏。

- 必要时，采用相对布局/约束布局

基于前面介绍的相对布局和约束布局，下面以相对布局为例进行说明。从图 5-36可以发现，使用相对布局可以非常灵活地指定各个控件和布局的相对位置。

图 5-36　相对布局

图 5-37 为图 5-36 界面效果所对应的布局代码。很明显能看出，"立即注册"和"忘记密码"文字控件与"登录"按钮的左右侧分别对齐。如果没有进行适配，而是按照固定尺寸设置，就会出现在某些尺寸的手机上"立即注册"和"忘记密码"文字控件没有与"登录"按钮左右侧分别对齐。此时可以使用相对布局，把这两个文字控件包裹起来，使整个相对布局的宽度与"登录"按钮的宽度保持一致，然后让这两个文字控件分别与父容器的左右侧对齐，这样就可以非常方便地实现在不同尺寸屏幕上依然保持"立即注册"和"忘记密码"文字控件与"登录"按钮的左右侧分别对齐的效果。

```
<RelativeLayout
    android:layout_width="match_parent"
    android:layout_height="wrap_content">

    <TextView
        android:layout_width="wrap_content"
        android:layout_height="wrap_content"
        android:layout_alignParentStart="true"          //与父容器的左侧对齐
        android:layout_marginTop="5dp"
        android:text="@string/register"
        android:textColor="@color/white"
        android:textSize="@dimen/text_size" />

    <TextView
        android:layout_width="wrap_content"
        android:layout_height="wrap_content"
        android:layout_alignParentEnd="true"            //与父容器的右侧对齐
        android:layout_gravity="right"
        android:layout_marginTop="5dp"
        android:text="@string/forget_password"
        android:textColor="@color/white"
        android:textSize="@dimen/text_size" />

</RelativeLayout>
```

图 5-37　相对布局代码

（2）不同屏幕密度

关于不同屏幕密度的适配，前面在讲解概念时，提到 Android 官方提供了可以在不同屏幕密度下通用的单位，其可以保障在不同屏幕密度下显示效果大致相同。

为了保障良好的适配效果，在 Android 开发中一般都用 dp 作为单位来衡量控件之间的距离，用 sp 作为单位来衡量文字大小，尽量减少直接使用 px 作为单位的情况，如图 5-38 所示。

图 5-38　使用 sp 作为文字大小单位

比如，为了确保图 5-38 中的文本输入框与用户头像图标在不同屏幕上始终都能保持一定的距离，就可以使用特定的单位。图 5-39 为图 5-38 界面效果所对应的布局代码，图中的距离单位为 dp，文字大小单位为 sp。通过这种方式，可以确保不同屏幕上文本输入框与用户头像图标的显示效果大致相同。

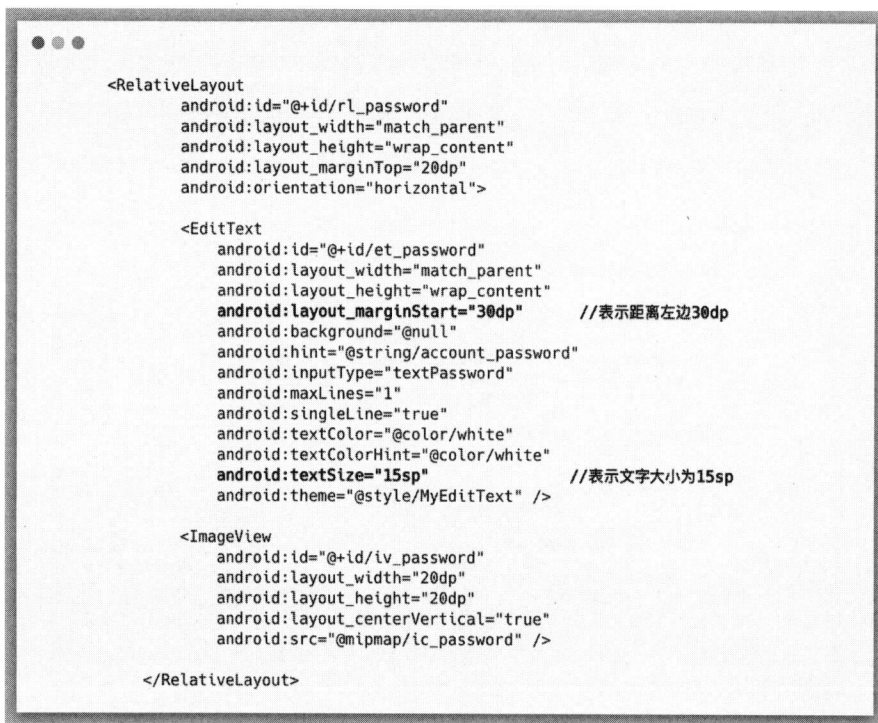

```
<RelativeLayout
        android:id="@+id/rl_password"
        android:layout_width="match_parent"
        android:layout_height="wrap_content"
        android:layout_marginTop="20dp"
        android:orientation="horizontal">

        <EditText
            android:id="@+id/et_password"
            android:layout_width="match_parent"
            android:layout_height="wrap_content"
            android:layout_marginStart="30dp"          //表示距离左边30dp
            android:background="@null"
            android:hint="@string/account_password"
            android:inputType="textPassword"
            android:maxLines="1"
            android:singleLine="true"
            android:textColor="@color/white"
            android:textColorHint="@color/white"
            android:textSize="15sp"                    //表示文字大小为15sp
            android:theme="@style/MyEditText" />

        <ImageView
            android:id="@+id/iv_password"
            android:layout_width="20dp"
            android:layout_height="20dp"
            android:layout_centerVertical="true"
            android:src="@mipmap/ic_password" />

</RelativeLayout>
```

图 5-39　设置控件之间距离的单位为 dp 和文字大小的单位为 sp 的代码

（3）使用点 9 图

官方学名叫 NinePatchDrawable graphic，俗称"点 9 图"，因这种格式的图片文件扩展名为".9.png"而得名，这是 Android 开发中的一种特殊图片格式。使用点 9 图的主要好处是，它可以告诉程序图片的哪一部分要被拉伸，哪一部分不被拉伸，如果运用得当，甚至可以控制拉伸的比例。

在很多运用图片又允许图片做适当拉伸，需要在不同尺寸和密度的手机屏幕上展示图片的场景中，经常用到点 9 图。

需要注意的是，点 9 图只能被拉伸变大、变长，反过来则无法实现。

### 2. iOS 端屏幕适配

移动端产品的屏幕适配更多是 Android 开发工程师需要考虑的，但随着苹果手机屏幕越来越大，屏幕分辨率越来越多，iOS 开发者也要考虑做屏幕适配了。目前最主流的苹果手机屏幕尺寸有 4 英寸（iPhone SE）、4.7 英寸（iPhone 6/6S）、5.5 英寸（iPhone 6 Plus/6S Plus）、5.8 英寸（iPhone X/iPhone 11 Pro）、6.1 英寸（iPhone 11）和 6.5 英寸（iPhone XS Max），屏幕分辨率主要有 640×1136 像素、750×1334 像素、1125×2436 像素、828×1792 像素、1242×2688 像素等。

那么市面上主流的 iOS 端屏幕适配思路是怎样的呢？基本上，无论是设计师还是开发者都会将市面上主流的屏幕尺寸定义为大、中、小 3 种不同类型，在此基础上，设计师会先将中屏作为设计标准给出设计稿，也就是按照 750×1334 像素的屏幕分辨率来产出设计稿，接下来会定义相应的适配规则，让开发者按照规则进行屏幕的适配工作。基本上，按照这种方式就能完成大部分的适配工作，但也存在一些比较特殊的情况，确实因屏幕差异而无法直接适配。此时设计师还需要根据特殊情况给出特殊的页面设计稿，让开发者进行针对性的开发，以获得更好的适配效果。

那么为什么选择中屏作为设计标准？采用这个分辨率屏幕来作为基准有什么好处？从开发角度来说，选择中间尺寸可以方便后续向上或向下进行适配，调整时也更接近和方便，不会出现因需要大幅度调整而导致屏幕变形的情况。具体来说，在 iPhone 6、iPhone 5、iPhone 4 上，文字字体和控件大小都是一样的，iPhone 6 上控件之间的距离稍微变大了一些，而 iPhone 6 Plus 上只比 iPhone 6 上等比放大了 1.5 倍。这就是在 iOS 开发中以这样的思路进行适配的主要原因。

了解了 iOS 开发中适配屏幕的大致思路后，具体适配时应该以怎样的方式适配呢？也就是上面提到的适配规则，以及适配时需要考虑的特殊情况。

（1）采用 AutoLayout 布局方式

iOS 中有一种特殊的布局方式，叫作 AutoLayout，从作用上看，它有点像 Android 中的相对布局（RelativeLayout）或约束布局（ConstraintLayout）。AutoLayout 布局内有各个控件，可以设置某个控件距离父布局边缘的上下左右距离，这就为控件创建了相应的约束。当父布局发生变化时，只要约束条件存在，内部控件就会随之发生变化，从而达到适配的效果。

下面以图 5-40 中的示意图来举例。在这样一个尺寸的屏幕中，页面中有一个列表，类似于常见的新闻资讯类型列表。假定整体使用 AutoLayout 布局，将每个板块看作控件，为了能够在不同尺寸和分辨率的屏幕上有相似的显示效果，可以考虑定义每个板块与边界的约束关系，以及各个板块所在的控件之间的距离，各个板块的高度和宽度将会随着屏幕的变化而自动发生变化，这样既能保证各个板块在不同屏幕上宽高比大致一致，又可以保证各个板块与屏幕边界的距离是相同的，从而实现了好的适配效果。

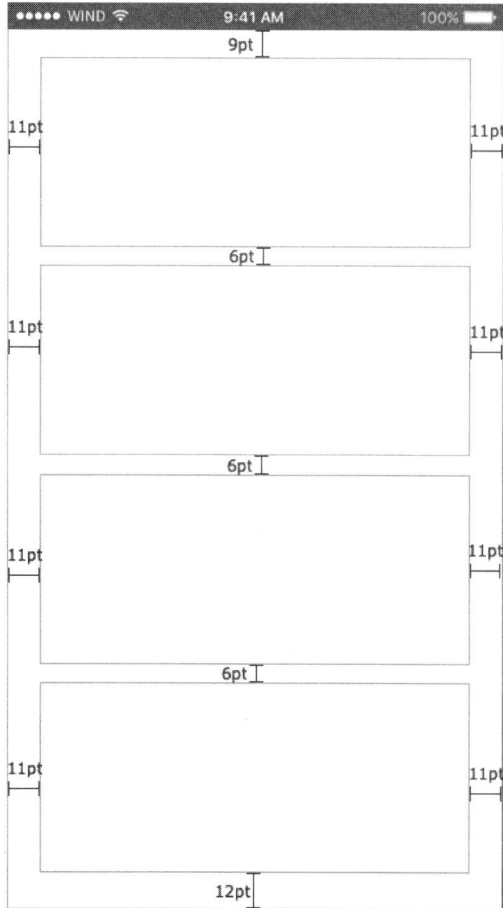

图 5-40　AutoLayout 布局方式

从上面的案例可以看出，采用 AutoLayout 布局方式进行适配，实际上就是定义控件周边的约束，根据约束来计算控件本身的大小和位置。

（2）文本控件适配

由于屏幕尺寸确实存在差异，在一些情况下，不太方便将小屏上的文字直接放大并在大屏上展示，这时可以采取的做法是，在大屏手机上展示更多的文字信息，而在小屏手机的同一位置上展示少一些的文字信息。这样就可以根据展示的文本信息多少来自动计算文本控件的宽度和高度。

（3）暗黑模式适配

暗黑模式原本是为了让人们夜间使用手机时不觉得那么刺眼而诞生的功能，后来经研究发现，黑色或深色背景更利于用户沉浸于内容，因此很多偏专业领域的 App 采用了黑色或深色的界面（一般这样的 App 也会同时提供浅色背景的设置），甚至一些视频播放器也采用了比较深的颜色作为主色调。苹果公司在自己的系统中也推出了暗黑模式。

对于我们产品经理，在设计产品时，也需要考虑适配暗黑模式的需求。如果用户的手机系统是 iOS 13 及以上版本，并且开启了暗黑模式，而我们设计的 App 却没有适配暗黑模式，就会导致用户原本应该在白底上输入黑字，实际却变成了在白底上输入白字，看不到输入的文字，因为文字的颜色和背景的颜色一样。

为了避免出现这样的情况，我们无论是设计产品还是开发产品，均需要提出适配暗黑模式的相关需求。在实际实现中，为了能够完美地适配暗黑模式，一般设计师会出两套设计稿，对暗黑模式所需的图片资源进行单独设计。由于出两套设计稿的成本较高，因此有时候设计师会直接指定暗黑模式下相关页面的颜色值。

在适配暗黑模式时，主要适配的内容除了 App 自身的色调、图片资源等，还需要考虑系统状态栏的适配。系统状态栏适配相对比较简单，系统提供了相应的方法，开发者直接使用即可。

### 5.3.4　前端适配

前端页面的适配场景更复杂，原因是 Android 和 iOS 系统主要涉及移动端页面的适配，但前端页面不仅可能会在移动设备上被打开，还可能在 PC 浏览器中被打开，屏幕之间的差异就更巨大了，所以前端适配非常考验前端开发工程师的功力。好在市面上有一些比较成熟的解决方案，可以为开发者提供明确的思路来解决问题。我们产品经理也需要了解不同解决方案，这样在项目中遇到类似的适配问题的时候，就不会做出不太客观的判断。

## 1. 多套 CSS 样式文件

前面介绍过，在前端开发中，是通过 CSS 来定义页面样式的。一般只会为页面定义一套 CSS 样式，但如果涉及页面适配，可以针对不同的屏幕分辨率和尺寸定义多套 CSS 样式，使用时直接调用不同的 CSS 样式文件，这样就可以很好地适配不同的屏幕。

虽然理论上以上操作可行，但在实际的工作场景中，很少这样进行页面适配。在很多情况下，不同屏幕上的页面差异不会特别大，只有部分页面标签需要调整，为调整一部分标签而重新开发另一套样式有点得不偿失，而且通常只是增加了一些复制、粘贴工作。另外，如果产品页面过多，后期开发者的代码维护工作会很烦琐。

## 2. 响应式布局

在前端页面适配中，除了上面这种方式，其他常见的处理方式有采用响应式布局方式来达到适配效果。前面介绍过响应式布局方式的特点，其实现的效果是，在网页中拖动浏览器边框，使得浏览器的显示大小发生变化，页面元素对浏览器的变化进行"响应"，自动适应并展示布局。但要注意的一点是，采用响应式布局方式进行适配，核心目的不是试图让网页在任何尺寸的设备上显示得一模一样，而是使网页能够大致正常显示且不会影响用户的使用，并且尽量符合不同类型设备或平台的交互习惯。从这个角度来看，在"响应"过程中，页面元素的排布方式发生很大的变化都没有什么关系。

对于响应式布局方式，可以选择很多不同的技术手段，比较常见的技术手段有媒体查询、自定义 Viewport 或使用 rem 作为字体单位。

（1）媒体查询

通过媒体查询，可以让页面根据设备像素自行判断页面元素需要如何发生变化。可以简单地认为媒体查询是多套 CSS 样式文件适配方式的简化版，因为多套 CSS 样式文件适配方式就是根据需要适配的分辨率范围做多套样式，而媒体查询是让页面上的部分元素根据需要适配的分辨率进行调整。

　　媒体查询理解起来比较简单，技术难度也不大。当屏幕宽度发生变化时，页面不用刷新就可以自动进行适配和展示。但媒体查询也有缺点，其可能会浪费资源，比如，用户在大屏上打开网页，然后缩小屏幕，之前为了适配设置了在大屏上展示某些图片但在小屏上不展示，但这时图片依然会被加载，只是缩小屏幕后不展示，加载的图片资源就被浪费了。

　　这种适配方式最不好的地方其实是维护比较麻烦，比如，图 5-41 的页面中包含了一个<p>标签和一个<h>标签，针对<h>标签采用了媒体查询（即代码中的@media）适配方式，即根据不同的屏幕宽度切换不同的颜色进行显示。

图 5-41　媒体查询适配方式的代码

　　于是，当切换浏览器大小的时候，页面就会按照设置的样式自动切换，如图 5-42 和图 5-43 所示。

图 5-42　切换浏览器大小后的效果 1

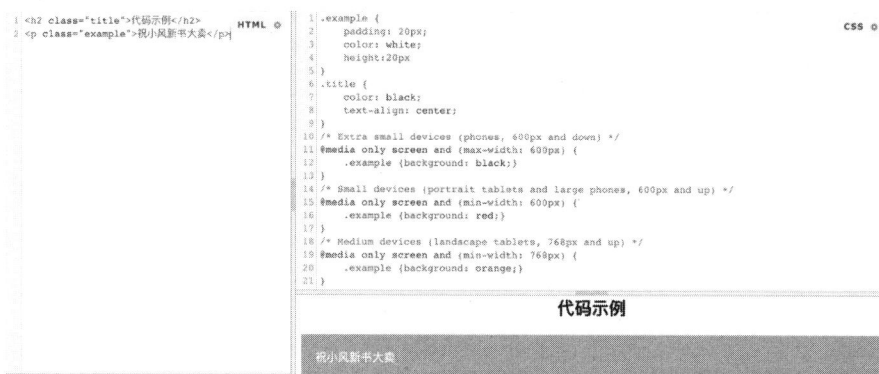

```
1  <h2 class="title">代码示例</h2>          HTML ⚙
2  <p class="example">祝小风新书大卖</p>
```

```
1  .example {                                CSS ⚙
2      padding: 20px;
3      color: white;
4      height:20px
5  }
6  .title {
7      color: black;
8      text-align: center;
9  }
10 /* Extra small devices (phones, 600px and down) */
11 @media only screen and (max-width: 600px) {
12     .example {background: black;}
13 }
14 /* Small devices (portrait tablets and large phones, 600px and up) */
15 @media only screen and (min-width: 600px) {
16     .example {background: red;}
17 }
18 /* Medium devices (landscape tablets, 768px and up) */
19 @media only screen and (min-width: 768px) {
20     .example {background: orange;}
21 }
```

**代码示例**

祝小风新书大卖

图 5-43　切换浏览器大小后的效果 2

虽然能够达到适配的效果，但可以看出以这种方式适配时，尤其像上面这样只有部分页面元素需要适配的场景，需要找到页面上需要适配的部分元素，然后单独调整样式，过程比较麻烦。因此，相对来说，这种适配方式不适用于页面上有大量元素需要适配的场景。

（2）自定义 Viewport

Viewport 指用户在网页中可以看到的区域范围，中文为"视区"或"视口"。在具体讲解 Viewport 与适配之间的关系之前，需要清楚理解 Viewport。

Viewport 实际上是一个计算机图形学中的概念，可以将其理解为一个虚拟矩形区域，是处于显示设备与要显示的内容之间的一种介质，作用是截取要呈现的内容并透过 Viewport 这个介质投射到显示设备上，然后就可以在显示设备上看到相应的内容了。从这个角度出发，Viewport 的原理类似于一个叫作小孔成像的物理现象，Viewport 就是小孔，只不过通过 Viewport 小孔的画面并不会被倒立显示。

一般在用到 Viewport 的时候，开发者实际上可以自定义它的大小和缩放等功能。我们可以设想一下，如果页面中待查看的目标内容不变，想要聚焦显示目标内容中的一小块内容，也就是在显示设备上放大显示目标内容，那么就需要将 Viewport 缩小，反之则需要将 Viewport 放大。

图 5-44 是京东首页，其中使用了 Viewport。在该页面中打开浏览器的开发者工具，查看页面元素，可以在 <head> 标签中看到 <meta> 元素，这就是一个 Viewport，而且可以看出它定义了相关属性：width=device-width、initial-scale=1.0、maximum-scale=1.0、user-scalable=yes，第 1 项代表页面的宽度需要匹配设备的宽度，第 2 项代表初始缩放比例，目前为 1 说明没有缩放，第 3 项代表最大缩放比例，第 4

项代表允许用户采用手动方式对页面进行缩放。

图 5-44　在网站中自定义 Viewport

那么为什么需要在前端开发中用到 Viewport 呢？原因要从 Viewport 这个概念入手。如前面所说，Viewport 是一个将目标内容投射到显示设备上的介质，在前端开发刚出现时，主要针对 PC 端设计开发页面，后面进入移动时代，很多公司慢慢才开始开发或适配基于移动端的网页，在没有做任何适配的情况下，移动端设备屏幕那么小，基于 PC 端开发的网页在移动端设备上只能显示左上角的一小块区域，要想看到页面完整内容则必须水平滑动和垂直滑动页面，从用户的角度出发，这种交互方式并不方便。

在这种背景下，很多开发者为了使移动端具有比较好的交互体验，自定义了移动端中 Viewport 的大小，使内容可以在移动设备上正常呈现。但是不同厂商移动端设备尺寸差异很大，于是有了上面的将 Viewport 的宽度属性值设置成 width=device-width，也就是将设备宽度作为 Viewport 的宽度，这样就保证了页面元素在不同移动设备上的整体视觉效果一致，达到了适配不同设备的目的。

（3）将 rem 作为单位

rem 是前端开发中用于设置字体大小的单位，而且这个单位比较特殊，它是一个相对单位，是相对于 HTML 根元素的 font-size 来进行设置的。比如，在使用 rem 给其他字体设置字体大小后，只需要修改 HTML 根元素的 font-size，就可以让其他字体的大小等比例地发生变化。从适配的角度出发，使用 rem 作为页面元素的单位可以便捷地对整个页面进行快速调整。

但使用 rem 也不是一种完美的适配解决方案，因为 rem 在 IE 8 及之前版本的浏览器上不被支持，所以是否要在项目中全局使用 rem 作为字体大小的单位，需要基于用户使用的浏览器版本来进行相应的决策。如果能够确认用户浏览器版本合适，就可以考虑使用 rem 作为单位。如果还有很多用户在使用 IE 8 及之前版本的浏览器，那么就要考虑兼容性问题，或者寻求其他的解决方案。

除了考虑是否兼容老版本浏览器的问题，还需要考虑我们自己的产品是否需要适配多种不同的移动端设备，如果没有这样的需求，也不用考虑使用 rem 作为单位，甚至直接使用 px 作为单位就可以。如果公司项目需要适配的移动端设备并没有那么多，比如有的公司只做 iOS 移动设备的产品，那么就可以不用考虑使用 rem 作为单位。

## 5.4　原型的规范性

绘制原型是产品经理非常重要的工作技能之一。工作中，不同产品经理的原型绘制水平差异较大。在同样的单位时间内，有的产品经理绘制的原型让人觉得"好看"，而有的则不堪入目。开发者和设计师在看到产品经理绘制的原型时也会产生类似的直观感受，所以原型规范就显得非常重要，而规范并不是由审美决定的，通过一定的规则可以帮助我们把原型绘制得更规范。

### 5.4.1　原型规范的重要性

严格来讲，并没有什么所谓的官方产品原型规范，因为无论是在 Android、iOS 系统中还是在前端页面上，所有的官方平台都没有专门针对产品经理制定相应的原型规范。但对于 UI 设计和交互设计，各个官方平台都有非常完善的设计规范。从逻辑上讲，各个官方平台这样处理很合理，毕竟原型从某种程度来说并不是一个结果性的产出物，而更像一个过程性的产出物，是一种做出真实产品的手段，甚至是一个非标准化的"草图"。不像 UI 设计稿，设计出的页面几乎和最终用代码实现的效果页面一样，所以它是一种结果性的产出物。那么为确定的结果性的产出物制定相应的标准和规范，从重要性的角度来看也是一件非常合乎逻辑的事情。

正是因为这样，基本上不存在官方原型规范，这也导致很多产品经理绘制原型时，随心所欲地凭感觉绘制，而感觉大部分时候都不到位，画出来的原型经常被 UI、交互、开发、测试人员抱怨。当然，也有很多产品经理想要把原型画得更规范，但因没有固定的标准，他们也是凭借着自己的审美和感觉来绘制的。后面这类产品经理比前面那类产品经理进步了一些，但本质上没变，那就是没有遵循某种规范。

为什么这里一直在强调"遵循某种规范"呢？原因很简单，原型绘制并不是天马行空的艺术创作，而是在某些确定框架约束下的组合。这些框架可能是手机的屏幕，可能是电脑的屏幕，也可能是某个 Pad 的屏幕，我们需要在这些屏幕中组合各种元件来绘制出无限可能的页面。因此，我们需要遵循一些规范来确保自己始终能够绘制出各式各样的界面，这样才能够随时随地地设计出想要的原型或产品，这就好比音乐创作一样，不应该始终靠灵感进行创作，毕竟灵感可遇而不可求，而是应该在规范的约束下按照相应的逻辑顺理成章地组织出音乐，这样才不会出现灵感枯竭的局面。

于是，就出现了一个问题。既然没有所谓的官方原型规范，那么何谈"遵循某种规范"呢？其实完全可以谈。产品经理是一个发现问题并解决问题的岗位，既然发现了没有可以遵循的规范，那么就进行一下逻辑推理。从原型的使用场景出发，查看原型的对象是 UI、开发及测试人员，开发者在进行开发时，尤其是在进行基于界面的开发时，几乎直接按照带标注的设计稿来编写代码，而测试人员也经常查看设计稿，只在涉及逻辑规则部分时才会查看需求文档。因此，主要查看原型的对象是 UI 设计师，那么绘制原型的时候遵循 UI 设计规范，是不是就可以？这样既可以减轻 UI 设计师对原型美观和规范程度的不适应，又可以避免由于产品原型不规范导致的使用规范尺寸设计的设计稿与原型想表达的初衷差别太大。

因此，产品经理只需要参照 UI 设计规范，就可以形成绘制原型的规范。当然，这里的规范主要针对的是低保真原型，因为在涉及高保真原型时，基本上产品经理没法独立完成。比如，配色方案和图标等都需要 UI 设计师提供给我们，我们才能够完成高保真原型的绘制。不过，只要我们能够按照低保真原型规范来绘制原型，之后想要将其转变成高保真原型，也并不是一件难事，只要在低保真原型的基础上调整配色和替换图标，并添加相应的交互即可。

## 5.4.2 原型的绘制规范

为了更好地绘制出规范的低保真原型，我在 UI 设计规范的基础上，从实际工作角度出发，整理了一套在绘制原型时可以遵循的规范。

### 1. 尺寸规范

产品经理工作中主要针对移动端、PC 网页端绘制原型，下面分别看看针对这两端绘制的原型的尺寸规范。

（1）移动端

移动端的主流设备有 Android 和 iOS 手机，那么这是不是意味着需要分别针对两个系统绘制原型呢？当然不是。根据前面讲解的适配相关知识，设计师并不会绘制多套设计稿，大多只绘制了苹果手机的设计稿，Android 手机的设计稿则采用适配的方式来完成。对于苹果手机来说，包含很多屏幕分辨率，比如 iPhone 5 和 iPhone SE 的屏幕分辨率都是 640×1136 像素，iPhone 6、iPhone 7 和 iPhone 8 的屏幕分辨率都是 750×1334 像素，iPhone 6/7/8 Plus 的屏幕分辨率都是 1080×1920 像素，iPhone XR 和 iPhone 11 的屏幕分辨率都是 828×1792 像素，iPhone XS Max 的屏幕分辨率是 1242 ×2688 像素，iPhone X、iPhone XS 和 iPhone 11 Pro 的屏幕分辨率都是 1125×2436 像素，等等。从这里可以发现一些规律，有几款手机的屏幕分辨率可以说是一样的，一款手机的屏幕分辨率恰好与另一款手机的屏幕分辨率存在倍数关系，除了 iPhone XS Max 有点特殊，但它的屏幕分辨率恰好是 iPhone XR 的 1.5 倍。正因为如此，可以把手机按屏幕分辨率分为 5 组，分别是 iPhone 5/SE、iPhone X/XS/11 Pro、iPhone XR/XS Max/11、iPhone 6/7/8 Plus 和 iPhone 6/7/8。那么设计师是不是可以直接按照这几组屏幕分辨率出图呢？也不是，设计师需要对接开发者，为了让开发者更方便，又衍生出了一个新概念"逻辑分辨率"，可以将其理解为开发过程中的分辨率，类似于开发过程中 Android 端用到的 dp，iOS 端用到的 pt，它是一个与屏幕密度无关的单位。

这就导致实际的用于显示的屏幕分辨率和这种逻辑分辨率之间需要进行转换，转换中应尽量保持整数的比例关系，不然设计师就会很痛苦。但 iPhone 6/7/8 Plus 系列的屏幕恰好出了这种问题，因为如果按照它的真实分辨率设计，最后将需要按照 @2.46x 的比例来切图。苹果公司为了解决这种问题，定义了 1242×2208 像素的屏幕分辨率，切图的时候则使用@3x 的比例。

最后，设计师在定义设计稿的时候，会以 iPhone 6/7/8 的逻辑分辨率作为基础设计尺寸，其他尺寸在此基础上做放大/缩小的调整即可。iPhone 6/7/8 的逻辑分辨率就是 375×667 像素，所以设计师产出的设计稿一般就是按照这个尺寸来设计的。我们产品经理在绘制原型的时候就可以将这个尺寸作为绘制原型的尺寸。当然，随着大屏手机越来越普及，手机屏幕越来越大，iPhone 6/7/8 这种屏幕尺寸会变得不主流，那么设计师产出的设计稿的尺寸应该也会发生相应的变化，同样绘制原型的基础尺寸也会随之调整，这跟以前用 320×568 像素的分辨率（也就是 iPhone 5 的逻辑分辨率）作为设计标准，而其现在已被淘汰一样。

除了页面原型可以采用 375×667 像素尺寸，页面中其他元素也有一些绘制标准，比如一般手机顶部的系统栏高度为 20，顶部导航栏高度为 44，底部导航栏或底部标签栏高度为 49。

（2）PC 网页端

PC 网页端的原型设计尺寸，同样可以参照设计师的标准。目前市面上主流的 PC 网页端屏幕分辨率有 1920×1080 像素、1600×900 像素、1440×900 像素、1366×768 像素和 1024×768 像素，从使用场景来说，屏幕分辨率更集中在 1920×1080 像素、1440×900 像素和 1366×768 像素这 3 种分辨率上，设计时基本上就在其中选择。

对于 PC 网页端的原型，如果是需要呈现给用户查看的官网或其他类型的前台页面，产品经理在产出原型后，一般需要将原型交给 UI 设计师进行页面设计；而如果是偏后台的页面，甚至不需要 UI 设计师的参与，直接由开发者根据产品经理的原型进行开发即可。无论是哪种情况，如果我们没有按照相对标准的尺寸规范设计原型，都会导致最终实现的页面与我们想要的有一定的差距。

考虑最终效果，我们同样可以将 UI 设计师的标准作为我们设计 PC 网页端原型时的尺寸规范，也就是可以从 1920×1080 像素、1600×900 像素、1440×900 像素、1366×768 像素、1024×768 像素中选择，其中优选 1920×1080 像素、1440×900 像素和 1366×768 像素。

2．配色规范

关于配色规范，由于我们需要绘制标准的低保真原型，为了不给 UI 设计师后期的设计造成干扰，建议原型的色调尽量以黑白灰为主，不过并没有固定黑白灰的色号。那么怎样在原型中使用黑白灰色调呢？以 Axure 9 为例，在 Axure 9 中我们无论是给某个元件填充颜色，还是为文字设置字体颜色，都会弹出如图 5-45 所示的选择颜色的界面，界面中有一个颜色选择器，其中包含了很多常见颜色，图中用黑框圈出来的第一排颜色，全是黑白灰这 3 种颜色，只是色号上略有差异。既然颜色选择器中已经提供了不同的黑白灰颜色，那么我们在为原型填充颜色时直接拿来用即可。我们可以使用不同的颜色填充原型页面中的各个不同的区域或板块，达到区分它们的目的。绘制原型除了填充不同的黑白灰颜色，还可以设置透明度，这可以通过颜色选择器下方的设置透明度功能来实现。

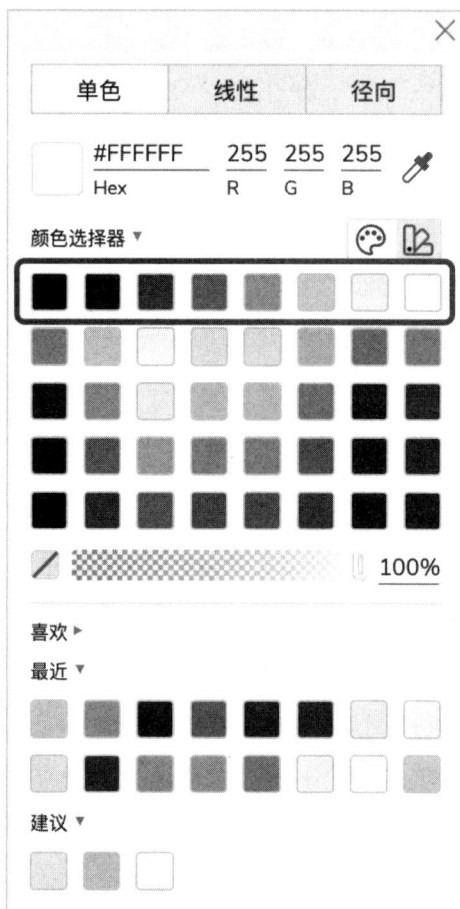

图 5-45　在 Axure 软件中选择颜色的界面

那么除了黑白灰颜色，是不是不允许使用其他颜色呢？并不是，有时候如果在原型中适当地添加了其他颜色，甚至可以达到黑白灰颜色没办法达到的效果。但需要注意的是，尽量不要使用过于浮夸的颜色。很多产品经理在原型中填充的各种花里胡哨的颜色，在专业 UI 设计师的眼中，并不具备美感，产品经理也应该不断地提升自己的审美能力。

### 3. 页面规范

结合我过往的工作经验，下面主要总结了 3 点原型绘制的页面规范。

（1）页面命名

在使用 Axure 或其他原型绘制工具绘制原型的时候，绘制逻辑大同小异，所有的原型绘制都是基于页面或画布的，在不同的页面上使用不同的元件进行绘制。既然有多个不同页面，那么就需要为每个页面命名。一般，建议将不同的功能绘制在不同的页面上，保证一个页面对应一个功能。在给页面命名时，使用当前页面对应的功能命名即可。这样通过页面名称就能直接找到需要查看的页面，对于产品经理自己来说，这样的命名方式也方便我们在后续修改原型或文档时能够快速找到目标页面，如图 5-46 所示。

图 5-46　Axure 中的页面名称

（2）页面层级

除了页面名称要体现功能，还需要注意页面间的层级关系。对于图 5-46，我们通过页面层级能够清晰地看出"新增线下课程"页面属于"线下课程"页面，"新建班级"页面是在"班级管理"页面中通过某个入口打开的。仔细观察可以发现，父子层级关系中，有的父级采用页面形式表示，比如图中的"线下课程""在线课程""班级管理""教室管理"等页面，而有的父级采用文件夹形式表示，比如图中的"教务管理""课程/学科管理""排课管理"等页面。为什么这么表示呢？原因很简单，如果某个父级页面中没有需要绘制的原型或没有任何内容需要呈现，采用页面形式时，设计师或开发者就会看到一个空白的页面，如果某个父级目录确实不需要显示任何内容，那么我们应采用文件夹的形式来表示，预览时，文件夹形式的目录是没办法点击打开的。这样做一方面可以清晰地呈现出页面的层级关系，另一方面则可以避免出现大量无效空白页面。

（3）元件对齐

在绘制原型时，大量的元件同时被拖曳到一个页面上，通过对各种元件的位置、尺寸、颜色进行调整，最终呈现出比较完整的界面。元件多了后，就需要考虑元件间的相对关系，尽管产品经理不需要像 UI 设计师那样绘制像素级原型，但掌握一些基础的元件对齐操作，可以使页面的整体质感得到提升。

为了更好地达到相应的目的，即尽可能对齐元件，可以采取很多办法。以 Axure 9 为例，在绘制原型时，软件本身就提供了非常便捷的功能来帮助我们实现元件之间的对齐。只要在画布中开启对齐辅助线功能，当在画布中拖动元件时，就会自动出现相应的辅助线，来帮助我们确定元件之间是否对齐了。比如，在如图 5-47 所示的原型中，当拖曳某个元件的时候，自动出现了好几条对齐辅助线，如元件的左边界、右边界和中心线，当与其他元件达到对齐状态时，辅助线会出现判断是否对齐的标志。从图 5-47 可以可出，被拖曳的元件此刻处于与多个元件两端对齐，与前面的文本元件中心对齐的状态。

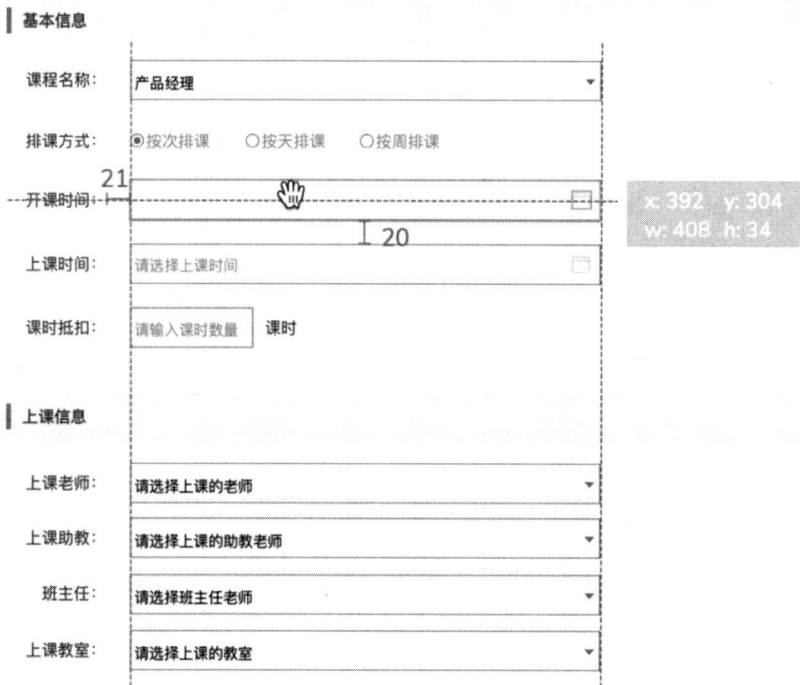

图 5-47　Axure 软件中的对齐辅助线

从上面这个案例可以发现，借助对齐辅助线来对齐元件实际上是确定多个元件之间的关系，但这时又出现了一个问题，那就是如果元件对齐了，但元件内部没有保持同样的对齐关系，那么即使对齐辅助线显示已对齐，视觉上仍会觉得元件之间没有对齐，如图 5-48 所示。从图 5-48 可以看出，"性别"文本元件的对齐辅助线已提示与"姓名"文本元件左边界对齐，但两个元件中的文字并没有对齐。也就是说，除了元件间的对齐辅助线，还需要考虑元件内部的对齐关系。

图 5-48　对齐辅助线提示已对齐，但文字仍然未对齐

在大部分图形和文字类的编辑软件中，比如产品经理经常使用的原型绘制工具 Axure、Sketch，再比如办公软件 Word、PPT，其实都存在可以调整元件内部对齐方式的设置。最常见的内部对齐方式包括从水平方向设置和从垂直方向设置，其中水平方向的设置有左对齐、居中对齐、右对齐、两端对齐，垂直方向的设置有顶部对齐、中部对齐、底部对齐，如图 5-49 所示。

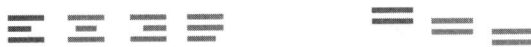

图 5-49　内部对齐方式

通过以上内容的介绍，我们在绘制原型的时候，需要多多注意元件的对齐关系。比如，我们希望多个文本左对齐，首先应将多个文本所在元件的内部对齐方式设置为左对齐，然后拖曳这些元件的位置，实现元件的左对齐。当然，对于很多原型绘制软件，除了可以让我们拖曳单个元件出现对齐辅助线的方式来对齐，也可以在选中多个元件后，通过软件自身提供的批量设置多个元件对齐方式的功能来实现快速对齐。但要注意的是，批量设置多个元件快速对齐也是针对元件的，也就是对元件外部进行对齐设置，元件内部的对齐仍需要自行调整。

以上就是我所总结的绘制低保真原型时，产品经理应遵循的原型规范。从尺寸规范、颜色规范及页面规范几个方面进行了阐述，基本上只要能够按照规范严格执行，绘制出来的原型就会"更好看"。当然，很多产品经理就算了解或熟悉了原型规范，依然不会照着做，理由是"太麻烦""没必要，这是 UI 设计师做的事情""产品经理应该把更多的时间花在想清楚产品怎么做上，而不是绘制原型上"。针对这种情况，我想说的是：首先，遵循原型规范并不会让我们在绘制原型时花更多的时间，正常情况下也不会使工作效率下降，甚至还能提升效率；其次，这些规范并不是 UI 设计师的事情，它们能保证我们在花同样时间的前提下，做出来的原型细节比别人的更好；再次，更重要的是，对产品经理而言，如果最基本的原型产出物细节都没办法符合逻辑规范，那么怎么能够让人相信你在做产品经理其他工作（比如数据分析、战略规划方面）时逻辑是严密的，以及做出来的分析和规划是经得起推敲的？在我看来很难或者压根不可能，毕竟数据分析或战略规划等其他工作对一个人思考问题的细致程度要求更高。产品经理们，不要再给自己找任何借口了，赶紧做起来吧。

# 第6章　从场景窥探让产品能够落地的技术原理

用户使用产品的场景可能是多种多样的，这样不仅确保产品功能正常，也对产品的安全性、性能、兼容性方面提出了更高的要求，了解其中的技术原理能帮助我们更好地完成产品的设计工作。

## 6.1　常见的功能性需求

下面先来看看常见的功能性需求。

### 6.1.1　不同形态产品的通用功能设计

不同形态的产品功能繁多，但也存在一些通用功能，下面先从它们开始讲解。

#### 1. 注册和登录功能

注册和登录功能几乎是所有产品的必备功能之一。对于用户，注册、登录后就可以生成唯一标识用户身份的信息，并基于此信息同步用户行为数据。对于平台或公司，用户注册时填写的有效信息可以有利于后期的精细化运营。

下面以细节规则为例讲解注册、登录功能背后的设计原理。

（1）校验信息时的正则表达式

如图 6-1 所示，这是一款需要用户提供手机号和验证码进行注册、登录的 App。在用户输入正确的手机号和验证码后，App 服务器会校验该手机号是否已注册，若用户未注册就点击"登录"按钮，App 会先帮用户完成注册，若用户已注册，则会成功登录。

再来对比两种情况。第一种情况，将手机断网并设为飞行模式。当手机号码输入框中没有任何内容时，发送验证码的按钮处于置灰状态且显示"请输入 11 位手机号码"的提示文案。当在手机号码输入框中输入了符合正常手机号码格式的手机号时，发送验证码的按钮处于可以点击的状态（颜色由灰变蓝）。

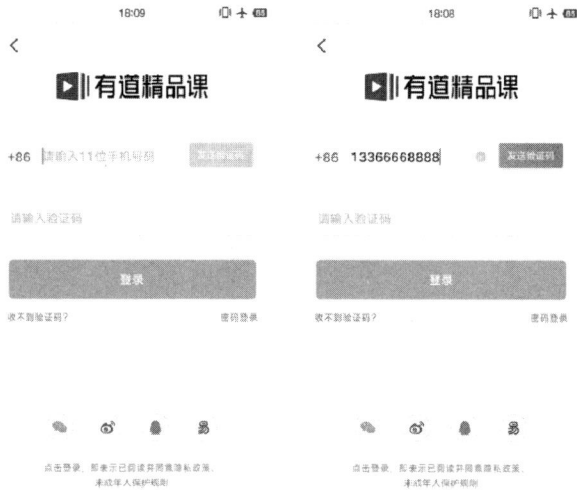

图 6-1　登录页面手机号码校验示意图 1

对照图 6-2 看看第二种情况。在手机号码输入框内输入了 12 位数字时，发送验证码的按钮再次处于置灰状态。将输入的数字调整为 11 位，并将首位数字改为 2，即调整为不符合正常手机号码格式的情况，发送验证码的按钮也处于置灰状态。

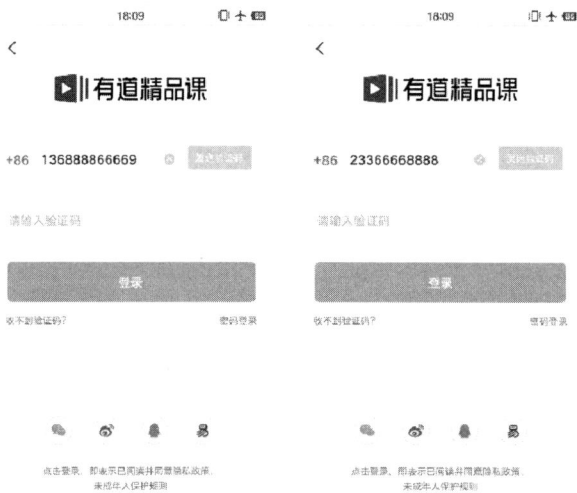

图 6-2　登录页面手机号校验示意图 2

　　总结一下上面两种情况。在无网络情况下，App 会对手机号码进行是否符合格式要求的校验。

　　那么如何校验呢？一般可以通过正则表达式。比如在上面的案例中，只要是 1 开头的 11 位数字就是符合要求的，可用正则表达式表示为 /^1[0-9]{10}$/。

　　（2）怎么实现记住密码功能

　　为了方便用户下次登录，常见做法就是在用户第一次登录时，引导用户勾选类似记住密码的选项，当用户下次打开 App 时就可以直接登录 App，如图 6-3 所示。

　　但登录时用户长期无须输入密码也存在一定的安全风险，部分平台在方便与安全之间做出了权衡，提供了多少天内免登录的选项。超出限制时间后，用户再打开 App 时依然需要输入密码。

　　在如图 6-4 所示的案例中，登录印象笔记网页版时，勾选了"30 天内记住我"复选框，这样用户 30 天内均可自动登录印象笔记网页版，超出时间后才需要重新手动登录。

图 6-3　登录时的记住密码功能　　　　图 6-4　登录时的"30 天内记住我"功能

　　上述案例的核心技术原理分为两个方面，一个方面是如何记住密码，另一个方面是如何设置账号、密码的有效期。

　　● 如何记住密码

账号和密码可以记录在本地。打开产品时，便将预先保存在本地的账号和密码取出，与服务器进行校验。这里的"本地"，对于 Web 产品来说就是在浏览器中，对于 App 来说则是在手机中。

常见的技术解决方案有哪些呢？

首先，是基于 Cookie 的方案。

Cookie 是客户端向服务器发起请求后，服务器返回给客户端的信息之一，客户端会将 Cookie 保存下来并在后续接口中带上该信息，使服务器可以判断是哪个客户端发起的请求。

在自动登录场景下，用户首次登录后，账号和密码会被记录在 Cookie 中，后续登录时，客户端便从本地取出 Cookie 中的账号和密码发送给服务器验证，通过后登录成功，省去了用户手动重复输入账号和密码的过程。

在 Web 类型的产品中，则是利用 localStorage 来实现记住密码功能的。localStorage 是 HTML5 标准中新加入的一种技术，该技术用于解决 Cookie 存储空间比较小的问题。与每条 Cookie 仅 4Kb 的容量大小相比，localStorage 的容量大小一般会达到 5Mb，具体容量大小在不同的浏览器中会存在差异。并且，保存在 localStorage 中的数据是永不过期的，除非进行了主动清空操作。

但把账号和密码信息保存在本地，存在账号密码被泄露及伪造的风险。所以，基于 Token 的方案便应运而生。大致过程与基于 Cookie 的方案类似，只是 Token 中无须保存账号和密码信息，从而提高了安全性。

● 如何设置账号、密码的有效期

首先，依然是借助 Cookie 方案。在客户端向服务器发起请求之后，服务器给客户端返回 Cookie 时，直接设置好过期时间，一旦过期，客户端的 Cookie 信息就会被清除，后续登录则需要重新验证。

另外，就是借助 Token 方案。Token 类似于 Cookie，也可以设置过期时间。设定过程如下：首次登录时，客户端将账号和密码发送给服务器，服务器创建 refresh token 和 token 两个参数，将它们绑定，并设置不同的过期时间（一般可将 token 参数的过期时间设定得更早），后续登录只需带着 Token 即可校验。Token 过期了以后，客户端就会向服务器重新申请 Token，此时会先比对之前的 refresh token，匹配后便生成新的 token 替换掉之前 refresh token 绑定的 token，并将新的 token 返回给客户端，后续客户端发送请求时，带上新的 token 即可，于是用户的登录状态便是一直可用的，直到 token 和 refresh token 参数都过期后，用户才需要重新输入账号和密码。

（3）单点登录

公司的产品数量不多时，用户注册账号登录，并结合记住密码功能，便可满足用户短期内均无须再次输入账号和密码的需求。

但公司产品数量增加后，依然会让用户感受到注册登录过程的烦琐。比如，腾讯、阿里这类大型公司旗下有众多产品，产品之间往往会产生关联，如果用户在使用其中某款产品时需要跳转到其他产品进行登录认证，一定会感到十分不便。对于产品设计者，也需要设计重复的登录认证逻辑。

解决这类问题的技术方案叫单点登录，英文全称是 Single Sign On，缩写是 SSO。这里有一个误区，因为很多产品经理一直以为，同一时间只允许一个账号在一台设备上登录的需求就是单点登录，但实际上单点登录是指产品中存在多套不同的系统，并且这些系统之间彼此是可信任的，只需让用户登录一次，后续便可直接登录产品中的任一系统。

目前市面上最主流的单点登录方案实现思路，要么是基于 Cookie 和 Session 自己搭建，要么是借助现成框架实现。

● 直接基于 Cookie 与 Session 实现单点登录

一般公司的不同产品均位于同一个根域名下，但也不排除有些公司一条业务线或一个产品就占用一个单独的域名。举例说明，如果公司服务器域名为 example.com，且存在两个系统对应的子域名为 big.example.com 及 huge.example.com，在提供了登录功能的情况下，用户如果要打开这两个域名对应的系统页面，是需要分别登录的。那么怎样才能让用户在登录了其中一个系统后，打开另一个域名对应的系统时无须重复登录呢？

借助前面讲解过的 Cookie 知识，如果用户登录其中一个系统，在客户端本地记录下用户登录的 Cookie 信息，下次用户依然在同一端打开另一个系统登录，是不是可以将之前用户本地保存的 Cookie 信息拿过来直接用呢？遗憾的是，Cookie 的使用不支持跨域，即不能直接拿 Cookie 中关于 big.example.com 域名的账号信息直接登录 huge.example.com。那么，如何解决这个问题呢？好在设置 Cookie 时，除了可以设置当前域的信息，还可以设置对应的顶级域名，即 example.com，在子域中又可以访问顶级域中的 Cookie 信息。

拿到登录账号信息还没完，还需要验证账号是否依然处于登录状态，此时就要借助 Session 来完成了。

用户在某个子域名登录后，服务器可在数据库中保存 Session 信息，其中就记录了登录状态。只要登录状态尚未结束，便可根据 Cookie 找到 Session，保持之前的登录状态。具体如何根据 Cookie 找到 Session 呢？例如，用户在子域名 big.example.com 登录后，保存的是 cookie1 并生成对应的 session1，然后在子域名 huge.example.com 登录，保存的是 cookie2 并生成对应的 session2，两个独立的 Session 是无法知道彼此的登录状态的。为了解决这个问题，就需要借助 Session 共享技术。简单来讲，就是可将第一个子域名对应的系统与服务器会话时生成的 Session 共享给同一个根域名下的其他子域名使用，这样就可以解决有登录的 Cookie 信息，但没法确定登录状态，从而实现用户的免密登录。

- 基于 CAS 方案实现单点登录

上面的方案已经能够解决不同产品归属同一顶级域名下情况的登录问题，但如果各个业务线域名都是独立的，那怎样实现单点登录呢？下面介绍市面上比较成熟的开源解决方案 CAS。

在实现 CAS 这套方案时，除了需要提供正常的业务系统，还需要一个专门负责认证用户的系统，用于存储登录用户的标识。用户在登录其他系统时，借助已存储的标识进行验证，这时用户无须再次登录。在整套 CAS 方案中，认证系统被称为 CAS Server，业务系统被称为 CAS Client。

实现过程大致可以分为两个环节，一是初次登录，二是后续登录。

下面通过案例进行说明。假定某个集团公司叫小风科技集团，旗下的子公司分别叫中风科技发展有限公司和大风科技发展有限公司。中风科技发展有限公司主营业务是线上社交类电商，大风科技发展有限公司主营业务是线上医疗。两家公司原本独立运营，产品研发分离，域名也是独立申请的。因为战略方向上的调整，两家子公司的业务需要产生关联，需要进行产品整合，整合任务之一就是实现系统的单点登录。

先说初次登录。用户在使用子公司中风科技发展有限公司的产品时，之前登录时会直接请求服务器，改造为 CAS 模式后，则会变成先去请求 CAS Server，若无法找到 Cookie 信息，则判定为初次登录，然后提示用户输入账号和密码进行登录。完成后，CAS Server 便将登录信息（包括登录状态）一并写入服务器 Session 中，并记录下登录的 Cookie 信息。此外，它还会在登录成功后，生成一个叫作 ST（Service Ticket）的内容，ST 会在 CAS Server 和业务系统之间做来回的双向验证，双方确认无误后，首次登录就成功了。

　　再说后续登录。用户想要访问其他业务系统时，也会先将登录信息提交给 CAS Server，待找到匹配的 Cookie 和 Session 信息，并经历 ST 的双向验证通过，就可以实现后续用户登录其他业务系统时，无须再次输入账号和密码便能直接登录的需求。

　　● 基于 OAuth 方案实现单点登录

　　OAuth 实际上是一种开放协议。通过这种协议，可以让第三方应用获取到用户在某一个平台存储的与个人信息相关的资源，并且在获取这些信息时，不需要用户提供账号和密码。

　　在讲解怎么样借助 OAuth 方案实现单点登录前，先讲讲 OAuth 协议的授权。

　　如图 6-5 所示，登录京东网页版时，选择使用微信等第三方账号授权登录，会展示让微信用户授权的二维码，在用户扫码同意授权以后，微信开放平台便会验证用户身份是否正确，如果正确，会生成一个临时的凭证给用户，用户再拿着这个临时凭证去微信开放平台换取 access_token（注意这里的 access_token 是 OAuth 2.0 协议中客户端访问资源服务器时需要带上的令牌，有了这个令牌说明用户已经同意授权了）。到这一步后，基本上就已经完成了授权登录的过程。当然，后面还需要通过从微信获取到的用户信息来生成会话。

图 6-5　京东网页版登录功能

　　在整个交互流程上，OAuth 协议中涉及 4 个不同的角色，分别是 resource owner（资源拥有者）、resource server（资源服务器）、client（客户端）、authorization server（授权服务器），不同的角色会起到不同的作用。资源拥有者代表用户信息归属于谁，在上面的案例中资源拥有者就是微信用户。资源服务器是存储授权后访问网页的用户信息的服务器，比如微信服务器。客户端即发起访问的客户端。授权服务器则是专门用于处理认证授权的服务器，在上面的案例中微信开放平台提供的认证服务器便充当了这个角色。上面的角色还可以继续简化，但至少需要保留客户端和授权服务器。

（4）多终端设备的用户互踢

同一时间只允许一个账号在一台设备上登录，很多产品这样做是为了避免出现账号被他人使用但用户无法察觉的情况。针对这类需求，由于终端的差异，因此存在着不同的实现方式。

下面先来梳理场景。既然是端对端的访问过程，假定用户小风使用 A 账号在某个浏览器或 App 中登录，此时向服务器发起请求，服务器就会创建一个 Session 用于保持与客户端之间的会话状态。与此同时，服务器会基于客户端传来的一些参数（比如 UUID、MAC 地址等设备唯一标识）来生成 Token，并将该 Token 与账号绑定，保存在服务器。另一个用户大风，这时也使用同样的账号 A 在不同的设备中登录，也同样会向服务器发起请求，服务器则会根据客户端提交的账号进行查询，发现 Token 已经存在，说明该账号还处于登录状态，但由于大风也向服务器发起了请求，所以为了确保大风能正常登录，便会生成一个新 Token 并将之前的 Token 信息删除。

在用户登录后，服务器还需要通知前面登录的用户被挤出登录的事实。

结合前面所学的网络请求相关知识，无论是移动端还是 Web 端，在与服务器交互的过程中，均为客户端发起请求，服务器响应并返回信息给客户端。采用这种方式意味着，虽然前面登录的用户明明已经被后面登录的用户"挤"了下去，但还是得通过某个特定的操作，向服务器发起请求，服务器查询到新用户使用同一个账号登录，才会为前面的用户注销登录。于是，就会出现在一段时间内，存在两个用户同时登录的状态。

因此，服务器如果能主动向客户端推送消息，就可以解决上面的问题，下面介绍两类解决方案。

● 轮询与长轮询

轮询，可以被理解为在客户端，通过定时任务，定时向服务器发起请求，服务器收到请求后根据请求的信息进行响应。采用这种方式，有利有弊，优点是技术实现方便，缺点是会产生大量无效请求，加重网络负载，甚至还会造成服务器性能的浪费。

为了减少不必要的请求，便出现了长轮询。长轮询与轮询的不同之处在于，轮询时服务器收到客户端的请求后会立即响应，长轮询时服务器收到客户端的请求后不立即响应，而是会暂时保持发起请求后的连接状态，直到服务器得到客户端想要的结果后才通知客户端，从而减少向服务器发起请求的次数。

● WebSocket

无论是轮询还是长轮询，都基于 HTTP 协议，该协议最大的缺点是无法做到服务器向客户端主动推送消息。为了克服这一缺点，下面将引出 WebSocket 方案。

WebSocket 也是一种网络通信协议，但 WebSocket 协议与 HTTP 协议不同，其服务器与客户端之间可以双向互推消息。它最常见的应用场景便是即时通信、视频网站弹幕、在线协同文档等。

WebSocket 方案的实现原理大致如下：客户端发起 HTTP 协议请求到服务器，并在请求头中附加 Upgrade: WebSocket 信息来表明将协议升级为 WebSocket，服务器收到请求后返回允许客户端切换协议的响应信息 switching，此时双方便以 WebSocket 方式开启了通信管道，直到任意一方决定主动关闭。

（5）离线登录是怎么一回事

离线登录指没有网络或服务器出现故障时，用户依然可以正常登录并使用产品。比如，对于随手记记账产品，用户在注册登录后，可记录自己的消费情况，进而形成好的理财习惯。为了兼顾用户体验及技术实现，一般会设计为在无网情况下，用户可以通过离线模式将数据记录在本地，待网络恢复后，再将数据上传至服务器。

想要实现离线登录，最好用户曾经采用联网的方式登录过产品，确保客户端本地保存了用户的 Cookie 信息，甚至还可以缓存一部分软件使用过程中的数据（比如刚才的记账信息），也就是通过本地数据持久化的方式进行实现，Cookie 信息便是其中一种数据持久化方式。除此之外，将账号信息加密后以文件方式保存在本地也是可行的。

2. 账号体系

市面上大部分平台的账号可分为两大类，一类是自建账号，另一类是借助第三方账号。

自建账号也有好几种做法。首先，以手机号作为账号。对于用户来说，这种方式十分方便，对于平台来说，这种方式也便于后续运营。随着《移动互联网应用程序信息服务管理规定》要求应用程序（App）提供者对注册用户进行真实身份认证，这种方式也慢慢成为业界主流。另外，一些偏办公场景的产品，以及早期存在并一直火热到现在的产品，为了兼顾用户使用习惯，还保留了邮箱作为账号的传统，但这种方式注册过程较为烦琐，很多应用已不再使用。

借助第三方账号的做法，是随着微信、QQ 等应用火热而逐渐普及开来的。用户需要先通过第三方账号授权，然后才能将第三方账号的部分资料填充进自己产品的账号，过程方便快捷、一步到位。但完全依托于第三方账号，不搭建自己的账号体系的话，如果第三方账号的公司倒闭，同样会导致自己平台的用户流失。

当然，很多产品都是结合两者使用的，从而发挥出更大的优势。

（1）第三方账号授权时的手机号绑定

随着《移动互联网应用程序信息服务管理规定》要求应用程序（App）提供者对注册用户进行真实身份认证，很多公司在用户注册登录账号时都加上了需要绑定手机号的要求，但具体做法各异，下面来看几个例子。

京东 App 在用户选择使用第三方账号授权登录（比如 QQ）时，会提示用户关联京东账号，如果用户之前没有京东账号，会跳转到注册绑定页面，如果用户之前注册过京东账号，点击立即关联，会跳转到登录绑定账号页面，并且绑定操作为强制性的，无法跳过，如图 6-6 所示。

图 6-6　京东 App 登录流程

另一款产品是穿衣助手 App，其第三方账号授权登录流程与京东 App 的类似，只不过在绑定手机号时，可以选择跳过该步骤，但在用户后续使用产品的过程中还会时刻诱导用户去绑定手机号，比如绑定手机号领 200 元大礼包的信息几乎无处不在，如图 6-7 所示。

图 6-7 穿衣助手 App 登录流程

当然，还有很多产品，就不一一列举了。但登录流程基本上可以分为两种：第三方账号授权登录时需要立即绑定手机号方可使用和第三方账号授权登录时可以延迟绑定手机号。核心流程可以简单地梳理为图 6-8，其中省略了部分细节。

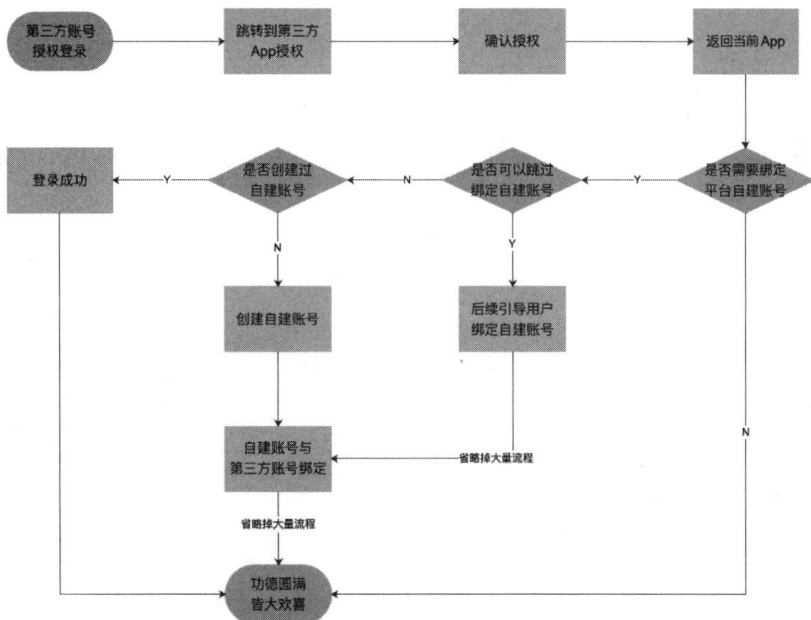

图 6-8 第三方账号授权登录流程图

除相关规定的要求，下面简单分析一下绑定手机号背后的一些逻辑。

当一个用户使用第三方账号授权登录时，系统做了什么？用户在想什么？产品该做什么？

**系统到底做了什么？** 下面以使用 QQ 登录为例进行简单说明。

用户在选择使用第三方账号授权登录后，平台会先获取 QQ 授权（当然，这里的前提是先去 QQ 开放平台申请接入公司的移动应用），然后获得 QQ 发送过来的 access token，接下来发送后续请求的时候带上 access token 的参数，这时就可以在请求的回调里获取到用户的 openid（也就是 QQ 为用户分配的用于唯一识别用户的编码）。在此基础上，继续根据 access token 和 openid 参数请求并获取用户 QQ 基础信息，如有需要，会将这些信息保存到自己系统后台的数据库里，最终数据库的用户表里可能呈现出类似表 6-1 的信息，userid 就是后台利用某种算法给用户生成的 ID，openid 则是从 QQ 那边获取的，而如果用户绑定了手机号，就会拥有 phone 字段，没有绑定则该字段默认为空。如表 6-1 所示，有了这个表结构，大致就能理解厂商做法背后的逻辑了。

表 6-1　用户表示例

| userid | username | access token | openid | phone |
| --- | --- | --- | --- | --- |
| 12345678 | 小风 | oa9fkjlHDv-1H2-RGRjNseLF5fCc | oxQEq41S86-fmv8TK5ae30rgzAdg | 13838383838 |
| 22345678 | 中风 | oa9fkjpx930YakTz7uSh7HHmTjfE | oZUHJ5Ww1yuXsI7yoe4-vreOepog | NULL |
| 32345678 | 大风 | oa9fkjpgKxe4OuuMOlgLP66ppyEw | oZUHJ5UpYAljTCRUIvk4eFKQZUls | NULL |

京东 App 强制用户第三方账号授权登录时必须绑定手机号，这样做的好处是，避免同一用户拥有多个账号的情况出现，因为强制将 openid 和 phone 字段进行绑定后，账号都拥有同一个 userid，userid 才是自己 App 系统里用来唯一标识用户的字段。

穿衣助手 App 则是先让用户可以登录，此时用户表里会生成 openid 和对应的 userid，即生成了一个单独的用户，不过可以看出 App 设计者内心纠结，一方面想要让用户能尽量简单登录，所以让用户在使用第三方账号授权登录后可以跳过绑定手机号的步骤，但另一方面，他们还想尽量避免同一用户使用不同方式登录导致的拥有多个账号的问题，于是通过各种方式"引诱"用户去绑定手机号，甚至不惜给出绑定手机号送 200 元的"诱饵"。

可以看出各大厂商做法不同：要么无视同一用户拥有多个账号的问题，要么在提供给用户好体验的情况下想方设法解决这个问题，要么就是以大厂姿态比较强硬地要求用户绑定手机号。

**用户在想什么呢？** 这界面太丑，不用了。我先进 App 看看，再决定要不要登录。

提供了第三方账号授权登录方式，我直接点一下应该就可以使用了，比较方便，那就点吧。怎么还要绑定手机号，好麻烦，不登录了。还要绑定手机号？也就填个手机号、收个短信，那就填吧。怎么必须绑定手机号？我只是想整几个小号……

清楚了第三方账号授权登录绑定手机号的原理，以及用户心理之后，产品经理就要权衡利弊，兼顾规定要求和用户体验了。

（2）基于微信平台的第三方账号授权登录体系

第三方账号授权登录体系中有一个比较广泛的方向，那就是基于微信平台进行账号体系设计，下面先来看看这样做背后的原理。

● 涉及场景

a. 公司早期基于成本的考量，只做了微信小程序，后期随着业务发展壮大，决定做 App。如果之前小程序中的那些用户，直接登录 App，则之前的资料或记录都将不存在，对于用户来说体验很不好，所以应实现小程序和 App 账号信息的同步。

b. 公司专注于做微信小程序，以同一个公司主体注册并开发了多个微信小程序。随着业务的发展，用户信息需要能够在多个微信小程序中通用。有些产品经理以为用户只要使用同一个微信号登录，哪怕登录的是不同的微信小程序，都能自动识别为同一用户，但实际上并不是这样的。

c. 公司做了微信公众号相关业务（订单号和服务号），也做了微信小程序。公众号用来做内容和部分简单业务，小程序充当工具，可以从公众号引流到小程序。对用户而言，当然最好让公众号与小程序里的账号信息保持一致，但同一微信用户，在公众号和小程序之间跳转时，并不能直接被识别为同一个用户。

还有一些其他场景，就不一一列举了。微信作为大厂商，也自然考虑到了这样的问题，所以提供了比较好的办法来解决。

● 微信平台

在具体介绍微信是如何帮我们解决这些问题前，我们需要先了解一下微信的相关体系和概念，比如微信开放平台、微信公众平台、微信小程序、微信支付商户账户、账号主体等一系列名词，大家可以自行上网查阅更多相关资料。

下面主要介绍一下，对产品设计来说比较重要的微信公众平台和微信开放平台。我们比较熟悉的服务号、订阅号、小程序，甚至企业号，都属于微信公众平台的范畴。而微信开放平台能够直接有效地解决类似前面介绍的账号打通问题。

● 相关原理

在微信公众平台注册账号时，可选择注册订阅号、服务号、小程序、企业微信等不同类型的账号，根据实际业务和产品形态选择即可，如图 6-9 所示。

请选择注册的帐号类型

订阅号
具有信息发布与传播的能力
适合个人及媒体注册

服务号
具有用户管理与提供业务服务的能力
适合企业及组织注册

小程序
具有出色的体验，可以被便捷地获取与传播
适合有服务内容的企业和组织注册

企业微信
原企业号
具有实现企业内部沟通与协同管理的能力
适合企业客户注册

图 6-9　在微信公众平台上选择要注册的账号类型

注册完账号后，为了识别用户，微信公众平台会为每个用户生成一个 openid，简单理解，这就是用户的唯一编码，类似现实生活中的身份证号。如果一家公司在微信公众平台上注册了多个账号并开发了对应的产品，想要实现产品彼此间的用户账号互通，就需要将多个账号和第三方应用绑定到同一个微信开放平台，并生成一个新的用于唯一识别用户的 unionid。

如图 6-10 和图 6-11 所示是不同类型产品绑定到微信开放平台的情况，图中包括绑定了公众账号、小程序和移动应用的信息。

图 6-10　公众账号/小程序绑定微信开放平台

图 6-11　移动应用绑定微信开放平台

对于以上逻辑，对应数据库中的用户表，大致的表结构如图 6-12 所示，下面是用户表中的部分信息。

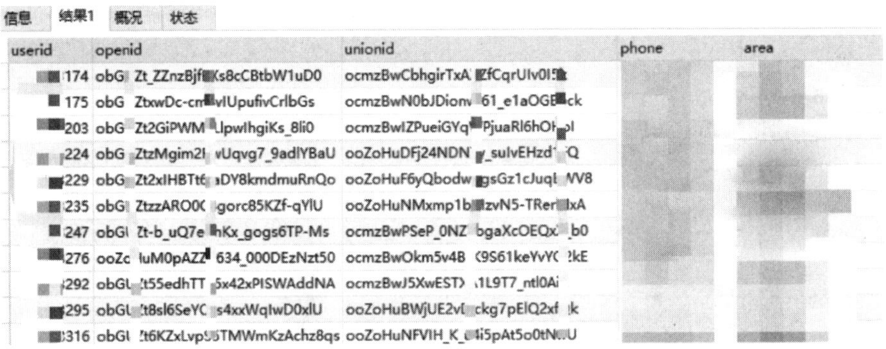

图 6-12　用户表中的部分信息

图 6-12 中的 openid 就是基于应用使用微信授权登录后生成的，unionid 字段是将应用绑定到微信开放平台后生成的，userid 则是基于一定规则为用户创建的唯一的用户 ID。

理解了以上原理后，在产品设计中，就可以很好地解决与账号体系设计有关的问题了。

（3）关于父子账号体系的设计

● 相关背景和场景

随着三胎政策的放开，很多家庭已拥有不止一个宝宝，现在很多 App 都提供了多宝宝信息编辑功能，如图 6-13 所示。

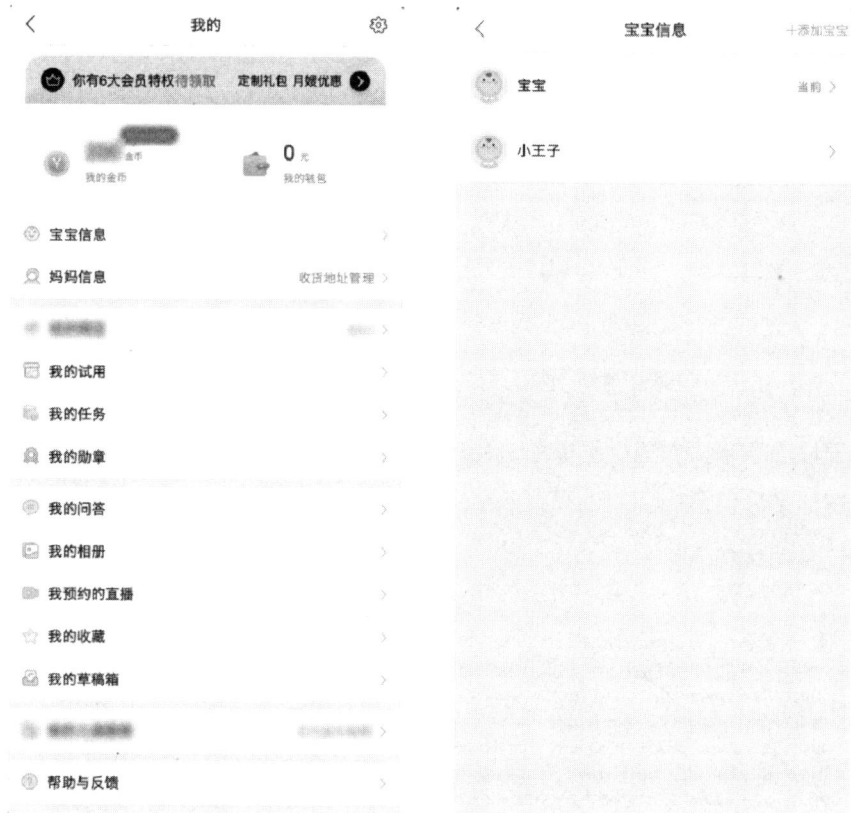

图 6-13　个人中心和宝宝信息

在电商及教育类型的产品中，家长不仅需要查看宝宝信息，还会围绕宝宝做各种事情，比如为不同宝宝申请体验课、购买正式课程等。

此时，如果账号还是按照传统应用将使用对象作为账号主体的方式进行设计的话，就会出现很多问题，常见问题如下。

a. 如果提供手机号注册子女信息，存在多子女时，手机号能不能重复绑定多个子女？如果不能，多子女情况就需要多个手机号。

b. 如果上面的情况能满足，父母同时注册了某个应用，想通过不同手机号查看子女信息时，如何解决？允许绑定多个手机号？逻辑上可以实现，但按这种思路设计就会发现，后续的拓展性会比较差。

c. 对于存在线上线下门店的情况，若线上是通过母亲手机号注册的，线下是通过父亲手机号下单并享受后续服务的，如何把线上线下账号关联起来？

无论怎样操作，其实都会比较麻烦。

因此传统的账号体系设计方式无法很好地满足类似场景，为了规避这些问题，可以在最初进行账号体系设计的时候就进行充分的考虑。基于过去的实操经验，我总结了一套解决类似问题的账号体系设计方式，并将其命名为"父子账号体系"。这个方案的命名源自电商产品中的父子订单拆单模式。

接下来，聊聊父子账号体系的设计要点。

● 如何进行设计

先不谈涉及第三方账号授权登录的情况，理论上可以直接参考前面的内容。父子账号体系最核心的点是，不再以使用对象作为账号的用户信息主体，而且需要划分出父子账号的层级关系，父账号作为注册登录系统的账号，子账号用于管理真正的用户信息。

为了确保账号的拓展性，父子账号体系在设计时至少需要注意以下几点。

a. 账号隔离

父子账号需要隔离，一是基础数据的隔离，二是业务信息的隔离。

父账号基础数据主要包括手机号、邮箱、openid、unionid、密码等，子账号基础数据则主要包括宝宝昵称、出生年月、宝宝性别等。账号注册时，只生成父账号数据，子账号数据则由使用父账号的人创建，且不同的子账号数据权限需要隔离开，以免出现随着业务发展而出现的后续问题。

b. 账号关联

如果父账号的使用者，比如家庭里的父母亲，分别用自己的手机号注册了应用，但希望在自己的账号下添加子女信息，这时就会涉及账号关联的情况。至于如何关联，可以有多种方案，比如用户自己注册时提示用户是否需要关联其他家庭成员（另一个父账号），对方确认后就实现了账号的关联并可以同步子账号信息。

c. 兼容性

当然，如果这套父子账号体系只能限定于在教育、母婴类产品的场景下使用，就会比较死板，所以为了兼容传统账号体系，可以考虑将业务数据先与子账号关联，并在后续衍生出子账号升级为父账号的业务，总之这套体系几乎能够适用于市面上所有的产品类型。

（4）账号的打通与合并

在账号体系的设计中，也会遇到一些特殊问题需要解决。由于互联网信奉"小步快跑，快速迭代"，这也导致有的产品因为初期考虑不周，后续迭代时不得不频繁重构或填之前的"坑"，一种常见情况就是账号的打通及合并。

　　账号打通指的是在不同的系统中，账号数据可以共用。当然，这里并不是完全共用，会存在单方向打通和双方互通的情况。单方向打通就是前面提到的第三方账号授权，可以将第三方账号的部分数据拿到我们的系统中来使用，但我们的账号核心数据并不会提供给第三方。双方互通就是两方之间的账号可以互用，一般出现在一家公司的多款产品之间。

　　另外就是账号合并，指的是在一个系统中，将一个用户的多个账号合并为一个账号。可以这样简单理解，在系统数据库中，有一张保存了所有注册用户信息的用户表，用户表中有很多不同的字段，在没有绑定手机号的情况下，有的用户通过第三方账号授权登录，所以手机号字段值为空，有的用户直接使用手机号注册登录，所以 openid 字段值为空。所谓的合并，实际上就是在确认两行数据都属于同一个用户时，将两行数据合并为一行数据，彼此互相补充缺少的数据。

　　但这样做也会带来用户其他数据的合并处理，因为用户的账户数据会使用专门的用户表来记录，用户的其他数据，比如消费数据、行为数据，会被存放在数据库的其他表中，不同表之间通过用户的唯一标识 ID 进行关联。客户端需要某些数据时，后端开发工程师将数据库多张表中的数据关联在一起，通过接口返回给前端开发工程师并展现在页面中给用户查看。因此，不同账号下产生的其他类型数据比较复杂时，数据合并就需要慎重。

　　从产品角度看，需要考虑减轻合并操作给用户带来的影响，常见做法是，万一要合并，就把合并账号的操作交给用户自己完成，而不是自动帮用户完成。

　　从技术实现上看，需要考虑如何确保不把原始数据删掉，即不要对数据做物理删除，这样即使用户反悔也能想办法还原数据。如图 6-14 所示是数据库中的一张用户表，假定需要将姓名为"小风"和"中风"的账号信息合并，合并后，用户表中这两个账号的 status 字段对应的值一个是 0 另一个是 1，而 status 字段用于标记删除状态。

| id | company_id | union_id | open_id | name | status |
| --- | --- | --- | --- | --- | --- |
| 1474 | 1111 | oa9fkjvzKnMqVYrwg5jtbMJTC6ŀ | oZUHJ5V-wMHLC_9XPfXR2UUtCx5 | 小风 | 1 |
| 1440 | 2222 | oa9fkjvRv7hN4gX9loJ_3sSmEhc | oZUHJ5f5VEsQ9n8QFj8cND9ERzvʌ | 中风 | 0 |
| 1448 | 3333 | oa9fkjvMY68iCpiNw8CeN4EuMjʲ | oZUHJ5RtRpXx_qlbrLkryiVqCj0w | 大风 | 1 |
| 1492 | 4444 | oa9fkjvBekfw1DewCVPJQc-Pr3C | oZUHJ5XiZytfjyvEPZ0pLvytxieA | 龙卷风 | 1 |
| 1496 | 5555 | oa9fkjv8rHBYGsYXrYg_9hjheHpŧ | oZUHJ5XdQhzmOoymQG26fjGzrm- | 台风 | 1 |
| 1484 | 6666 | oa9fkjuRYnhlWPbCrCUz2YqtUZŧ | oZUHJ5f7UQRFfRAqkj7eOWwljNWʸ | 飓风 | 1 |
| 1477 | 7777 | oa9fkjuk_quk1BDbl3fRDlelKHO0 | oZUHJ5UDAoeWkHsJ7xLgnVzhn3O | 人来疯 | 0 |

图 6-14　在用户表中加入标记删除状态的字段

打开表结构查看开发者定义的 status 字段，从注释便能看出 1 代表该条记录正常，0 代表该条记录已被删除，如图 6-15 所示，也就是通过标记的方式"删除"了数据。

图 6-15　用户表字段

除此之外，有的公司则会采用对数据库分层的方式处理账号合并问题，不同层次的数据库分别基于数据的流向来做不同的处理，像我之前所在的一家公司，开发者就采用了这种方式来对数据库进行分层。

为什么需要对数据库进行分层呢？核心目的还是更好地管理数据。分层之后，每层数据都有更加明确的作用，也便于了解数据流向，方便开发者排查问题。一般可以对数据库划分出如下层次。

● 原始数据层

存储的是最原始的数据，包括异常的、无效的或错误的信息，因此，基本上不会对这里的数据进行改动。

● 数据处理层

在数据处理层，主要会基于原始数据层提取、清洗数据，并将数据汇总到该层，因此在该层一般不会存在诸多无效数据。而且，还可以按不同业务对数据进行归类，划分不同的表，比如用户表、订单表等。

● 应用数据层

应用数据层中的数据可以被理解为根据前面的数据处理层分门别类处理过的数据，统计查询出的结果，甚至可将结果直接保存，方便将数据提供给最终呈现的应用使用页面。

3. 权限管理设计

权限管理功能的主要应用场景是什么呢？一个比较典型的场景是，公司内的不同员工，职位不同、身份不同，在使用后台系统时，能看到或操作的功能不同。

如何设计权限管理功能呢？下面来进行介绍。

（1）基础的权限管理功能

既然要实现按照角色配置权限的功能，至少需要明确角色和权限是什么。

● **角色**：使用系统的用户的身份。

● **权限**：某个角色的用户可以在系统里查看或操作什么。

举个例子，产品经理张三可以用自己的账号登录后台系统，操作订单和商品数据，但运营人员李四在同一个后台系统，除了可以操作订单、商品数据，还可以使用营销功能。这就是由于"角色"的差异而带来的"权限"不同。

假设现在要做一个类似 TAPD 的产品，使得不同角色的员工可使用不同的功能，那么要怎么做呢？可以做以下几个方面的工作。

用户管理。整理出员工，也就是用户的组织架构关系，并划分出角色，不同角色下存在不同的用户，即账号，所以后台需要有账号管理功能，用于创建每个人的公司账号，大致如图 6-16 所示。

角色划分。各个账号属于不同部门，所以权限也不同，这意味着需要做两件事，一给刚才创建的用户划分角色，二给不同的角色提供不同的权限，大致如图 6-17 所示。

权限设置。权限表明某个角色的用户可以在系统里操作什么，即功能权限，在后台可以体现为导航入口、功能/操作、字段，大致如图 6-18 所示。

按照用户管理、角色划分、权限设置进行权限系统的设计，基本上就实现了一个相对比较简单的权限系统。

看板　　文档　　报表　　Wiki　　⚙

🔍　👤

当前位置：项目设置 > 成员与权限 > 用户组权限

用户组

用户组成员 · 5　　＋ 添加成员　　　用于添加并管理用户

👤 管理员
　　系统分组

👤 小风老师　　　👤 小风大爷　　　👤 小风同学　　　👤 小风牛逼

👤 普通成员
　　系统分组

👤 小风啊

＋ 添加用户组

普通成员

| 操作对象 | 权限 | | 全选 |
|---|---|---|---|
| 看板 | ☑ 创建看板 | ☑ 编辑看板 | ☐ |
| | ☑ 删除看板 | ☑ 创建板块 | |
| | ☑ 编辑板块 | ☑ 删除板块 | |
| | ☑ 创建工作项 | ☑ 编辑工作项 | |
| | ☑ 删除工作项 | ☑ 导出工作项 | |
| | ☑ 关联 | ☑ 下载/预览附件 | |
| | ☑ 删除附件/解除关联 | ☑ 复制看板 | |
| | ☐ 保存为模板 | ☐ 删除自定义模板 | |
| | ☑ 复制工作项 | ☐ 标签配置 | |
| | ☐ 复制板块 | | |
| 文档 | ☑ 访问 | ☑ 编辑 | ☐ |
| | ☑ 下载 | ☑ 删除 | |
| | ☑ 导图生成文档 | | |
| Wiki | ☑ 访问 | ☑ 编辑 | ☐ |
| | ☑ 删除 | ☐ 下载 | |
| 项目报告 | ☑ 创建 | ☑ 编辑 | ☐ |
| | ☑ 复制 | ☑ 删除 | |
| 项目设置 | ☐ 项目信息设置 | ☐ 项目公共参数设置 | ☐ |
| | ☐ 成员设置 | ☐ 用户组设置 | |
| | ☐ 通知设置 | ☐ 项目报告设置 | |
| | ☐ 项目系统视图设置 | ☐ 定时报告设置 | |
| | ☐ 项目应用定制 | | |

保存

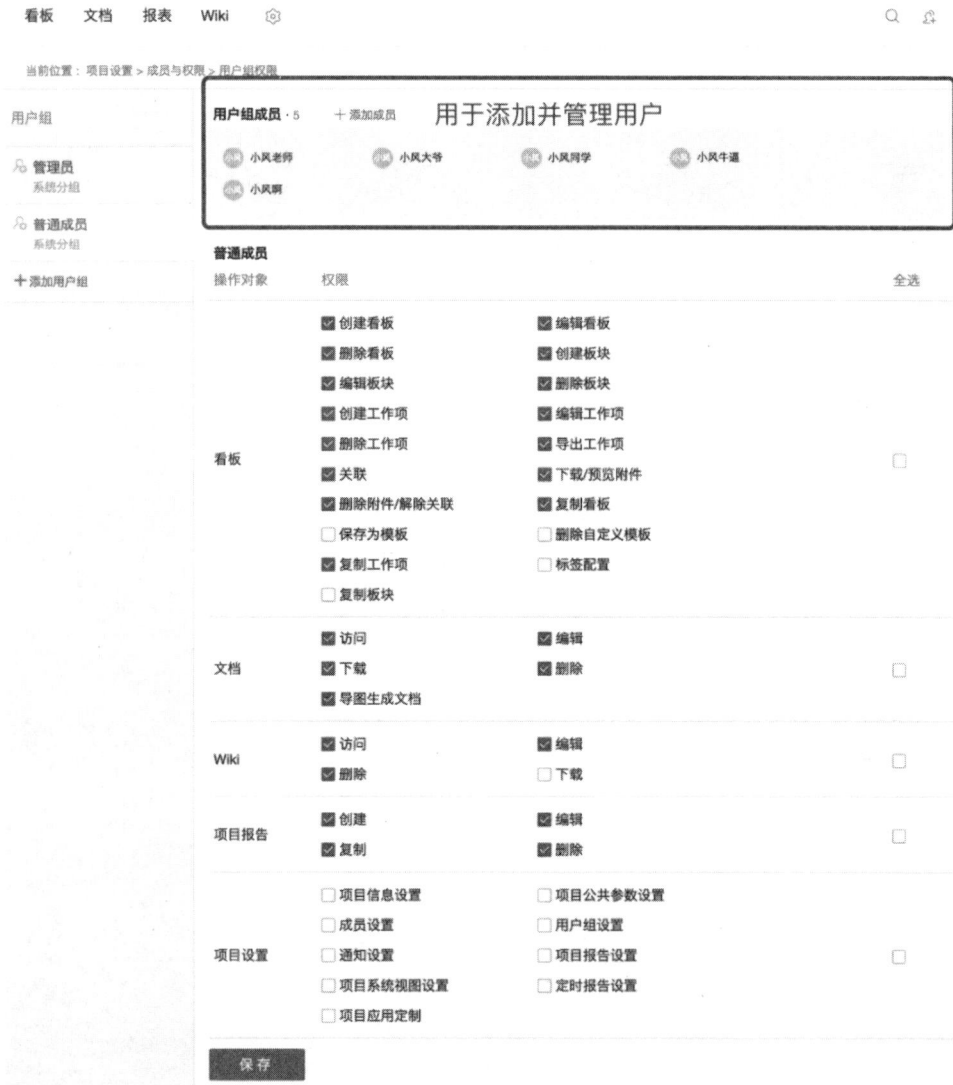

图 6-16　用户管理

图 6-17　角色划分

看板　文档　报表　Wiki　⚙　　　　　　　　　Q　🔔

当前位置：项目设置 > 成员与权限 > 用户组权限

**用户组**

**用户组成员 · 5**　　＋ 添加成员

👤 小风老师　　　👤 小风大号　　　👤 小风同学　　　👤 小风牛通

👤 管理员
　系统分组

👤 小风啊

👤 普通成员
　系统分组

**普通成员**

＋ 添加用户组

操作对象　权限　　　　**用于设定不同角色的具体权限**　　　　全选

|  |  |  |
|---|---|---|
| | ☑ 创建看板 | ☑ 编辑看板 |
| | ☑ 删除看板 | ☑ 创建板块 |
| | ☑ 编辑板块 | ☑ 删除板块 |
| | ☑ 创建工作项 | ☑ 编辑工作项 |
| 看板 | ☑ 删除工作项 | ☑ 导出工作项 |
| | ☑ 关联 | ☑ 下载/预览附件 |
| | ☑ 删除附件/解除关联 | ☑ 复制看板 |
| | ☐ 保存为模板 | ☐ 删除自定义模板 |
| | ☑ 复制工作项 | ☐ 标签配置 |
| | ☐ 复制板块 | |

☐

| 文档 | ☑ 访问 | ☑ 编辑 |
|---|---|---|
| | ☑ 下载 | ☑ 删除 |
| | ☑ 导图生成文档 | |

☐

| Wiki | ☑ 访问 | ☑ 编辑 |
|---|---|---|
| | ☑ 删除 | ☐ 下载 |

☐

| 项目报告 | ☑ 创建 | ☑ 编辑 |
|---|---|---|
| | ☑ 复制 | ☑ 删除 |

☐

| 项目设置 | ☐ 项目信息设置 | ☐ 项目公共参数设置 |
|---|---|---|
| | ☐ 成员设置 | ☐ 用户组设置 |
| | ☐ 通知设置 | ☐ 项目报告设置 |
| | ☐ 项目系统视图设置 | ☐ 定时报告设置 |
| | ☐ 项目应用定制 | |

☐

保存

图 6-18　权限设置

（2）中阶权限管理功能

按照前面所讲，我们可以按用户、角色、权限三大板块进行权限设置，但特殊场景的问题并不好解决，比如：

- 同一部门不同人员可以使用的功能不同。
- 同一部门不同人员可以查看的数据不同。
- 需要使用其他部门的功能。
- 需要查看其他部门的数据。

由以上场景可以分析并抽象出一些名词在系统中的定义，如下。

用户：用于登录系统的账号。

职位：公司管理中，职位为用户在公司中的实际职位，比如开发主管或普通开发者，产品总监或产品助理。

部门：用户在公司中的部门归属，比如开发部或产品部。

角色：系统中的角色，比如管理员或普通用户。

功能权限：后台系统的功能使用权限，可概括为菜单和操作两大类。

数据权限：对数据的增删改查权限，可配置字段可见性（如后台列表不同权限用户看到的字段不同），以及查看数据的范围（如全员开放，只针对单一业务线、单一部门、单一角色或单一用户开放等）。

业务线：服务于特定客户或业务需求的产品及团队成员。

抽象出定义后，要确定一套权限系统，可遵循以下步骤。

- 创建用户
- 定义部门和职位
- 设定用户角色
- 根据角色设定功能权限
- 根据角色设定数据权限
- 业务线隔离等，则需要单独考虑

下面重点讲解一下根据角色设定功能和数据权限。

**根据角色设定功能权限。**由于前面提到了"同一部门不同人员可以使用的功能不同""需要使用其他部门的功能"，这说明功能权限需要兼容单一用户、单一角色和单一部门等。

比如，产品部人员都可以操作查看后台的订单管理板块，产品部总监还可以查看数据中心板块，即组内通用权限和特殊权限。如果该特殊权限属于所有管理者，则可以通过给定管理者角色的方式进行统一设置，但如果只是针对个人或某一职位，则需要通过定义职位来设定特殊权限。

**根据角色设定数据权限**。比如，A 部门员工小风和 A 部门员工中风都拥有同样的对后台功能的查看和操作权限，但小风由于是部门领导，所以他能查看整个部门所有员工的数据，而中风只是普通员工，所以他只能查看自己的数据，需要通过数据范围进行控制。

如果能查看的字段数不同，则需要提供对字段可见性的设置。

（3）换个角度看权限管理

前面的思路都是从产品或业务的角度对这套系统进行设计的，下面从技术角度来看看这套系统背后的设计。

其实这套系统可以抽象成提供不同的权限表，并通过设置让不同的权限表产生关联关系。设计表时，至少需要提供用户表、用户组表、角色表、权限表。使用用户表记录用户的账号信息，使用用户组表记录自定义的用户组，使用角色表记录系统提供的角色信息，使用权限表记录系统可以提供的权限信息，权限表也可以通过多张表的方式，比如用不同表记录菜单和操作。为了成功按照角色设置权限，至少还需要提供两张表，一张用于记录用户与角色之间的关联关系，一张用于记录角色与权限之间的关联关系。

### 4. 最常见的页面加载

之前有人专门做过调研，用户在打开一个网页时，一般能接受的加载等待时间不会超过 5 秒，少部分用户能接受等待 10 秒，大部分用户在超过一定的时间后都会选择关闭或退出页面。

在页面加载过程中，主要会加载两部分内容，一是页面本身的元素，二是从数据库中获取的内容。由于是通过后端接口将数据传给前端开发工程师，再把数据渲染在页面上的，因此用户在打开一个页面的时候页面需要有加载的过程。

为了使用户能接受这个加载过程，最常规的做法是在数据还没完全加载出来时，给用户展示加载进度条，缓解用户因加载过程而产生的焦虑情绪，但如果频繁出现加载进度条，用户也会厌烦。除此之外，典型做法还有懒加载和预加载。

（1）懒加载

先举个例子，在打开应用页面时，如果存在图片需要加载，会将接口返回的数据全部下载完成，将图片展示在页面对应的图片控件区域内，由于数据不止一屏，而未出现在当前可视范围内的数据也需要提前加载，因此会导致用户等待时间延长。如果采用懒加载方式实现，则会根据用户看到的页面加载数据，用户的直观感受就是页面加载速度变快了。

技术细节如下：页面中存在图片控件，其中 src 属性用于设置图片路径，这时长列表视图中的一屏对用户处于不可见状态，可暂时不向服务器请求获取图片地址并下载图片的逻辑，用一个默认占位符代替，等到长列表视图中该区域处于可见状态时，再向服务器请求获取图片的真实地址，获取到后为 src 属性设置图片路径，这样每次请求获取数据的量就会比没有做懒加载时少很多，还能减轻服务器的压力。

（2）预加载

再来介绍预加载。如果说懒加载是延迟加载，那么预加载则是提前加载，即在页面还没有展示给用户前，便将数据缓存到本地，当真正需要数据时，从缓存中获取数据。但由于需要提前加载，预加载方式其实会略微"牺牲"部分服务器性能。

5. 网络提示异常怎么实现

用户使用产品时，极可能遇到网络异常情况，如图 6-19 所示的页面就是网络异常时的登录超时提示。

图 6-19　登录超时提示

具体如何判断网络是否出现异常呢？方法有很多。

图 6-19 展示的场景就是在网页中登录百度账号时，突然断网显示的提示。打开开发者工具，从控制台上可以看到没办法正常连接网络。可以推断，网络请求报错信息的实现方式为先请求网络，超时后便返回 ERR_INTERNET_DISCONNECTED 错误

提示，如图 6-20 所示。

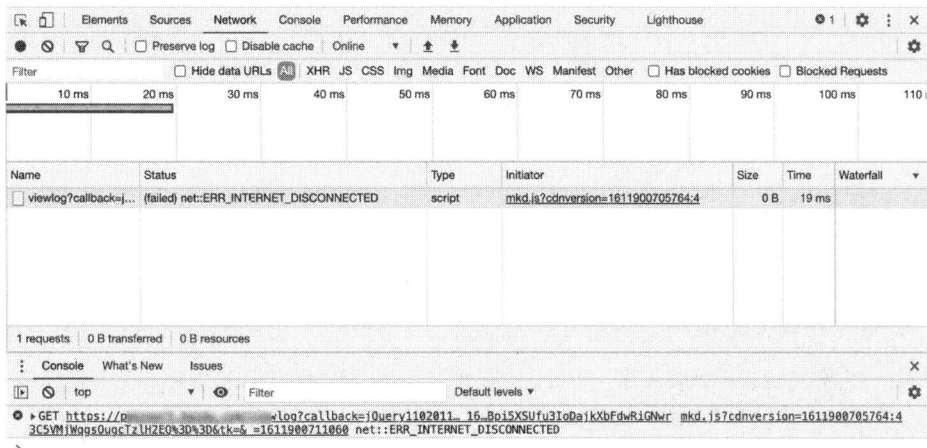

图 6-20　网络请求报错信息

客户端产品也存在类似监控网络异常的方式。

先介绍 Android 客户端。Android 系统中存在广播（Broadcast）机制，其中包括广播发送者及广播接收者两个不同角色。Android 系统本身便可充当广播发送者，开发者在自己的 App 中定义广播接收者后，就可以收到系统发送的消息。在系统可以发送的众多广播中，存在当系统网络出现异常时发送的广播，App接收到后，会根据广播中携带的消息来提醒用户，如图 6-21 所示。

iOS 客户端采用的技术方案也与 Android 客户端的类似，就不展开讲解了。

### 6. 断点续传

如图 6-22 所示，在浏览器中下载文件时，往往可以看到过程状态，包括文件的大小、当前下载速度、下载剩余时间，而且还可以点击"暂停"及"继续"来改变下载状态，同理，上传文件时也存在类似过程，这就是断点续传。

图 6-21　App 网络异常提示

图 6-22　断点续传

断点续传技术实现的关键点在于 HTTP 网络的请求头和响应头。以文件下载为例，客户端发起请求，请求头中会携带 Range 参数并为其赋值，比如 Range: bytes=0-299 表示客户端向服务器请求下载的是 0 和 299 之间的数据。服务器则根据客户器的请求响应 Content-Range: bytes 0-299/4999，代表文件总大小是 4999，目前获取了 0～299 这个范围内的数据。这时文件还没下载完成，客户端还需要继续发起请求，参数会变为 Range: bytes=299-599，即基于刚才结束的位置继续下载，不断重复该过程，直至服务器文件完全下载完成。总结一下就是，将文件划分为多块，每次请求下载时只下载其中一块。使用这种方式，即便中途断网了，也可以接着刚才已完成的位置继续下载，从而节省了下载时间。

如果下载过程中出现断网且服务器资源内容有变化，恢复网络后该如何处理呢？

那就需要在请求头和响应头中分别加入 If-Modified-Since 和 Last-Modified 参数，用于记录最后修改时间。过程如下：当恢复网络再次请求时，客户端会将服务器通过 Last-Modified 参数发送过来的最后修改时间放进 If-Modified-Since 参数里发送回去，并判断是否是最新内容，不是最新内容，则返回更新后的内容，是最新内容，则不用，客户端直接拉取本地数据即可。

## 6.1.2　移动 App 的常见功能设计

移动 App 的使用已非常普遍，掌握常见功能背后的技术实现方式很有必要。

### 1. 动画效果的实现

移动产品追求体验，因此会产生诸多细节交互的需求。比如，产品经理发现 iOS 的 App 中有个动画效果很好，认为 Android 客户端需要跟进，结果 Android 开发工程师一看就傻了，因为同样的动画效果在 iOS 客户端上已经封装完善，一两行代码即可实现，但在 Android 的 App 中实现难度偏大，时间成本不可预估。因此，如果产品经理对哪些动画效果在哪些平台上可以实现没有认知，往往会提出不合理的需求。

接下来就针对市面上两种主流的移动操作系统，讲解动画效果的实现分别有哪些常见方式。

（1）Android 动画效果的实现

Android 动画效果主要有 3 种实现方式：帧动画、视图动画及属性动画。

● 　帧动画（Drawable Animation）

帧动画是通过切换一帧一帧的图片而形成的视觉动画效果。也正是因为如此，设计师需要设计出一张张变化微小的图片。采用该动画实现方式时，要注意对图片大小的控制，如果图片过大，很容易因图片加载引起内存溢出，进一步导致 App 闪退。

帧动画实现方式适用于较为简单的动画效果，如图 6-23 所示，从顶部下拉页面刷新，顶部所出现的动画就可以使用帧动画方式实现。

图 6-23　帧动画

- 视图动画（View Animation）

通过视图动画方式实现动画效果，需要设定好动画开始和结束时的帧画面，然后设置动画的变化方式及持续时长。甚至，还可以配合位置、大小的变化，结合视图旋转及透明度变化的效果，形成更加复杂的动画。

但这种动画实现方式最大的问题在于，如果对视图或控件设置动画后，它们的位置发生了改变，在新位置对视图或控件进行操作将没有任何效果，只有在移动前的初始位置进行操作，才会有效果。所以，如果需求是针对某个控件设置动画后进行交互，就不能考虑这种动画实现方式。

- 属性动画（Property Animation）

属性动画主要解决了操作事件并没有随动画发生位置改变的问题，适用于相对简单的效果。

（2）iOS 动画效果的实现

iOS 中比较常用的实现动画的方式有基础动画、关键帧动画、组动画和过渡动画。

- 基础动画

用于实现简单的动画效果，比如，对页面控件的位置进行移动、旋转，对控件大小进行缩放，对透明度进行调节等，与 Android 中的视图动画实现方式类似。

- 关键帧动画

与 Android 中的帧动画实现方式如出一辙，同样也需要设计师提供多张图片素材。

- 组动画

假定把动画从开始到结束的整个过程称为一个完整的动画，那么组动画包含了多个不同的动画，开发者可通过设置不同动画的开始时间，对多个动画的先后顺序进行调节。

- 过渡动画

过渡动画常用于实现页面的过渡及转场效果，iOS 系统中常见的过渡动画效果有淡出、覆盖原图、推出、底部显示，并且默认情况下过渡动画都是淡出。

2. App 之间的互相跳转

手机支持 App 互相跳转的场景越来越常见。像抖音这种短视频平台，主播直播带货时，有可能需要从直播间跳转到淘宝或其他第三方 App 中。除了跳转到第三方

App，从第三方 App 跳转到系统自带 App 也很常见。

那么这类功能是如何实现的呢？下面针对 Android 和 iOS 系统分别介绍。

（1）Android 系统中的 App 互跳

在 Android 系统中要实现 App 互跳，至少要知道跳转 App 的包名及具体跳转到的页面。

包名是什么呢？在 Android 系统中，包名由开发者自定义，用于唯一地识别 App。给 App 取包名时，开发者为避免与其他 App 重名，常采用公司域名逆序方式命名。比如，公司域名是 big.example.com，那包名可为 com.example.AppName，AppName 就是 App 的英文名。

另外，如何指定跳转到的页面呢？首先要确保跳转到的页面允许其他 App 访问，即对应页面的 Activity（Android 中用其承载页面）需要在 AndroidManifest 文件中设置属性 Android:exported="true"。现在很多大型公司的 App 页面都允许其他 App 跳转，App 的包名（甚至页面类名）也能获取到，比如通过 ES 文件浏览器就能直接看到 App 的包名，如图 6-24 所示，淘宝 App 的包名是 com.taobao.taobao。假定产品需求是跳转到淘宝某个商品的详情页，那么就要知道这个商品详情页对应的 Activity 名称，即 com.taobao.tao.detail.activity.DetailActivity。

图 6-24　查看淘宝 App 包名

如果在 App 没有开放的情况下，即目标 App 的 AndroidManifest 文件中设置了属性 Android:exported="false"，那么能不能实现页面的跳转呢？也不是不可以，有一种方式是跳转到该 App 对应的 H5 页面，如果要调用原生 App，则还需要确保 App 的

AndroidManifest.xml 文件中的 manifest 节点已经设置了属性 android:sharedUserId="android.uid.system"。

（2）iOS 系统中的 App 互跳

对于 iOS 开发工程师，开发时常使用 Objective-C 作为开发语言，并且使用 Xcode 作为开发工具。在创建新项目后，Xcode 会自动生成 Info.plist 文件。

在 Info.plist 文件中，需要以数组方式设定 App 的白名单，先添加以 LSApplicationQueriesSchemes 为名称的数组，键值内容则是希望跳转到 App 的 URL Scheme，URL Scheme 可以直接在网络上查到。设定完成后，开发者调用系统提供的 canOpenURL 方法便可正常实现 App 跳转。Info.plist 文件中的设置方式可参考图 6-25。

| Key | Type | Value |
| --- | --- | --- |
| ▼ Information Property List | Dictionary | (18 items) |
| ▼ LSApplicationQueriesSchemes | Array | (4 items) |
| Item 0 | String | 允许跳转到微信，就在这里填入微信的 URL Scheme |
| Item 1 | String | 允许跳转到淘宝，就在这里填入淘宝的 URL Scheme |
| Item 2 | String | 允许跳转到QQ，就在这里填入QQ的 URL Scheme |
| Item 3 | String | 允许跳转到微博，就在这里填入微博的 URL Scheme |

图 6-25　Info.plist 文件中的设置方式

实现 App 跳转后，如果还需要精确指定跳转到的具体页面，则还需要指定对应页面的 URL。

无论是在 Android 系统中还是 iOS 系统中实现 App 跳转，这种需求更多集中在从自己的 App 跳转到知名的第三方 App。于是很多大公司为了方便开发者实现跳转到自己的 App，提供了 SDK，比如阿里就提供了阿里百川 SDK。

### 3. 不更新 App 就更改界面

用户在手机中安装了某个电商 App 后，可能会发现平时与节假日打开 App 时，App 界面看起来不太一样，比如页面底部的图标及文案发生了变化等，而用户明明没有更新 App。

在这里会提到前面介绍过的概念"写死"与"写活"。"写死"就是页面内容随着 App 发布同步打包到 App 中，"写活"则是页面上的某些元素并不是从安装包中获取的，而是通过接口从服务器获取的，这样页面的某些内容就可以随后台的配置而改变。在图 6-26 中，App 中的商品及活动信息是通过后台配置的。

还可以以混合应用方式开发 App。因为产品部分页面是由网页组成的，通过修改网页代码便可以实现用户无须更新 App 直接改变页面内容的效果。

我们在了解了不同实现方式后，在设计产品初期，更需要考虑好全局框架，比如是否以混合应用方式来开发，页面元素是否要"写活"。

### 4. 如何实现 App 角标

多年前，我还没成为一名产品经理，从事着 Android 开发工作，有一次，在工作中接到了一个直接来自老板的需求，即在 App 系统桌面图标的右上角显示未读消息数量，类似图 6-27。那时我作为职场新人，觉得能接到来自老板的需求，一定要好好表现。尽管我从来没做过这类需求，但由于经常看到相关实现，于是信誓旦旦跟老板拍胸脯。后来才知道，这种实现是有限制的，不一定能实现出来。

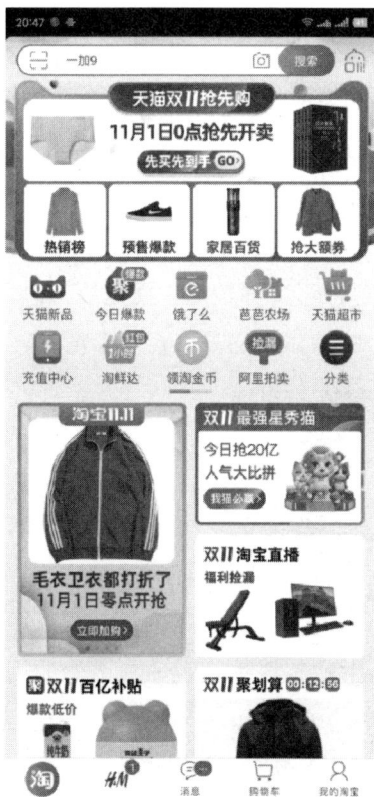

图 6-26　App 中的"写死"与"写活"

图 6-27　在 App 系统桌面图标右上角显示未读消息数量

App角标最早出现在iOS系统中,是苹果公司为了提醒用户有未读消息而设计的,所以早期Android系统不支持App角标。后来,Android系统也模仿iOS系统的做法提供了App角标,只不过实现方式存在差异。

(1)Android系统App角标的实现

Android是一个开源系统,各大手机厂商均可修改原生系统并定制自己的系统。有的手机厂商不支持App开发者对App角标进行设置,所以这类需求无法在他们的系统中实现;而有的手机厂商支持,但得按他们的规范设置;还有的手机厂商采用折中的办法,默认不支持,但如果想实现,须提交资料审核,通过后,方可设置。

在产品经理提出类似需求时,可去各个手机厂商官方开发文档中查证,或者由开发者调研并决定最终的方案。

(2)iOS系统App角标的实现

相较于Android系统,在iOS系统中实现App角标会容易很多,开发者只需调用系统提供的设置App角标的方法即可。

5. 消息红点

除了在App系统桌面图标上出现消息提示,还有另一种在App中提示消息数的方式,俗称"小红点"或"消息红点"。如图6-28所示,表明该模块有新的未读消息、待办事项等。并且,在消息达到一定数量后,不再显示实际数量,而是以99+或者999+的方式显示,等用户查看了未读消息、待办事项后,消息红点才会消失。

图6-28 聊天消息红点

那么为什么这些消息数会被广泛应用于产品中呢?这里存在非常微妙的用户心理行为,人们查看页面时,通常希望看到自然和谐的画面,如果存在突兀的地方,就会立刻注意到。于是,产品经理为了提升某些入口的点击率,会提出这种需求。但一旦过度设计,则会给用户带来极大的困扰。

那么从技术上如何实现消息红点呢?

技术上主要从两方面考虑,一方面是发送消息的服务器,另一方面是接收并显示消息的客户端。服务器为了能够将消息发送给客户端，需要将推送给客户端的消息持久化保存在数据库中，即创建保存消息的表。由于同样的消息需要发送给不同的用户，且不同的用户对同样的消息有不同的查看状态，因此可考虑增加额外的保存推送出去的消息与用户 ID 及消息查看状态对应关系的表。准备完成后，从客户端打开页面，使用与消息红点有关的接口，服务器便将数据库中的数据返回给了客户端。

有了消息的数据后，下一步就是展示消息红点及消息数了。对于 iOS 客户端，直接调用系统提供的方法即可。对于 Android 客户端，可以通过图片控件及文本控件组成新控件，并将图片控件裁剪成圆形，背景填充为红色，覆盖在需要显示的位置上方，文本控件则用来显示消息数，根据服务器发送的消息数填入即可，当前用户存在未读消息时便显示消息红点，没有未读消息时便不显示消息红点。

### 6. App 的强制更新

有时，打开 App 时会出现弹窗提示更新 App，弹窗中还应显示 App 更新了哪些功能，并提供允许用户手动确认及取消更新的按钮，取消更新后，可暂时不更新。还可以设置打开 App 后看到的弹窗无法关掉，使用户无法正常使用产品，除非更新 App 后弹窗才会消失。

要实现提示更新（甚至强制更新）的需求，从技术上该如何实现呢？

首先，后端开发工程师需要在数据库中记录 App 版本信息并开发 App 更新接口。任何 App 的不同版本都存在各自的版本号，后发布的版本号总比早发布的更高。每次 App 发布版本后，根据客户端类型将发版信息保存在数据库中，如版本号、App 名称、版本更新内容等字段，除此之外，Android 的 App 还可以提供 APK 文件下载链接，iOS 的 App 则无须提供。

然后，客户端开发工程师需要调用后端提供的 App 更新接口。若发现数据库中有比手机本地版本号高的记录，便返回对应记录，弹出弹窗提示用户更新。若还需要控制是否强制更新，后端可在 App 版本记录表中加上是否强制更新的标识字段。

最后，就是更新 App。苹果官方不允许 App 中出现提示用户更新或强制更新的功能，发现类似功能，会直接给予 App 审核不通过。这里有的人可能会提出异议，明明在很多 iOS App 中都能看到类似提示。其实，这里存在行业潜规则，苹果公司若在审核 App 的时候发现 App 中有类似功能，会不予通过，但在 App 上线后，一般不会进行再次审核，除非有特殊情况，所以很多公司的开发者为了满足产品经理提出的这方面需求，就采用了审核时不让苹果官方看到相关功能及入口的办法，审核通过之

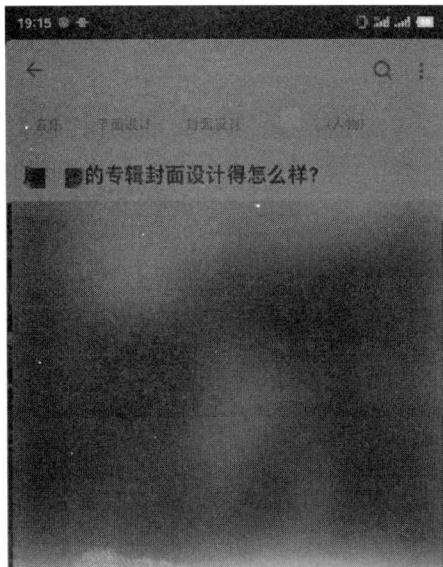

后，开发者通过修改服务器的接口参数，使得隐藏功能可以正常运转。但这种做法存在风险，一旦被苹果公司发现，轻则下架 App，重则封掉开发者账号。

**7. 将 App 分享到第三方平台**

如图 6-29 所示，很多产品中的分享功能是以类似方式设计的，选择某个渠道，比如微信好友，就会调用手机上的微信（须确保已安装微信且微信处于登录状态），并让我们选择分享的好友或群。要实现这个过程，主要有两个要点：分享渠道和后续操作。

（1）分享渠道

很多公司都有"开放平台"，目的是将自己公司业务中的部分能力或数据开放给其他公司。要实现分享到第三方平台功能，往往需要去对应的开放平台注册开发者账号，并接入自己的 App。另外，不同平台允许分享的内容是不同的，有的允许分享图片、音频、视频、链接等内容类型，有的则只支持其中一部分，所以 App 中的内容可能会出现能分享到微信但不能分享到微博的情况。这时往往需要开发者在查看文档后，与产品经理沟通确认不同分享平台的分享细节。

图 6-29　将知乎 App 分享到第三方平台

（2）后续操作

分享到第三方平台的接口中一般会提供显示分享是否成功的状态的回调函数，并基于回调函数里的状态进行后续功能的设计。但微信平台比较特殊，从 2018 年 8 月 13 号开始，微信团队调整了 App 分享功能，官方的解释是为了减少"强制分享至不同群"等滥用分享能力、破坏用户体验的行为，所以在分享后的回调函数中并不会提供用户是否分享成功的状态，而是无论分享成功与否，都返回成功的状态，如图 6-30

所示。从用户及微信角度，这无疑是件好事，可以避免对用户的强制性分享行为发生，但从产品角度，这样使得开发者没办法根据返回的状态信息做出不同的判断。不过毕竟规则是由微信制定的，我们在设计产品时也只能遵守。

图 6-30　微信开放平台 App 分享功能调整通知

另外，目前存在集成了多分享渠道的 SDK，比如 ShareSDK 及友盟公司出品的 U-Share 社会化分享 SDK 等，可以让开发者便捷地实现如图 6-31 所示的分享功能。

8．如何实现 App 的"后门"

产品中留"后门"十分常见，有的是为了方便开发者及测试工程师进行调试，有的是为了方便用户提交错误日志，还有的则没有什么实际用处，给人"彩蛋"的感觉。以 Android 手机为例，下面看看常见 App 的"后门"。

用于开发者和测试工程师进行调试的"后门"，往往出现在没有正式上线的测试包 App 中。这样做方便测试过程中发现问题、记录错误日志等。一般产品正式上线后，会将这类"后门"拿掉。

也有一些产品上线后，依然保留"后门"，但会把"后门"入口做得非常隐蔽，使普通用户无法察觉。图 6-32 是 QQ 音乐这款 App 的"后门"。正常情况下，"关于 QQ 音乐"页面如图 6-32 左图所示，在不停点击页面中的 QQ 音乐图标后，会提示"已开启诊断入口"，即打开了 QQ 音乐 App 的"后门"，页面中会多出几个入口，也会显示更详细的版本号信息，如图 6-32 中图所示。在点击新出现的入口"QQ 音乐小诊所"

后，就会跳转到如图 6-32 右图所示的界面，可看出该入口主要用于诊断 App 或设备情况。

另外，还有"彩蛋"类型的"后门"。如图 6-33 左图所示，其中显示了微信 App 的详细版本信息，右图则是网易云音乐 App 开发者们在自己作品中留下的署名。

图 6-31  将 App 分享到多渠道

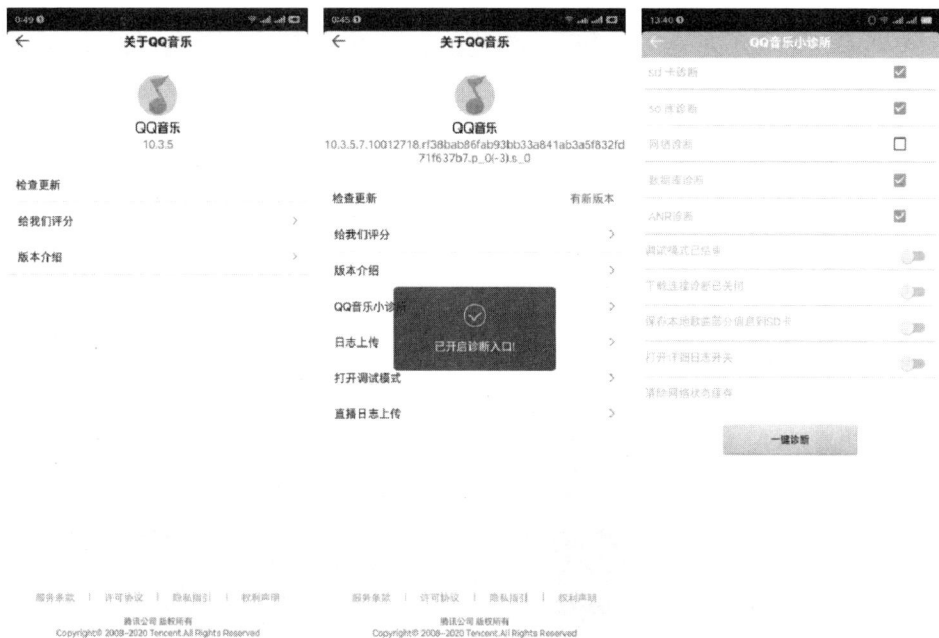

图 6-32　QQ 音乐（Android 版本）App 中的"后门"

图 6-33　微信 App 和网易云音乐（Android 版本）App 中的"后门"

有的 App 则还需要二次确认通过后才能使用，如图 6-34 所示，隐藏入口触发后还需要输入密码才能打开"后门"。这样可以确保普通用户无法使用"后门"。

图 6-34　大众点评（Android 版本）App 中的"后门"

为什么会存在"后门"呢？通常 Android 系统中在关于手机的 Android 版本入口相关位置（不同手机略有差别）连续点击 3 次以上，会触发"后门"页面。所以，后来很多 Android 开发工程师也沿用该方法到 App 的开发中，甚至很多 iOS 开发工程师也会这样做。但触发方式是开发者自定义的，比如图 6-33 中的网易云音乐"后门"页面触发方式就是在"关于网易云音乐"页面中连续点击 App 图标后，在当前页面等待 10 秒以上。

"后门"在技术实现上是很容易的，只需给控件设置点击事件，在点击事件里判断用户是否正在进行连续点击。如果是连续点击，则打开"后门"，可以是在当前页面弹窗，也可以是跳转至新页面；如果不是，则不做任何响应。具体如何判断用户是否正在进行连续点击呢？也有不同的方法。这里提供一种参考方法，即可记录每次点击时的当前时间，然后计算达到点击触发次数时所经历的时间，如果该时间小于一定的时间，则说明是连续点击，如果超出一定的时间，则说明不是连续点击。

### 6.1.3　微信小程序的常见功能设计

随着微信小程序生态不断成熟，很多公司在招聘时都会明确要求产品经理具备相关产品设计经验。尽管微信小程序的大部分设计规则与 App 的类似，但由于其属于微信生态，因此存在一些特殊规则。最好的了解微信小程序设计规则的方式，是通过微信官方文档，但微信官方文档也会频繁变更，下面介绍目前典型的微信小程序功能设计。

### 1. 手机号授权登录

在微信小程序中，微信官方可能是为了解决用户注册、登录比较烦琐的问题，允许开发者在登录时通过平台提供的方法直接获取微信所绑定的手机号，让用户便捷地完成注册和登录，如图 6-35 所示。

手机号授权登录背后也有一些注意事项。首先，目前该接口只针对非个人主体开发者且完成了公司主体认证的小程序开放。其次，用户得主动点击页面中的按钮，才会触发该接口，且调用获取手机号的过程需要在后端开发完成。

### 2. 微信小程序的转发功能

微信生态中的很多产品，在设计之初就考虑到了内容传播性，分享给他人这个功能就是一种方式。微信公众号就允许用户将内容分享给好友、群、朋友圈等，微信小程序保留了类似功能，但小程序里的内容与公众号相比差异较大，那么小程序的分享功能是什么样的呢？

（1）按页面设置分享

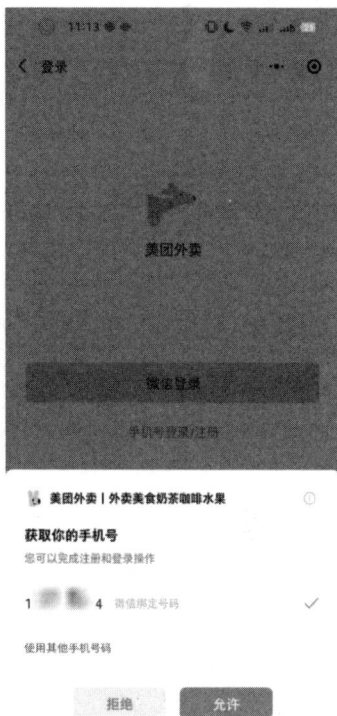

图 6-35　小程序手机号授权登录界面

在同一微信小程序中找到几个不同页面，分别点击右上角的更多入口，如图 6-36 所示，这些页面的分享方式不太一样。第一个页面支持分享给微信好友、朋友圈，甚至企业微信，第二个页面不支持分享到朋友圈，第三个页面则都不支持。也就是说，微信小程序中的分享功能可基于页面分别设置。所以，产品经理在提出需求时，需要合理地指定支持分享的页面和具体的分享渠道。

（2）分享内容的设置

除了可按页面分别设置分享，分享出去的内容也可以自定义。微信官方目前允许自定义分享内容的标题、路径及图片。如图 6-37 所示，标题默认为小程序名称，路径默认为分享的当前页面地址，也就是打开后进入的页面地址，图片则默认为转发页面的截图。

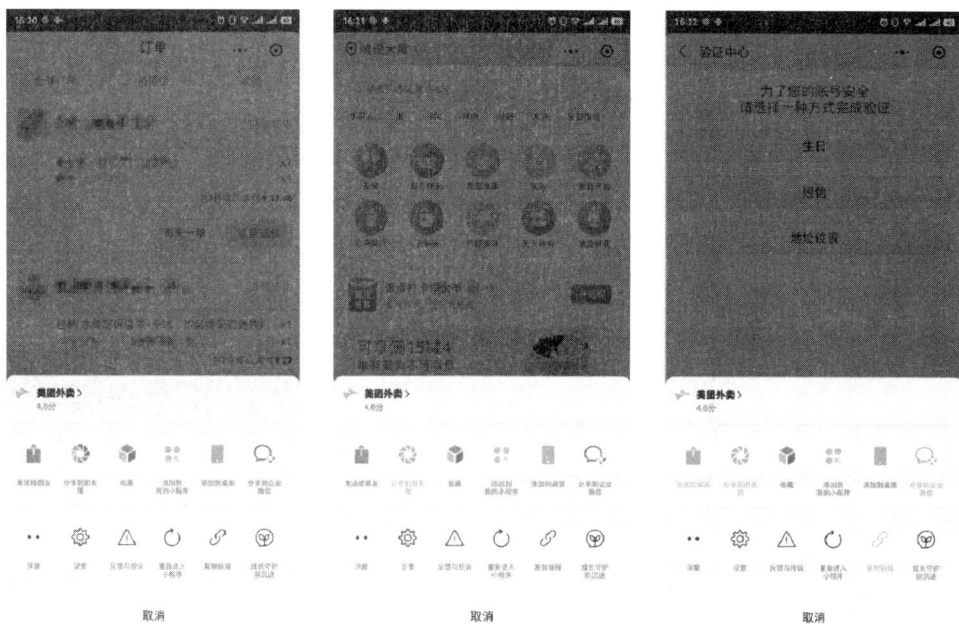

图 6-36　同一个小程序不同页面的分享功能

图 6-37　分享小程序的内容

除此之外，有些用户无法直接看到的内容，也支持自定义。

举个例子，运营人员管理众多用户群，他们想了解哪个群中有多少用户参与了小程序里的活动，小程序官方提供的接口就可以很方便地实现这个功能。开发者在调用分享接口时，将 withShareTicket 参数定义为 true，便可以获取到更多分享信息，例如群聊名称及该群特定唯一标识 openGId，这样用户在群里打开了运营人员分享的小程序时，就可以统计用户参与活动的群来源。

### 3. 订阅消息

在咖啡店用微信小程序点单，会弹出如图 6-38 所示的消息通知，点击"允许"，咖啡做好且店员在系统中确认后，顾客就会收到提醒取餐的服务通知。

这就是微信小程序提供给开发者的订阅消息能力。通过这样的能力可以使用户在线上/线下结合的业务场景获得更好的体验，并且为了不给用户造成过多干扰，这类提醒均需要用户自主订阅。

（1）订阅消息的类型

订阅消息包括两种常用消息类型，分别是一次性订阅消息和长期订阅消息。

一次性订阅消息，主要为了解决用户使用小程序后，需要后续提醒的场景。一般在用户单次订阅后，开发者只能向用户发送一次消息，但可以不限时间。比如，拼团成功后提醒用户成团，用户在奶茶店内时提醒用户去领喝的。

长期订阅消息，主要为了弥补一次性订阅消息无法覆盖到的场景。比如，用户预约课程成功后需要提醒用户上课时间，快上课时需要再次提醒用户

图 6-38　微信小程序消息通知

上课，上课时间到达后还要提醒用户已开课，相当于用户订阅一次，后续陆续给用户发送了多条消息。不过，目前这类消息仅向政务、医疗、交通、金融、教育等公共服务开放。

（2）如何实现订阅消息

在实现订阅消息时，该遵循怎样的步骤实现呢？

● 申请订阅消息模板

首先，在小程序对应的微信公众平台，申请订阅消息模板。公共模板库把消息划分为如图 6-39 所示的两种，产品经理按需选择即可。

图 6-39　微信公众平台订阅消息

选取模板后，基于模板中的关键词，对通知进行配置。如图 6-40 所示，左边是服务通知的内容预览，在右边可基于关键词进行配置，完成提交后，会生成模板 ID，用于开发者标识模板。

图 6-40　微信公众平台消息模板设置

如果公共模板库里的模板不能满足产品设计需求，也可向官方申请新模板，按照指引提交给微信官方审核，通过后，就可以在产品中使用自己的模板。

● 获取下发消息权限

在给用户发送消息之前，开发者需要先调用接口 wx.requestSubscribeMessage 获取下发消息权限，然后在小程序中才能调用征求用户是否允许发送消息通知的视图。

如果用户在选择是否允许时勾选了"总是保持以上选择，不再询问"，则默认用户同意订阅该消息，以后发送该订阅消息时，就无须再次询问用户是否允许。如果用户没有勾选，则后续发送该订阅消息时，依然会询问用户是否允许。另外，每条订阅消息是否被允许的判断是互相独立的，即申请获取多条下发消息权限时，用户需要多次确认。

● 下发订阅消息

开发者向用户申请获取发送消息权限，用户允许后，就可以通过 subscribeMessage. send 接口向用户发送消息了。可以在服务通知入口查看消息，点开入口后可以跳转到开发者指定的目标页面。至于下发订阅消息的方式，一般可分为两种，即自动触发和手动触发。自动触发常见于完成某项任务后，比如用户完成付款，触发了发送消息的接口，收到通知。手动触发一般由运营人员在后台通过人为方式手动向用户推送消息，比如向用户推送活动即将开始的通知消息。

### 4. 小程序码

二维码是一种将特定几何图形按照规律排布的黑白相间图形，通过这些图形可记录大量信息，由于二维码图形中使用横纵两个方向的几何图形对信息进行存储，所以其信息存储容量会比普通单一方向的条码要高很多。

传统二维码可用于实现很多功能，小程序中的二维码也是类似的，且微信还为小程序提供了两种不同形式的二维码，即传统二维码和小程序码，尽管形式不同，但作用相同，如图 6-41 所示。

如何在产品中实现与小程序码相关的功能呢？主要分为生成小程序码和扫描小程序码两部分功能。

（1）生成小程序码

目前微信官方主要提供了两类生成小程序码的方式，它们在适用场景及传递参数上有着不同的规则限制。

小程序码

小程序码颜色　　默认　　　　　▾　　⚫

| 边长(cm) | 建议扫描距离(m) | 普通二维码 ⑦ | 小程序码 ⑦ |
|---------|-------------|-----------|----------|
| 8cm | 0.5m | ⬇ | ⬇ |
| 12cm | 0.8m | ⬇ | ⬇ |
| 15cm | 1m | ⬇ | ⬇ |
| 30cm | 1.5m | ⬇ | ⬇ |
| 50cm | 2.5m | ⬇ | ⬇ |

图 6-41　微信公众平台小程序码

第一类适用于需要生成小程序码数量比较少的业务场景。这类方式可生成的小程序码上限总数量目前是 10 万个,可允许开发者在生成小程序码时预先加入 path 参数,即扫码进入小程序时打开的页面路径,理论上小程序中的每个页面都有单独的路径,需要以字符串形式定义,字符串最多可达到 128 字节,且必须设置。

另一类则适用于需要生成小程序码数量比较多的业务场景。目前微信并没有限制这类方式的数量上限,使用这类方式除了可以提前设置好用户打开小程序时的页面,还可在其中加入其他用于标记具体场景的参数 scene,该参数最多允许设置 32 个可见字符,且只支持数字、大小写英文字符及部分特殊字符。也正是因为可以携带除页面路径的其他参数,所以使用这类方式可方便地实现很多需求。

（2）扫描小程序码

生成小程序后,就需要将小程序码投放出去。用户在扫码进入小程序时,存在两种方式,即直接扫码或长按识别,整个过程需要先获取开发者在小程序码中预先设置好的参数,并基于参数处理后续业务。比如,销售人员做地推时,让用户扫描自己的二维码提交资料,便可直接将用户信息归到该销售名下。

5. 从微信小程序跳转到 App 中

很多产品目前会同时开发 App 和微信小程序版本,并会引导用户从小程序跳转到 App 中。那么如何实现跳转呢？实现流程可简化为前置准备、用户触发、场景判断和页面跳转。

（1）前置准备

首先，公司需要针对同款产品开发微信小程序和 App。用户将 App 分享给微信好友，好友点击进入对应的小程序，并根据页面提示操作进而跳转到 App 中。而如果用户是直接在微信中搜索并打开小程序的，则无法跳转到 App 中。另外，用户如果是从 App 跳转到小程序中的，同样可以跳回之前的 App。

而且，从小程序跳转到 App 仅限同一个公司的产品，不支持从自己公司的小程序跳转到别人公司的 App。

另外，还需要在微信开放平台提前将 App 和小程序绑定，这样才能确保后续的正常跳转。

（2）用户触发

从微信小程序跳转到 App 中并不是自动调用接口的行为，而必须由用户主动操作触发。这其实与前面的微信账号授权登录功能类似。

如图 6-42 所示，便是将 App 分享到微信中，用户打开分享链接所对应的小程序页面。右下角提供了"打开 App"的按钮控件，但需要将按钮属性 open-type 的值设为 launchApp。

（3）场景判断及页面跳转

用户触发跳转后，还需要经历一系列过程。

首先，需要对场景进行判断。微信为开发者提供了一系列场景值，用来描述用户以何种路径进入小程序。比如，用场景值 1035 表示从公众号自定义菜单进入，场景值 1036 表示从 App 分享的消息卡片进入，场景值 1037 表示从另一个小程序跳转过来，场景值 1038 则与 1037 很类似，区别在于1038 表示从另一个小程序返回当前小程序，场景值1039 表示在摇一摇功能处通过摇电视的方式进入小程序，场景值 1069 表示从移动 App 跳转到小程序中，场景值 1090 表示长按小程序右上角的关闭按钮唤出最近使用过的历史小程序后再进入小程序。

另外，在场景值的使用上，随着小程序基础库版本的不同存在限制。基础库由微信官方提供，封

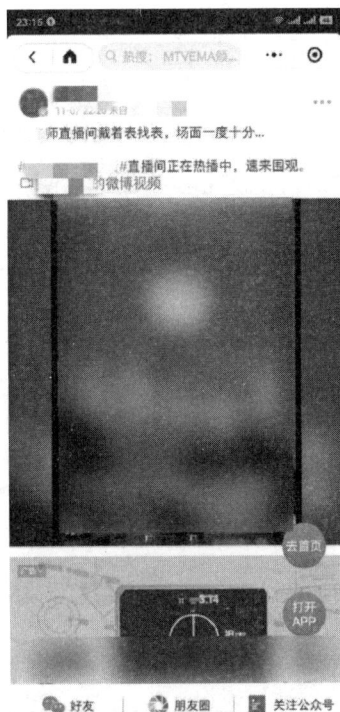

图 6-42　小程序中"打开 App"入口

装了微信及手机系统部分能力，基础库小于 2.5.1 的版本及大于或等于 2.5.1 的版本存在流程上的不同，但随着 2.5.1 以下版本占比数据的降低，开发时需要重点关注大于或等于 2.5.1 的版本。

### 6.1.4　Web 产品的常见功能设计

Web 产品适用于偏办公的众多使用场景，目前为止，依然在市面上经久不衰。而且，Web 产品由于使用者角色不同，又分为前台产品及后台产品。前台产品一般面向普通用户，后台产品则面向公司管理人员。

1. 后台产品的常见结构

前台布局变化多样，但后台页面呈现形式相对单一，存在着通用的结构。

（1）导航框架

导航是后台产品的基础结构之一，通过清晰的层次划分及文案内容，可方便使用者使用。导航结构有 3 种常见形式：横向导航、纵向导航和横纵向结合导航。

● 横向导航

很多门户网站的首页均采用横向导航，即在页面顶部，横向放置按钮或菜单，这也非常符合大部分人的阅读习惯，但这种形式也存在不便之处，由于横向宽度受限于屏幕宽度，可容纳菜单数便有了一定的限制，如图 6-43 所示。

图 6-43　横向导航

- 纵向导航

纵向导航指竖直方向上排列的导航，如图 6-44 所示，页面左侧竖直方向为多级纵向导航，即一级导航下存在二级导航。多级导航交互方式也有很多，比如当鼠标移入时唤出下级导航、点击上级菜单项后展开下级导航等，这使得纵向导航可容纳菜单数量增多。

图 6-44　纵向导航

- 横纵向结合导航

横纵向结合导航即将前面两种导航形式进行了结合，如图 6-45 所示。

图 6-45　横纵向结合导航

这种导航形式的好处是对产品的拓展更有利，比如初期借助横向导航确定产品的大框架，随着产品慢慢迭代，在对应入口下再拓展纵向导航。

（2）列表与表单

除了需要构建好页面导航，点击每个菜单项后均能打开不同页面，承载用户能进行的各项操作，以及需要呈现给用户的信息，呈现这些操作和信息最典型的形式就是列表和表单。

● 列表

列表有点像办公常用的 Excel 表，以表格形式展示数据，并可针对表格数据操作。只不过后台列表中的数据来源于服务器的数据库。如图 6-46 所示，列表结构中包含列表查询条件区域、数据展示区域和分页栏区域，并可以针对数据进行操作。

图 6-46　列表结构

针对数据进行的操作，常分为针对单行数据的操作及批量处理的操作，这些操作可概括为"增删改查"。

那么为什么在很多后台产品中都可以执行"增删改查"操作呢？后台对各种信息进行管理，实际上就是对数据库中的数据进行处理，数据库中恰好可以执行"增删改查"操作，增即新增一行数据，删即删除一行数据，改是对一行数据进行修改，查则是查询符合特定条件的一行数据或多行数据。如图 6-47 所示是数据库表单结构。

对象　country @world (小风_测试服... ×

| Code | Name | Continent | Region | Population | SurfaceArea |
|---|---|---|---|---|---|
| ABW | Aruba | North America | Caribbean | 103000 | 193.00 |
| AFG | Afghanistan | Asia | Southern and Central Asia | 22720000 | 652090.00 |
| AGO | Angola | Africa | Central Africa | 12878000 | 1246700.00 |
| AIA | Anguilla | North America | Caribbean | 8000 | 96.00 |
| ALB | Albania | Europe | Southern Europe | 3401200 | 28748.00 |
| AND | Andorra | Europe | Southern Europe | 78000 | 468.00 |
| ANT | Netherlands Antilles | North America | Caribbean | 217000 | 800.00 |
| ARE | United Arab Emirates | Asia | Middle East | 2441000 | 83600.00 |
| ARG | Argentina | South America | South America | 37032000 | 2780400.00 |
| ARM | Armenia | Asia | Middle East | 3520000 | 29800.00 |
| ASM | American Samoa | Oceania | Polynesia | 68000 | 199.00 |
| ATA | Antarctica | Antarctica | Antarctica | 0 | 13120000.00 |
| ATF | French Southern territories | Antarctica | Antarctica | 0 | 7780.00 |
| ATG | Antigua and Barbuda | North America | Caribbean | 68000 | 442.00 |

图 6-47　数据库表单结构

由于屏幕大小限制，一般情况下在同一页面上无法完整展示所有数据，考虑到性能问题，就算屏幕足够大，也不应该一次性加载所有数据，于是便出现了分页方式，即在不同页面分别加载完整的数据。

- 表单

在上面的列表案例中，如果针对某行数据点击“编辑”按钮，可出现针对该行数据进行编辑的表单页面。用户在表单页面中填写信息，并将信息提交到数据库中。如图 6-48 所示为编辑文章的表单页面。

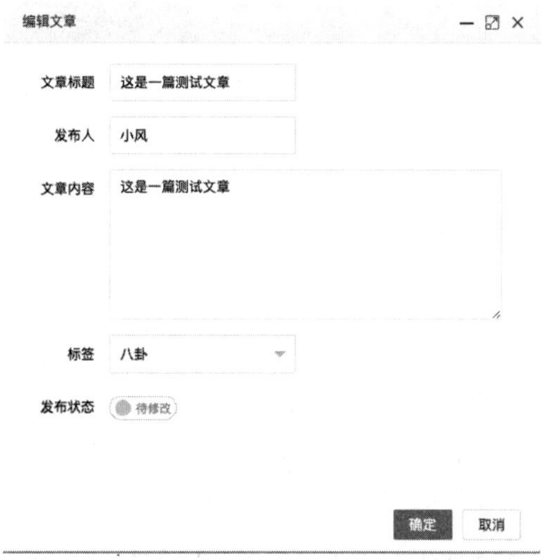


图 6-48　编辑文章的表单页面

一个表单页面常常包含 3 个部分，分别是表单标签、表单中的控件和针对表单全局的按钮。表单标签是表单的一个身份声明，用于表明这部分内容是表单。标签中容纳了不同的可供用户交互的控件，如输入框、文本框、单选框或多选框等，总之，根据不同目的提供不同控件。最后，是针对表单的全局按钮，即图 6-48 中的"确定"和"取消"按钮，"确定"按钮主要用于确保用户会人工检查完成后再提交，"取消"按钮则使用户在不需要继续填写时可以随时关闭页面。

### 2. 如何保留翻页时的勾选状态

在后台列表中试图批量操作时，可能会在第一页勾选数据，翻到其他页面后继续勾选数据，然后进行批量操作。若前面几页数据已不在视野中，那么如何确保翻页后还能够对之前几页勾选的数据进行批量操作呢？

把整个需求实现过程进行拆解，可分为如下几步。

首先，前端请求后端接口，从数据库中获取分页后的列表数据，即每次只返回当前页码对应的数据。前端开发工程师将获取到的数据渲染在页面上，便可以在列表里看到当前页面内容。

接下来，基于每行数据设定复选框供用户勾选。由于对页面存在整体和局部两种刷新方式，所以翻页后还保持勾选状态存在不同的处理方法。

局部刷新时，定义好临时变量，切换不同页面时，均可将被选中数据的唯一 ID 记录在临时变量中，翻页时根据页码请求数据，将返回的数据与临时变量中的 ID 对比，存在一致 ID 便将复选框设为选中状态。

整体刷新时，由于临时变量会被销毁，翻页后便无法获取，于是可以考虑更加持久化的数据保存方式，比如将数据保存在 Cookie 或者 localStorage 中。

## 6.2 常见的安全性需求

除了功能需求，安全性需求也是需要我们考虑的。

### 6.2.1 为什么有安全性需求

我的大学专业是信息安全，那时同学们都想毕业后成为一名黑客，但毕业后似乎没有一个人成为黑客，大都成了程序员，也有少部分转行成为产品经理。对于我来说，似乎从事的工作与所学专业并无关联，但所学知识却能让我不只考虑表层业务场景。

信息安全包含的范围很广，可以是硬件、软件及数据的安全。硬件安全即确保服务器、网线等设备不受自然环境影响而保持稳定运行，不被人为破坏，这也是很多公司会将服务器建设到偏远地区并搭建恒温机房的原因。软件及数据的安全则是指软件能否稳定运行并承受住黑客对网站的攻击，用户数据是否能确保不泄露，出现数据丢失情况时能否及时恢复等。

硬件层面的安全性需求，主要由运维工程师负责，软件及数据方面的安全性需求，产品经理需要重视。

## 6.2.2 软件自身安全问题

软件本身如果存在安全隐患，往往会给用户带来重大损失。

### 1. 移动端产品的安全问题

（1）开发工具的下载渠道

App 的开发离不开开发工具，Android 官方提供的开发工具是 Android Studio，iOS 官方提供的开发工具是 Xcode，它们的官网均提供了下载链接。由于两个操作系统的网站服务器大都在国外，导致很多开发者会选择从第三方渠道下载开发工具，这也带来了一定的安全隐患。曾经发生了一个在 iOS 开发工程师圈子里影响非常大的事件，苹果官方的开发工具 Xcode 被人植入恶意代码后上传到第三方平台，然后被众多开发者下载并使用，这件事波及了上百款 App，其中不乏微信、滴滴、高德等大厂的 App。最终，数亿个用户受到影响，所幸没有造成特别严重的后果，但仍导致部分 iCloud 账号信息泄露。

这类情况的发生，一方面说明苹果官方 AppStore 对于 App 是否经由官方 Xcode 编译并没有进行很好的审查，另一方面则体现了国内部分互联网公司及开发者，在流程规范性、工具标准性方面没有做好统一管理。

因此，从源头上，即对于开发工具来源，就要确保安全性，建议从官网原始地址获取下载链接，再由公司统一管理分发。

（2）App 的反编译

一款 App 是由一行行代码编写实现的，其中包含了产品架构、逻辑及整个项目团队的心血，是公司的宝贵财富。因此，很多公司会通过完善的开发流程和项目管理制度，确保代码不泄露。除此之外，也需要防范通过技术手段将 App 反编译后获取源代码。

先介绍下什么是反编译。编译是将开发工具中编写的代码转化成 App 安装包的过程，反编译则是将已编译好的 App 安装包反向变回源代码。反编译的 App 内容包含代码资源、图片资源及布局资源等，针对不同平台的 App，市面上出现了不同的反编译工具。

具体如何防范 App 被反编译呢？目前最主要的方式有 3 种：混淆、加密、加壳，可使用其中一种方式或将多种方式结合使用。不过，无论通过什么方式防范 App 被反编译，也不能完全杜绝这种情况发生，只是将反编译难度加大而已。

● 混淆

混淆是将 App 的部分代码转化成难以阅读和理解的形式。比如，将变量名、方法名改成没有意义的别名，这样即使 App 被反编译成功，也难以准确判断源代码的含义。如图 6-49 所示的代码便是一个混淆后的 Android App 经过反编译看到的代码，可以看出部分类名、方法名已被没有意义的字母和数字替代。

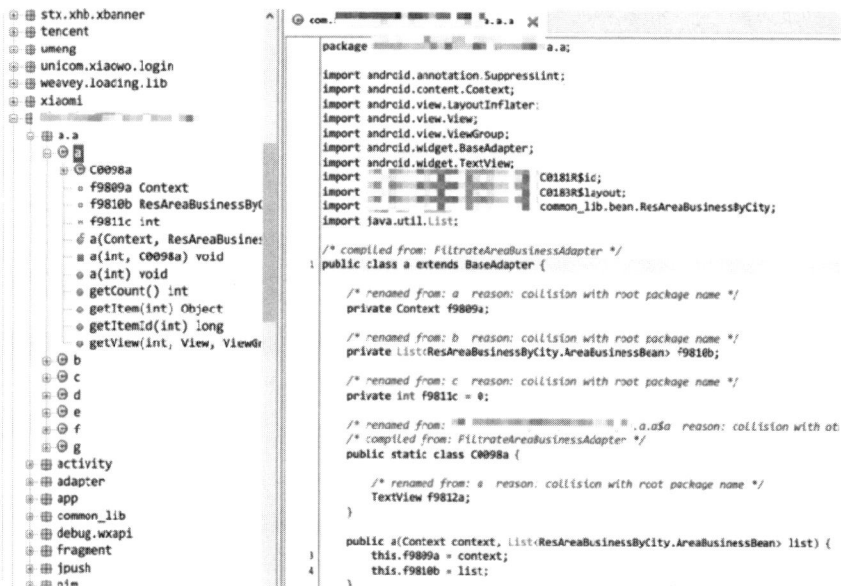

图 6-49　Android App 混淆后经过反编译后看到的代码

● 加密

如果说混淆是将源代码变得难以阅读，加密则是将源代码变得无法直接阅读。

Android App 与 iOS App 的加密方式是不同的。Android 的 App 多用 Java 语言编写，以 class 文件保存，加密时也多针对核心 class 文件加密。而 Android 的 App 在运行时，会借助 ClassLoader 加载 class 文件，所以会导致加密后 App 无法正常运行，于是开发者还需要自定义 ClassLoader，编写解密 class 文件的逻辑。iOS 的 App 通常不会加密整体代码文件，而是对代码中的 URL、字符串、数据及函数进行加密。

App 加密后，反编译人员即便实现 App 反编译，也只能看到一堆无效的乱码。

- 加壳

加壳是对 App 中的可执行文件的资源进行压缩。并且，加壳后，程序只在内存中被解密还原，从而有效地防范了 App 反编译。

结合混淆、加密、加壳，就能提高反编译的门槛，降低安全风险。

（3）使用第三方 SDK 的安全性

目前，很多大型公司会将公司产品的部分功能打包为 SDK，通过免费或付费的方式提供给其他需要相关功能的公司使用，这样极大地提升了开发者的开发效率。比如，开发支付功能时可以使用微信、支付宝等平台提供的支付 SDK，实现分享到第三方功能时可使用 ShareSDK，实现语言转文字功能时可借助科大讯飞提供的语音识别 SDK 等。除了偏应用层的 SDK，很多公司也提供了底层技术框架，比如网络请求框架 OKHttp、Volley 等，图片加载框架 Picasso、Glide 等。

如图 6-50 所示，这是部分大型公司产品的功能以源代码或 SDK 方式接入 App 后在 App 中提供的版权信息声明。

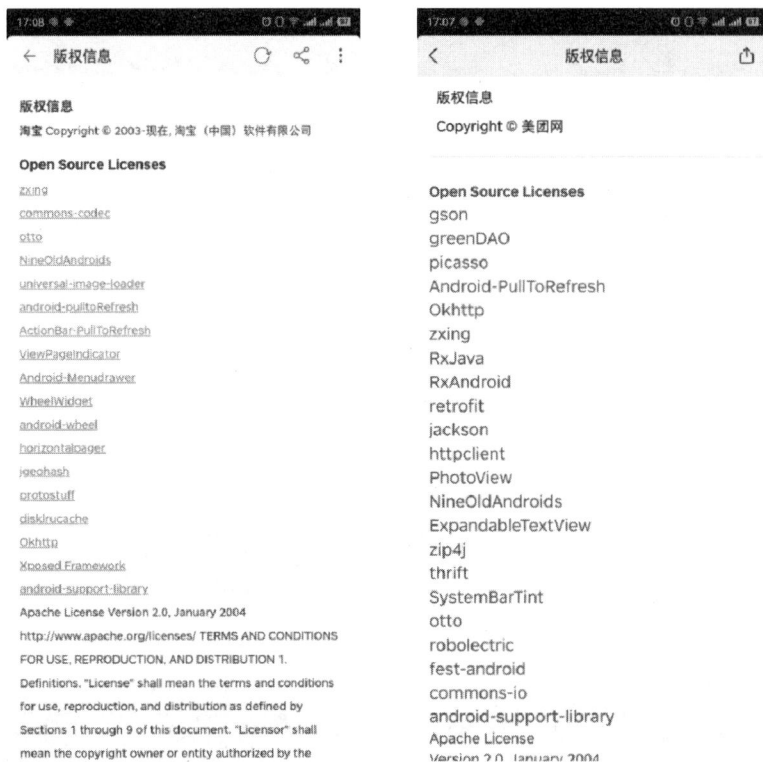

图 6-50　App 中的版权信息声明

SDK 虽然为众多企业带来了便利，但一旦 SDK 存在安全隐患，接入 SDK 的 App 将会受到巨大的影响。比如，曾经有个叫"寄生推"的 SDK，通过预留后门在云端控制开启恶意功能，进行恶意广告的推广，达到谋取灰色收入的目的，受到影响的设备会不断弹出广告，300 多款知名 App 都受到了影响，潜在影响用户甚至超过 2000 万名。

有的 SDK 本身并不含恶意功能，但因存在代码缺陷导致出现漏洞，从而造成嵌入 SDK 的 App 遭受牵连。早在 2015 年年底，百度有一款叫作 Moplus 的 SDK，这是一个公共开发套件，主要用于增强百度搜索引擎在移动端的扩展应用，实现与部分其他 App 的功能产生联系，而该 SDK 后面被爆出存在 WormHole 漏洞，严重情况下，攻击者可利用该漏洞实现对手机的完全控制。

所以，开发团队在选择使用 SDK 时，项目管理应做得规范，接入 SDK 时进行充分评估，杜绝私自使用来路不明的 SDK。

（4）防止 App 被二次打包

使用 Android 手机可能会遇到这类场景。通过不同渠道下载安装同一款 App 后，有的会出现不属于该 App 的弹窗，而有的则一切正常。如果出现不属于 App 的弹窗，说明用户有可能安装了一个被"二次打包"的 App。那什么是"二次打包"呢？这是指一个 App 被反编译后，被修改了代码，并重新被编译、签名后发布到网络上传播。为何会存在"二次打包"行为呢？说到底，还是利益驱动，因为被"二次打包"的 App 往往都嵌入了带有可获取收益的广告内容。

一般如何防范 App 被"二次打包"呢？首先，防范被"二次打包"时只用考虑 Android App，iOS App 由于 AppStore 对 App 上架存在较为严格的审核，因此基本不会出现被"二次打包"的情况。Android App 在被"二次打包"时，需要对原始 App 反编译、修改代码、重新编译、进行签名，故防范的关键是防范 App 被反编译，前面已经提到过，可以对代码混淆、加密及加壳等来防范 App 被反编译。

除此之外，还可以从 App 启动被系统识别的角度入手。Android 的安装包格式是 APK，在系统中同一 App 只能被安装一次，所以系统存在判定 App 唯一性的机制，该机制主要依靠 App 的包名及签名进行判定。对于一个被"二次打包"的 App，它的包名可能会与原始 App 相同，但签名很难一致。利用这点，开发 App 时，便可以加入判定代码，让 App 在启动时先获取 APK 自身签名，然后与正确的签名比对，如果发现签名与正确的签名不一致，则说明该 App 是被"二次打包"过的。为了保险起见，判断签名是否匹配正确签名的代码，可以通过后端接口实现。

### 2. Web 应用安全性问题

（1）防盗链

很多包含视频、音频、图片等的内容丰富的 Web 产品，有时会被其他平台"盯"上。其他平台或将资源下载到自己平台非法使用，或直接引用网站原始资源给自己平台的用户使用，两者都触犯了版权相关法律法规，可通过法律途径解决。其中直接引用网站原始资源给自己平台的用户使用从技术上来说可以被称为"盗链"。

在盗链行为里，可明显看出原始内容提供商不能获取到任何收益，甚至访问量都没有增加，采用盗链技术来获取内容的平台却在这个过程里达到了"空手套白狼"的目的。同时，用户哪怕是在盗链平台查看内容，但由于资源地址来自原始内容提供商，所以在访问时依然会占用原始内容提供商平台的带宽，消耗原始内容提供商的流量及服务器空间，从而使原始内容提供商承受了更大的损失。

于是，防盗链在网站开发时就应注意。如何实现防盗链呢？下面介绍几种常见方法。

● 不定期变更资源目录

盗链的本质是将其他平台的资源嵌入或引入自己的平台，资源往往是以 URL 获取的，其中包含了引用资源的原始路径，如果资源原始路径发生变更，那么就算被盗链，资源也会处于无法访问的状态。

所以，不定期修改网站资源目录，是一种简单又可行的方法。当然，随之而来的问题也很明显，比如频繁变更资源路径，工作量会变得巨大，还可能影响正常用户的使用。同时，如果盗链平台也与原始资源平台保持同步更新，那么这个问题依然无法得到解决。

● 设置 HTTP Referer

referer 是 HTTP 请求头中的一个参数，表示请求是从哪里发起的。如果在谷歌浏览器中打开某个网站，那么在开发者工具的 Network 中就可以看到 referer 参数及其对应的值，如图 6-51 所示。有了这个参数之后，服务器就可以做出判断，如果接收到的不是自己的域名或可信任的域名发起的请求，就不返回相应的资源信息，如果是可信任域名发起的请求，则正常返回资源信息。

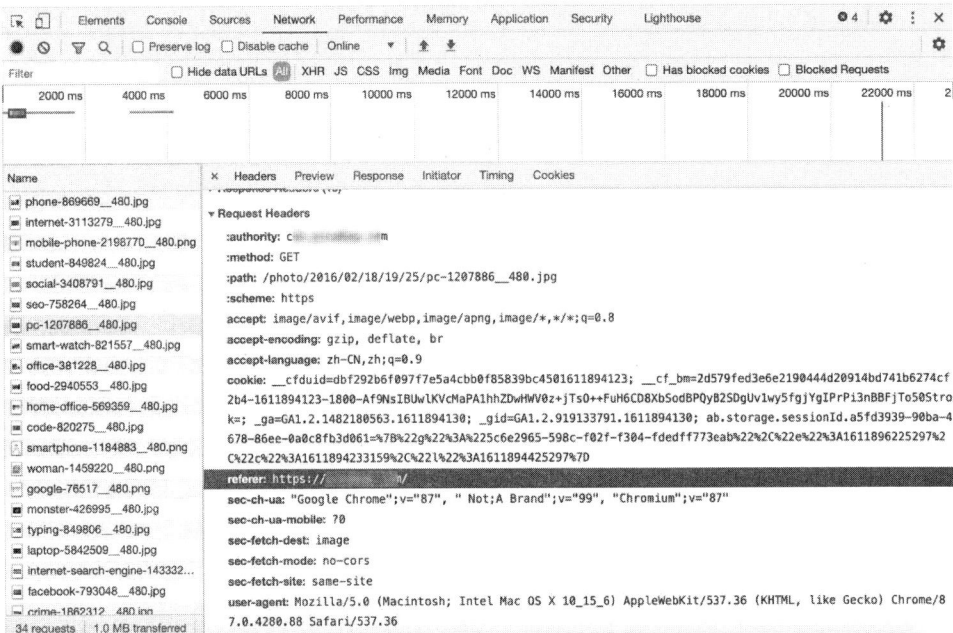

图 6-51　查看 referer 参数

通过这样的方法，可以初步确保资源不会被其他平台使用。这种方法的不足之处是 referer 信息非常容易被伪造，所以存在一定的风险。

● IP 地址访问控制

任何联网设备均会被分配 IP 地址，从客户端访问服务器时，同一个 IP 地址用户的访问次数一般是有限的。那么一旦发现某个 IP 地址访问次数异常，就可以考虑对该 IP 地址的访问设限。当然，这种方法需要运维工程师对访问情况做出监控，才能采取相应的行动。

● 时间戳防盗链

时间戳防盗链的原理是使请求的 URL 具有一定的时效性，过了时效后再次请求将无法返回信息。实现这种方法时，需要在 URL 中携带过期时间的字段信息，并且，为了确保该信息不会被他人恶意篡改，可考虑使用服务器与客户端之间约定好的一套加密算法对信息加密。在客户端发起请求，服务器返回资源前，先对加密后的内容解密并进行校验，校验通过后，才会将资源返回给客户端。这时第三方盗链平台，由于无法知道双方约定的加密算法，因此就算知道了请求链接，也无法传送匹配的信息给服务器，服务器自然无法通过校验，于是不会返回资源，从而达到防盗链的目的。

● 回源鉴权

前面几种方法的开发过程相对简单，适用于对不是特别重要的资源进行防盗链。如果平台对内容资源非常重视，可以考虑采用安全性更高的回源鉴权方法处理。

采用该方法，需要部署一台专门用于鉴权的服务器。大致过程如下：客户端在向服务器发起请求时，需要在请求参数中带上回源鉴权参数，服务器收到请求后，便向负责鉴权的服务器发起请求并带上从客户端传送过来的回源鉴权参数；接下来，鉴权服务器就根据服务器传送来的鉴权信息进行校验，如果校验通过，鉴权服务器会允许服务器向客户端返回资源信息，如果校验未通过，则不允许。

整个过程中，鉴权至关重要。鉴权方式也有很多种，下面介绍主要的两种。

第一种方式是借助 Session 与 Cookie 来实现的。客户端向服务器发起请求后，服务器会生成 Session 及 sessionid，并将 sessionid 保存下来。只要用户没有关闭浏览器，后续客户端发起的请求就由这个 Session 来维持。接下来，服务器会把 sessionid 返回给客户端，客户端便将 sessionid 保存在浏览器的 Cookie 中，下次请求时会带上 Cookie 信息。后续，服务器会查看客户端请求头的 Cookie 信息中是否包含之前的 sessionid 信息，如果包含，并且与服务器保存的信息是匹配的，则认定这是一个正常的请求，便返回对应的资源信息，否则不返回。

第二种方式是采用 Token 作为鉴权的核心。在客户端向服务器发起请求，服务器验证成功后，服务器会生成 Token 并发送给客户端，客户端收到 Token 后将其保存在浏览器本地。后续向服务器请求资源时需要携带该 Token，服务器收到请求后，验证客户端传过来的 Token，验证通过就向客户端返回资源信息，验证不通过，则不返回。

（2）防跨站脚本攻击

跨站脚本攻击的英文是 Cross Site Scripting，首字母缩写是 CSS，样式表的英文缩写也是 CSS，为避免混淆，一般将跨站脚本攻击缩写为 XSS。该攻击方式刚出现时，多见于跨域场景中，并因此而得名，但随着技术发展，目前已不局限于跨域场景，不过由于历史原因，名称保留至今。

现在 XSS 往往出现于包含了大量动态内容的网站中。攻击者通常通过 HTML 注入的方式对网站进行篡改，插入恶意脚本。当用户浏览网页时，攻击者便可以控制用户浏览器。XSS 轻则使用户账号被盗，重则使企业数据被非法窃取，甚至使用户浏览器沦为攻击者的傀儡。

为了进行更好的防范，下面先来了解下 XSS 存在的常见方式。

第一种是反射型 XSS。这种攻击方式相对简单，用户在页面中输入什么数据，就"反射"给浏览器，再反馈给用户。比如，如果输入文本信息就返回给用户查看，输入脚本信息则直接运行脚本，如果脚本存在窃取用户浏览器 Cookie 信息的代码，就会造成用户账号信息泄露。

第二种是存储型 XSS。这种攻击方式会把用户在页面中输入的内容存储到服务器中。攻击者的恶意代码被执行后，会继续影响目标网站数据库，这就会导致网站其他用户访问网站时，执行同样的恶意代码，从而受到安全方面的影响。

尽管很多浏览器内置了用于防范 XSS 的机制，但光凭这些是远远不够的，所以作为开发者还需要采取额外的措施。这些额外措施的核心思路就是对用户输入的内容进行过滤，对浏览器输出的内容进行编码，而非直接输出。具体可以采取哪些额外措施呢？可采取如下 3 种额外措施。

● 校验输入内容

前端在提交用户内容到后端或执行页面中的脚本时，需要先对页面内容进行校验，将不符合规则的内容过滤掉或替换成其他内容。比如，用户在输入内容时，一般不会出现<script>标签，以及<和>标签，甚至#、%等，于是便可替换这些符号提交，或直接不允许提交这些符号。

除此之外，服务器也需要对这些内容进行双重校验。

● 转义输出内容

页面需要输出内容时，同样需要对所有内容进行校验，找出其中可能存在风险的字符，比如上面提到的<与>标签，找出后对其编码或转义，比如<标签可能被转义成&lt，这样可确保不将哪怕有潜在风险的字符输出给用户，也不会在浏览器中执行原本包含的恶意代码了。

● HttpOnly

HttpOnly 实际上是 Cookie 的一个属性，是服务器在 Set-Cookie 中标记的，一旦某个 Cookie 被设置了 HttpOnly 属性，浏览器中的 JavaScript 脚本就会无法读取到浏览器中保存的 Cookie 信息，但浏览器本身依然能正常使用 Cookie。这种方式可行的原因在于，很多 XSS 攻击都试图在浏览器中运行恶意脚本，以此获取用户浏览器中保存的 Cookie 信息。如图 6-52 所示，这是某个网站的 Cookie 被设置了 HttpOnly 属性之后，在浏览器的开发者工具中能看到的内容。

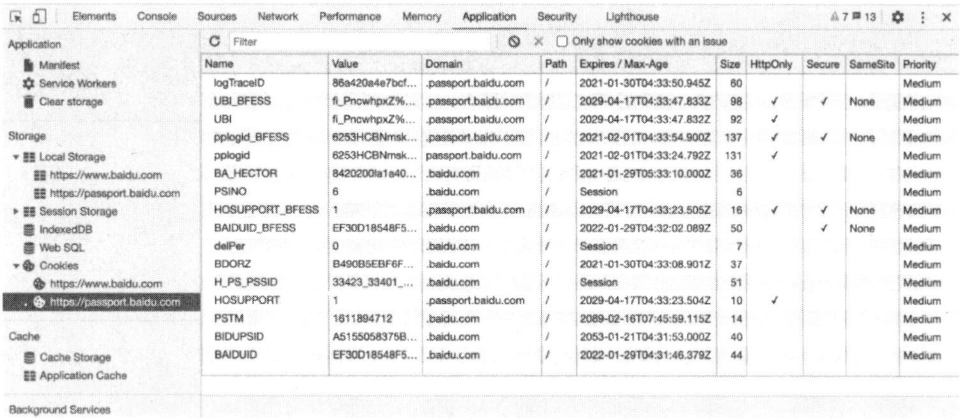
Elements
Console
Sources
Network
Performance
Memory
Application
Security
Lighthouse
7
13
Application
Manifest
Service Workers
Clear storage
Storage
Local Storage
https://www.baidu.com
https://passport.baidu.com
Session Storage
IndexedDB
Web SQL
Cookies
https://www.baidu.com
https://passport.baidu.com
Cache
Cache Storage
Application Cache
Background Services
Filter
Only show cookies with an issue
Name
Value
Domain
Path
Expires / Max-Age
Size
HttpOnly
Secure
SameSite
Priority
logTraceID 86a420a4e7bcf... .passport.baidu.com / 2021-01-30T04:33:50.945Z 60 Medium
UBI_BFESS fi_PncwhpxZ%... .passport.baidu.com / 2029-04-17T04:33:47.833Z 98 ✓ ✓ None Medium
UBI fi_PncwhpxZ%... .passport.baidu.com / 2029-04-17T04:33:47.832Z 92 ✓ Medium
pplogid_BFESS 6253HCBNmsk... .passport.baidu.com / 2021-02-01T04:33:54.900Z 137 ✓ ✓ None Medium
pplogid 6253HCBNmsk... passport.baidu.com / 2021-02-01T04:33:24.792Z 131 ✓ Medium
BA_HECTOR 8420200la1a40... .baidu.com / 2021-01-29T05:33:10.000Z 36 Medium
PSINO 6 .baidu.com / Session 6 Medium
HOSUPPORT_BFESS 1 .passport.baidu.com / 2029-04-17T04:33:23.505Z 16 ✓ ✓ None Medium
BAIDUID_BFESS EF30D18548F5... .baidu.com / 2022-01-29T04:32:02.089Z 50 ✓ None Medium
delPer 0 .baidu.com / Session 7 Medium
BDORZ B490B5EBF6F... .baidu.com / 2021-01-30T04:33:08.901Z 37 Medium
H_PS_PSSID 33423_33401_... .baidu.com / Session 51 Medium
HOSUPPORT 1 .passport.baidu.com / 2029-04-17T04:33:23.504Z 10 ✓ Medium
PSTM 1611894712 .baidu.com / 2089-02-16T07:45:59.115Z 14 Medium
BIDUPSID A5155058375B... .baidu.com / 2053-01-21T04:31:53.000Z 40 Medium
BAIDUID EF30D18548F5... .baidu.com / 2022-01-29T04:31:46.379Z 44 Medium

图 6-52　网站 Cookie 被设置了 HttpOnly 属性后的浏览器开发者工具页面

（3）防 SQL 注入攻击

SQL 注入攻击能得逞的主要原因与跨站脚本攻击类似，都是因为在网页中没有对用户输入内容的合法性进行校验，导致用户直接在网页中输入了可对数据库操作的 SQL 语句，并将语句提交给后端，从而在服务器数据库中执行了恶意 SQL 语句，即 SQL 注入。

SQL 注入攻击背后的原理提醒我们不要对用户输入的内容绝对信任，而是应做好严格校验。具体校验方法也有很多，下面主要介绍几种。

- 正则表达式校验

正则表达式校验主要校验用户输入内容中是否存在 SQL 语句相关内容。首先，可对字符串长度进行限制，因为一般 SQL 语句都比较长。另外，校验其中是否包含 SQL 语句中的保留字，即 add、drop、alter、where 等，如果包含则校验不通过。

但使用正则表达式校验只能阻止比较常见的 SQL 注入攻击，如果出现了新的攻击方式，还需要对正则表达式进行修正，这种方法维护难度较大。

- 参数化 SQL 语句

攻击者有时也会通过构造 SQL 语句攻击。构造可理解为加入特殊字符，从而改变原本 SQL 语句的含义，即原本从前端传递过来的参数值被赋予了另外的含义，变成了截然不同的命令。

举个例子，正常情况下，用户通过在前端页面中输入自己的编号信息（比如编号为 103）可以查询到自己的完整个人资料信息，前端将用户填写的编号信息通过接口传送给后端，后端将该信息拿到数据库中执行，获得如图 6-53 所示的执行结果 select * from customers where customerNumber = 103。

图 6-53　使用 SQL 根据编号查询用户信息

　　但如果没对前端输入做任何校验，用户直接在输入框中输入 103 or 103 = 103，那将该字符串通过接口传给后端并在数据库中查询数据时，查询语句相当于变为 select * from customers where customerNumber = 103 or 103 = 103，即 customerNumber 只要等于 103 或等于 103=103 即可，而 103 永远等于 103，存在恒成立的条件，该 SQL 语句便等价于 select * from customers，所以会将整个用户表所有用户信息返回，从而实现 SQL 注入攻击，如图 6-54 所示。

图 6-54　使用 SQL 根据恒成立条件查询用户信息

　　参数化 SQL 语句方法是如何解决以上问题的呢？在数据库中执行时，不把前端传递过来的参数值当作 SQL 语句的一部分，而是当作查询条件参数的参数值即可。在上面的案例中，如果采用参数化 SQL 语句，SQL 语句相当于 select * from customers where customerNumber = '103 or 103 = 103'，这样即便参数中包含了恶意语句，也没有机会被数据库执行。

● 将 SQL 存放在存储过程中

存储过程是将为了完成特定功能的 SQL 语句集经过编译之后以参数化形式存储在数据库中的过程。执行这些 SQL 语句时，需要先指定存储过程的名称，再通过参数执行，所以通过该方法也可以很好地避免 SQL 注入攻击发生。当然，一般不会把所有 SQL 语句定义为存储过程。

（4）防跨站点请求伪造

跨站点请求伪造的英文为 Cross Site Request Forgery，缩写为 CSRF。CSRF 攻击指攻击者盗用了真实用户身份并发送恶意请求的过程。

要实现 CSRF 攻击，需要具备两个前置条件：第一个是用户需要先登录网站，在服务器中生成 Cookie 并保存于客户端浏览器中，第二个是用户需要在不登出被攻击网站的同时，访问含有恶意代码的网站。

那么该如何避免 CSRF 攻击呢？下面来看看常见解决方案。

● 验证码

采用验证码方式，当遇到关键的网络请求时，强制用户手动输入验证码，从而避免攻击发生。

● 校验 HTTP Referer

前面介绍过 HTTP 请求头中的参数 referer，其表示请求从哪个域名发起。正常情况下，网络请求都是从当前域名发起的，遭受 CSRF 攻击时，请求往往会从第三方域名发起。也正因如此，如果服务器在收到请求后，对 HTTP 请求头中的 referer 信息进行校验，判断该请求是否为自己域名发起，是则没有受到攻击，不是则大概率受到了 CSRF 攻击。

● Anti CSRF Token

校验 HTTP Referer 方案也存在局限性，因为 referer 是支持自定义的。攻击者若想要攻击成功，需要清楚知道原接口需要传递的参数以及参数值是什么。既然如此，如果对接口中部分参数加密，便可以解决该问题。但直接对所有参数加密，又会导致整个 URL 缺乏可读性，于是就出现了 Anti CSRF Token 方案。

在请求 URL 中，新加入 token 参数，URL 中的原本参数则维持不变。每次发起请求时，URL 中都需要带上 token 参数，且只有服务器与客户端知道该 token 参数的生成规则。如果存在 CSRF 攻击，攻击者由于无法知道 token 参数的生成规则，服务器便会判定其发起的请求为无效请求，从而不进行响应。

（5）文件上传校验

如图 6-55 所示的功能在很多网站上都存在，即支持用户上传文件，但很多攻击者也会利用类似功能的漏洞对网站进行攻击，常见原因是没有对用户上传的文件进行校验。假定用户上传了可执行恶意脚本的文件，服务器运行了脚本便实施了攻击。

图 6-55　图片上传入口

解决该问题的总思路可从两方面入手，一是控制上传文件类型，二是控制上传文件能否被执行，具体可考虑的技术方案如下。

● 限制上传文件类型

该方案运用非常广泛，具体判断文件类型时，又存在不同的方法。

最基础的方法就是通过文件后缀名判断。文件后缀名符合规则时允许上传，不符合规则时限制上传。但攻击者有可能将文件后缀名调整至符合网站规则，从而绕过校验。

另一种方法则是通过 MIME Type 判断。MIME 全称多用途互联网邮件扩展，最开始用于为邮件中添加附件标识资源类型，后来也被用于多种协议，包括主流的 HTTP 协议。MIME 不会受文件后缀名的影响，以 text/plain 的表示方式来呈现，前面代表的是文件的大类别，常见的文件大类别有 text、image、audio、video、application 等，后面代表具体种类，通过文件大类别与具体种类的结合就形成了前面所看到的表示方式。用户在网页中上传文件时，向服务器发起请求的请求头中就包含了文件的 MIME 类型，这样根据 MIME 类型对上传文件类型进行限制就能起到很好的效果。

● 上传路径的限制

除了对上传文件类型进行限制，还可以限制文件上传到服务器后的路径。可以将文件放在服务器单独的目录中，甚至存储在单独的服务器中，然后对目录设置权限，只允许文件上传，不支持文件执行。这样，即使攻击者上传了含有恶意脚本的文件，也不会有任何影响。

### 6.2.3　数据安全问题

除了注重软件自身的安全问题，产生的数据也是产品重要的组成部分，所以数据安全也至关重要。下面分别从数据传输及存储方面来讲讲数据安全问题。

#### 1. 数据传输的安全问题

遨游于互联网世界时，浏览器是其中的重要工具之一。当我们访问网站时，不知道大家有没有留意过，浏览器的地址栏中网址前面存在不同的提示，一种是提示安全网站，另一种则是提示不安全网站。这实际上是浏览器为防止用户在不安全的网站中输入自己的隐私信息而进行的提醒，比如银行卡号及密码。

在 HTTP 协议中，数据会以明文传输，极易出现数据被监听或窃取的情况，HTTPS协议则对数据传输过程进行了加密。所以，以谷歌浏览器为例，从 Chrome 56 版本开始，就把这类收集用户信息且只采用 HTTP 协议的网站标记为不安全，如图 6-56所示。

图 6-56　谷歌浏览器将收集用户信息且只采用 HTTP 协议的网站标记为不安全

如图 6-57 所示的网站由于使用了 HTTPS 协议，故被标记为安全。

图 6-57　谷歌浏览器将使用了 HTTPS 协议的网站标记为安全

### 2. 数据存储的安全问题

除了数据传输，数据存储的安全也需要保障。

举个例子，在手机中安装了一款音乐播放器 App，其中的音乐需要付费收听，开通 App 会员之后用户可将音乐下载到本地。试想一下，如果没有对下载并存储于手机中的音乐文件进行保护，用户将音乐文件从下载路径中复制出来，轻则后续不再付费，重则通过非法手段将资源扩散，这会给公司带来重大的经济损失。

这类场景也是产品经理们设计产品时容易忽略的，那么如何规避相关问题呢？

常见的处理方法就是对原始数据进行 MD5 处理，处理后，任意长度的数据都会变成一串长度固定的数字。这样处理的好处在于方便，小白用户拿到这样的数据后没法直接使用。

但这种处理方法最大的问题在于可被解密，于是在此基础上又出现了"MD5 + 加盐"的方式。大致原理为，将另外的数据（即盐值，可采用固定或随机盐值）与想要加密的数据结合起来生成字符串，再一起经过 MD5 算法加密，这样即使解密出加密前的数据，也没法直接使用。

除此之外，还可以增强加密算法，最常见的加密算法是非对称加密算法和对称加密算法。非对称加密算法是对数据进行加密和解密时采用的是不同的密钥，即公钥和私钥，用公钥对数据加密，使用对应的私钥方可解密。此外还可以使用对称加密算法，即对数据加密和解密时均使用相同的密钥，采用这种方法加密时需要确保密钥不被第三方截获。

### 6.2.4 产品设计安全问题

除了从技术方面规避产品的安全问题，产品经理也可以在设计产品的过程中设定规则来减少这类隐患。

#### 1. 如何防止暴力破解账号

很多恶意攻击者在获取到用户账号后，会通过自动化方式穷举市面上的常见密码，只要时间足够久，总有一些用户的账号会被暴力破解。那么针对这类情况，在设计产品时该如何避免呢？

首先，可以为产品设置足够复杂的密码规则，比如限定密码最短长度，保证密码字符类型的复杂性，若需要同时包括数字、大小写字母、特殊字符等。其次，提升产生潜在攻击时的安全策略，比如发现账号被人连续尝试登录，输入错误密码的次数达到一定数量时，就暂时不允许用户继续尝试，甚至直接封禁账号，并基于用户注册时留下的手机号，自动发送短信告知用户账号可能存在风险，提醒用户登录账户去修改密码，以防账号被盗。

#### 2. 加强账号登录的安全性

账号密码如果真的被破解或泄露，有没有什么办法可以让攻击者依然无法正常登录，而只有账号的真正拥有者才能登录呢？尤其对于一些安全性要求较高的产品，这类场景尤其重要。

能够达到这样目的的方案很多，这里介绍一种叫作 OTP 的方案。OTP 全称 One-Time Password，即一次性密码。它是一种根据专门的算法，每隔一段时间（一般是 60 秒）就生成一串没办法预测的随机数字组合，超过时间这串数字若没用于验证便会失效，并且使用过一次后这串数字也会立马失效，无法再次使用。

OTP 方案的实际应用场景有很多，比如图 6-58 中的由银行提供的动态口令卡。在使用动态口令卡时，往往会涉及一些敏感操作，要确保操作的安全性。

图 6-58 银行动态口令卡

除了可以结合硬件，也可以从纯软件的角度实现 OTP 方案，最典型的方案就是使用谷歌验证器。大致过程如下：在客户端产品中提供开启谷歌验证器的入口，用户开启二次验证功能之后，服务器会生成密钥，用户在手机谷歌验证器中添加账号并输入服务器生成的密钥，添加完成后，谷歌验证器会每隔 30 秒自动生成一个新的验证码，从而完成绑定工作。用户后续登录时，需要先输入账号和密码，并继续输入谷歌验证器中生成的 6 位数字动态验证码，服务器校验通过后用户就能正常登录，校验不通过则无法登录，从而确保用户账号登录的安全性，如图 6-59 所示。

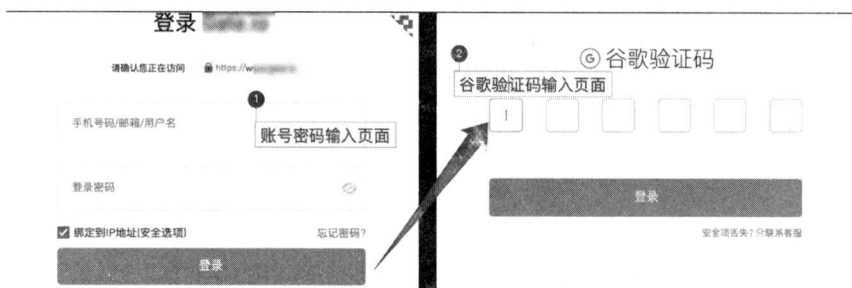

图 6-59　登录时需要校验谷歌验证码

## 6.3　常见的性能需求

除了前面提到的功能性需求、安全性需求，还有一类容易被忽视的需求，这就是性能需求。

### 6.3.1　什么是性能需求

性能需求的表现很多，如遇到 App 使用过程中卡顿，页面打开时加载速度慢等情况时有性能方面的需求。那么性能需求到底是什么呢？产品往往只考虑每个单独的用户是否能正常使用，那么如何确保大量用户同时使用产品时，产品依然维持正常，这就是性能需求。

性能需求由于功能不同，所以常用量化的性能指标定义。

下面介绍几个比较常见的性能指标。

#### 1. 并发用户数

很多人都听过并发用户数这个性能指标，但经常存在误解。比如，我之前在工作中经常听到有产品经理与开发者沟通，我们的 App 要像淘宝 App 那样，做到并发量几十亿。先不说淘宝 App 是不是能支撑几十亿的并发量，但这至少是把同时在线用户数与并发用户数混为一谈了。

在一款 App 中，无论在线用户是否正在浏览同一个页面，只要没退出 App，都可以算作同时在线用户。而并发用户数，则是在某一时刻同时向服务器发起请求的用户数量。所以，并发用户数理论上一定小于同时在线用户数，因为正在浏览并不代表用户需要请求数据。

### 2. 响应时间

客户端向服务器发起请求的整个过程的起点是用户的操作，终点是用户看到的结果页面，即客户端向服务器发起请求后，需要先通过网络将请求传输给后端，后端接收到请求后，去数据库中查询或进行其他处理，接下来服务器会把处理好的数据通过接口返回给客户端，客户端通过接口收到数据后将其渲染到页面中，这时用户才能看到操作结果。

从起点到终点整个过程所需的时间，就是响应时间，即针对客户端的请求做出响应的时间。

从技术层面可以将响应时间拆解出发起请求的时间、网络传输的时间、数据处理的时间、将数据渲染到页面上的时间等。整个时间的长短往往会因功能不同、用户进行的操作不同、网络中需要传输的数据类型和大小不同而产生差异。

## 6.3.2  App 的性能需求

智能手机的普及时间远比电脑要短，但其已成为人们生活中更为重要的设备了。随着时代的发展，智能手机的配置也在发生巨大的变化，无论是 CPU 性能还是内存容量都在以肉眼可见的方式不断提升。

除此之外，App 在使用时的耗电量、流量、发热情况等也是用户极为关心的，这些其实都属于性能方面。作为产品经理，需要基于用户最常关注的性能问题，明确产品设计的需求。

### 1. Android 手机为何普遍比较卡顿

很多用户对 Android 手机存在着极大的"偏见"，觉得 Android 手机很卡，苹果手机不卡。

（1）系统生态

造成这种差异的原因很多，最核心的是 Android 系统生态问题。由于谷歌主张的开源策略，诸多手机厂商都会基于原生 Android 系统定制新系统，加之不同手机厂商研发水平不同，从而造成部分手机易卡顿的情况。相比之下，iOS 系统则是从系统到 App 完全封闭打造，App 开发者必须完全遵从苹果生态要求，从而使得系统全局对 App 有更好的管理。

（2）硬件配置

除了系统生态，App 自身的原因也会导致卡顿情况发生。

手机的硬件配置是一个非常重要的原因。苹果手机凭借着完全自研的 CPU 芯片，与自研的系统完美结合，从而可以更加充分地发挥出硬件性能。Android 手机则使用了第三方 CPU 厂商的芯片，系统与硬件的配合并不能做到像苹果手机那样完美，只能靠提升配置来弥补。不过目前很多 Android 手机的配置已远超苹果手机，所以配置上基本已经达标。

（3）App"抱团"

很多国产 App 厂商，为了尽可能占用用户的使用时间，想尽各种办法让 App 一直处于运行状态，无论是在手机后台运行还是使用其他方式。为了达到这样的目的，甚至会"抱团作战"，比如某公司旗下有 10 款 App，在用户启动了其中一个 App 后，该 App 就会想办法在后台启动其他 9 个 App，一旦启动，这些 App 就处于"抱团"的状态，互相之间彼此牵制，其中一个 App 被"杀死"，另一个 App 就会想办法再把被"杀死"的 App 唤醒，这样会使系统的内存资源逐渐消耗掉，从而造成卡顿的情况。

这种行为从公司层面看无可厚非，但从用户的角度看，极大地伤害了用户体验，这是以完成 KPI 为目的的"作恶"行为。有时 App 中所表现出的功能及做法，也是一个产品经理人品和一家公司调性的体现。

（4）内存泄漏

内存泄漏也有可能造成 App 卡顿。要理解内存泄漏的原因，首先需要大概了解系统中 App 的运行机制。简单来说，App 启动后，系统会为 App 分配一块内存空间，App 需要得越多分配得就越多，当 App 不需要该内存空间时，就将其释放出来供其他 App 使用。如果某个 App 无须运行，但占据的内存无法释放，就会造成系统中内存的浪费，从而引发 App 的运行速度变慢，甚至整个系统都无法响应。

内存泄漏的情况并不只发生在 Android 系统中，iOS 系统中同样会发生，大部分情况都是 App 开发者在内存回收方面没有做好处理导致的。

### 2. App 的耗电量

在功能机时代，手机充一次电，可以轻松用上一个星期，进入智能机时代后，一天一充或多充都很常见。当然，正常使用手机导致的掉电，用户能接受，但有时只要手机上装了某些 App，哪怕没有使用手机，耗电也很快，就会让用户难以接受。

对于手机厂商，从系统层面控制 App 的耗电量是必须考虑的。另外，App 自身也得想办法降低自己给手机带来的耗电影响。

常见的会导致耗电量增加的因素主要有这几个方面：CPU 及内存的高频使用带来的电量消耗，数据传输造成的电量消耗，使用定位（尤其是 GPS 定位）带来的电量消耗，屏幕亮度过高造成的电量消耗，以及各种传感器的使用带来的电量消耗等。

为避免 CPU 及内存的高频使用带来的电量消耗，在 App 退到后台后，应尽量减少 App 的主动运行；为避免数据传输造成的电量消耗，设计产品时可考虑将常用数据缓存到本地，避免每次都请求加载网络数据；App 中要使用 GPS 或其他传感器时，应尽可能地控制这些传感器的使用时间及使用频率，只在必要时才提示用户开启使用它们，其他时间则无须一直开启。

### 3. App 的安装包大小

App 的功能越做越复杂，导致安装包的大小也越来越大。尽管现在人们的手机流量已经很充裕，但用户在只想体验某产品时，却发现产品 App 的安装包有好几百 MB 大，这时或多或少会犹豫，一是下载会消耗流量，二是下载时间较长，除非"刚需"则八成会放弃下载。并且，关于 App 安装包大小对 App 下载量的影响，曾有过相关统计，当 App 的安装包大小每增加 6MB 时，App 下载量会下降 1%。所以，产品经理，以及开发者，要想办法让 App 在保持功能不变的情况下，尽可能缩减安装包大小。

为了更好地完成这件事，下面先来了解一下安装包由哪些部分组成，这可以帮助我们明确优化方向。

（1）Android 的 App 安装包

先说说 Android 的 App 安装包。Android 的 App 安装包是 APK 格式的文件，在应用市场中下载 App 安装包，并将其解压缩后，会发现 APK 文件中包含了一些共同的内容，如图 6-60 所示。

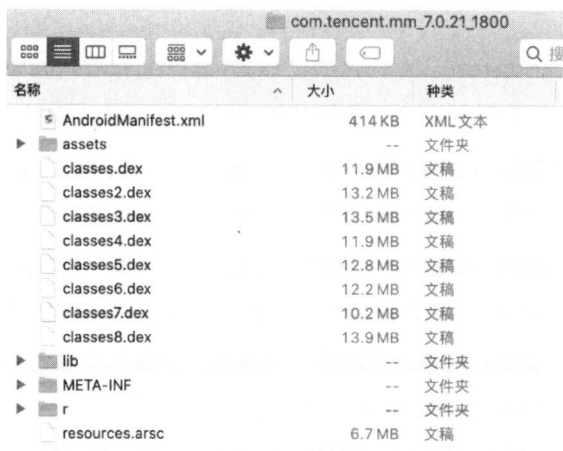

图 6-60　Android App 安装包解压缩后的目录结构

**AndroidManifest.xml 文件**：该文件是 Android App 安装包中的配置文件，包含了 App 的配置信息，包括 App 的包名、App 中所使用的组件、各页面的 Activity 名称及使用的第三方 lib 名称。

**assets 文件夹**：该文件夹中保存的是文件的原始格式，即 App 中需要用到的固定文件，如字体文件或需要引用的音视频文件。

**classes.dex 系列文件**：在 Android 系统中，这些文件是可以直接在 Dalvik 虚拟机上运行的文件，由 Java 源代码经过开发工具编译后转换而成。转换的目的是方便硬件更好地运行这些代码，而且转换后的文件体积也会减小。

**lib 文件夹**：很多 App 的开发者会使用第三方库，后缀名多为.so，是一种二进制文件，类似于 Windows 系统中的 dll 文件。

**META-INF 文件夹**：该文件夹中主要保存描述 jar 文件中信息和签名相关信息的文件。

**r 文件夹**：App 中用到的资源文件，比如页面布局 xml 文件，App 中的固定图标及图片文件等。

**resources.arsc 文件**：该文件可以理解为资源的索引表或目录，其中记录了各种资源 ID 信息、资源名称、资源路径及对应值，App 运行过程中 AssetManager 会通过该索引表找到需要的具体资源。

从组成目录及文件归类，可将这些文件划分为资源文件及代码文件，classes.dex系列文件和 lib 文件夹中的文件都可以算作代码文件，剩下的基本上都可以算作资源文件。要调整这两类文件的文件大小，具体可以怎么着手呢？

首先，对于代码类型的文件，应尽可能优化代码，使文件大小减小。可通过剔除无用的 lib 库，删除代码中的无用功能，优化代码中的冗余代码，将重复代码通过封装简化来减小文件大小。另外，因 classes.dex 系列文件是由 Java 代码转换后生成的文件，所以这类文件的大小与代码中的方法数有很大关系，方法数过多会造成转换后的文件变大，这时开发者可通过减少代码中的非必要方法来达到目的。除了上面提到的几种方法，还存在一种方法可以间接起到作用，这就是将代码混淆。因为代码混淆后，代码中的类名、字段名及方法名均被简化并替换成无实际意义的名称，这样可减小最终生成的 classes.dex 文件的大小，从而减小安装包的大小。

然后，就是从资源文件角度优化了。资源文件中随着版本迭代，可能会出现曾使用，现在已经不再使用，但却没有及时删除的功能的情况，所以每次发布新版本时可以让开发者及时清理 App 中不再使用的资源文件，比如无效 xml 代码及图片资源等。如果实在无法删除，还可以对资源文件中的图片、音频、视频等进行压缩处理。

（2）iOS 的 App 安装包

再来说说 iOS 的 App 安装包。iOS 的 App 安装包格式为 IPA，将 IPA 文件解压缩后会得到如图 6-61 所示的目录，其中包含了 4 部分内容，iTunesArtwork 是一个没有后缀名的图片，用途是在 iTunes 中显示 App 的图标；另一个是 iTunesMetadata.plist 文件，用来记录开发者及 App 的基本信息；META-INF 文件夹则保存了一些签名信息；最关键的是 Payload 这个文件夹，其中有一个.app 文件，这是安装程序的主程序。

图 6-61　iOS App 安装包解压缩后的目录结构

在 Payload 文件夹中找到.app 文件后，继续执行解压缩或者直接显示包内容，能看到更多文件，这些文件又可以分成以下这几类。

**签名文件：** 主要放置在 _CodeSignature 文件夹中，记录了所有资源的签名信息。

**资源文件：** 找到 Payload 文件夹中的.app 文件，点击右键并选择"显示包内容"，可以查看到 App 在运行过程中用到的资源文件，比如图片、音视频及其他配置文件。

**可执行代码文件**：这类文件是 App 中的主体内容，是确保 App 功能得以实现的重要部分。

**其他支持文件**：这部分文件又包含了多种不同类型的文件，如开发过程中会用到的第三方库文件及一些插件等。

了解了安装包文件中包含的文件后，对于如何减小安装包大小，就应该有思路了。大体上还是与 Android App 安装包一致，即减小代码文件、资源文件及其他支持文件的大小，通过优化代码、压缩资源文件、删除非必要支持文件等方式达到目的。

### 4. App 的流量消耗

尽管随着 Wi-Fi、5G 的普及，很多人对流量的消耗已经不是很敏感了，但依然有一部分人很在意。

控制 App 的流量消耗，在技术层面上可以考虑从服务器及客户端入手，服务器上主要看接口的数据传输，客户端上则主要看是否有做缓存，是否出现重复下载等情况。

（1）服务器角度

● 接口是否返回无效数据

后端返回的数据中包含了大量当前接口不需要的数据时，就会导致客户端流量的浪费。所以，后端开发工程师在设计接口时，一定要与前端开发工程师充分沟通，避免大量接口出现类似情况。

● 合并接口

客户端与服务器通过 HTTP 协议传输数据时，请求头和响应头数据是无法省去的，所以尽量合并接口，可避免多次请求带来的流量消耗。

● 压缩接口传输数据大小

除了上面提到的方式，还可以通过将传输的数据本身进行压缩来达到目的。

HTTP 协议中存在一种压缩技术，可将传输的数据减小，叫作 Gzip 技术。这种技术最早用于在 UNIX 系统中压缩文件，后来才应用推广。

通过该技术压缩数据后，从客户端打开页面时，有些数据甚至可以达到原始大小的一半，可减少很多的流量消耗，同时数据传输速度也能得到一定程度的提升。

（2）客户端角度

● 根据网络环境按需加载

在 App 开发过程中，为了让用户更快地打开页面，会将所需数据提前下载。这种策略本身是有利的，但如果用户所处网络环境不适合提前下载资源，提前下载只会浪费用户的流量。

所以，比较合理的做法是，开发者先通过手机系统提供的接口判断所处网络环境。如果是在 Wi-Fi 环境下，可提前将图片、音视频资源下载下来；如果使用的是流量，则需要优化处理，一方面不要提前下载不必要的数据，另一方面既使下载也需要针对非 Wi-Fi 情况，提供压缩后更小的资源。

● 合理的数据缓存策略

很多产品在用户重复打开页面时，均会从服务器请求最新数据并下载，而数据若没有更新，这样做就会造成不必要的流量消耗。

所以，针对客户端里用户之前访问过的页面，可将数据缓存在本地，如果服务器上的数据没有变更，则无须重复下载，而是直接从本地缓存中加载，从而节省了流量资源。

5. 弱网条件下的 App 使用

用户使用产品的场景往往是多变的，在人来人往的街头或拥挤的地铁内，手机信号有时会受到一定的影响。尽管如此，我们可以发现手机中有的 App 已经完全无法访问，但有的则还能勉强使用，这其实就是因为有些产品考虑了弱网条件下的使用场景。

（1）导致移动端弱网的原因

为了更好地解决上面的问题，先了解一下弱网背后的原因。

移动端网络与 PC 端用网线连接的网络有很大的差异。移动端网络往往信号不太稳定，要实现移动端网络通信，过程会相对长。

拿 4G 通信举例，通信需要经过移动设备、基站及核心网。基站是移动设备接入互联网的接口设备，也是无线电台站的一种形式。核心网可理解为保障用户正常访问网络及处理各种业务的模块，基站与核心网之间一般通过有线网络连接。手机终端需要与移动基站通信，载体是空中的电磁波。在这个过程中，传输信号的强弱由不同的移动运营商部署的基站数量决定，附近基站越多的位置信号就越强。移动设备则会根据与基站的距离来选择最近的基站获取服务。由于用户的位置会实时变化，手机网络的接入点也会随之变化，从而导致网络异常抖动。

从技术角度看就是通信道路不够通畅，通信时延较高，加之网络存在抖动，从而使得网络不稳定或呈现弱网情况。

（2）如何解决弱网问题

明确弱网背后的原因，针对性解决问题即可，即想办法让通信道路尽可能通畅，时延不要过高且传输过程尽可能稳定。

● 确保通信道路相对通畅

注意这里的用词，是"相对"通畅。由于物理条件的限制，对已经铺设好的硬件设施，我们无法变更，而 TCP/IP 是能保证网络数据信息及时且完整传输的重要协议，所以可以针对 TCP/IP 协议入手。

第一个做法是控制数据传输包的大小。即发送数据前，把要发送的数据拆分为多个数据报文，以确保相对拥挤的通信道路不那么拥堵。好比跨海大桥已经堵车了，要做的不是继续让车辆驶上大桥，而是在离上桥地点还有一定距离的位置限流，让车辆分批驶上大桥。

第二个做法是调大 CWND 参数值。除了源头，还可以从通信过程入手。TCP/IP 协议中有一个 CWND 参数，可以通过设定它的值来控制网络的堵塞程度和处理数据量。使得通信堵塞发生时，降低数据报文进入网络的速度和数量，确保网络能逐渐恢复正常，所以 CWND 参数的初始值会设置得比较小，可通过将该值调大来达到目的。

第三个做法是将 Socket 中的读/写缓冲区调大。读缓冲是把接收到的数据先缓存下来，写缓冲是缓存应用层通过接口写入的要发送的数据并发往另一端的读缓存。这种做法能够很好地调控数据的传输节奏。读缓冲区有点类似于我们去高铁站买票，如果人太多则没办法直接买票，需要先排队；写缓冲区可以理解为你有个朋友已经去高铁站排队了，而你在家里等着，直到你朋友告诉你没人排队后你才从家里出发，你暂时待的地方就是写缓冲区。

第四个做法是延长重传定时器中的超时时长。在 TCP/IP 协议中，为每段报文都设定了对应的重传定时器 RTO（Retransmission TimeOut）。发送端发送报文后，一定时间内如果没有收到接收端的确认信息，就会重新发送该报文。移动网络时延相对较高，若重传定时器的超时时长设置得过短，可能会出现数据还没有传送到接收端，就重传了数据的情况，从而造成网络堵塞，以及更严重的延迟，导致接收端无法接收到数据。

● 优化接入服务器的过程

在移动互联网的世界中，DNS 解析服务器无法根据域名找到对应的 IP 地址，从而导致网络访问异常的情况很常见。解决方案是采用 IP 直连，即直接在服务器或发送端本地，提前准备好域名与 IP 地址对应的配置文件，这样可避免 DNS 解析所带来的时延高及可能解析失败的问题。

● 通信连接的使用

网络通信时，需要先创建 TCP 连接，才可根据连接发送请求、传递数据。移动网络下如果频繁创建连接，会使原本弱网下的通信更加不畅。那么如果能在创建连接后，将该连接保持一段时间，后续发送请求时，依然使用同一连接，TCP 连接便会减少，通信道路就会更加通畅，从而减少堵塞发生的可能性。

除此之外，还可针对不同用户所处的网络环境，分别设置不同的连接超时时长。在 Wi-Fi 环境下，超时时长设置得稍微短一些，而在移动网络环境下，连接超时时长设置得适当长一些。

● 运维工程师的监控

除了充分的技术准备，运维工程师的监控也至关重要。运维工程师往往关注连接超时、请求重试次数、用户所处网络环境等，这需要运维工程师制定好相应的预案，在遇到不同的突发事件时，才能及时应对。

● 产品的取舍

作为产品经理，我们也应该平衡弱网与用户体验。是否可以考虑在弱网环境下，牺牲一些非核心功能的使用体验，比如先不拉取展示一些新闻资讯的大图，只将文本内容展示到页面中，等到网络恢复正常时再去展示完整的图片。诸如此类场景都需要做出取舍，而不是一股脑儿地让技术人员搞定所有的问题。

## 6.3.3 微信小程序的性能需求

微信小程序目前已经成为使用频率非常高的产品形态，并且由于微信强大的生态，微信小程序成为各种相关产品中的佼佼者。微信官方为了让开发者注意到产品性能问题，提供了相应的规范及具体指标来衡量性能。

### 1. 启动速度需求

微信小程序的启动是从打开小程序的入口直到首屏页面完整加载的过程。如果让用户等待时间过长，用户会因没有耐心而关掉小程序，造成用户流失。

小程序的启动方式有两种，分别是冷启动和热启动。冷启动指第一次打开小程序，或小程序被系统销毁后重新打开，这时小程序均需要加载启动。而小程序被打开又退到后台，后续再次被打开，只要没被系统销毁，都可算作热启动。

启动环节的性能优化主要解决冷启动时的启动耗时问题。

小程序冷启动时，需要经历 3 个过程。首先，微信需要提供支持小程序正常运行的资源，包括运行环境及代码包；第二，小程序启动时要从代码包内读取小程序的配置和代码，并将其注入 JavaScript 引擎中；第三，呈现样式并将其渲染到页面中。

解决耗时问题从下面这 3 个方面入手即可。

（1）资源支持

用户打开小程序后，微信会先从服务器获取小程序自身信息，比如版本号、需要获取的权限等，为了减少获取信息的耗时，可以由开发者预先将这些信息保存在本地，启动完成后，若有变动再通过网络更新即可。

除小程序自身信息，小程序运行时还需要依托运行环境才能正常使用，好比 Android 和 iOS 的 App 需要运行在各自的操作系统中，就是因为系统提供了它们运行时所必备的环境。这部分开发者无权介入，主要由微信客户端完成对运行环境的部分预加载。

另外，开发者可以对代码包进行优化。由于小程序启动时，需要从服务器获取小程序代码包并下载校验后运行，代码包如果过大，过程就会变得冗长。相对于其他资源，代码包的体积优化空间更大，所以这方面的耗时往往是优化小程序启动耗时的核心因素。

具体针对代码进行优化时，又有很多方法。首先，微信提供了分包加载的方法帮助开发者减小代码包体积，每个分包的大小限额为 2MB。其次，对小程序代码进行合理的架构，降低代码冗余程度，也能起到一定的作用。另外，对于小程序中的图片资源，可尽量考虑从网络中获取，在代码包中保留小部分图标资源，音频、视频类型文件则应避免，以免造成代码包体积过大的情况。

（2）代码注入

对于代码注入，开发者可以从代码执行耗时及代码质量两方面进行优化。

首先，小程序在启动过程中，会注入执行初始化小程序的方法，那么在这些方法中应该避免执行复杂的逻辑。

然后，启动页面所在分包所包含的 JavaScript 代码会全部合并注入小程序运行环境中，甚至包括暂时不需要访问的页面和组件，从而造成注入耗时增加。为了解决这类问题，微信官方提供了懒注入方式，即通过设置启动时仅注入当前页面所需代码，使小程序启动时间缩短。

（3）页面渲染

进入小程序首页时需要将数据渲染到页面上，通常在打开页面时，才请求接口。微信为了使首页渲染速度更快，提供了数据预拉取功能，开发者可借助该功能，在小程序启动后还没进入首页时，通过接口获取数据，等代码包加载完成时便可更快地将页面数据渲染出来。除此之外，微信还提供了周期性更新功能，允许小程序在没有打开时，依然能通过接口从服务器获取数据。

基于小程序提供的数据预拉取及周期性更新功能开发，页面的渲染速度就会大大提高。

2. 内存占用需求

小程序内存占用问题主要从两个角度着手解决。

第一个是控制图片方面。在小程序里，过大的图片会导致客户端内存占用多，严重的情况下还会触发系统回收小程序页面。为避免这类问题，可在图片清晰度损失不太大的情况下，压缩图片大小，尤其在图片较多的列表中需要特别注意。

第二个是控制页面布局方面。小程序页面同样需要控件支持，再经由不同布局方式组织起完整页面。小程序通过官方提供的 WXML 标签语言来构建页面结构，如果一个页面中的 WXML 节点数、节点层次嵌套过多，就会导致内存使用增加，同时会影响页面加载时间。所以，控制 WXML 的节点数和节点深度是非常重要的。

3. setData 方法的使用

小程序中有一个方法叫作 setData，主要作用是将数据从逻辑层传到视图层，即页面上看到的数据是经过处理后由该方法传递过来的。由于目前小程序架构的特殊性，视图层和逻辑层的数据传输会通过两边提供的 evaluateJavascript 来实现，也就是说，如果想要传输数据，需要先将数据转换成字符串，并为数据再生成一份 JavaScript 脚本，接着通过运行 JavaScript 脚本，达到逻辑层与视图层传输数据的目的。

也正是因架构所致的数据传输过程如此复杂，所以如果频繁调用 setData 方法，并且在 setData 方法中试图传输的数据量过大的话，会导致整个处理队列阻塞，使得页面在渲染的过程中没办法及时处理数据，进而导致页面卡顿。

所以，需要尽量避免无用、频繁地调用该方法，且用 setData 方法传输数据时，不要一次性传输过多数据。

### 6.3.4 Web 应用的性能需求

Web 应用同移动端产品类似，也需要考虑性能方面的需求。

其中比较核心的就是缩短响应时间，如何缩短呢？

从网络请求角度，应尽量将请求网络的接口合并，比如请求页面中的资源，如果采用多接口则会请求多次，合并接口后无论是前端请求还是后端响应，均只需要一次即可。

除此之外，前端页面中包含了很多内容，HTML、CSS 及对应的 JavaScript 代码，开发者可以对这些代码进行精简优化，提升页面加载速度。

另外就是使用 CDN 转发，CDN 的全称是 Content Delivery Network，即内容分发网络。将部分服务器部署在用户比较集中的地区，用户访问时，提供离用户最近的服务器资源响应用户请求，可使响应时间大幅缩短，最典型的场景为直播场景。

最后，对于页面加载资源方面，可将图片、视频资源压缩后再渲染到前端页面。

## 6.4 常见的兼容性需求

用户使用产品时的硬件设备、系统版本、应用版本等均可能不同，确保用户在不同情况下都能正常使用产品，就是兼容性需求的体现。

那么具体针对兼容性需求，应从哪些方面满足呢？

**1. 硬件兼容性需求**

硬件兼容性指同样的软件在不同硬件设备上都能正常使用。无论是 Android App 还是 iOS App，都需要尽可能兼容不同机型。Android App 主要应兼容市面上主流手机厂商设备，如华为、小米、OPPO 等手机，而 iOS App 则相对没那么复杂，因为苹果硬件均是自家生产，只是型号不同而已，故应确保兼容市面上的主流型号，如 iPhone 5 以上的型号都需要考虑兼容性，至于 iPhone 4 这样的设备，市场占有率已经很低，可以不考虑兼容性。

**2. 操作系统兼容性需求**

市面上的操作系统类型很多，主流的可以分成两类，即 PC 端操作系统和移动端操作系统。PC 端操作系统中最常见的有 Windows 系统、macOS 系统、Linux 系统，移动端操作系统中最主流的有 iOS 系统及 Android 系统，其中除 Linux 系统，其余都是产品设计时需要考虑兼容的系统。

对于采用各自操作系统原生开发语言开发的产品，兼容性方面主要是确保同一款 App 在对应操作系统中可正常运行。目前在移动端操作系统中，Android 最主流的系统版本是从 Android 5 开始直到 Android 13，iOS 最主流的系统版本是从 iOS 8 开始直到 iOS 15，Windows 系统主要包括 Windows 7/8/10/11，macOS 系统则主要是 Mac OS X 10 以后的版本。当然，这些系统会不定时更新，产品经理需要时刻关注并根据市面上主流操作系统的版本变化及占有率变化，不断调整 App 所需兼容的系统版本。

另外，对于采用非各自操作系统原生开发语言开发的产品，不应只考虑在某一类系统下正常使用，而要确保 App 在不同操作系统中均能正常安装使用。

### 3. 浏览器兼容性需求

Web 端产品的兼容性需求主要考虑在不同操作系统下使用不同类型不同版本浏览器访问时，是否可以正常使用。

不同浏览器使用的是不同的内核，常见的有基于 Blink、Gecko、Webkit、Trident 内核的浏览器。大家可能对这些内核名称感到比较陌生，但对应的浏览器一定都使用过。使用 Blink 内核的代表浏览器有 Chrome、Opera，Chrome 浏览器曾使用过多种不同的内核，比如也曾经将 Webkit 作为浏览器内核，在 28 这个版本号之后启用了 Blink 作为内核。使用 Gecko 内核的代表浏览器则是 Firefox，使用 Webkit 内核目前最著名的浏览器是 Safari，使用 Trident 内核的则是 IE、360 安全浏览器（兼容模式）、搜狗浏览器（兼容模式）、QQ 浏览器等。

当然，无论浏览器使用了什么内核，Web 产品只需确保兼容市面上最主流的浏览器即可。目前国内厂商出品的主流浏览器有 360 浏览器、QQ 浏览器、搜狗浏览器、UC 浏览器、猎豹浏览器等，国外厂商出品的比较出名的浏览器则有 Chrome 浏览器、Firefox 浏览器、Safari 浏览器及 Opera 浏览器。

### 4. 版本兼容性需求

App 常会不断迭代升级，但并非所有用户愿意随时将 App 升级到最新版本。产品经理需要考虑在 App 迭代过程中，使老版本用户依然能正常使用，尤其当后端提供的接口在迭代过程中发生了变更时，更需要考虑兼容老版本产品。

而且，这类兼容更多的是以后端接口兼容方式处理的。处理方式很多，比如按照App不同版本对后端接口完全隔离，或者针对部分接口进行特殊处理。除此之外，对接口兼容时，也不用考虑兼容所有历史版本，选择性地兼容最近几个大版本即可，远期版本则考虑在产品设计之初就预留强制升级功能，版本迭代到一定阶段时，通过后端设置放出强制升级功能，确保用户能升级到最新版本。

除了确保后端接口兼容，客户端也需要考虑升级后的数据兼容性问题。由于很多App在之前的版本中将部分数据保存在客户端本地，用户升级App后，将本地数据完全清空，可能会导致升级后出现异常情况。比如，有些聊天工具把聊天记录保存在客户端本地，不上传到云端，如果没有考虑数据兼容性需求，升级之后直接删除本地保存的历史聊天记录，那么会给用户带来不可挽回的损失。

# 第三部分　项目管理篇

本部分主要介绍如何推进产品上线过程中的项目管理。

产品经理需要将需求转化成具体的产品，产出需求文档并通过各种评审并不代表着工作结束，而是标识着是时候进入真正的开发环节了。在开发过程中，若我们没有很好地监管整个过程，则极有可能出现最终的产品离最初的想法相距十万八千里，从而导致大量工作失去意义。

所以，如何通过一系列方法顺利推进一款产品上线，变成了一个值得深入思考的问题。当然，在很多公司里，由于有专门的项目管理岗位，因此产品经理在这方面不用太干预，而对于没有专门项目管理人员的公司，产品经理就需要兼做这方面的事情。

# 第 7 章　如何给项目排期

在实际项目中，产品经理在产出了需求文档，与项目团队的设计、开发、测试等人员进行了需求评审之后，接下来会准备投入产品的开发环节，这时首当其冲的工作就是对项目进行排期。

所谓的项目排期，其实就是在还没有开发之前，先对开发产品的节奏制定初步计划。核心目的是：一方面能够对产品上线日期有初步评估，另一方面能够清晰地了解项目组内不同角色的分工及工作内容，这样也能够更好地提前规划后续的相关工作。

一般情况下，公司在做项目排期时会借助一些成熟的工具，比如 Teambition、禅道、TAPD 等。往往需要先将需求文档中的所有需求拆分成一条一条需求，再将需求录入这些工具系统中，并逐一设置每条需求的预期进度。这样做的好处是利于整个团队的资料积累，适用于人员较多的团队，弊端则是过程烦琐。于是，很多小团队为了追求效率，会借助 Excel 表格整理出一个叫作项目排期表（又名甘特图）的文档来帮助自己对项目排期。

既然是 Excel 表，那么其中到底应该有一些什么字段呢？从本质出发，产品经理需要能够通过这样的一个表格了解产品中的功能是由哪些人做了多久，因此表格中至少需要包含产品的功能模块、每个功能模块对应的人员分工信息，以及各个岗位人员的预估工期。

那么具体如何使用这个项目排期表呢？首先，产品经理或者项目经理撰写项目排期表的初稿，然后产品开发者（设计、开发、测试等人员）认领自己负责的需求并预估填写初步的排期，完成后将表格返回给产品经理或者项目经理进行排期审核。如果项目排期表没有太大的问题，就按照排期执行；如果有人对排期有异议，则需要与相关人员讨论、明确，直到最终确认没有任何问题后再执行。

## 7.1 撰写初稿

需要先由产品经理或项目经理撰写出一份排期表初稿，其中包含产品功能模块及需求描述、产品版本、需求优先级、角色信息及日期等，如图 7-1 所示。

| 1 | 版本规划 | 功能模块 | 子模块 | 需求描述 | 优先级 | 角色 | 10 | 11 | 12 | 13 | 14 | 15 | 16 | 17 | 18 | 19 | 20 | 21 | 22 | 23 | 24 |
|---|---|---|---|---|---|---|---|---|---|---|---|---|---|---|---|---|---|---|---|---|---|
| 2 | v5.1.0 | 家长学院 | 课程分类 | 1.家长学院的课程版块新增了分类 | P0 | 设计 | | | | | | | | | | | | | | | |
| 3 | | | | | | 后端 | | | | | | | | | | | | | | | |
| 4 | | | | | | Android | | | | | | | | | | | | | | | |
| 5 | | | | | | iOS | | | | | | | | | | | | | | | |
| 6 | | | | 2.后台可以在上传课程的时候设置不同的分类 | P0 | 设计 | | | | | | | | | | | | | | | |
| 7 | | | | | | 后端 | | | | | | | | | | | | | | | |
| 8 | | | | | | Android | | | | | | | | | | | | | | | |
| 9 | | | | | | iOS | | | | | | | | | | | | | | | |
| 10 | | 我的 | 优惠券 | 1.优惠券页面新增兑换入口 | P0 | 设计 | | | | | | | | | | | | | | | |
| 11 | | | | | | 后端 | | | | | | | | | | | | | | | |
| 12 | | | | | | Android | | | | | | | | | | | | | | | |
| 13 | | | | | | iOS | | | | | | | | | | | | | | | |
| 14 | | | | 2.优惠券样式修改 | P0 | 后端 | | | | | | | | | | | | | | | |
| 15 | | | | | | Android | | | | | | | | | | | | | | | |
| 16 | | | | | | iOS | | | | | | | | | | | | | | | |
| 17 | | | 兑换 | 1.兑换输入框、兑换记录、以及兑换须知弹窗 | P0 | 设计 | | | | | | | | | | | | | | | |
| 18 | | | | | | 后端 | | | | | | | | | | | | | | | |
| 19 | | | | | | Android | | | | | | | | | | | | | | | |
| 20 | | | | | | iOS | | | | | | | | | | | | | | | |
| 21 | | 课程购买 | 优惠券选择 | 1.可用优惠券与不可用优惠券 | P0 | 设计 | | | | | | | | | | | | | | | |
| 22 | | | | | | 后端 | | | | | | | | | | | | | | | |
| 23 | | | | | | Android | | | | | | | | | | | | | | | |
| 24 | | | | | | iOS | | | | | | | | | | | | | | | |
| 25 | | | | 2.领券中心 | P0 | 设计 | | | | | | | | | | | | | | | |
| 26 | | | | | | 后端 | | | | | | | | | | | | | | | |
| 27 | | | | | | Android | | | | | | | | | | | | | | | |
| 28 | | | | | | iOS | | | | | | | | | | | | | | | |
| 29 | | 后台管理系统 | 优惠券设置 | 1.优惠券模板设置 | P0 | 后端 | | | | | | | | | | | | | | | |
| 30 | | | | | | 前端 | | | | | | | | | | | | | | | |
| 31 | | | | 2.优惠券新增活动设置 | P0 | 后端 | | | | | | | | | | | | | | | |
| 32 | | | | | | 前端 | | | | | | | | | | | | | | | |
| 33 | | | | 3.优惠券活动列表 | P0 | 后端 | | | | | | | | | | | | | | | |
| 34 | | | | | | 前端 | | | | | | | | | | | | | | | |
| 35 | | | | 4.优惠券库 | P0 | 后端 | | | | | | | | | | | | | | | |
| 36 | | | | | | 前端 | | | | | | | | | | | | | | | |
| 37 | 阶段划分 | | | | | | | | | | | | | | | | | | | | |

图 7-1　排期表初稿

## 7.2 认领功能、初步排期

在产出上面这份表格后，各设计师和开发者就会查看自己是否需要参与相关功能模块的开发工作，如果需要参与某个功能模块的开发，那么就把自己的名字写到对应的角色上，如果不需要参与，则不用写自己的名字。

在所有人都按照功能模块认领了自己负责的需求以后，接下来就需要各个角色预估自己做某一个功能模块时，大概需要多少天才能完成。这里需要注意，确认最终完成时间的角色顺序如下：先是设计师和后端开发工程师，然后是 Android、iOS、前端开发工程师。为什么 Android、iOS、前端开发工程师的最终完成时间需要在设计师及后端开发工程师确定以后才能确定呢？这是因为 Android、iOS、前端开发工作主要是一些偏页面及数据传输的功能开发，所以如果设计师没有产出设计稿，后端开发工程师没有提供 API 的话，Android、iOS、前端开发工程师是没办法把对应的功能模块开发完成的，所以一定是设计师和后端开发工程师都确认最终完成时间后，Android、iOS、前端开发工程师才能确认。

但这里要注意，并不是说 Android、iOS、前端开发工程师一定要等着设计师和后端开发工程师完成工作后才能开始自己的工作，事实上他们的大部分工作是可以同步进行的，只是在涉及精确还原设计稿及对接 API 的部分时才需要与设计师和后端开发工程师进行配合。

## 7.3　审核排期

在这个环节，审核的目的主要有两点。

首先，避免出现某些岗位人员预估的最终完成时间超出正常周期，也就是俗称的"划水"情况。尽管我们认为各岗位人员都有专业的工作态度，但依然不能排除可能有人给自己的排期太过松散，超出正常的开发周期。比如，一般来说，某个功能只需要两三天就能开发完成，但有人评估为 5 天。在这种情况下，我们就需要与相关人员沟通，了解他们这样排期的原因，看有没有压缩时间的空间。

当然，有人可能会产生这样的困扰，就是怎样才能够避免开发者的排期与实际情况出入很大？毕竟很多产品经理不太理解具体的技术实现方式，有的就算能够大致理解具体的技术实现方式，但对于具体花费的时间也不能进行很好的判断。为了避免这种情况发生，在对排期进行审核的时候就需要做好把关。如果审核人员不是很确定开发者或其他人员的排期是否正常，那么可以找有经验的产品经理或者同事帮忙确认，也可以找技术相关负责人来进行再次评估，还可以与当事人直接沟通确认，当然在确认过程中，一定要给予对方足够的信任。对于产品经理来说，刚入行时可能不能准确判断项目排期表中初步排出的周期，但随着项目经验增加，判断的准确性也会慢慢提升。

另外，通过审核也可以知晓项目的初步上线时间，这样可以更好地提前准备涉及冷启动的工作或者上线后的一些推广运营工作。

## 7.4 确认排期

在上面这些工作完成以后，需要大家一起再对排期做最后的确认，确认的形式可以是当面一起开个会后进行邮件确认，也可以是其他比较正式的方式，目的就是让所有人明确自己需要完成的工作及时间节点。确认排期后最终的项目排期表可能如图 7-2 所示。

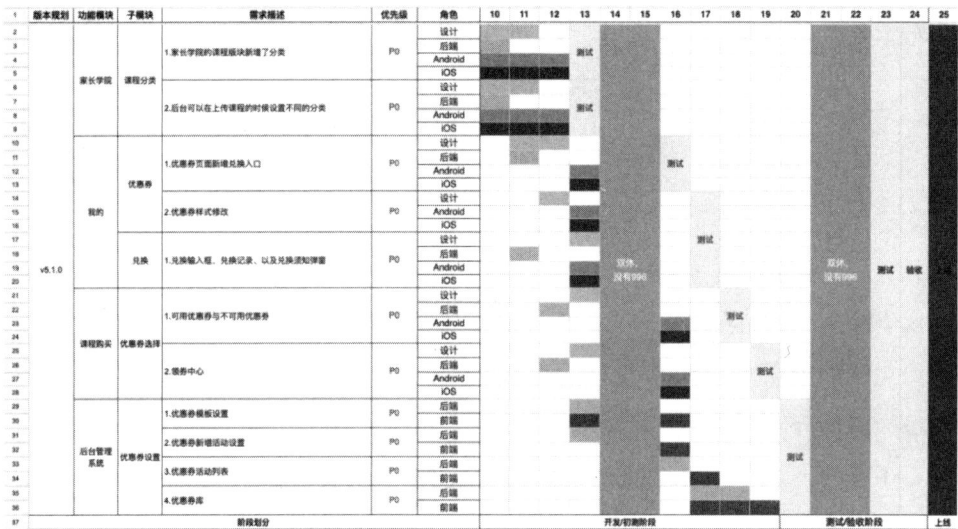

图 7-2　确认排期后最终的项目排期表

# 第 8 章 项目中的跟进工作

经过排期，如果团队成员对排期表已经达成共识，那么就可以真正地推进项目的开发了。作为产品经理，如果不能及时处理好这些问题，从结果上看，就必然会影响后续的工作计划。也正因如此，为了使这个过程更加顺畅，在项目进行过程中采取一些合理的方式跟进就显得格外重要。

## 8.1 相对完善的需求文档

在互联网项目中，由于普遍追求"敏捷开发"，导致很多公司都会追求使用短周期、快节奏的版本迭代方式来开发项目。当然，也正因如此，很多产品经理把"敏捷开发"当成一种借口，以至于在很多追求"敏捷开发"的公司内，产品经理的需求文档都极不完善，甚至出现只有低保真原型加"一句话需求"的情况。最可怕的是，很多产品经理会用"敏捷开发"作为理由来掩盖自己的懒惰与不专业，这种风气一旦形成进而会变成恶性循环。由于产品经理撰写的文档不细致，导致开发者随意开发，并且在跟进项目时，实际产品功能与产品经理的预期不符，开发者会以需求文档中没有体现为理由反驳。为了确保产品按照预期的设计开发，产品经理就会与开发者产生争执，但仔细思考的话，其实会发现，这些争执的核心原因正是产品经理没有产出相对完善的需求文档，遗漏了各种细节，这才导致在跟进项目的过程中开发者需要补充或者调整内容，从而影响了项目的整体进度。

因此，跟进项目有一个非常重要的前提，那就是产品经理的需求文档相对比较完善。当然，完善的标准可以因公司不同而不同，但有一个最简单的判断标准，那就是如果一份产品经理的需求文档只有原型而没有其他辅助性的内容，那么就可以判定其是不合格的需求文档。而且，从逻辑上也很好理解，如果产品经理自己都不愿意把需求文档的细节描述到位，那么凭什么要求开发者在写代码的时候，把细节补充到位？

## 8.2　开发过程中的例行会议

当然，即便是再完善的文档，由于每个人的理解角度不同，不同的人也可能因各种原因产生不一样的理解。因此，除了相对完善的需求文档，还需要一些别的方式来辅助跟进开发者的工作。

产品开发过程中的例行会议就是一件非常有必要的事情。互联网项目的一次版本迭代周期不会太长，半个月到一个月的周期居多，于是在例行会议的安排上可以采取每日例会与每周例会结合的方式。

在每日例会上，对于团队中的产品经理、开发者、测试工程师及设计师，每人简单地反馈一下前一天项目中是否有没有解决的问题，以及今天准备做的事情。产品经理主要是通过这个简短的例会来了解项目团队中所有人的项目执行情况的。产品经理甚至可以对照着项目排期表来进行记录，当发现有人存在待解决的问题时，可以在表格中标记出相应的风险点。由于每日例会时间不会太长，很多团队都会采取"站例会"的方式来进行，也就是需要参与会议的同事站成一圈，然后简单地进行汇报。在每日例会之后，产品经理还需要及时与有待解决问题的同事单独沟通，明确问题的原因及解决方法。

每周例会与每日例会相比，形式上会更正式一些，但目的类似，也是为了避免项目进程与制定的预期目标产生偏差。一般来说，产品经理要在召开会议之前，让项目组成员们提前总结本周工作进展，比如本周工作是否已经完成，下周要做什么事情，有没有可能存在问题的地方。在例会上，产品经理需要对可能存在问题的地方做好记录，还需要基于大家的发言让相关人员再次明确项目的阶段性目标、整体目标和时间线。在例会之后，产品经理要将会议结论以邮件的形式同步给项目组的所有人员，对于会议中提出的问题还要进行强调。

## 8.3　合理的沟通方式

大部分产品经理其实都没有技术背景，于是在工作中很可能会因为认知不同而与开发者产生冲突，影响项目进度，甚至工作氛围。那么，在跟进项目上线的过程中，除了前面提到的方面，怎样合理地与开发者进行沟通就成为一件需要注意的事情。

其实，可以单独与一些同事沟通目前项目的状况，注意在遇到开发者对需求文档不清楚时，要及时且态度良好地解答对方的疑问。在开发者对需求有异议时，也不要抱怨对方为何不在需求评审的时候提出问题，而拖到开发阶段才提出，而是应该表示充分理解，并且积极地与对方沟通，切忌在跟进项目时追究责任。

# 第 9 章　产品的验收、测试和上线

在验收产品的过程中，产品经理会对产品进行简单的测试，而在测试过程中，则是测试工程师对产品进行专业的测试。在不同的公司内，这两个过程的顺序可能不一样，有的公司先对产品进行初步验收，确认没有重大 Bug 后，再交给测试工程师进行更细致的专业测试；而有的公司则先由测试工程师完成专业测试，再交给产品经理进行最终验收；甚至还有的公司的产品经理在产品交给测试工程师进行专业测试之前及之后都进行相应的验收工作。不论过程顺序如何，目的都是确保交到用户手中的产品尽可能完善。

## 9.1　产品验收

下面主要给大家讲解一下产品经理在验收阶段从哪里获取验收的测试包，以及在验收产品的过程中发现了问题后应该怎么处理。

### 9.1.1　验收阶段如何安装测试包

众所周知，只要是应用，都需要安装安装包后才能使用，验收阶段的产品其实并没有真正上线，因此也就没办法从应用市场下载 App 到手机中来进行安装、测试。那么，要如何将测试用的 App 安装到我们的手机中呢？

先来介绍一下 Android App。Android 由于是开源系统，在很多方面限制都比较少，只要能够把 APK 文件发到需要测试的设备上，即可进行安装，然后就可以实现后续的验收、测试了。工作中，开发者常常会直接打包好 App 的 APK 格式的安装包文件，并将文件发送给产品经理或者放到项目内部指定的共享目录中，将这个文件复制到手机上安装，即可进行验收、测试。

接下来重点介绍 iOS App。由于苹果公司拥有相对比较完善的开发者生态，因此哪怕是在测试阶段，苹果公司也考虑并制定了相应的准则，这样如果想要对一款还没有上线到 AppStore 的 App 进行测试，则会比较麻烦。开发者首先需要打包 App 并对 App 进行签名。这里需要说明一下，苹果公司目前为 iOS App 提供了 3 种类型的证书签名。一种类型是企业版，如果选择的是这种类型的证书，则需要先拥有企业开发者账号，而用户不需要经过 AppStore 就能下载并安装相关 App；一种类型是 AppStore 版，采用这种类型的证书时，目的就是将 App 发布到 AppStore；还有一种类型是内测版，采用这种类型证书的 App 专门用于测试。

除了证书签名，为了确保只有值得信任的设备可以使用测试版 App，还需要在打包 App 的时候提前绑定设备的 UDID。在 iOS 的设备中，UDID 是由字母与数字锁组成的长度为 40 个字符的序号，通过这串看起来很随机的序号就能够唯一地识别每台设备了。

在打包完成后，接下来就需要将签名后的 App 分发出去，供产品经理及测试工程师测试了，比较常见且主流的方式有下面这几种。

### 1. 使用 TestFlight

最直接的方式就是使用 TestFlight，TestFlight 是苹果公司官方提供的专门用于测试 App 的平台，你可以将它理解为一个专门用于测试阶段下载 App 的 AppStore。

首先开发者需要确保待测试的 App 已经被上传到 iTunes Connect，然后在 iTunes Connect 中设置哪些人可以参与测试，在添加测试对象时，添加的是相关用户的 Apple ID，比如将产品经理、测试工程师等的苹果测试设备的 Apple ID 添加进去。在开发者添加了相关 Apple ID 后，这些 Apple ID 的邮箱就会收到一封确认邮件，需要点击确认。确认完成后，开发者还会在 iTunes Connect 上继续发送邮件，邮件中则包含了邀请码。接下来，我们需要在手机上安装 TestFlight，然后使用刚才开发者发送给我们的邀请码，就可以看到需要安装、测试的 App 了。

### 2. 第三方内测平台蒲公英

除了使用苹果公司官方提供的 TestFlight，还有很多第三方企业也提供了类似的服务来帮助开发者进行测试。使用比较多的平台是蒲公英，它是一个专门用于分发移动应用的平台，Android 与 iOS App 都可以使用该平台进行分发。由于 Android App 相对来说分发方式较多，所以这个平台更多地用于 iOS App 的分发。

在将蒲公英作为 iOS App 的内测平台时，需要先使用内测签名对 App 进行打包，打包完成以后，可将 App 上传到蒲公英平台，上传方式有网站直接上传、桌面客户端上传和官方接口上传。

App 上传完成后，继续设置 App 的一些基础信息，如 App 名称、App 包名、图标等，接着就会生成 App 用于测试的下载地址。

### 9.1.2  如何判断问题归属

验收阶段其实可以分为两个环节，第一个环节就是通过简单的测试来判断 App 是否达到了可以转测试的标准，另一个环节就是在此基础上做一部分细致的测试工作。

产品经理需要做的事情相对来说比较简单，安装并注册好测试环境中的 App 之后，先基于产品的核心业务流程使用 App，确保核心业务流程可以跑通，然后考虑基于测试用例进行相对细致的测试。

而在产品经理进行测试的过程中，可能会发现问题，这时不同公司可能会有不同的处理方式。有的产品经理会先记录下问题，然后交给开发团队判断问题原因，或者将发现的问题统一记录并提交给测试工程师，再由测试工程师转交给开发者处理。但这种方式并不高效，所以为了提高解决问题的效率，如果产品经理在发现了验收或测试阶段的问题后能够直接将问题指派给对应开发岗位的人员，就可以缩短各种中转过程了。于是，怎样确定由哪个开发岗位的人员来解决哪个问题，就需要产品经理进行初步判断。

在前面介绍开发岗位的内容中已经详细讲解过，不同的产品形态所涉及的开发者岗位也是不一样的。互联网项目里面最常见的产品形态就是 App、网站及小程序，对应 App 开发者和前端开发工程师，当然如果这些产品中涉及动态数据，也少不了后端开发工程师的参与。知道这些后，如何判断问题归属就非常清晰了。

在这里，我们可以先对问题做初步分类，一类是偏前端开发工程师的问题，泛指 Android 开发、iOS 开发及前端开发的问题，另一类是偏后端开发工程师的问题，无论后端采用的是 Java 还是 PHP，或是其他编程语言。那么，在发现问题的时候，先要判断是哪一类开发者负责的问题。偏前端开发工程师负责的问题，主要有页面布局的问题或者页面兼容性的问题；偏后端开发工程师负责的问题，主要以业务逻辑的问题、数据的问题及应用的性能问题为主。

例如，当我们在测试一个网页类型形态的产品时，发现在谷歌浏览器中页面显示是正常的，但在火狐浏览器中同样的网页某个地方的显示比例不协调，于是基本上可以判定这是前端开发工程师负责的问题。再例如，在一个应用中，用户通过手机号加验证码的方式注册成功，但是在登录的时候却提示用户没有注册，用户再次注册时又提示该手机号已注册，这种情况基本上可以判定是后端开发工程师负责的问题。

### 9.1.3　借助抓包工具查看接口数据

下面来看一个案例。我们在测试某个电商 App 时，在完成支付后，页面上会显示 toast 提示，但是提示的文案是错误的，这个问题应该由谁来修改呢？这时需要看这里的提示文案是不是固定的来进行初步判断。若文案是固定的，则问题可能来自 App 开发者；若问题非固定并且会通过接口返回，那么当没法直接判断时，一般可以直接把问题提交给 App 开发者，由他们处理。

我们作为产品经理，如果还想继续深究，那么需要动用如 Charles 或者 Fiddler 这样的抓包工具来查看接口数据。借助这些抓包工具就能够清楚地看到，前端请求后端的接口时提交的参数，以及后端接口返回给前端的数据。如果接口中后端返回给前端的响应体中的数据是错误的且前端展示数据与后端返回的是一致的，那么就可以判定这是后端开发工程师负责的问题；如果后端接口中返回的响应体中的数据是正确的，但在前端页面上显示时出现了问题，那么基本上可以判定为这是前端开发工程师负责的问题。

以图 9-1 为例，这是在使用 Charles 工具对 App 进行抓包后所看到的接口数据，最上面是请求接口时的地址，中间部分是 App 请求后端接口时请求体中所包含的一些信息，也就是除了请求头，提交给后端的最核心的数据，最下面的部分是响应体的内容，即后端接口基于前端请求的数据所返回的包含在响应体中的数据，这些数据是 App 进行后续内容展示的比较关键的数据。所以，结合抓包过程中的数据传输和前面的判断依据，当在前端页面中发现内容出现问题时，就可以大致判断出是属于哪一方的问题了，然后产品经理就可以直接找到对应的开发者来处理问题。

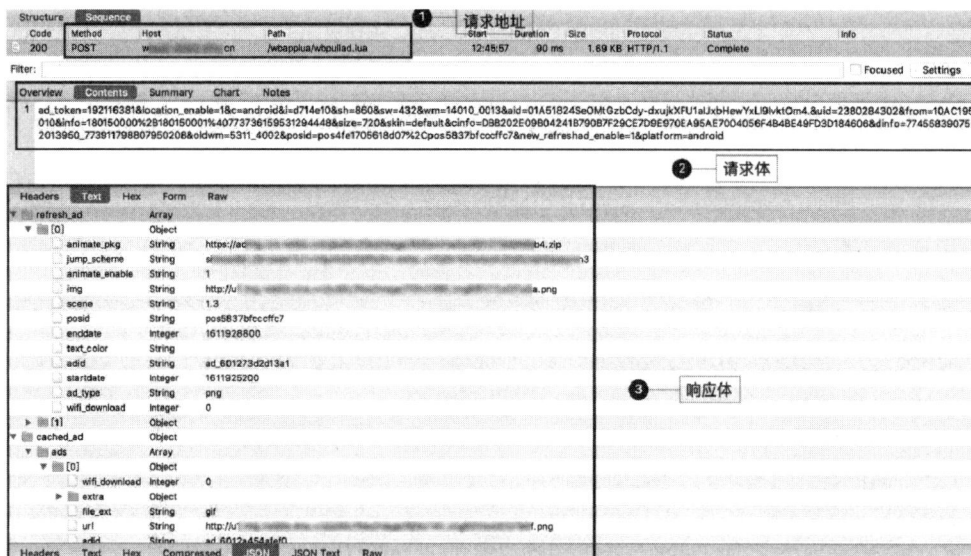

图 9-1　Charles 工具抓包信息

## 9.2　产品测试

对产品进行上线前的测试，是一个非常重要的阶段，这个阶段有点像生活中的质检部门，产品在质量检测通过后才允许正式投放到市场上。为了更好地进行测试，在测试领域存在各种测试方法，比较常见的有手工测试和自动化测试。简单地讲，手工测试就是以接近用户的角度去"使用"一款产品，从而找出待测试产品中存在的 Bug 的过程，这也是在各个公司里面运用最广泛的测试方法。除此之外就是自动化测试了，测试工程师提前写好一些可以让软件自动执行的代码，自动化测试就是在自动执行代码的过程中把遇到的问题自动记录下来的测试方法。

手工测试虽然门槛比较低，但普适性很强，一般优先考虑使用这种方法进行测试。自动化测试由于需要撰写测试脚本，具有一定的使用门槛，很多中小型公司甚至没有设置自动化测试岗位。那么对于一家公司来说，是否有必要做自动化测试呢？

### 9.2.1　自动化测试的必要性

在产品迭代过程中，测试工程师除了需要对本次迭代的产品需求进行测试，其实也应该对产品中已经存在的功能进行部分测试，不过重点应该放在本次迭代的产品需求上。但只要有代码上的改动，其实都有可能对之前的功能造成潜在的影响。为了确保功能正常，就需要进行测试，这势必会造成测试工程师每次进行版本迭代时都需要花费时间进行重复的测试工作。从项目整体的角度出发，这一方面造成了测试人员人力的浪费，另一方面也会影响本次版本迭代的项目周期。为了解决这些问题，很多项目开始引入叫作自动化测试的测试方法。

首先，自动化测试需要编写测试代码，这就导致如果编写代码并投入测试的时间成本与手工测试没有太大差异，就失去了自动化测试的意义。最典型的场景是，如果产品中的功能在每次进行版本迭代的时候，总会发生比较重大的变更，那么在每次升级版本时，测试工程师都需要对上次编写的测试代码进行修改，甚至是重新编写，这大大提高了自动化测试脚本的维护成本。

也正是因为如此，自动化测试适合比较大的项目团队，并且项目中存在较多稳定功能的产品。

### 9.2.2　自动化测试的类型

自动化测试其实也分为很多不同的类型，下面主要从 UI 自动化测试、接口自动化测试和性能自动化测试展开介绍。

#### 1. UI 自动化测试

只针对产品界面中存在的功能编写测试脚本来进行的自动化测试可以被称为 UI 自动化测试，其比较适合对之前页面中没有改动的功能进行重复测试。如果产品并不是每次进行版本迭代时涉及功能的变动都比较大且频繁迭代，那么可以将 UI 自动化测试用于相对核心、稳定的功能，比如注册和登录功能。

#### 2. 接口自动化测试

目前大部分的产品从技术上说都是前后端分离的，前后端之间采用接口来传输数据，于是一款产品中可能存在大量的接口。相对于 UI 自动化测试来说，接口自动化测试的测试过程更短且维护成本更低，所以很多公司在需要采用自动化测试的时候，都会优先考虑从接口自动化测试做起。

对于一个接口来说，如果通过 URL 传入参数之后得到了符合预期的返回值，就说明接口是正常的。所以，在对接口进行自动化测试的时候，就是去校验传入的参数和接口的功能。后端开发工程师写出接口后，就可以交给测试工程师通过自动化测试的方法进行测试，这样可以预先发现一些接口问题，确保交给前端开发工程师的接口是能正常使用的。

### 3. 性能自动化测试

在做性能自动化测试时，比较常见的场景便是通过编写自动化测试脚本来模拟大量的用户，让这些模拟的用户发起并发请求，并实时监控相关性能指标，根据监控到的数据结果来判断产品是否存在性能方面的问题。

那么为什么要做性能自动化测试呢？原因也很简单，在产品的测试阶段，除了通过测试用例保障软件的功能是正常的，还需要保障产品在大量用户同时使用时功能也是正常的。这就好比一个电商 App，光保证某个用户能够下单是不够的，还得保证在一些重大节日时，在大量用户同时下单的情况下，App 能够正常使用。在产品还没有对外发布时，很显然不可能有大量的测试工程师来模拟这样的场景，于是只能借助自动化测试脚本模拟大量的用户来进行测试。在做性能自动化测试的时候，测试工程师也会选择一些比较主流的测试工具来辅助他们完成测试，比较常见的测试工具有 LoadRunner 和 JMeter 等，LoadRunner 是一款付费测试软件，JMeter 则是一款免费开源测试软件。

## 9.3 产品上线

一款产品从被产品经理用原型方式绘制出来，到设计师产出高保真的设计稿，到开发者通过一行一行代码实现出来，再到测试工程师通过各种不同的方法测试，我们需要对整个过程进行跟进，目的是确保产品能够在预期的时间推向市场，并且保证产品能够正常使用。在我们经历了前面这么多阶段之后，其实距离产品上线就差最后的临门一脚，也就是将应用发布到用户可以获取到的渠道。不同的产品形态对应的发布平台不同，有些平台存在一些相对来说比较特殊的规则，接下来给大家讲解一下。

### 9.3.1 将 App 上架到应用商店

市面上主流的 App 类型有 Android 和 iOS 的 App，这两种不同类型的 App 一般都需要被提交到各自平台的应用市场上。

## 1. Android App 上架流程

Android 应用市场竞争比较激烈，由于应用市场是一个非常大的流量入口，各个公司都很重视，所以无论是手机厂商，还是各互联网巨头公司，甚至是移动通信厂商都搭建了自己的应用市场，并在其中提供了海量 App 供用户下载。这些平台存在着一定的差异性，但上传 App 的流程大同小异。

首先，我们需要申请应用商店的开发者账号。申请时可以在电脑上通过浏览器搜索"××开放平台"，或者直接查看应用商店有没有提供开放平台入口，可根据不同平台的指引提供资料，这些资料包括公司的营业执照、法人、账号使用者等。

申请了开发者账号之后，就可以去这些平台提交 App 的基本信息和安装包了。App 的基本信息一般包括 App 的名称、图片、简介等，这些资料需要在提交 App 到应用商店之前提前准备好。另外，对于一些特殊渠道和特殊 App 类目，可能需要提供一些额外的资料，比如《计算机软件著作权登记证书》等。

提交资料后进入了审核等待期，由于国内 Android 应用市场众多，其实审核相对宽松，而且时间周期也较短，基本上当天提交当天就会出结果。

## 2. iOS App 上架流程

由于苹果公司封闭的生态，正常情况下需要到官方渠道 AppStore 里提交 App。同样在上架 App 的时候需要经历两个步骤，第一步是申请苹果开发者账号，第二步是提交 App 到 AppStore 进行审核。

在申请苹果开发者账号时，需要通过搜索引擎搜索 Apple Developer 或者苹果开发者中心，然后注册平台的账号。苹果公司提供了 3 种不同类型的开发者账号，分别是个人账号（Individual）、公司账号（Company）和企业账号（Enterprise），这 3 种苹果开发者账号的对比如表 9-1 所示。

表 9-1　苹果开发者账号的对比

| 对比维度 | 个人账号 | 公司账号 | 企业账号 |
| --- | --- | --- | --- |
| 申请费用 | 99 美元/年 | 99 美元/年 | 299 美元/年 |
| 邓白氏码 | 不需要 | 需要 | 需要 |
| 协作人数 | 单人 | 多人 | 多人 |
| UDID 数 | 100 | 100 | 无上限 |
| 上架到 AppStore | 支持 | 支持 | 不支持 |

根据苹果公司的官方政策，目前以企业账号注册基本上不会被审核通过，所以在实际工作中大多注册的是个人账号或者公司账号。

另外，表 9-1 中提到的邓白氏码（DUNS），全称是 Data Universal Numbering System，它是一个 9 位数字的全球编码系统，可以理解为企业注册之后将邓白氏码作为唯一识别企业的身份编码，邓白氏码需要在苹果开发者中心注册获得。

另外，如果是在电脑网页上申请苹果开发者账号，付款时只支持 Visa 和 Mastercard 这两类信用卡。如果是在手机上安装 Apple Developer 来辅助完成苹果开发者账号的申请，那么在中国大陆地区还可以使用支付宝支付或微信支付等方式来缴费。

### 3. App 上架所需的特殊资质

（1）《计算机软件著作权登记证书》

为了保障开发者权益和用户利益，确保申请者拥有 App 版权，无论是 Android 平台还是 iOS 平台的应用商店都开始要求开发者在上架 App 的时候提供相关的著作权登记证书。

申请软件著作权的过程其实并不复杂。首先需要在国家版权登记门户网下载相应的登记申请表并填写必要的信息，然后最重要的是提交一部分 App 源代码，提交的 App 源代码必须包含开头部分和结尾部分。准备并提交这些资料以后，等待审核结果即可，审核周期一般为 1～2 个月。因此，有 App 需要开发上线的产品经理一定要提前准备和申请软件著作权，产品经理在准备好必要的资料后，可以将资料交给公司的法务审核，如果公司没有专门的法务也可以由产品经理来全权处理。

最后，申请通过后，就会收到国家版权局下发的《计算机软件著作权登记证书》，如果 App 既有 Android 版本又有 iOS 版本，那么国家版权局会下发两份证书。如图 9-2 所示便是《计算机软件著作权登记证书》。

（2）其他特殊资质

除了《软件著作权登记证书》，在一些特殊行业中，还需要提供相关的许可证才可以开发相关的 App。比如，如果公司想开发直播或者视频类型的 App，类似于目前比较火的网络直播和视频观看平台，就需要办理《网络文化经营许可证》和《网络视听许可证》。而且，这类许可证适用于以赢利为目的的互联网文化活动，如果需要通过网络向用户收费，都需要办理这类许可证。需要注意的是，这类许可证的审核周期一般为 1 个月左右。

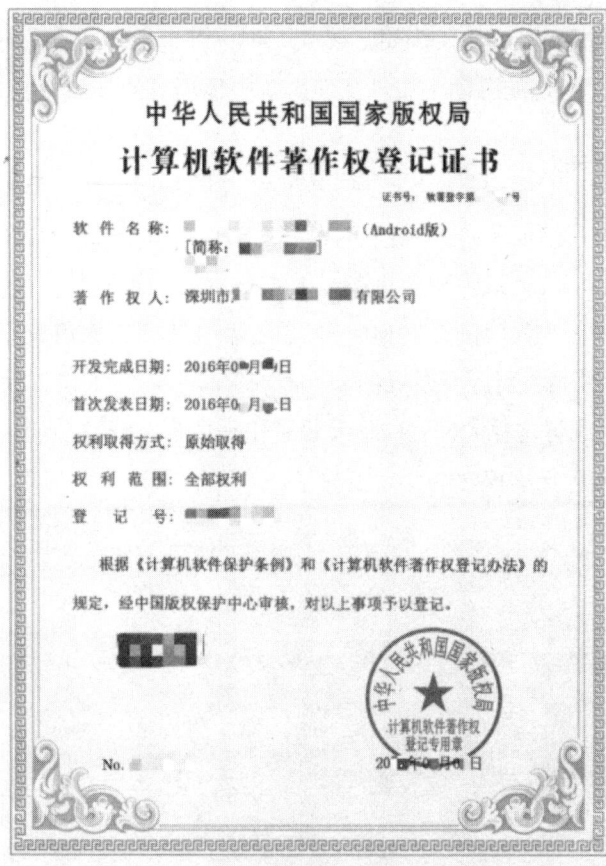

图 9-2　《计算机软件著作权登记证书》

　　如果开发的是金融行业 App，也需要提供相关的许可证才行。金融行业包含的业务非常多，有期货业务、征信业务、第三方支付业务或者其他业务，不同的业务需要的许可证不太一样，比如期货业务需要《经营证券期货业务许可证》，征信业务需要《个人征信业务经营许可证》，第三方支付业务需要《支付业务许可证》，以及金融行业最重要的许可证《金融许可证》。

　　对于互联网医疗相关行业，比如通过互联网平台提供医药信息给用户或者提供一些医疗咨询服务，还需要办理《互联网药品信息服务许可证》。

　　无论是前面提到的著作权登记证书，还是一些特殊行业 App 所需的许可证，由于证件办理周期至少大半个月，所以一旦公司打算开发某种 App，就需要产品经理联系公司法务或者产品经理自己来提前准备这些证书和许可证的资料，这样才能保证 App 正常上架到应用商店。如果快要上架 App 时才想起处理这些问题，那么势必会导致 App 没办法按照预期的时间上线，从而影响整体项目的计划。

### 9.3.2 微信小程序的上线

尽管从开发技术层面来说，微信小程序更偏向于 Web 前端开发，但由于产品形态的特殊性，小程序的上线流程会更接近于 App 的上线流程。

要实现一款微信小程序的开发和上线，首先需要确保在微信公众平台上注册了小程序类型的账号，并且将对应开发者的微信号在微信的后台中设置为"开发者"角色，如图 9-3 所示。完成了这样的账号注册及设置工作之后，开发者就可以使用微信官方的微信开发者工具进行小程序的开发工作了。

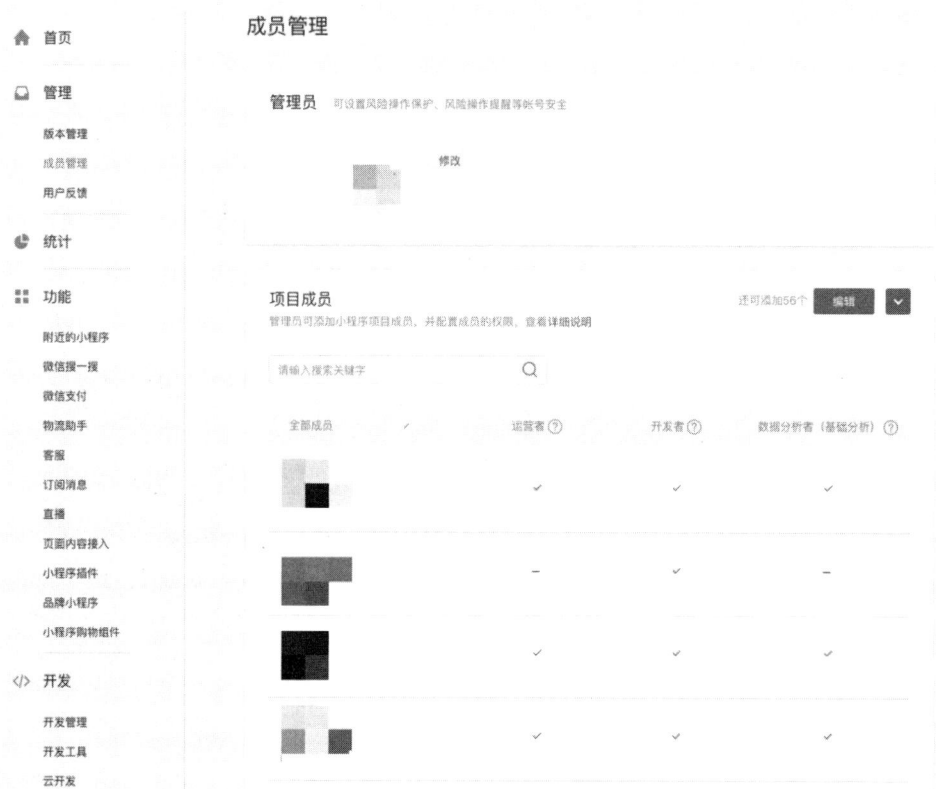

图 9-3　微信公众平台的成员管理

微信小程序提供了 3 种不同类型的版本，分别是线上版本、审核版本和开发版本。在开发者完成了小程序的开发工作后，开发者就可以使用开发者工具将代码上传到开发版本中，而且在开发版本中只会保留最新的版本，在对应的版本后面点击"提交审核"，就可以将小程序的代码提交到官方进行审核了。此时版本的状态就变成了审核状态。要注意的是，在小程序审核通过以后，它并不会自动上线，而是需要手动点击"提交发布"，然后线上版本才会被刚才提交的版本所替代，如图 9-4 所示。

图 9-4　微信公众平台的版本管理

针对微信小程序，审核周期一般比较短，快的话两个小时左右就会审核通过，慢的话需要两三天。

# 第 10 章　如何应对项目中的风险

在工作中，由于一个项目涉及的人员众多，流程又很漫长，经常可能会在各个阶段出现问题，从而导致对最终的结果产生了不好的影响。为了避免这些问题，我们就应该想办法规避项目中不同阶段的风险，并预先针对这些风险准备解决方案，避免项目延期。

下面我们围绕几种在项目中常见的可能导致风险的情况，来看看如何解决。

## 10.1　需求变更的流程

项目中项目延期的主要原因之一就是需求变更。所谓的需求变更，就是在项目进行过程中对原始需求的改动。如果项目团队中一共也没几个人，可能造成的影响不会特别大，互相通知一下即可。但在规模稍大些的项目（比如项目团队中的人数达到几十人甚至上百人）中，如果出现了这种需求变更情况，设计师、开发者、测试工程师已经完成的工作可能会作废，进而还会使项目不得不延期或者项目周期被压缩。

导致需求发生变更的原因有很多，比如产品经理在初期设计产品时并没有把产品设计得比较完善，这就导致在开发过程中才想要调整需求，这其实是产品经理的问题，需要提升自身的产品设计能力；另外就是在需求评审前后，开发者并没有仔细阅读产品需求文档，这可能导致一些需求从技术角度实现起来有一定的困难或者存在问题，或者存在一些产品经理和技术人员之间理解上有偏差的地方，但他们没有及时进行沟通，这些问题等到开发过程中才暴露出来，这时也会需要变更需求，这其实是开发者的问题，需要让开发者针对文档中不明确的地方及时与产品经理进行良好的沟通；除了上面提到的原因，还有一些不可抗力也会导致需求发生变更，例如需求方的需求发生了改变，尽管这是我们不想看到的，但产品的设计几乎都围绕着需求在做，需求方的需求由于种种原因，比如业务突然发生了调整，这时如果产品的设计不跟随着发生变化，那么就算产品被设计出来，其实也没办法派上用场，从这个角度出发，不可抗的需求变更其实是必须做的。

我们作为产品经理能做的就是想办法降低需求变更带来的影响，避免多次重复让开发者返工的情况出现，因为长此以往，不但会影响团队工作的积极性，还会使产品经理的权威性受到团队成员的质疑。于是，比较规范的需求变更流程就显得很重要。

在收到需求方变更需求的要求后，不应该全盘接受，直接改，而应先与需求方商量是否有其他备选方案或者是否可以暂时不对需求进行变更。如果经过商量发现有必要进行需求变更，为了降低对项目团队的影响，此时会先告知设计师、开发者、测试工程师，让他们明确产品在哪些地方需要进行需求变更，然后产品经理就可以开始产出更细致的需求文档并与需求方确认，确认无误后再次与开发团队一起进行评审，让大家明确新的需求，在达成一致后最终基于新需求进行产品开发。但与此同时，由于涉及需求变更，所以项目排期也需要进行同步变更。在变更之后，还需要以邮件或者其他形式告知项目团队的所有相关人员，以便他们能及时调整手头工作。图 10-1 是我曾经整理的需求变更流程图。

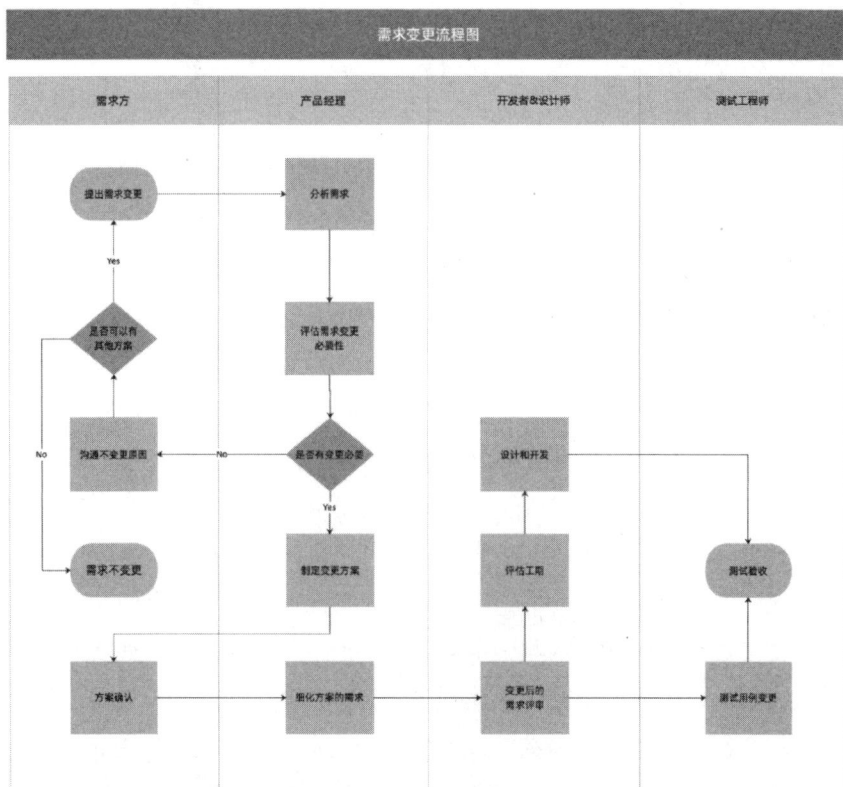

图 10-1　需求变更流程图

## 10.2 发版流程的规范

似乎无论是哪家互联网公司，在产品临近上线发版的时候，都会有各种奇怪的问题暴露出来，这也是为什么大家到临近发版的时候总会熬夜加班的原因。

比如某个周五，一般可以早点下班，但遇到了发版日，就需要确认最终版本是没有问题的，结果之前已经测试通过的应用突然像中了邪一样变得不正常了，不是这报错就是那报错，总之，它仿佛执意不让你度过一个愉快的周五晚上。如果遇到的是当晚加班就能解决的问题，那么影响不大，顶多晚几个小时发版，但如果问题比较复杂，就可能会造成项目延期。

这时，应根据不同的情况进行合理规避，以减少类似问题。

第一类情况，应用在测试环境下表现正常，在正式环境下出现问题。这时需要通知运维工程师及时处理，以防对正式环境用户造成影响。这类问题出现的常见原因是没有完全提交代码，测试环境与正式环境在配置上有一定的差异。如果不能及时处理这类问题，有时甚至需要考虑将正式环境的代码回退。

第二类情况，之前测试并修复了的 Bug 在最终上线发版前进行回归测试时又复现了。出现类似问题的原因很多，比如由于测试流程不规范，没有合理规划产品的多轮测试，或者开发者在发布最终版本之前为了修复其他 Bug 还原了之前的 Bug 等。遇到类似问题时要提醒开发者，一定要尽可能注意修改新问题时对老问题产生的影响；还可以考虑从打包节奏入手，比如在临近发版的几天前，每天都打一个测试包来让测试工程师测试；当然，还可以考虑从测试方法的角度适当地引入部分自动化测试。

第三类情况，测试工程师刚基于开发者打好的包进行测试时，就发现了大量的产品核心流程没法正常使用，以及各种闪退等重大 Bug，于是需要花大量时间去修复这些低级错误，从而给项目带来了风险。对于这类情况，核心原因是开发者在交付测试之前没有进行自测，也就是开发者在把打好的包交付出去之前，至少应该先做一些简单测试，确保没有低级错误。但在实际项目中，大量开发者并不会做这件事，因为很多开发者觉得测试就是由专门的测试工程师负责的，开发者只要写好代码即可，而这种缺乏测试意识的行为往往给项目带来了风险。毕竟如果开发者没有做自测，会直接导致测试工程师在测试时耗费大量的时间提交一些重大却很低级的 Bug，总是这样就会影响整体的项目进度。为了确保自测效果，不至于自测沦为形式，需要制定一些标准，比如一些公司就有类似规定，开发者自测不通过的测试版本不能进入测试阶段，至少应确保主流程能正常使用，从测试用例中抽取一部分用例作为测试的依据，如果自测阶段有问题，就直接迅速修复，自测通过后，再将自测无误的测试包打包给产品经理做初步验收，如果测试工程师在测试过程中发现基础性的重大 Bug，测试工程师有权直接将测试包打回给开发者。

通过使用上面提到的一些方法，可以确保被开发出来的产品在验收及测试阶段，能够规避一些会影响项目进度的风险。

## 10.3　iOS App审核

苹果 AppStore 在审核开发者提交的 App 时，总是给出各种奇奇怪怪的理由拒绝 App 上线，而且有时候甚至会出现，在第一次提交被拒之后，在一行代码都没有改动的情况下，再次提交时神奇地通过了审核。要了解为什么会出现这种情况，需要先简单了解一下苹果 AppStore 的审核机制。

苹果 AppStore 对 App 的审核分为两个环节，第一个环节是所谓的机器审核，苹果 AppStore 会通过过滤机制将明显不符合苹果官方要求的 App 直接拒绝，通过了这个环节的 App 就会进入下一个审核环节，也就是人工审核环节；人工审核是苹果 AppStore 主要依赖的审核方式，苹果公司为此成立了专门的 App 审核团队，审核员们每天都需要跟进大量的 App 审核工作，甚至还有相应的考核制度来评估审核员们的工作情况。也正是因为存在着这样的业绩压力，所以在人工审核环节，不可避免地会出现一些因审核员疏忽而导致的明明不符合 iOS App 审核指南的 App 审核通过，或者明明完全符合 iOS App 审核指南但依然被拒绝的情况出现。

一旦出现审核被拒绝的情况，意味着需要重新提交 App 给苹果 AppStore 审核，苹果 AppStore 的审核周期不像国内各大 Android 应用市场那样快捷，时间长的话甚至需要等将近一个星期，这对于一款 App 的正常上线有非常大的影响。因此，在项目中向苹果 AppStore 提交 App 审核是否存在被拒的风险，需要产品经理提前考虑，而不能等到审核被拒之后才处理。如果提交的是一些比较紧急的问题修复版本，却因一直审核被拒，造成的损失可能无法估量。

于是，了解苹果 AppStore 审核 App 时会出现的常见问题及相应的解决方案，然后在提交审核之前针对性地采取措施，可以大大降低审核被拒的风险。之前我也经历过很多次 App 持续被苹果 AppStore 拒绝的情况，甚至在极端情况下，曾出现过 iOS App

的版本发布比 Android App 的版本发布晚了近两个月的情况。当然，好处是通过这么多次被苹果 AppStore 拒绝的经历，也算是把常见的被拒绝原因都见识过了，积累了如何应对的方法。下面就来分享一些我曾遇到的问题及采取的应对方法。

### 10.3.1 iOS App 审核被拒常见原因及解决方案

下面介绍在提交苹果 AppStore 审核 App 时，比较高频的被拒绝原因及相应的解决方案。

#### 1. 元数据被拒（MetaData Rejected）

元数据被拒是众多被拒绝原因中比较轻的一种。出现这种情况，一般意味着开发者不需要对代码进行修改，只需要对提交 App 时所填写的描述信息做出调整，但也不排除偶尔会有一些其他拒绝原因以该原因拒绝的情况出现。

那么，上面提及的描述信息可能包含了很多内容，比如在发布 App 时所填写的App 名称、App 描述，甚至是在将 App 提交到 AppStore 时的截图等。如果发现是这个原因被拒绝，可以优先考虑检查 App 名称，查看其中是否存在不妥当的特殊字符；然后检查 App 描述中的内容是否与 App 真实功能保持一致；App 截图也是典型的会导致被拒的原因，可以查看 App 截图是否与 App 界面保持一致，有没有出现差异较大的情况，有的 App 甚至出现将 App 截图与实际 App 界面对比，无法判断是同一款产品的情况。如果检查后发现存在以上情况，进行调整后再次提交即可。

#### 2. 重大 Bug 被拒

由于这个原因被拒其实非常可惜，这往往是由于测试及上线流程不规范导致的。请务必保证 iOS 开发工程师提交到 AppStore 的版本与最终测试通过的版本一致，也就是在测试环境与正式环境下测试均没有问题后，才让开发者将 App 提交到AppStore 审核。

还有一点需要注意，在提交审核时，对于需要注册、登录的 App，一定要提供可以正常使用的测试账号给审核员，而且测试工程师也需要使用测试账号进行充分的测试，避免出现由于不可接受的 Bug 所导致的被拒绝情况。

#### 3. IPV6 被拒

在 2016 年左右，我们公司的多款 iOS App 在提交到苹果 AppStore 进行审核时，陆续因为同一个原因被拒，并且拒绝的理由都类似于"Performance - 2.1 We discovered one or more bugs in your app when reviewed on iPad & iPhone running iOS 10.3.3 on Wi-Fi connected to an IPv6 network. Specifically, there was network connecting issue within your app. "。后来经过调研才了解到，原来苹果 AppStore 制定了新的规定，即所有提交到苹果 AppStore 的 App 都必须兼容当时最新的 IPv6 网络协议，于是当时国内有一大批 App 都因为这个原因被拒。

　　为了解决这个问题，需要先了解苹果 AppStore 审核员如何审核兼容 IPv6 网络协议。首先，他们会在 IPv6 网络下审核 App。对于 IPv6 的支持不光需要从客户端入手，还需要从服务器入手。如果客户端对应的服务器不支持 IPv6，审核员在审核 App 时，为了确保 IPv6 与 IPv4 两种不同的网络之间能够互访，就会通过一种有状态的网络地址与协议转换技术（NAT64+DNS64）来实现审核员在 IPv6 网络下也能够访问 IPv4 网络下的服务器资源。当时国内的大部分服务器都不支持 IPv6 网络协议，而苹果 AppStore 的审核员在他们所使用的测试环境下又没办法将国内的服务器地址有效地转换成 IPv6 网络地址，于是 App 就无法审核通过。

　　为了解决这个问题，最好的办法就是对服务器进行配置，使服务器网络能支持 IPv6 网络协议。而如果不愿意配置服务器又希望能够尽快解决问题，那就只能碰运气，重复提交审核了。

### 4. 虚拟商品没有使用 IAP 被拒

　　iOS App 中涉及支付功能时，比较常见的做法要么是使用类似微信及支付宝等第三方支付方式，要么使用苹果公司提供的 App 内购买方式，也就是 IAP（In-App Purchase）。那么，这两种支付方式有什么区别呢？在真实商品的交易上，这两种支付方式其实没有什么本质上的区别，但如果购买的是虚拟商品，这种区别就非常明显了，采用 iOS App 内购买方式来进行支付的话，苹果 AppStore 会从每笔交易中抽取 30% 的手续费，这对于很多公司来说都是一件非常不划算的事情，因为很多商品的利润甚至很难达到 30%。

　　也正是因为这样，作为提供 App 的公司，基本上都不愿意掏这 30% 的手续费，于是市面上存在着两种主流的替代方式。一种是完全遵照苹果 AppStore 的规定接入 IAP，但会将这 30% 的手续费转嫁到用户头上，让用户承担，这也是为什么很多知名 App，尤其是以虚拟商品为主的知识付费类型的 App，使用 iOS 版本的 App 购买内容时会比使用 Android 版本的 App 购买要贵一些的原因。另一种方式是想办法绕开苹果

AppStore 的 IAP，采用第三方支付方式进行支付，但尝试过这种方式的产品经理都应该知道，只要 App 中涉及虚拟商品支付，提交 App 到苹果 AppStore 审核的时候，审核员便会直接拒绝。

这种情况其实是很多产品经理需要面对的两难境地。接入 IAP，赚钱少，把手续费转嫁给用户，又会影响用户转化率；不接入 IAP，除非 App 内完全没有虚拟商品支付，这对于一些专门做虚拟内容的公司来说是不可能的。所以，一方面要明确到底什么样的场景必须接入 IAP，另一方面则是如果实在不愿意接入 IAP，那么在接入第三方支付时怎样才能保证提交 App 审核时不会被拒。

为了解决这些问题，需要先了解苹果公司对虚拟商品的定义，其实苹果公司并没有给出十分准确的关于虚拟商品的定义，在大部分情况下是通过一些原则来进行区分的。

可以先根据实际消费场景来判断。如果用户付费之后可以直接在 App 内享受虚拟商品的权益，那么就需要接入 IAP。比如，在 App 内购买了网课，然后直接通过 App 上课，这就是比较典型的场景。而如果是在 App 内购买电影票，实际上是在线下电影院看电影，那么可以不用接入 IAP。

除此之外，还可以根据在 App 内支付以后钱的最终归属来进行判断。如果用户在 App 中为虚拟商品付费，钱没有给平台，而是流向其他场所，这时也可以不用接入 IAP，反之，则需要接入 IAP。比如，在一些资讯平台上，你通过 App 给撰稿人打赏，这种就属于不用接 IAP 的场景，但是需要确保 App 不会从打赏中抽成，也就是说全部打赏金额都要给撰稿人。

综上，通过以上内容，就可以对是否接入 IAP 进行大致的判断了。为了稳妥起见，对于需要接入 IAP 的场景就老老实实地用接入 IAP 的方式设计产品，这样可以避免产品提交 AppStore 审核时因这类原因被拒。

### 5. 抽奖活动缺少声明被拒

之前我们公司为社区产品设计了很多可以活跃用户的抽奖活动，在 App 中是以内嵌网页的形式实现的，经历了数年的版本迭代，产品基本上都能够正常过审上线。然而有一次，苹果 AppStore 却拒绝了我们的 App，并给出了之前没有见到过的理由，其中包含的关键内容为 "Your app includes a contest or sweepstakes but it does not : indicate that Apple is not involved in any way with the contest or sweepstakes"，大意是在我们的 App 中包含竞赛或者抽奖活动，但是没有声明这些活动与苹果公司是没有关系的。当时我们觉得很纳闷，这次的版本迭代中并没有新增抽奖活动，于是只好在整个 App 中进行排查，终于在某个活动入口位置处发现最近刚配置的一个网页形式的活动，页面中有抽奖送小礼品的细节。当时的我们也不能确定是这个位置出了问题，因为苹果 AppStore 的反馈比较含糊，如果审核员能像我们的测试工程师一样把有问题的地方截图就好了。最终决定让前端开发工程师在那个页面下面加了一句后来在整个互联网圈子流传甚广的话："此活动与苹果公司无关"，我们甚至担心苹果审核员看不懂中文还配上了英文翻译。再次提交审核之后，App 很快就过审上线了。

综上，对于这种 App 中涉及活动的情况，尤其是有奖品作为回馈的，为了避免 App 提交审核后被拒，一定要加上与苹果公司无关的声明。

### 10.3.2 iOS App 审核被拒的特殊解决方案

除了前面提到的一些常见的审核被拒原因，有时还可能出现并没有触犯苹果 AppStore 的审核规范，而是由于审核员的理解偏差或其他特殊情况，导致 App 被拒。

我之前在工作中就遇到过几次类似的场景。比如，网络环境已经按照要求进行了 IPv6 协议升级并且测试通过，但在苹果 AppStore 审核时，始终反馈在 IPv6 测试环境下 App 无法正常使用。于是，我只好让开发者在网上找了一份英文的如何搭建 IPv6 环境的文档，并拍摄了一段在 IPv6 网络环境下能够正常使用 App 的视频，再次提交审核后，总算是通过了。

还有一次，我们做的是一家教育公司的产品，我们想要将开发的免费直播上课 iPad 版本的工具上架苹果 AppStore，用户在线下购买了课程之后，我们会为这些用户创建一个账号，这样他们就可以拿着创建的账号在 App 中使用，而那些没有在线下购买课程的用户，就算下载了 App，也没办法登录和使用。当我们提交该 App 给苹果 AppStore 审核时，审核员怀疑我们做了 App 内支付功能，但在 App 中没有任何入口体现支付功能并且也没有接入 IAP，就这样连续提交了三四次都被拒绝了。当时苹果官方给我们反馈了好几次审核结果，其中一封反馈内容的原文如图 10-2 所示。

看完这封反馈信后，我立马明白过来，审核员压根没弄明白我们提交的是一款什么样的 App。我尝试站在他们的角度思考，其实也能理解，毕竟他们每天都要审核几十、上百款 App，而他们不可能清楚了解每款 App 公司的背景、业务情况及产品细节。但当时项目确实很紧急，因为离线下课开课只有不到一个月的时间，如果因为上课平台出现问题而导致那么多交了费的用户无法正常上课，那么会给公司带来极大的不利

影响。当时开发者对于多次审核被拒也是实在想不出什么办法，于是我写下了一封
1000 多字的英文邮件，耐心地介绍了公司的业务背景，这款 App 对我们公司的重要
性及它的作用，还站在审核员的角度解释了为何他们在审核 App 时，App 界面中并没
有老师与他们互动的原因（因为评估审核的具体时间不确定，而且大都在国内后半夜，
所以无法安排老师配合审核员进行测试），最后表达了我们对他们辛苦工作的理解。
除此之外，我还安排测试工程师一起配合拍摄了一段 App 在正常情况下使用效果的
视频，包括使用 App 的实际场景及 App 使用方法的完整录屏过程。然后，把所有资
料及没有做任何改动的 App 再次提交给苹果 AppStore 进行审核，经过几天的等待，
这次终于审核通过了。

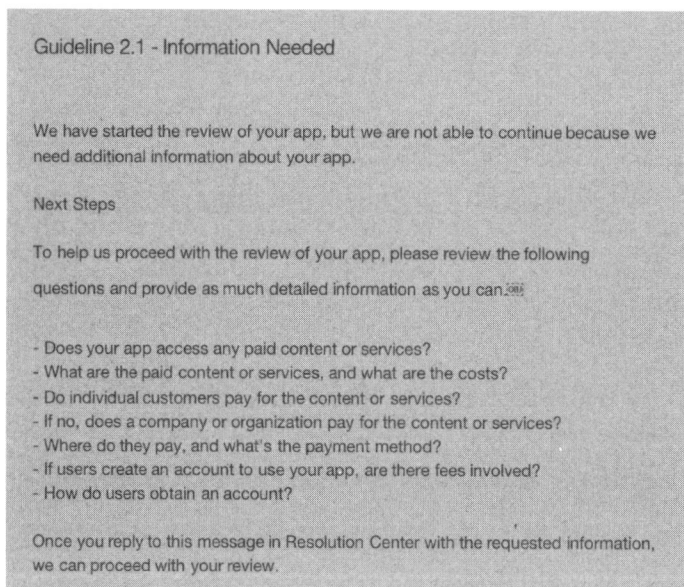

图 10-2  App 审核被拒苹果官方反馈的审核结果

　　所以，结合前面的这两个案例，作为产品经理，如果在提交 App 给苹果 AppStore
进行审核时被拒，一定要仔细阅读对方反馈的理由，如果能够确定我们提交的 App
没有违反苹果公司的审核条款，那么就尝试耐心地跟对方解释。主要有两种解释方式，
一种方式是通过清晰描述的文档，向苹果审核员说明 App 中并不存在对方反馈的理
由，最好使用英文撰写文档；另一种方式则是通过完整的视频及录屏，记录 App 从

打开到使用测试账号登录，再到使用相关功能的整个过程。通过这样的方式，一来可以帮助苹果审核员明确应该以什么样的方式使用产品，二来哪怕最终审核员在审核期间依然没办法正常使用 App，他只要能通过无剪辑、无加工的视频来确认 App 是可以正常使用的，那么也有很大的概率通过审核。

当然，苹果 AppStore 的审核指南每年都会做调整，作为产品经理，应该时刻关注审核指南，敏锐地注意到变化，这样在设计产品时才可以做到心中有数，而不是等到临近上线或上线被拒之后，再焦头烂额地进行紧急处理。

## 10.4　违法违规收集个人信息

从 2019 年年初开始，国家的相关部门（中央网信办、工业和信息化部、公安部、市场监管总局）联合出台了应用违法违规收集用户个人信息的治理公告，主要用于查处那些违法违规收集用户个人信息的应用。经过一年多的治理，很多应用都受到了不同程度的处罚，有的是被要求限时整改，有的则是被直接从应用市场下架。在这期间，国内大量公司的应用都受到了影响，甚至很多大型互联网公司的应用都收到了限时整改的要求。这种现象从某种程度上说明大部分公司并没有足够地尊重用户的隐私信息，也说明国家意识到了这类问题，开始进行监管。尽管从过程来讲，影响面很广，但从结果来讲，这实际上是一件好事，至少用户不用担心应用非法获取自己的隐私信息了。

由于这样的政策，我们作为互联网从业人员自然需要遵守国家的规章制度，所以为了避免应用在上架到应用市场后因类似原因被下架，甚至连累公司受到相关处罚，造成不可估量的损失，产品经理就需要了解国家的这些具体政策，在设计产品的时候就规避掉相关问题，避免触碰法律红线。下面将重点介绍几种需要避免的违规行为。

### 1．隐私协议

对于有注册、登录功能的应用，其实都需要在用户注册的时候告知用户阅读隐私协议，明确告知用户应用会收集哪些信息，以及收集用户这些信息的目的是什么，同时在注册完成后，应用也需要提供相应的入口让用户可以随时查看隐私协议。如果没有提供如图 10-3 所示的隐私协议，应用将会被认定为不合规。

图 10-3　微信 App 的隐私协议

### 2. 应用权限

我们在使用应用的过程中经常会需要获取系统的相关权限，如获取手机的系统通信录权限、获取系统的定位权限等，尽管安装应用时都会列出所需权限，但基本上大部分用户不会仔细查看，一路同意并进行安装，所以很多应用可能获取了一些并不需要获取的权限并借助这些权限偷偷在后台做了一些比较危险的事情。

在国家出台相关隐私信息保护政策之后，如果应用仍在未明确告知用户获取系统相关权限目的的情况下获取了这些权限，则会被认定是违规的。为了避免这种情况的发生，在获取系统相关权限时要明确告知用户，如图 10-4 所示就是一种可行的做法，当应用获取系统通信录权限时，会告知用户获取系统通信录权限的目的是什么。需要注意，在用户明确拒绝的情况下，依然不断出现获取权限弹窗的情况，也会被认定是违规的。

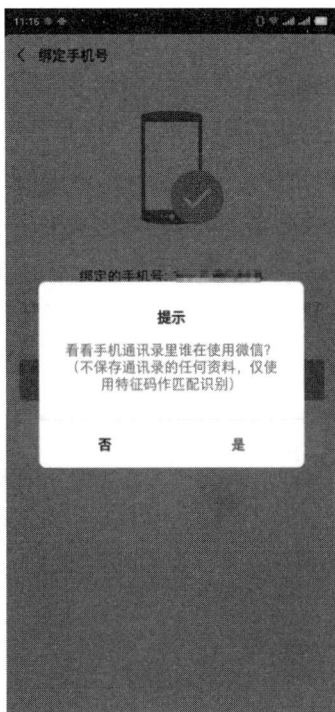

图 10-4　提示用户获取系统通信录权限的目的

### 3. 泄露用户数据

在使用应用的过程中，用户可能会遇到类似下面这样的情况。在注册了某个应用之后，除了应用官方渠道，用户发现自己的联系方式也被其他第三方渠道获取了，表现为用户莫名其妙地接到了一些骚扰电话或者短信，这说明用户的联系方式可能被"卖"给了第三方机构。

在国家出台用户隐私信息保护政策后，这种行为就被明令禁止了，而且除了公司主动将信息提供给第三方的情况，还可能出现由于在开发过程中接入了某些市面上常见的第三方 SDK，导致用户隐私信息通过该 SDK 传输给了第三方的情况，这也会影响应用。所以，在设计产品的过程中，产品经理应该严格注意这样的问题，只在主动告知用户会将用户的哪些信息用在第三方的什么平台及用来做什么，并得到用户的同意后，才将用户的隐私信息透露给第三方。

### 4. 账号注销功能

产品经理在设计产品的时候基本上都会设计注册、登录功能，但一般不会设计让用户自己注销账号的功能。所谓的注销账号，可以理解为用户之前注册了账号，而现在不想使用这个账号了，于是通过注销账号的方式删掉这个账号。这有点类似于用户在线下营业厅办了一个手机号，然后某天不想用这个手机号了，就去营业厅进行销户。

当然，从互联网产品的角度来讲，产品经理不想提供一个让用户自行注销账号的功能非常正常，毕竟互联网是一个需要不断获取流量的行业，没有哪家公司想让用户主动从自己的平台流失。但随着国家政策的出台，任何应用都必须提供让用户可以自行注销账户的功能，并且注销之后要确保用户的信息全部被删除，用户注销后依然在应用后台保留用户数据的情况也会被认定是违规的。如图 10-5 所示便是微信 App 中用户自行注销账号功能的页面。

图 10-5　微信 App 中用户自行注销账号功能的页面

# 第四部分 产品进阶篇

产品经理这个岗位需要具备优秀的眼界，这样我们既能身处行业之中又能看清行业和市场；需要良好的审美水平，这样我们才能给产品的设计风格带来正面的影响；还需要具备良好的技术理解力，这样我们才能更好地与开发者一起将产品打磨上线；还需要具备一定的沟通能力，这样我们才能与团队之间保持顺畅的沟通与协作。所以，从某种程度上讲，产品经理能够掌握的能力越多，职业发展越有利。

在工作中，产品经理需要频繁地从不同来源收集需求，在需求收集完成后，需要先将它们记录到需求池中，后续再进行分析。其中需要对需求的技术可行性进行分析，但是很多产品经理对技术不是特别了解，于是会抽时间不断地与开发者对接来进行评估，这样其实是非常影响效率的。此外，在做市场调研的时候，如果公司产品中涉及使用第三方 SDK 来实现部分功能，而产品经理看不懂开发文档，也会给方案评估方面产生影响。长此以往，只会让团队中的其他成员怀疑产品经理的专业能力。于是，除了前面所讲解的技术知识，如果产品经理还能具备一些进阶的技术知识，将更有职业竞争力。

# 第 11 章　为了更好地评估与产出需求

产品经理需要能看懂基础的接口文档，具备一定的技术理解力，以便与开发者进行良好的沟通，并能更好地评估和理解产品需求。

## 11.1　接口文档

接口文档是前后端开发工程师都会经常查看的文档。如果产品经理能看懂基础的接口文档并了解接口文档的作用，甚至能编写接口文档，势必能提升工作中与开发者沟通的效率。

### 11.1.1　看懂接口文档的必要性

在一些开放平台的产品设计中，产品经理需要产出接口文档，而对于其他类型的产品经理，尽管不用自己编写接口文档，但也会遇到需要看懂接口文档的场景，尤其是在调研第三方 SDK 的时候，如果连接口文档都没办法看懂，那么将没办法判断这个第三方 SDK 是否能满足开发需求，只好再次求助开发者。求助开发者当然也是可以的，但这样似乎显得产品经理好像做什么事情都离不开开发者，只是开发者的传话筒。

还有很多类似的场景，这些场景都体现出产品经理需要能够看懂接口文档，甚至达到能够编写接口文档的程度。

### 11.1.2　接口文档的格式与规范

前面专门讲解过 HTTP 网络协议相关内容，而接口实际上就是与网络协议相关的东西。在网络的世界里，客户端在通过接口访问服务器数据时，需要先知道服务器对应的域名是什么，通过域名知晓正在访问哪一台服务器，而服务器上有很多不同的目录，不同目录下存储着可以实现不同功能的数据，客户端就得告诉服务器自己想要获取什么数据，服务器根据所需数据访问对应的目录，再把获取的数据返回给客户端。在这个过程中，后端开发工程师在撰写接口之后就需要明确地让前端开发工程师知道这个接口该如何使用。

在客户端与服务器之间交互数据的过程中，可以提取出几部分，分别是请求接口的 URL、请求接口的参数、请求接口的方法、请求接口返回的参数、请求接口的错误码。那么，下面分别介绍各个部分。

可以将请求接口的 URL 理解为请求接口的地址，用于明确访问路径。以如图 11-1 所示的 URL 为例，在这个网址中其实包含了 3 部分内容，https 负责告诉客户端访问资源的网络协议，www.example.com 代表服务器域名，/××××/aa-aa/bbbb/cccc 代表客户端想要访问的资源在服务器上的具体位置。

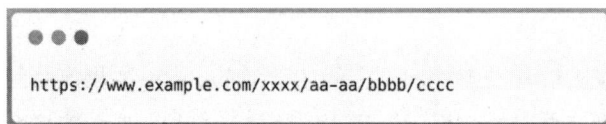

> ● ● ●
>
> https://www.example.com/xxxx/aa-aa/bbbb/cccc

图 11-1　网址信息

接下来介绍请求接口的参数。因为哪怕是同一个请求接口地址，携带的参数不同，返回的数据也可能不同。请求接口的参数主要告诉前端开发工程师需要提交什么字段，字段的类型是什么，编写方式是怎样的，如表 11-1 所示。

表 11-1　请求接口的参数

| 参数 | 类型 | 是否必填 | 最大长度 | 描述 | 示例值 |
|---|---|---|---|---|---|
| image_type | String | 是 | 16 | 图片格式，支持的格式有 bmp、jpg、jpeg、png、gif | jpg |
| image_content | Byte_array | 是 | 10 485 750 | 图片二进制字节流，最大为 10MB | |

除了请求接口的 URL 和参数，在接口文档中还需要明确请求接口的方法，请求接口的方法有很多种，其中以 get 和 post 方法最为常见。另外，这两种请求接口的方法也不太一样，在使用 get 方法请求时，请求参数会拼接在 URL 的后面，使用？来连接，而需要拼接多个参数时，一般使用&来连接多个参数；在使用 post 方法请求时，

请求参数会被直接放在整个 HTTP 消息的 body 中发送出去。因此，使用 get 方法请求的话，在 URL 中能够直接看到所携带的参数，而使用 post 方法请求的话，在 URL 中没法看到具体的参数。

此外，还有请求接口返回的参数，接口中的参数通常以 json 和 xml 数据格式返回给前端，主要会列出前端所需的字段名称、字段类型及具体的字段值，这样前端开发工程师才能够根据接口返回的参数将相关信息展示到用户能查看的页面上。接口文档中的请求接口返回的参数如表 11-2 所示。

表 11-2　请求接口返回的参数

| 参数 | 类型 | 是否必填 | 最大长度 | 描述 | 示例值 |
| --- | --- | --- | --- | --- | --- |
| image_id | String | 是 | 256 | 图片在文件存储平台上的格式 | a5d373f6-3e79-405f-9993-fb7ea051c372.jpg |

另外，对于一个接口，在前端发起请求后，后端是能够正常返回数据的，但往往也会出现一些情况，使得接口没办法给前端正常返回数据。为了能够让前端开发工程师明确到底出于什么原因导致接口不能正常返回数据，系统会返回相应的错误提示码，前端开发工程师可以根据错误提示码进行后续的业务逻辑处理。请求接口的错误提示码如表 11-3 所示。

表 11-3　请求接口的错误提示码

| 错误码 | 错误描述 | 解决方案 |
| --- | --- | --- |
| SYSTEM_ERROR | 系统繁忙 | 重试 |
| EXCEED_MAX_SIZE | 超过单张图片允许的最大值（10MB） | 适当压缩图片大小，以免超过上传限制 |
| INVALID_IMAGE_FORMAT | 文件格式不支持 | 不使用不常用的图片格式，如 cmyk |
| IMAGE_UNSAFE | 文件未通过安全校验 | 图片中可能注入了恶意代码，需要重新制作图片 |
| MERCHANT_ILLEGAL_ARGUMENT | 参数格式非法 | 参数格式非法，需要检查 |

上面介绍的内容是接口文档中针对接口的最核心的内容。另外，后端开发工程师为了让前端开发工程师能够更好地理解接口的作用及接口传达的意图，还会补充一些辅助性内容。比如，关于每个接口的描述信息，介绍接口的使用场景和作用，有的后端开发工程师还会在接口文档中给出相应的接口实例。

完成了接口文档的编写后，开发者就可以在相应的页面需要提交或获取数据时，根据接口文档中的描述来调用接口，从而获取对应接口返回的参数中的数据。在返回参数时，一般都会约定俗成地以 json 或 xml 数据格式返回数据。其中用 json 数据格式返回数据更常见，原因在于该数据格式比较简单，前端或移动端开发者在用该数据格式解析数据的时候也会更方便，json 数据格式如图 11-2 所示。

```
{
    "alipay_marketing_campaign_cash_trigger_response": {
        "code": "10000",
        "msg": "Success",
        "trigger_result": "true",
        "prize_amount": "234.40",
        "repeat_trigger_flag": "true或false",
        "partner_id": "2020123456789012",
        "error_msg": "用户实名验证不通过",
        "coupon_name": "周年庆红包",
        "prize_msg": "送您大红包,祝您天天快乐",
        "merchant_logo": "http                                    ",
        "biz_no": "20200117110070001502640004976114",
        "out_biz_no": "2020021319450001"
    },
    "sign": "ERITJKEIJKJHKKKKKKKHJEREEEEEEEEEEE"
}
```

图 11-2　json 数据格式

## 11.2　技术理解能力

我们做产品时，如果工作中涉及跨行业的情况或调整了工作环境，是就没办法正常工作了吗？一定不是。那么为什么在接到一个新项目之后能够很快知道该做什么事情及怎样做才能把产品给做好呢？实际上是因为做这些事情存在一定的"套路"，或者叫框架，甚至也可以称之为有明确的项目流程。无论它们被称为什么，其本质在于背后的一套思维方式，这套思维方式使得我们可以在切换行业或工作环境之后快速胜任。同理，对技术知识的理解能力（也就是技术理解能力）也可以被理解为一种底层能力，具备了技术理解能力，无论自己的产品中运用到了什么新技术，都能够通过与开发者沟通，甚至无须沟通，就自行快速理解。那么怎样才能具备良好的技术理解能力呢？我觉得可以从以下几个方面来入手。

首先需要建立技术思维方式。对于技术思维方式，前面专门讲解过，像面向过程及面向对象就是比较典型的技术思维方式。我们不光需要具备从业务提炼流程的思维方式，更需要具备基于业务流程抽象出特定对象的能力，以及提升这方面的思维能力。这样在我们接触很多技术知识的时候，就会立马觉察到思考方向是否存在偏差。

　　除了良好的技术思维方式来帮助我们明确思考方向，还需要具备一定的技术框架意识。所谓的技术框架意识有很多，最典型的一种的本质就是分层意识。分层在开发者的实践过程中又演变出了诸多分层方式，比如 MVC 框架，即 Model-View-Controller（模型—视图—控制），可以将视图层理解为产品中展示给用户的界面，它由各种不同的页面元素组成，模型层主要用于提供数据，数据会以各种方式呈现在页面元素中，最后就是控制层，控制层实际上完成了视图层与模型层之间的交互过程，是产品功能得以实现的核心。

　　有了思考方向及框架意识之后，还需要补足的是数据相关的东西。因为目前市面上的产品，没有能离开数据的，所以对于数据是什么、有什么类型、如何处理及如何传输都需要了解。以上提到的与数据相关的方向，在前面的内容中也有讲解，比如数据库、HTTP 协议、接口等相关章节的内容就包含了对这些问题的解答。

　　最后想说明的是，技术理解能力也会随着工作岗位的不同呈现出不同的要求。在有的工作岗位上，对于没接触过的技术没办法快速理解不会有太大的问题，顶多被开发者抱怨，而在有的工作岗位上，如果没办法快速理解开发者给出的技术方案，就没办法基于方案来更好地设计产品，对于这样的工作岗位，对技术理解能力的要求非常高。不论怎样，尽可能地提升自己的技术理解能力总归不是一件坏事。

# 第 12 章　产品经理的数据分析技能

　　现在很多公司都开始推崇数据分析了，从刚入门的产品经理到在行业摸爬滚打多年的产品经理都会或多或少地给自己的简历中添加一些数据分析技能，但是很多人可能只做了把数据导出到 Excel 表或者实现了几个数据可视化需求，对可视化数据后该如何分析数据其实并没什么思路。这些产品经理这样做是可以理解的，他们主要是想让自己看起来符合行业和市场的需要。由此也能看出数据分析似乎已经成为互联网行业必备的重要技能之一了。

　　不过数据分析这个看似高大上的技能并没多玄乎，每个人在生活中都会对数据进行分析。比如，你早上因为闹钟没响起晚了，醒来一看时间 9：30，而坐地铁上班需要 40 分钟，这让 10：00 上班的你意识到今天可能会迟到。于是你掏出手机叫个快车，然后立马起床洗漱，一切就绪的同时快车已到楼下，这时才 9：35。你背上双肩包奔赴楼下上了车，司机发动了车，你估计需要 20 分钟到达公司，心里松了一口气。等到了公司楼下，一看时间，竟然才 9：55，心中沾沾自喜，还有时间，然后迅速奔向电梯，开始焦灼地等待电梯，进了电梯发现几乎每层都有人下，更觉得焦躁不安，好在最后到达自己那层时，距离上班时间还剩下 60 秒，于是迅速奔向公司前台打卡，还差最后几秒，心里的大石头总算落地，没有迟到。

　　上面的这一系列行为中就进行了数据分析并做出了决策。比如，出于以往坐地铁的经验，能分析出坐地铁上班会迟到，所以做出决策改为打的上班；上了车以后，打的平台更是系统化地帮助我们精确分析出了路途所需时间。当然，除了这个案例，生活中还有很多其他的案例也能表明数据分析始终贯穿着我们的生活，比如有记账习惯的人每隔一段时间会根据自己之前的记账记录来分析自己上个月在哪些方面用钱大手大脚，那么下个月就可以在某些方面花钱克制些等。

工作中的数据分析其实与生活中的数据分析在本质上没有什么区别，都是通过对数据进行分析来找出数据所体现的现象、规律及问题，并基于这些做出决策。只不过生活中做决策更多的是一些无意识的行为，而工作中需要基于严密的逻辑、基于不同场景做出权衡利弊的决策。有的可能是基于用户的行为数据发现某个按钮的位置设计得不合理，于是在下次版本迭代时进行相应的调整；有的可能是发现引导页用户的流失率过高，基于深层数据寻找背后原因，发现可能是因为引导页的页数过多，用户必须看完所有引导页才能进入应用，用户在这个过程中失去了耐心，于是迭代版本时可以简化引导页的呈现方式，让用户在引导页的每一页都可以直接进入应用。为了更好地学习数据分析，接下来就简单讲解数据分析的相关内容。

## 12.1　数据分析的意识

我在工作中接触过很多产品经理，他们大多能意识到数据分析对工作的重要性，也学习过很多数据分析方法，但往往在需要让他们真正基于一堆数据提取有用信息时，他们却没办法分析出数据背后真正隐含的东西，或者基于学到的"套路"得出某些浅层结论。很多人会陷入另一种怪圈，他们会把数据分析当成一个专业化的事情，必须在项目的固定环节中按照确定的方法来执行，其实这样过于教条化，丧失了数据分析的意义。因此，其实数据分析对于产品经理来说，更应该成为一种本能或者一种意识。

数据分析的意识是一个产品经理首先要培养的。在产品经理岗位上，数据分析的意识比掌握一门具体的数据分析方法和技术更重要。因为技术与方法是可以不断提升的，但如果意识没到位，再好的数据分析技术也无效。

那么如何才能培养出数据分析的意识呢？我在这里总结了一些方向，下面展开介绍。

### 12.1.1　定性与定量分析

工作中需要分析产品时，可以采用数据分析，也可以采用非数据分析，采用数据分析的方式被称为定量分析，采用非数据分析的方式则被称为定性分析。明确何时进行定性分析、何时更适合进行定量分析非常重要。下面先明确一下这两种分析方式有什么区别。

下面举一个最简单的例子来说明。我们都知道在设计产品之初，尤其是在从 0 到 1 设计一款产品时，需要做大量针对用户的调研，并且基于调研结果整理用户的典型特征，提炼出他们的共同点和不同点，设计出诸多不同的虚拟角色，再构建相应的用户场景，以及他们在这些场景中的需求，从而进行产品设计。

比如，我们需要做一个跨国类型的社交产品，为了设计出更符合用户需求的产品，通过对典型竞品的使用和分析，总结出了几类典型用户，分别是来自中国的小风同学、来自美国的中风同学、来自新西兰的大风同学，以及来自澳大利亚的龙卷风同学，除了国籍与姓名，再结合一些其他用户属性，于是就构建出了几类虚拟用户身份。有了这几个虚拟用户身份，就可以分别基于他们的国籍、生活环境、工作岗位、薪资水平等进行思考，比如假如自己是他们那样的身份，在不同的场景下会对社交产品提出什么具体需求。那么，由此得到的需求其实没有精细的通过具体数据进行量化评估，这是一种典型的定性分析用于提炼用户需求的场景，即用户画像（User Persona）分析。

产品被开发出来以后，就会获取大量真实的用户，随着用户量的增加，产品的用户画像极有可能发生变化，与最初调研后提炼出的用户身份不太一样，因为实际中并不一定能够完美获取到分析出的那几类人群，可能只有其中一类，也可能真实人群与之前分析出的人群存在巨大差异。于是在这样的情况下，就需要采用定量分析方式，通过收集用户使用产品过程中产生的数据来分析用户，即用户画像（User Profile）分析。

通过刚才所提到的两种不同类型的用户画像，也就是定性与定量分析的典型场景，我们其实可以大致了解到定性分析并不能够帮助我们得到很准确的结论，但是能帮助我们提炼出普遍的规律，而定量分析可以为定性分析得出的结论辅以具体的数据论证，所以后者会更具体、更真实地反映出用户的需求，甚至无论是群体还是单一用户的需求都可以通过数据分析体现。

### 12.1.2　数据分析意识的体现

了解了定性与定量这两种分析方式的区别及适用场景之后，我们再来看看所谓的数据分析意识是如何体现出来的。产品经理其实并不一定需要了解多么高深的数据分析理论，其关键在于能够敏锐地发现应该关注哪些数据，从这些数据中可以发现什么问题，推理出问题背后的原因，并想出针对性的解决方案。

有的产品经理负责电商领域，当你告诉他你们的电商产品总的下单转化率数据时，他会立马告诉你可以从哪些方面提升；有的产品经理负责社交类型产品，当你告诉他在你们的社交平台中用户月活跃度与上个月相比下降了 15%，他能很快地判断出问题的可能原因。这样的产品经理其实对数据已经形成了一种意识，并自然地挖掘出数据背后的连带关系。而有的产品经理在发现应该关注哪些数据方面还存在极大的问题，有时候甚至出现南辕北辙的情况，没有用合适的方法进行思考。我下面会谈谈我从实际工作中总结出来的一些对数据分析意识成长有帮助的方法。

### 1. 熟悉业务

在多年的工作中，我面对面接触过的产品经理至少有上千名，在工作中深度打过交道的产品经理也起码有上百名。我发现有些产品经理因为架构调整进入新的产品线时，能够在很短的时间内将复杂的业务梳理清楚，还有很多产品经理在这方面比较欠缺，没有人带领的话几乎没办法将业务梳理清楚。那些快速熟悉业务的产品经理，在工作中也更得心应手，遇到了需要进行数据分析的场景，也能很快地定位问题所在。那么怎样才能快速熟悉业务呢？这其实是一个很大的话题，而且具体方法也因人而异。下面介绍一下我自己的心得，以及从那些能快速熟悉业务的产品经理身上总结的方法，大家可以根据自己的情况加以采纳。

在刚入职一家公司的时候或者刚上手一个新项目的时候，一定要竭尽所能地与相关人员问清楚业务相关事情，包括项目背景、产品框架、核心流程等。当然，问的方式有很多，可以通过正式的工作对接来了解业务，也可以通过平时闲聊来侧面了解。除了问的方式，对于问的对象，最直接的就是问产品团队的同事们，包括自己的直属领导及其他产品经理。除此之外，产品的上下游人员也需要关注，上游人员就是产品的需求方，比如公司的运营、业务方等，下游人员则以开发者和测试工程师为主。

除了与不同职能的人沟通来熟悉业务，还可以通过查阅历史文档的方式来熟悉业务。在查阅文档的过程中，需要进行针对性的整理，例如先以自己的方式梳理产品全局的业务和架构，再去深入某一个业务进行细化整理，而不要从一开始就陷入某一个细节，这样就没办法对业务产生一个总体上的认知。

### 2. 明确核心指标

在熟悉了业务之后，就需要明确业务中对应的核心指标。不同的行业有着不同的核心指标，电商行业比较关注商品交易总额（GMV，Gross Merchandise Volume）、客单价、转化率、复购率等指标，内容社区类型的产品则会更关注用户活跃度、内容曝光数、内容浏览数、内容评论数等数据指标。除了行业，当公司处于不同阶段时，也会确定不同的核心指标，初创期的公司可能会更侧重于如何获取更多的新用户，发展壮大后的公司则更多考虑的是如何才能够赚取更多的利润。有些公司也会随着业务方向的调整或者阶段性目标的调整，对数据方面的核心指标做出针对性的调整。

### 3. 学会拆解

拆解能力是产品经理数据分析意识养成的非常重要的一环，因为在产品中任何数据都不是孤立的，而是由一些错综复杂的关系组成的，它们涉及产品业务中的流程、数据出现的逻辑关系、数据的计算方式等。

（1）简单案例拆解

很多产品经理都会关注产品中用户的次日留存率，如果不进行拆解，对于如何提升该指标会感觉无从下手。简单拆解后就会发现，用户的次日留存率就是第一天新增的用户到了第二天还接着使用这款产品的占第一天新增用户的比例，于是提升次日留存率的问题就可以从拆解后的两方面数据入手了。

（2）GMV 拆解

电商产品中的 GMV 是非常重要的数据指标之一，即一个平台在一定时间内的成交总额。有的平台也会把这个数据指标称为这段时间的流水。如果只是这么理解该数据指标而不进行拆解，会发现一个问题，那就是如果领导想让我们提升平台的 GMV，会很难下手。在对这个数据指标进行拆解的时候，可以有很多不同的拆解方法，而且不同方法提升后续数据的思路及难度都不太一样。下面看看可以采用什么方法对 GMV 进行拆解。

从定义的角度出发，GMV 是所有用户的成交金额，其中包含两部分最核心的数据，即已经付款的订单与未付款的订单。对于这两类不同的订单，用户后续可能还会执行不同的操作，比如针对已经付款的订单，用户可能会申请售后退货、退款；针对未付款的订单，用户可能会在没有超时的情况下付款或取消订单。正因为如此，GMV 可以通过公式

$$GMV = 销售额 + 取消订单金额 + 拒收订单金额 + 退货订单金额$$

来进行计算。通过这种方式拆解之后，要提升 GMV 只要提升公式中任何一类数据指标即可。于是有部分运营人员或产品经理为了完成领导制定的 KPI，便会想办法让开发者动用大量的马甲账号进行不付款刷单，从数据上实现 GMV 的提升。站在平台的角度来看，尽管 GMV 得到了提升，但是没有太大的意义。

为了我们更好地分析并解决提升 GMV 的问题，就需要采用更合理的方式来对 GMV 进行拆解。先引入另一个概念，即客单价，指的是在一段时间内平均每个成交用户通过平台购买商品的总金额，也就是客单价 = GMV / 总成交人数。总成交人数又可以被理解为产品获取了多少流量，其中有多少用户被转化了，即成交人数 = 流量 × 转化率。拆解到这里就可以知道，最终的 GMV 计算公式可以表示为 GMV = 客单价 × 流量 × 转化率。于是，提升 GMV 的思路变为通过获取更多的流量来提升用户转化率和提升客单价。如果继续进行拆解，客单价其实又可以由商品的平均单价及成交用户购买的平均商品数共同决定。

因此，通过合适的方式拆解数据指标会帮助我们得到更合理的结论，而不合适的拆解方式并不能对工作起到太大的作用。

（3）AARRR 模型

无论是前面提到的案例，还是其他的数据指标，如果要更好地开展工作，均需要对数据进行更加深入的拆解。但不管如何拆解，很多情况下都绕不开一个叫作 AARRR 的模型。类似的模型还有很多，比如数据漏斗模型、用户行为模型、RFM 模型、QQ 模型等，但它们的本质都是类似的，即对用户在整个产品生命周期环节的抽象。在拆解数据的过程中，这些不同的环节会成为很多数据指标拆解并着手落地的主要思路。接下来，着重介绍一下 AARRR 模型。

AARRR 模型中的几个字母分别代表了 Acquisition（获取用户）、Activation（激活用户）、Retention（提升留存）、Revenue（获取收入）、Referral（病毒传播）。

获取用户环节的重点会被放在获客渠道、不同渠道的推广费用、下载量等数据上，并通过这些数据进行细致的分析。比如，当公司为应用在不同的渠道上都进行了付费推广时，前期在各个平台上投入的费用都一样，推广一段时间后，发现 A 渠道带来的下载量较低，这时就可以考虑基于效果分析下载量低的原因，是在 A 渠道的投放位置不佳还是落地页不够吸引人，或者 A 渠道本身的用户群体与应用的目标用户人群不太一致？通过表现出来的现象进一步发现各种问题并逐一验证，如果是用户人群不匹配，后面可能会减少该渠道的推广费用；如果是投放位置或落地页的问题，则进行针对性的改进。

激活用户环节紧跟在获取用户环节之后，更需要关注用户对平台的第一印象及基础体验，对应的数据有注册率、注册后用户关注的功能数据等。如果已经有大量用户下载应用，但到了这个环节注册用户没有达到预期数量，就需要更细致地针对注册流程中的每一步进行数据分析，看用户是在哪一步跳出的，这样方便对流程或页面进行调整。为了能够提升后续的用户留存率，一方面可以通过数据分析来发掘问题并改进产品，另一方面可以在产品设计上加入适当的新人引导及新人福利，这可能会产生正向的效果。

当用户被激活并开始活跃时，接下来考虑的重点是提升用户留存率。用户虽然开始活跃，但没有长期留在平台上，最终还是很难为平台带来预期的收益。重点关注的数据主要有次日留存率、周留存率、月留存率等，还需要进一步考虑这些数据之间的对比关系。比如，若次日留存率比正常水平高，而周留存率却远低于正常水平，就要考虑针对新人的引导或福利是否足够吸引用户，于是可以尝试建立打卡机制或连续打卡有额外奖励等方式，使用户尽可能长期留在平台上。

如果用户已经养成了使用平台的习惯，那么就可以考虑将这些用户转化为我们的付费用户。此时关注的数据主要偏向用户黏性、针对某些功能的使用时长等方面。当用户在类似数据的表现上超过了平均水平时，就可以考虑通过产品设计引导其进一步转化为付费用户。

当平台发展到一定的阶段时，一方面需要不断地拓展渠道和拉新，另一方面需要让老用户形成自发的口碑式传播。于是，用户的忠诚度及与用户传播相关的数据就是我们需要关注的重点，比如用户分享量、不同渠道的分享量、生成海报的数量等。

以上介绍了 AARRR 模型在产品生命周期的各个环节应该注意的不同数据及应该如何进行相应的数据分析。当然，最重要的还是对不同的产品进行具体的数据分析，模型只是帮助我们进行更体系化的分析。

### 4. 学会对比

对比数据的意识是产品经理数据分析技能得以逐渐提升的另一个非常重要的因素。如果说对数据的拆解能力可以帮助我们更清楚地分析数据细节，以及从更多的角度看待数据，那么对比数据则让我们更理性与客观地看待数据。因为无参考地对单个数据进行分析，很难对数据所呈现的结果进行评判，比如当知道某个电商平台某个月的 GMV 是 10 亿元时，无法判断其到底是一个什么水准，但是如果告诉你上个月的 GMV 是 8 亿元，那么就能大致判断与上个月相比有所增长。因此，对孤立数据进行分析时，需要在工作中不断地培养寻找对比数据的意识。在寻找对比数据上有很多思路，下面介绍基于时间的对比。

在基于时间的对比方面，可以按照不同的时间维度进行对比，最常见的就是同比与环比。同比即当前周期与上年同期的数据进行对比，比如今年这个月与去年这个月数据的对比，或者今年这个季度与去年这个季度数据的对比；环比则指连续两个统计周期内的数据对比，比如这个月与上个月数据的对比，这个季度与上个季度数据的对比。结合同比与环比，数据的呈现结果就会更立体和直观。

下面给大家展示一个案例。首先看看如图 12-1 所示的数据，图中曲线代表新增活跃用户的构成，时间跨度为 2017 年年底到 2018 年年底。单看这里的数据能明显看出，在 2018 年 2 月，新增用户的活跃度明显下降，环比有很大的下滑，甚至与同年其他月份相比也异常低。于是，可以得出 2018 年 2 月通过相关渠道获取的新用户的质量不太好，所以新用户活跃度较低的结论。但这个结论正确吗？

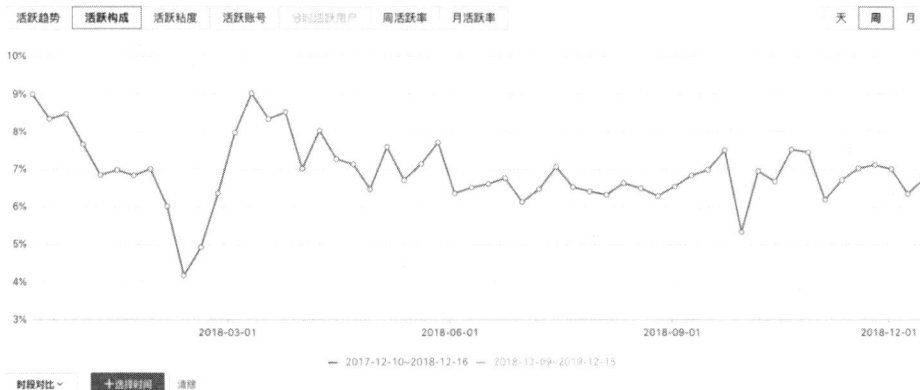

图 12-1　新增活跃用户的构成

我们再来看一下图 12-2，在图 12-1 数据的基础上，加上了后一年的数据对比，也就是 2018 年年底到 2019 年年底的数据。我们会发现这两张图表在走势上几乎呈现出一致性，尤其是在 2 月，进行数据对比得出了不同的结论，有可能 2 月本身就是一个特殊的月份，新增用户数存在瓶颈。如果想知道更多背后的原因，则还需要基于 2 月进行相应推广渠道的数据调研。

### 5. 判断趋势

趋势在某种程度上代表着对数据走向的预测，能够对趋势存在一定判断力的产品经理可以算是在数据分析方面具备了较好的意识，而如果能将这种意识转变为能力，在数据分析方面就可以大有作为。通过对行业规模数据的分析来预判行业未来趋势，对产品过往营收数据的分析来判断接下来一段时间营收的趋势，就可以基于预判对不好的结果有针对性地做出产品方向的调整。

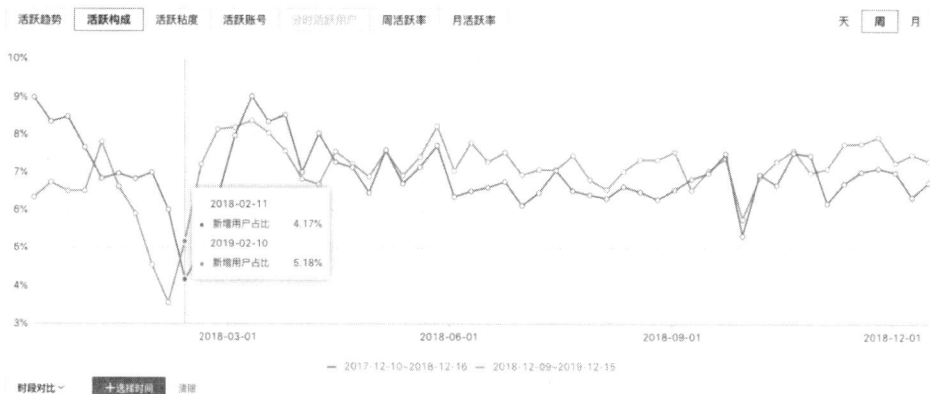

图 12-2　新增活跃用户的构成对比

　　那么，什么样的表现才是具备了对趋势进行判断的意识呢？首先，具备对趋势进行判断意识的人会在脑海中建立长期趋势与短期趋势这样的理念，从数据的角度来看，就是这个月数据可能呈现上涨趋势，但在更长的时间维度下会发现趋势是下降的。除了这点，还需要明确趋势是否存在周期性，所以在没有看到足够多数据的情况下，不一定能够发现数据的周期性，从而可能对趋势做出错误的预判。

　　接下来结合案例来看一下上面提到的几点。首先，图 12-3 展示了 2018 年 8 月 20 日到 2018 年 8 月 26 日期间用户在产品中的活跃趋势。如果单看这张图表，很明显用户的活跃数据呈现整体上涨趋势，如果基于这些数据预判后续数据的话，可以预测 8 月 27 日的数据高于 8 月 26 日的数据。那么，到底是不是这样的呢？

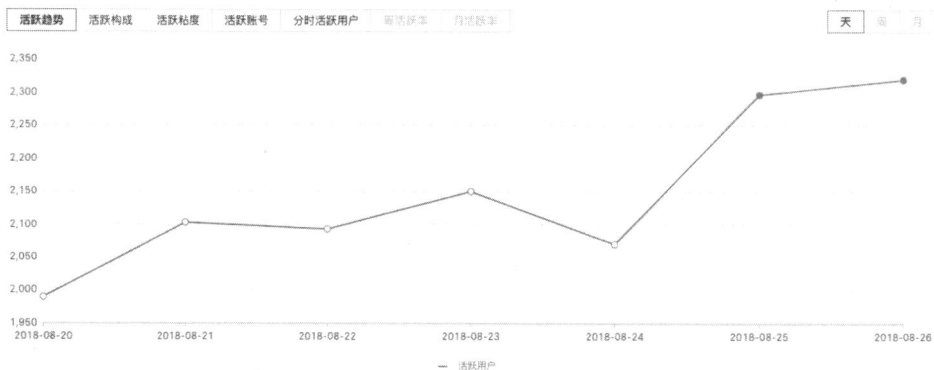

图 12-3　用户活跃趋势

我们接下来继续看图 12-4，这张图在图 12-3 的基础上改变了时间范围，展示了 2018 年 7 月 9 日到 2018 年 8 月 26 日期间用户在产品中的活跃趋势。第一，我在图中用矩形框起来的部分代表数据的变化呈现一定的周期性，基本上是一个星期的前五天用户的活跃度不高、比较平稳，而到了周末两天，用户的活跃度呈现爆发式增长，并且这一规律在每个单位周期内都重复出现了；第二，我标出的箭头代表以每个星期为单位的"箱体数据"，在这样的一个时间范围内，数据整体呈现出下降趋势。因此，基于上面这两方面对图表中下个星期的数据趋势做预判，理论上应该也会出现以一个星期为箱体的数据波动，并且下周的整体数据情况应该会低于图中目前可以看到的最后一个星期的数据情况。

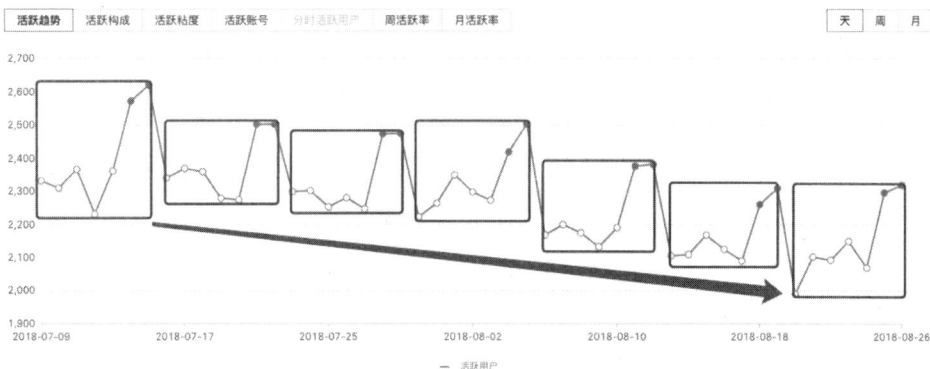

图 12-4　改变时间范围后的用户活跃趋势

这就是一个非常典型的，因趋势判断中数据的周期性规律及长短周期不同，对数据进行分析得到的结论完全不同的案例。

## 12.2　数据分析的流程

如果要对数据进行分析，应该以什么思路或流程来进行呢？

首先需要明确的是，数据分析一定要带着目的做。数据是在功能中产生的，功能可以解决用户某个场景下的某个问题。例如，运营人员会直接让产品经理协助提取一些数据进行分析，此时产品经理要做的不是根据他们所说的找相关开发者去提取数据，而是应该先与运营人员沟通，明确提取这些数据的目的是什么，尽可能地了解业务背景，出于什么原因做了什么活动，通过提取数据想要验证什么，只有更好地了解了这些背景和目的，才能够有助于后面更好地进行数据分析。

明确数据分析的目的之后，接下来就需要对涉及的业务流程进行梳理，明确用户会通过何种路径使用我们的产品，在这些路径上用户会做出什么样的行为，并找到相应的数据指标。在规划数据指标的时候，甚至在业界存在一套通用的模型，叫作 OSM 模型，这里的 O 代表了业务目标（Objective）、S 代表了业务策略（Strategy）、M 代表了业务度量（Measurement）。具体如何拆解数据指标，在前面的内容中已经提到过，这里就不再详细讲解了。

完成了业务流程的梳理及关键数据指标的提炼之后，就可以着手让开发者收集对应路径上的用户数据了。开发者在应用中通过编程实现对数据的收集之后，会对这些数据进行清洗，将有用的数据提取到后台或者保存在对应的数据库中，产品经理接下来就可以进行后续的分析工作了。当然最重要的其实是基于数据分析的结果，针对性地提出改进方案，也就是制定相应的业务策略。

最后，在方案正式实施并上线后，还要持续跟踪所制定的相应策略，查看有没有按照预期方式实现数据的提升。

## 12.3　SQL在数据分析中的应用

回想我大学时，教数据库课程的是一位年轻漂亮的女老师，所以很多学习这门课的男生在课堂上表现得非常活跃，大家在课堂上积极思考并提出了很多问题，或者装作积极思考并提出了很多问题，我也是这些人中的一个，正因为如此，我学数据库学得很好。后来在工作中，对数据库知识的熟练掌握帮了我不少忙。有的公司的产品经理对测试环境下的数据库有直接操作权限，对正式环境下的数据库也拥有查询权限。当运营人员找我要数据，或者我自己需要导出特定的数据，而这些数据在后台的列表中不存在时，我就会直接连上数据库编写相关 SQL 语句来快速搞定任务并将数据导出。这样既不用大费周章地给开发者转述需求，也不用因为开发者手头有其他工作而被耽搁，大幅提升了工作效率。

以上只是临时的需求场景，但如果你在工作中需要频繁地与数据打交道，经常需要提炼各种数据进行分析，比如用户的各种行为数据，用户在产品中某些特定位置的行为数据，这些数据需求有时并不会被固化在后台成为一个功能，但数据却是保存在数据库中的,那么不具备基础的对数据库进行操作的能力,就意味着每次出现这样的情况都需要和开发者说帮忙查一下数据库,而这并不是开发者分内之事,所以他们完全有正当理由拒绝你的要求。

其实对数据库的操作并不像编程一样需要花费大量的时间才能够学成,甚至几个小时就可以学会数据库常用语句。既然数据分析在产品经理的工作中确实是一个非常重要的工作,而数据提取又是数据分析前的关键步骤,那么为了更好地胜任产品经理的工作,我们应该学习一些关于数据库的知识,尤其是在使用数据库时会用到的 SQL 语句。

在前面介绍数据库的概念时我也给大家讲解过,数据库分为关系型数据库和非关系型数据库,而非关系型数据大都不是以结构化数据的方式出现的。对产品经理来说,以存储结构化数据的关系型数据库切入会更合适。熟悉这类数据库可以帮助产品经理对数据模型有全局考量,增强我们的产品设计能力。接下来,我们就以关系型数据库为例来给大家讲解一下。

### 12.3.1　数据库服务器的连接

下面说说应该如何连接数据库所在的服务器。对于开发者,在数据库搭建完成后,可以直接通过命令行来连接数据库;但对于产品经理,使用命令行的方式操作比较麻烦,而且我们也不是开发者,我们能够借助一些可视化的工具来连接数据库并进行操作即可。市面上的很多工具都可以用于连接数据库,像 phpMyAdmin 就是一款在开发者中流传非常广泛的 MySQL 数据库管理工具,而且它是在浏览器中使用的,是一款 Web 应用。另外,微软出品的 Microsoft SQL Server 是一款功能非常强大的数据库管理工具,集成了 BI 工具来帮助企业提供更好的数据管理能力,不过这款工具是付费的,而且价格不菲,很多公司不一定会考虑采购。目前很少有公司采购正版的数据库管理工具,更多的是采用甲骨文公司研发的一款免费的数据库开发和管理工具 Oracle SQL Developer。

当然,以上介绍的这几款数据库管理工具相对来说更偏向于开发者使用,产品经理在工作中可以选择另一款更轻量级的可视化管理工具 Navicat,这款工具可以同时连接多种不同类型的数据库,比如 MySQL、MariaDB、MongoDB、SQL Server、SQLite、Oracle 和 PostgreSQL。

下面来看一下怎样使用 Navicat 工具进行数据库的连接。由于工具版本不同,工具的界面和入口可能略有差异，但不会影响整体的学习和使用。打开 Navicat 工具之后，点击连接入口，会出现多种不同类型的数据库以供选择，在这里可以咨询一下开发者，根据开发者提供的数据库类型进行选择，比较常用的数据库类型有 MySQL 或 Oracle，如图 12-5 所示。

图 12-5　Navicat 主页面

选择完数据库的类型之后，就会弹出一个如图 12-6 所示的对话框，可以在"常规"选项卡中设置连接名，然后在"主机名或 IP 地址"后输入想要连接的数据库的 IP 地址，并填写对应的端口号，接着填写可以连接数据库的用户名及密码。无论是数据库的 IP 地址及端口号，还是用户名及密码，都可以直接向开发者获取。填写完这些信息以后，为了确保能够正常连接数据库，可以点击左下角的"连接测试"按钮，出现"连接成功"的提示之后再保存该连接信息。

除了使用这种方式连接数据库，有时为了确保更严格的安全限制，运维工程师在搭建数据库环境时，会禁止使用密码登录的方式，而是必须使用密钥且经过服务器验证通过后才可以正常登录数据库。也就是运维工程师会为我们的登录账号生成私钥文件，在连接数据库时除了填写必要的数据库对应的服务器 IP 地址和端口号、登录该地址的账号名称，还要在验证方法上选择"公钥"验证，这样提交了私钥文件后，匹配上才能够完成数据库的正常连接，如图 12-7 所示。

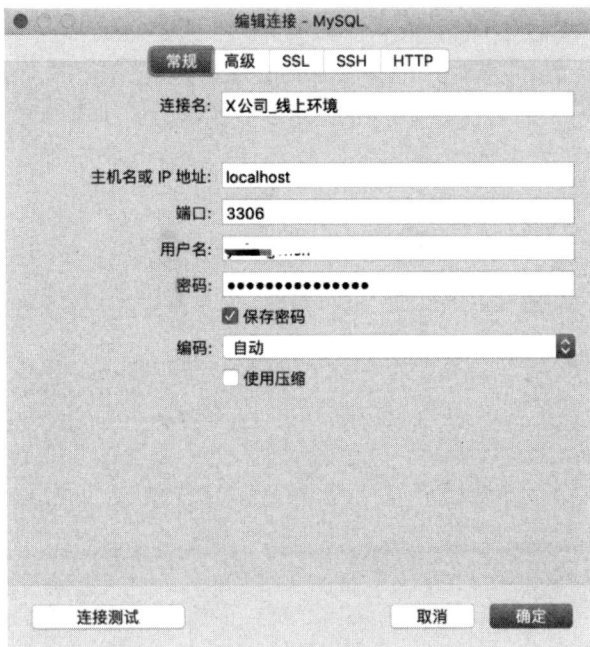

图 12-6 编辑连接（"常规"选项卡）

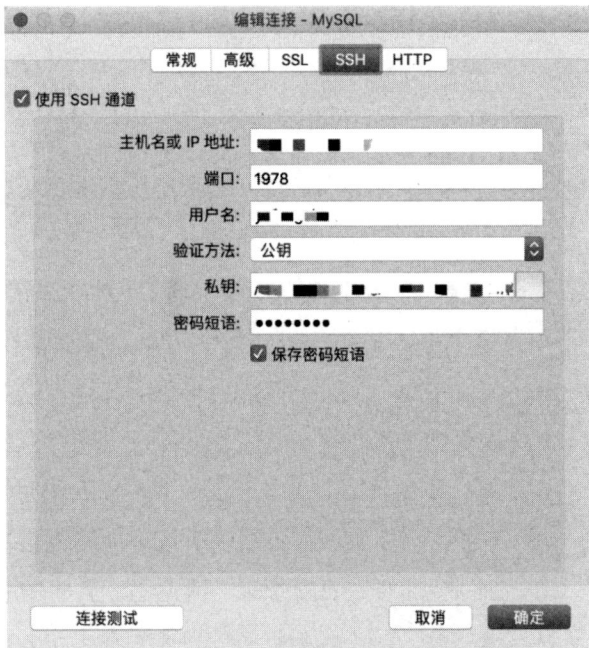

图 12-7 编辑连接（"SSH"选项卡）

### 12.3.2　数据库的结构

在我们获得开发者提供的数据库所在服务器的地址，并使用他们为我们创建的账号连接数据库之后，就能够看到如图 12-8 所示的内容。我们需要先从全局角度了解一下数据库的整体结构，才能更好地进行后续的操作。

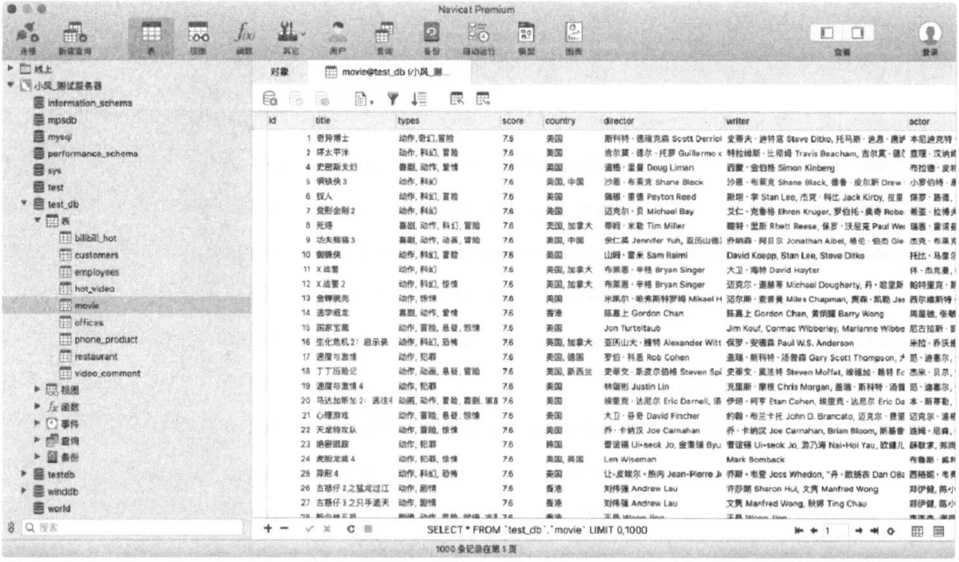

图 12-8　数据库的结构

图 12-8 左边的一列代表的是不同的数据库，每个数据库都会以文件的方式分别进行保存。打开每个数据库之后，会看到一些不同的功能，比较重要的是表的菜单，点击展开菜单后可以看到数据库中最核心的内容，即数据表，数据表是数据库中用于保存数据的场所。在数据表中，数据会按照行排列，每一行数据叫作一个记录，每一列的列名叫作字段。选中某个数据表之后单击鼠标右键，在弹出的快捷菜单中点击设计表，就能更清楚地看到数据表的结构。在创建表的时候会为每个字段指定该数据的类型、长度及字段的名称等，并且我们还可以发现，在数据表的字段中一般至少存在一个"主键"，它的作用是唯一地标识一行数据，所以不会出现重复的情况。与主键对应的另一个东西叫作"外键"，某张表的外键一般是另一张表的主键，用于与其他表建立联系。所以，从这个角度看，一张数据表中可能存在多个外键，并且会有重复的情况出现。

除了主键和外键,数据表中还有索引,索引其实是对数据表中一列值或者多列值进行排序的结构。如果进行类比的话,它有点像一本书的目录。如果一本书没有目录,在需要查阅书中的某些内容时,就需要从头到尾翻一遍,直到找到想要查阅的内容为止,而有了目录之后,只需要先通过目录定位,然后就能很快地找到对应的内容。在数据表中建立索引其实就是为了达到类似的目的,即对表中的记录进行更快的查找。

另外,还有一个需要说明的是视图。视图其实有点类似于数据表,但是它与数据表的区别在于数据表是真实存在的,而视图中是虚拟表,是由通过编写 SQL 语句从其他数据表中查询出来的结果临时生成的虚拟表。所以,换句话说,视图有点像把用于查询结果的 SQL 语句封装起来,以后再想根据某些条件查询数据的时候,就不用再重新编写比较麻烦的 SQL 语句了,而是直接通过视图来调用。

## 12.3.3　SQL 语句对数据的基本操作

了解了数据库,尤其是数据库中数据表的结构之后,接下来就可以看一下怎样通过 SQL 语句来对数据库中的数据进行操作。在数据库中对数据进行的最典型的操作就是增删改查,实际工作中一般并不会给产品经理开放对数据进行修改的相关权限,更多的是让产品经理通过数据库提取相关的数据进行查看并分析,所以重点应该在查询语句方面。接下来,简单介绍一下其他查询语句,并把重点放在查询语句上。

### 1.　新增数据

为了更好地让大家了解如何使用 SQL 语句,下面以案例进行讲解。首先,假定我们做了一款影片资讯类的产品,产品提供了某个功能,能给用户展示电影的基本信息,比如电影名称、电影类型、电影演员等,这时就需要数据库中的数据表来记录这样的信息。首先在数据库中新建一张名为 movie 的表,用于记录上面提到的这些信息,在这张表中定义了如图 12-9 所示的字段,每个字段的含义可以参考图中的注释,并将该数据表中的自增 id 设置为主键。

然后给表中导入一些数据,如图 12-10 所示,每一行数据都是一部电影的基本信息,此时如果有新电影上映,在需要将其添加到这张数据表中的时候,怎么样在 Navicat 中操作并借助 SQL 语句进行添加呢?

图 12-9　movie 表中的字段

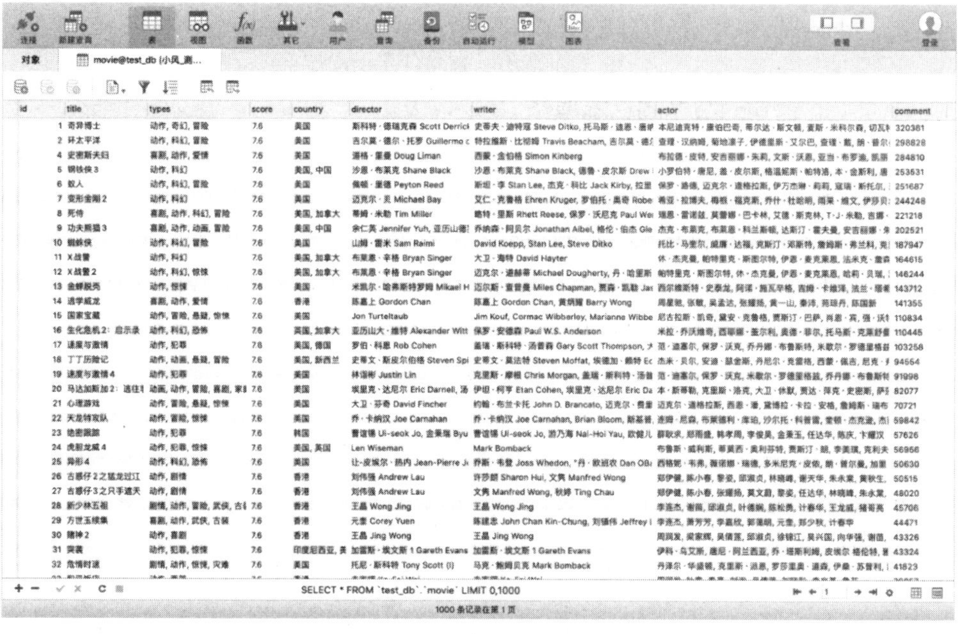

图 12-10　movie 表中的数据

　　需要说明的是，若想在 Navicat 中编写 SQL 语句，需要先点击工具栏中的"新建查询"入口，这时就会出现 SQL 语句的编辑页面。在通过 SQL 语句插入数据时，有两种方式：一种是在数据表中插入一整行信息，即插入所有列对应的值；另一种则是在数据表中插入部分信息，即并不是将一行信息中的所有值都插入数据表。

　　下面先来看第一种方式，在如图 12-11 所示的 SQL 语句编辑页面中写下相关 SQL

语句，完成后点击箭头所指的"运行"按钮，在底部的信息栏中可以看到数据已经被成功插入数据库的 movie 表中。

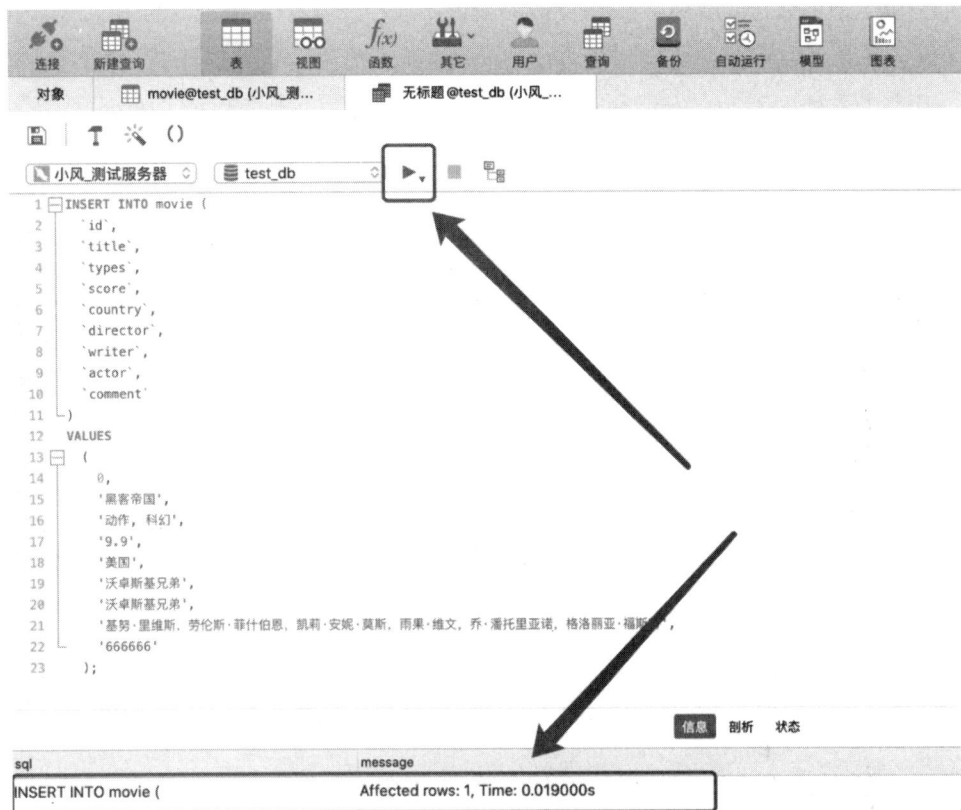

图 12-11　将数据插入 movie 表

然后来看第二种方式。当我们采用 SQL 语句往 movie 表中插入一整行数据时，会使用 INSERT 命令来完成，通用语法如下：

```
INSERT INTO 表名 VALUES(值 1,值 2,值 3,值 4……);
```

需要注意的是，对于表中的主键字段，一般要设置自动递增，但我们采用 INSERT 命令插入一整行信息时，每一列对应的值都需要在 VALUES 中列出，此时可以先设置 id 为 0，起到占位的作用，等到插入以后会以自增的方式在表的末尾添加。

除上面提到的这种一次插入一整行完整数据的场景，有时候我们在插入数据的时候，并不需要将一整行中所有字段对应的数据都插入。比如，还是在刚才的 movie 表的案例中，我们在刚提供数据时，没有产生用户的评论数和电影的评分数据，也就是对应着数据表中的 comment 和 score 字段，在插入数据时明显这两个字段对应的数值是不用插入的，那么这时应该如何插入呢？

使用上面的办法，点击"新建查询"按钮，按照图 12-12 中写好的 SQL 语句输入，检查无误后点击箭头所指的"运行"按钮，在底部的信息栏中可以看到数据同样被成功插入数据库的 movie 表中。

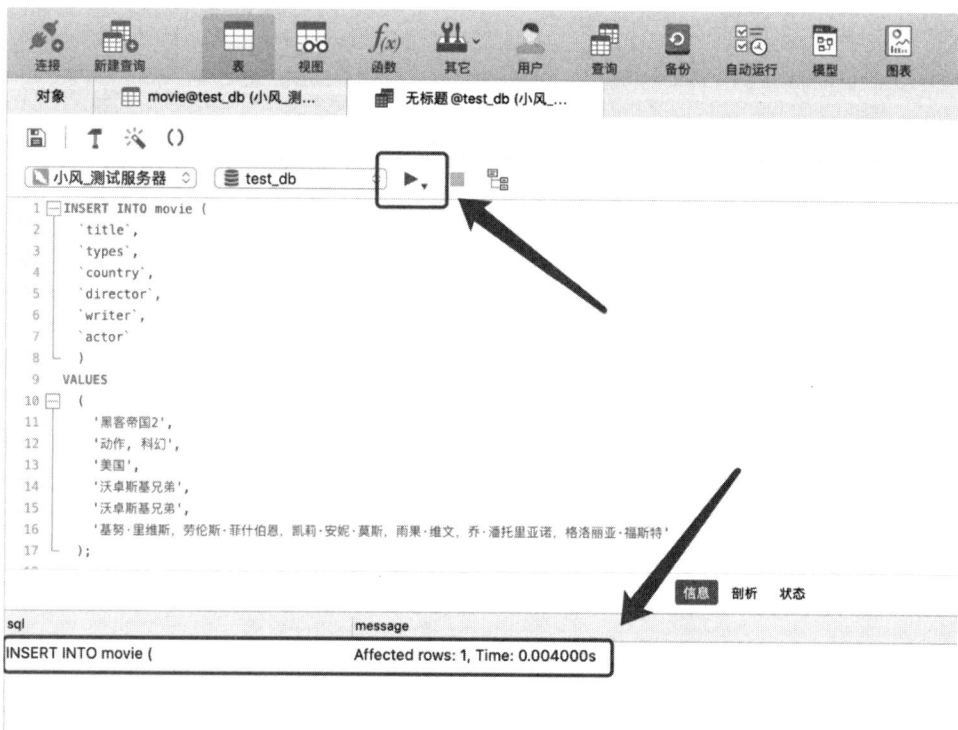

图 12-12　指定字段插入数据到 movie 表中

仔细查看图 12-12 中的 SQL 语句，其中并没有将一行数据所有字段列出，只列出了一部分字段信息，这也正是当我们想要使用 INSERT 命令往数据表中插入一部分数据时的做法，通用语法为：

```
INSERT INTO 表名(列名1,列名2,列名3,列名4……) VALUES(值1,值2,值3,值4……);
```

也就是在插入数据时，指定想要插入的数据的列名，并且赋予与列名匹配的值即可。而且，如果在插入数据时采用的是这种做法，那些没有被列出的列名所对应的值为空。图 12-13 中的第二行数据便是按照部分数据插入方式插入数据后在数据表中呈现的结果，第一行数据则是完整插入整行数据后呈现的结果。

| id | title | types | score | country | director | writer | actor | comment |
|---|---|---|---|---|---|---|---|---|
| 4868 | 黑客帝国 | 动作，科幻 | 9.9 | 美国 | 沃卓斯基兄弟 | 沃卓斯基兄弟 | 基努·里维斯，劳伦斯·菲什伯恩，凯莉·安妮·莫斯，雨果·维文，乔·潘托里亚诺，格洛丽亚·福斯特 | 666666 |
| 4869 | 黑客帝国 2 | 动作，科幻 | (NULL) | 美国 | 沃卓斯基兄弟 | 沃卓斯基兄弟 | 基努·里维斯，劳伦斯·菲什伯恩，凯莉·安妮·莫斯，雨果·维文，乔·潘托里亚诺，格洛丽亚·福斯特 | (NULL) |

图 12-13　插入部分数据和插入完整数据的结果对比

## 2. 删除数据

除了向数据表中新增数据，我们还可以将数据表里无效的数据删除，那么如何删除数据呢？下面结合实际案例给大家讲解一下。出于某些原因，在将数据导入数据库中时，在图 12-14 名为 movie 的数据表中可以发现有几行数据中出现了乱码，这时就需要将表中的这几行数据删掉，以免这些数据呈现在用户面前。

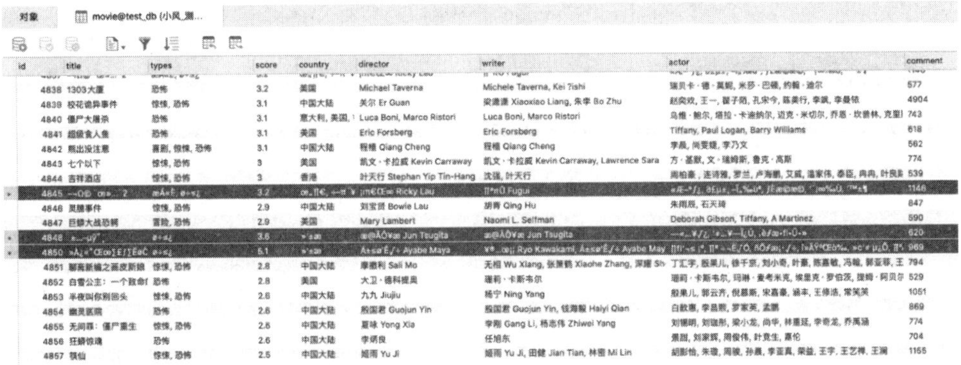


图 12-14　movie 表中的数据出现乱码

在删除数据的时候，由于每行数据的 id 是唯一的，因此可以根据 id 来指定要删除哪几行数据，也就是 id 为 4845、4848、4850 的这几行数据，如图 12-15 所示。这里提供了两种不同的方式来删除指定行的数据，但本质上都是指定数据检索范围，在该案例中就是删除这 3 个 id 所对应行中的数据。

从上面的示例可以看出，在数据库中删除数据时，通用语法为：

```
delete from 表名 where 条件;
```

对于删除等操作，除了可以像上面这样根据指定的条件来删除指定行的数据，还可以通过在执行删除操作的 SQL 语句中去掉条件来直接删除整张数据表，也就是采用“delete from 表名”的方式来删除整张数据表，但这种操作比较危险，产品经理最好不要在数据库中执行这样的操作。

图 12-15　在 movie 表中删除指定行的数据

### 3. 修改数据

对数据进行修改也是产品经理在工作中经常会遇到的场景，比如，需要从数据库中提取数据进行分析，但发现某几行数据或某个字段对应的数值明显不正确，此时就需要对数据进行修改。除此之外，对于产品经理来说，比较频繁地对数据库数据表中的数据进行修改，更多的是在对产品进行验收的环节，需要通过 SQL 语句在测试环境下制造假数据。

那么如何对数据库数据表中的数据进行修改呢？还是先给出一个案例。在数据库的 movie 表中，整理数据时发现有一行数据中某个字段的值与实际情况不符，也就是图 12-16 中箭头所指的位置，该电影的分类应该被标记为"动作，奇幻，冒险"，却被错误地标记为"爱情"，于是需要对这里的数据进行修改。

图 12-16　错误信息所在行

针对上面这种情况，在撰写 SQL 语句的时候，需要使用 UPDATE 操作。具体的思路与删除操作很类似，在删除数据时需要指定删除行的条件是什么，同样，在修改数据时，也需要指定清楚要修改哪一行哪一列的数据。

同样，还是在 Navicat 中点击"新建查询"按钮，在出现的编辑页面中写入如图 12-17 所示的 SQL 语句，并点击箭头所指的"运行"按钮，这样行数据 types 字段对应的值就被成功更改为我们想要的值了。

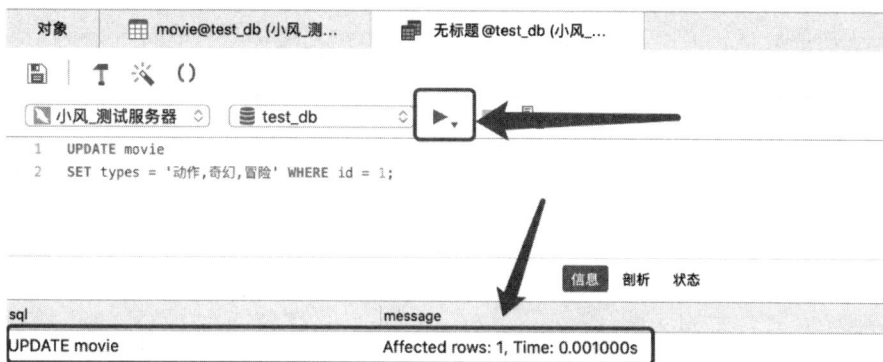

图 12-17　对 movie 表中的单个错误信息进行修改

使用 UPDATE 操作不仅可以修改某个字段的值，还能同时对多个字段的值进行修改。如图 12-18 所示，同时对 id 为 1 的这行数据的 types 字段和 country 字段的值进行修改，运行之后，提示修改成功。

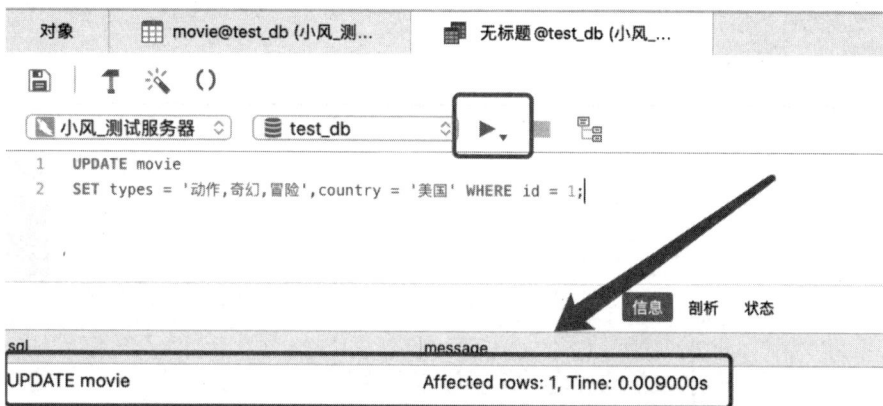

图 12-18　对 movie 表中的多个错误信息进行修改

通过上面提到的案例，当想对数据库数据表中的数据进行修改时，可以指定一列或多列同时进行修改，通用语法为：

```
UPDATE 表名 SET 列名 1 = 值 1, 列名 2 = 值 2, 列名 3 = 值 3 …… WHERE 条件;
```

对于上面的 UPDATE 命令，也可以去掉 WHERE 及后面的限制条件，但去掉之后就意味着把整列值都设置为同一个值。

### 4. 查询数据

对于产品经理，实际工作中运用最多的应该就是对数据进行查询的操作了。因为对数据的新增、删除和修改相对比较危险，所以有时并不会给产品经理开放对应的操作权限，而只开放了最基本的查询权限，需要使用 SELECT 命令来完成。接下来，结合案例来看看。

（1）基本查询

在将一张数据表的数据从数据库中提取出来的时候，有两种常见情况：一种是将整张数据表的数据查询并导出，另一种是只提取这张数据表里的部分字段。那么，针对这两种情况，要怎么使用 SQL 语句进行查询呢？

首先，对于第一种情况，在 Navicat 中，通过"新建查询"来编写如图 12-19 所示的与查询相关的 SQL 语句，从查询结果可以看到数据表中的所有字段，而且结果中的记录与数据表中的记录保持一致。

图 12-19　查询数据表中的所有数据

通过这种方式达到的效果是，查询整张数据表的所有记录。使用 SELECT 命令查询所有记录的具体查询语句的通用语法为（其中，*代表数据表中的所有列）：

```
SELECT * FROM 表名；
```

如何查询指定列的记录呢？在上面案例的基础上，此时需要将 title、types、country 及 score 这几个字段展示在最终的查询结果中，撰写的查询语句和对应的查询结果如图 12-20 所示。

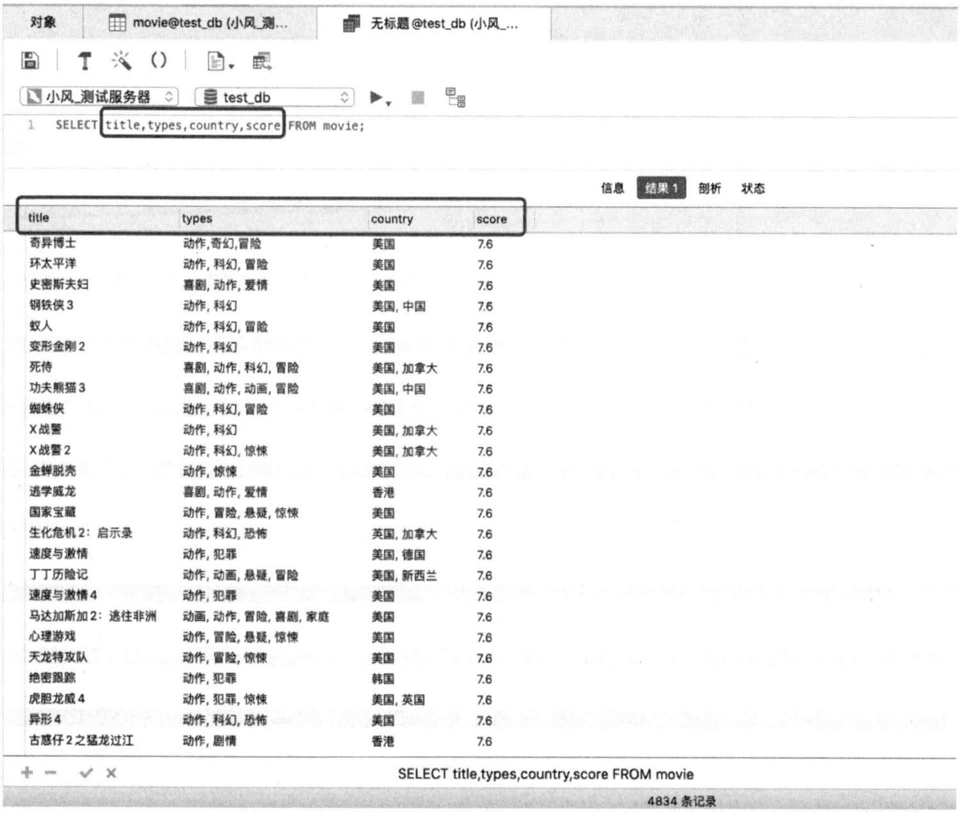

图 12-20　查询数据表中指定列的数据

查询指定列的数据，通用语法为：

```
SELECT 列名 1，列名 2，列名 3，列名 4，列名 5…… FROM 表名；
```

（2）条件查询

所谓的条件查询，就是根据特定的条件找到符合要求的对应行的数据，并在最终的查询结果中呈现出来，通用语法为：

```
SELECT * FROM 表名 WHERE 条件;
```

语句中的条件实际上包含了很多不同的实际场景,可以是为了查询数据表中某一行的特定数据;也可以是为了查询符合某一类条件的数据,或者找出在某个区间内的数据等。此时最终查询出来的结果就可能会不止一行。

● AND 与 OR 运算符

若查询语句中存在多个条件,则需要使用运算符来进行连接。SQL 语句中一般会将 AND 和 OR 作为多个条件之间的连接符,下面结合案例来看看。

下面先看看如何使用 OR 运算符。在前面的 movie 表中,如果想要查询《黑客帝国》和《当幸福来敲门》这两部电影的相关信息,可设置两个条件,只要其中一个条件是成立的,那么查询结果就会显示符合条件的记录,如果多个条件都成立,则把通过多个条件查询的结果全部显示出来,具体的查询语句和查询结果如图 12-21 所示。

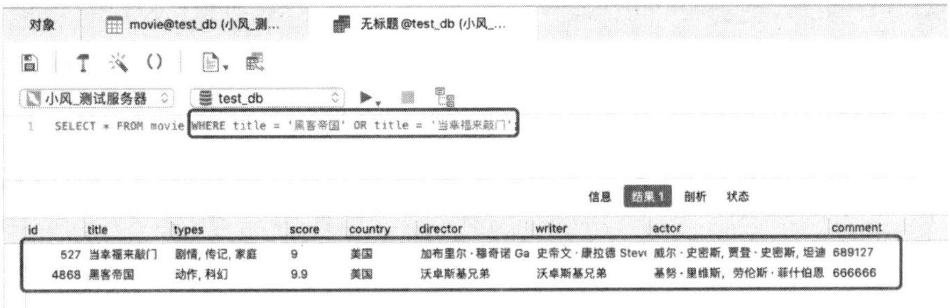

图 12-21 借助 OR 运算符根据多个条件查询表中的数据

接下来看看 AND 运算符的使用方法。还是以 movie 表为例,如果想要找出表中所属地区是美国且电影类型为动作的电影,也就是两个条件要同时满足,最终的结果才能够显示出来。最终的查询语句和查询结果如图 12-22 所示。

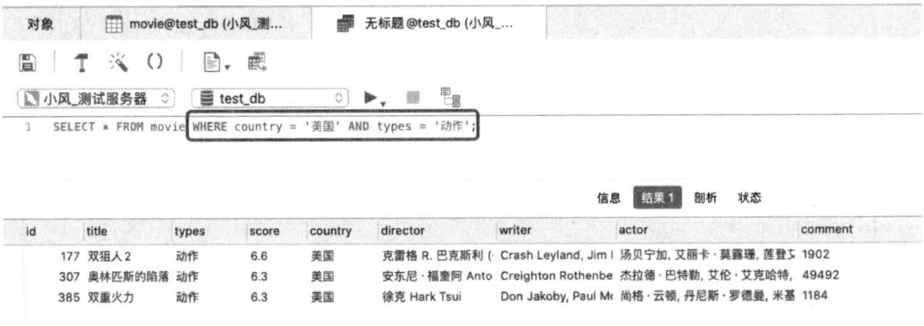

图 12-22 借助 AND 运算符根据多个条件查询表中的数据

● 比较运算符

所谓的比较运算符，就是通过一个符号对两个值进行比较，比较之后获得结果，结果是一个逻辑值，也就是结果要么为真要么为假。最常见的比较运算符就是"="，除此之外，还有其他运算符，下面整理成表格，如表 12-1 所示。

表 12-1　比较运算符

| 运算符名称 | 运算符介绍 |
| --- | --- |
| = | 等于 |
| <> | 不等于 |
| > | 大于 |
| >= | 大于或等于 |
| < | 小于 |
| <= | 小于或等于 |

对于这几种运算符，可以在单独条件的 WHERE 子句中使用，也可以组合起来使用。图 12-23 就是在 WHERE 子句中使用了两个运算符的案例，表示查询电影评分在 9 分以上且所属国家是美国的电影。

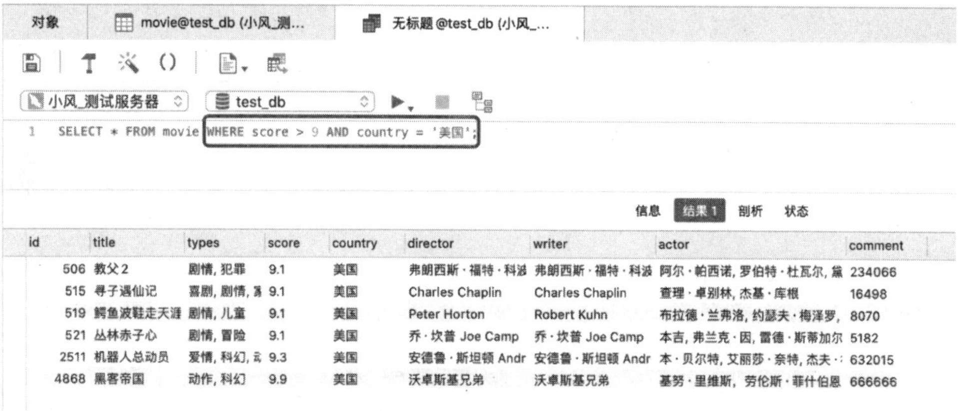

图 12-23　借助比较运算符查询数据

● 范围查询

顾名思义，范围查询就是查询某个范围内的数据，有时也叫区间查询。使用这种方式查询，最重要的是给定查询条件的范围。在 SQL 语句中，最常见的给定范围的运算符是 BETWEEN 和 IN。

当使用 BETWEEN 运算符来界定两个值之间的数据时，一般会与 AND 运算符配合使用，适用于在连续范围内筛选数据的情况，也就是在起点和终点之间的数值范围内筛选数据。举个例子，假如要查询 movie 表中评分在 7 和 9.5 分之间的电影，就可以使用 BETWEEN...AND...。具体的查询条件和查询结果如图 12-24 所示。

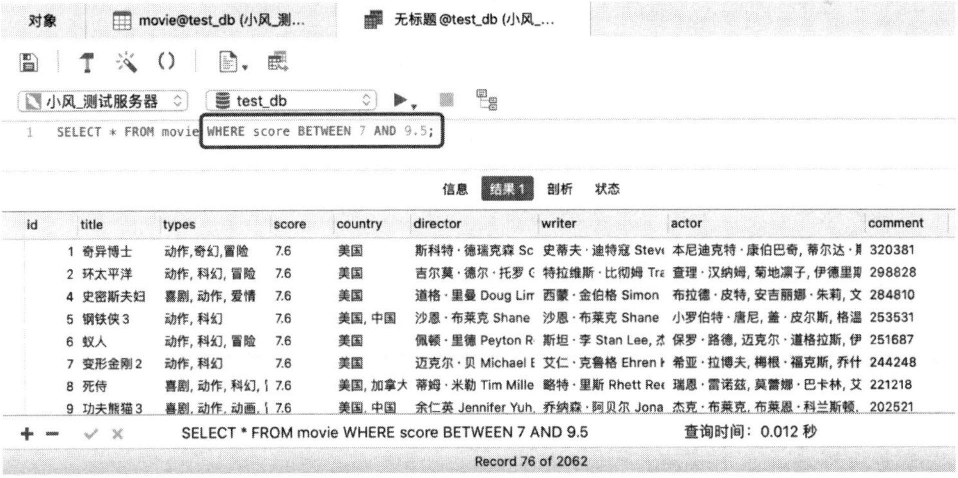

图 12-24　使用 BETWEEN...AND...查询数据

另一种 IN 运算符则主要用于在 WHERE 子句中界定范围，适用于在几个给定的选项中查询。比如，若想要找出 movie 表中所属国家是美国或中国的电影，就可以使用 IN 运算符来进行限制，给定两个选项即可。具体的查询条件和查询结果如图 12-25 所示。

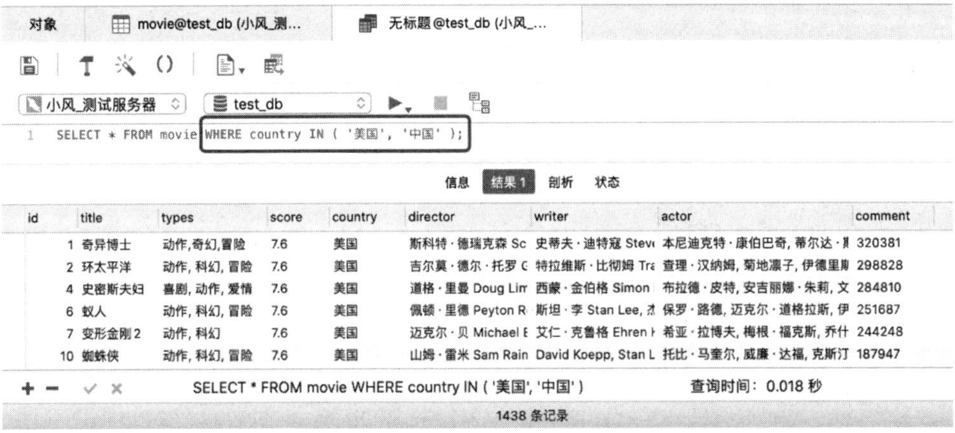

图 12-25　使用 IN 运算符查询数据

- 模糊查询

指定查询条件后，有时会发现不太记得或不清楚精确的查询条件是什么，但能够确定想要查询的信息中包含了某一部分内容。比如，我们想要在 movie 表中根据编剧的姓名查找相关的电影信息，但外国人名翻译过来比较长，只记得编剧的名字是以"史蒂夫"开头的，这时就可以用 SQL 语句中的 LIKE 操作符了。如何操作呢？查询语句和对应的查询结果，如图 12-26 所示。

图 12-26　使用 LIKE 操作符查询数据

在上面的查询语句中使用了 LIKE 操作符，实现了查询以"史蒂夫"开头的编剧名字的电影信息。LIKE 操作符的应用场景主要是模糊查询，常用于查询包含条件中的字符串的数据。

除此之外，上面的示例中有一个 SQL 语句中叫作通配符的东西，也就是%。通配符在 SQL 语句中一般与 LIKE 操作符一起使用，而且通配符不止 % 一个，下面整理了比较常见的通配符及其主要作用，如表 12-2 所示。

表 12-2　常见的通配符及其作用

| 通配符名称 | 通配符作用 |
| --- | --- |
| % | 表示零个或多个字符的任意字符串 |
| _ | 表示任意的单个字符 |
| * | 代表多个字符 |
| ? | 代表单个字符 |
| # | 代表单个数字 |

接下来，我们看看常见的通配符是怎样使用的。

**使用%通配符**

在上面的讲解中，已涉及%通配符的用法，并且知道它表示零个或多个字符的任意字符串，%出现的位置可以根据实际需求变化。比如，需要在movie表中查询包含"本尼迪克特"的演员名称的电影信息，只用展现电影名称和演员名称即可，由于在演员名称字段中，并列了多个不同的演员名称，它们以逗号分隔，因此"本尼迪克特"可能出现在演员名称的开头也可能出现在中间，无论其出现在哪个位置，前面和后面可能存在零个或多个字符，这时可以用"%本尼迪克特%"的方式来表示。最后编写的 SQL 语句和运行后获得的查询结果如图 12-27 所示。

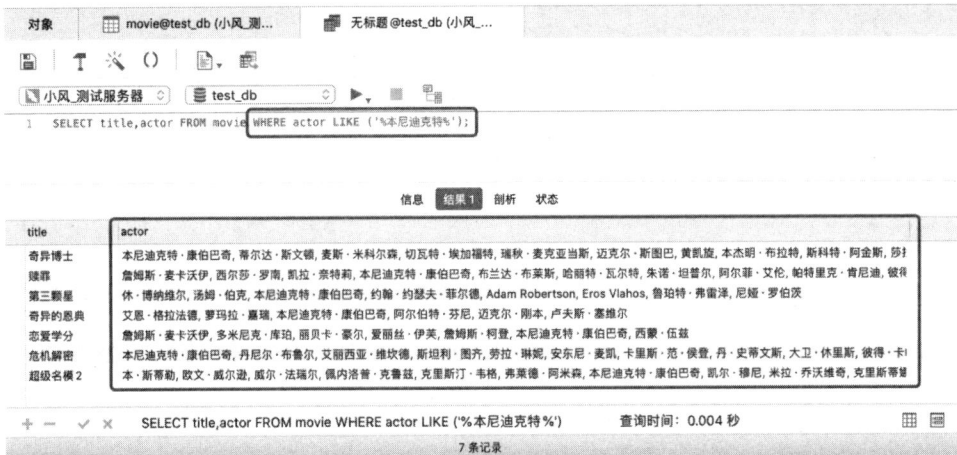

图 12-27　使用%通配符查询数据

**使用_通配符**

在 SQL 语句中使用_通配符，也就是下画线，主要用于指代单个字符。当我们想要查询某些数据的时候，若不太确定字段中的某一个字符，就可以考虑使用下画线来替代。此外，对于字段中多个字符相同，只有某一个字符不同的情况，也适合使用_通配符来查询数据。

下面结合案例进行讲解。由于 movie 表中的电影信息比较多，而且很多电影还有续作，比如第一部、第二部，为了区分会在电影名后加上数字。若想找出 movie 表中属于某一系列电影的所有电影，它们只有最后一个字符不同，这时_通配符可以起到作用。同样，需要与 LIKE 操作符配合使用，将最后一个字符用_通配符替代。最后编写的 SQL 语句和运行后获得的查询结果如图 12-28 所示。

图 12-28　使用_通配符查询数据

（3）SQL 常见聚合函数

SQL 中内建了很多可以用于计数和计算的函数，这些函数可以帮助我们高效地对数据进行提取。比如，想要查询在一张数据表中属于某一类数据的值一共有多少个，使用 WHERE 子句就能够查询出来，但计数问题得不到解决，这时需要使用聚合函数。

聚合函数的本质就是对一组值进行计算并返回一个单一值。为了帮助大家更好地理解这个函数，下面结合案例为大家讲解一下。

● count()函数

在 movie 表中，想要查询动作类型电影有多少部，而电影的类型是使用 types 字段定义的，其值的格式是"动作, 奇幻, 冒险"，这时就需要使用 LIKE 操作符，但如何计算动作类型电影的总量呢？可以使用一个专门用于计算符合条件数据的总行数的函数 count()。最终编写的 SQL 语句和对应的查询结果如图 12-29 所示。

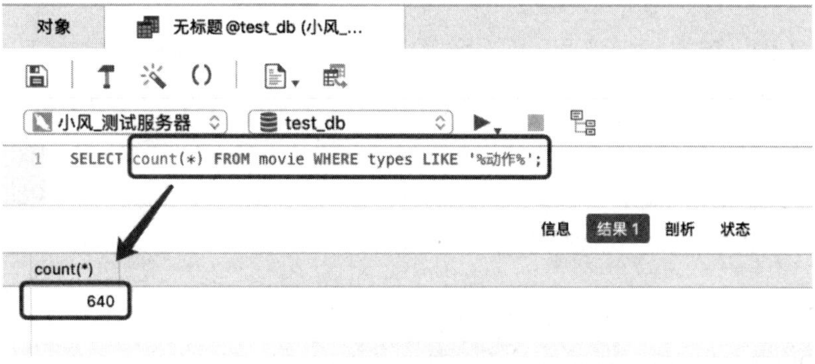

图 12-29　使用 count()函数查询数据

对于 count()函数，可以返回整张数据表的所有行，通用语法为：

```
SELECT count(*) FROM 表名;
```

有时若想单独针对某一列计算有多少条记录，可以将上面 count()函数中的 * 替换成对应列的列名，通用语法为：

```
SELECT count(列名) FROM 表名;
```

- SUM()与 AVG()函数

下面再来看一个案例，在数据库中新建一张新的数据表 hot_video，这张数据表用于记录平台中的一些视频信息和对应的视频播放量，每个字段的含义可以参考图 12-30 的注释，将该数据表中的视频 id 设置为主键。需要注意的是，该数据表中的 play_num 字段代表视频播放量，对应值的单位是万次。

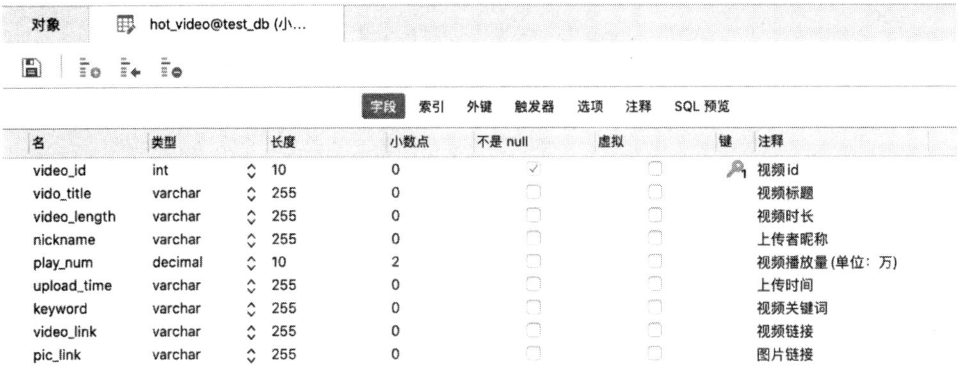


| 名 | 类型 | 长度 | 小数点 | 不是 null | 虚拟 | 键 | 注释 |
|---|---|---|---|---|---|---|---|
| video_id | int | 10 | 0 | ✓ | | 🔑 | 视频 id |
| vido_title | varchar | 255 | 0 | | | | 视频标题 |
| video_length | varchar | 255 | 0 | | | | 视频时长 |
| nickname | varchar | 255 | 0 | | | | 上传者昵称 |
| play_num | decimal | 10 | 2 | | | | 视频播放量 (单位：万) |
| upload_time | varchar | 255 | 0 | | | | 上传时间 |
| keyword | varchar | 255 | 0 | | | | 视频关键词 |
| video_link | varchar | 255 | 0 | | | | 视频链接 |
| pic_link | varchar | 255 | 0 | | | | 图片链接 |

图 12-30 hot_video 表结构

存在下面这样的需求场景，数据表中已记录每一个单独视频的播放量，若想统计所有视频的播放量总数，该怎么计算呢？这时在 SUM()函数中加入想要统计的列名即可，如图 12-31 所示。

想要通过 SUM()函数来计算某一列所有行累加起来的数值总和，通用语法为：

```
SELECT SUM(列名) FROM 表名;
```

介绍了 SQL 语句中用于求和的函数之后，再来看另一个用于求平均数的函数 AVG()。求平均数函数与求和函数的使用方法类似，都是在函数中指定相应的列名，只不过通过 AVG()函数可以返回整列数据的平均值。假定还是使用上面的 hot_video

表，此时若想了解所有视频的平均播放量水平，只需要在 AVG()函数中指定列名 play_num 即可。最终编写的 SQL 语句和对应的查询结果如图 12-32 所示。

图 12-31　使用 sum()函数查询数据

图 12-32　使用 AVG()函数查询数据

想要通过 AVG()函数来计算某一列所有行对应数值的平均值，通用语法为：

```
SELECT AVG(列名) FROM 表名;
```

- **MAX()与 MIN()函数**

在查询数据的过程中，除了计算一列数据的总和和平均值，我们也经常需要找出某一列数据中的最大值和最小值。

下面先介绍一下如何查询一列数据中的最大值。SQL 语句中提供了函数 MAX()来帮助我们快速实现查询最大值的需求。在上面的 hot_video 表中，若想要找出所有视频记录里播放量最大的视频，该如何编写 SQL 语句呢？编写的 SQL 语句和对应的查询结果如图 12-33 所示。

图 12-33　使用 MAX()函数查询数据

在使用 MAX()函数时，通用语法为：

```
SELECT MAX(列名) FROM 表名;
```

与最大值相反的是最小值，若想要查询上面这列数据中的最小值，可以将 MAX()函数替换成 MIN()函数，如图 12-34 所示。

图 12-34　使用 MIN()函数查询数据

在使用 MIN()函数时，通用语法为：

```
SELECT MIN(列名) FROM 表名;
```

（4）查询结果的排序与分组

通过上面的学习，我们已经可以在一定的条件下使用 SQL 语句进行查询了。这时会涉及另一个问题，如果我们想要基于查询出的数据进行分析，而结果数据没有按照一定的规律排序或者分组，那么就算我们将查询到的数据结果导出，也依然要进行进一步的处理，数据才能够为我们所用。接下来就来聊一下在 SQL 语句中，可以通过什么方式来完成这样的事情。

- ORDER BY

ORDER BY 语句专门用于对查询结果中的指定列进行排序，可以通过关键词来设定按照升序或降序的方式对数据进行排列。在没有指定关键词的时候，默认情况下会按照升序方式排列，也就是按照数值从小到大的顺序排列。

下面来看一个案例，在一个数据库中新建一张数据表，并将这张数据表命名为 restaurant，使用这张数据表记录用户在某家餐厅就餐之后对餐厅做出的评价。为了记录评价信息，在这张数据表中创建了一些字段：id、nickname、comment、taste、environment、service、shopID、stars、comment_time 等，这些字段分别代表不同的含义。id 用于唯一识别用户，nickname 是用户的昵称，comment 是用户对餐厅的评价内容，taste 是用户对食物口味的评价，environment 是用户对用餐环境的评价，service 是用户对服务的评价，shopID 用于唯一识别店铺，stars 是用户给出的星级好评（最高五星），comment_time 是用户给出评价的时间，具体如图 12-35 所示。

图 12-35　restaurant 表结构

准备好 restaurant 表后，将数据导入这张数据表中。通过 SELECT 语句可以查询数据表中的结果，但会发现一个问题，那就是数据的排列是没有规律的。如果我们需要将查询出来的数据结果按照用户评价时间早晚的顺序来展示，就可以采用 ORDER BY 语句来完成。

如图 12-36 所示，我们在 ORDER BY 语句后面指定了排序列的名称，并提供了排序方式 ASC，即按照升序方式对数据进行排列，在如图 12-36 所示的结果中时间按升序方式排列。

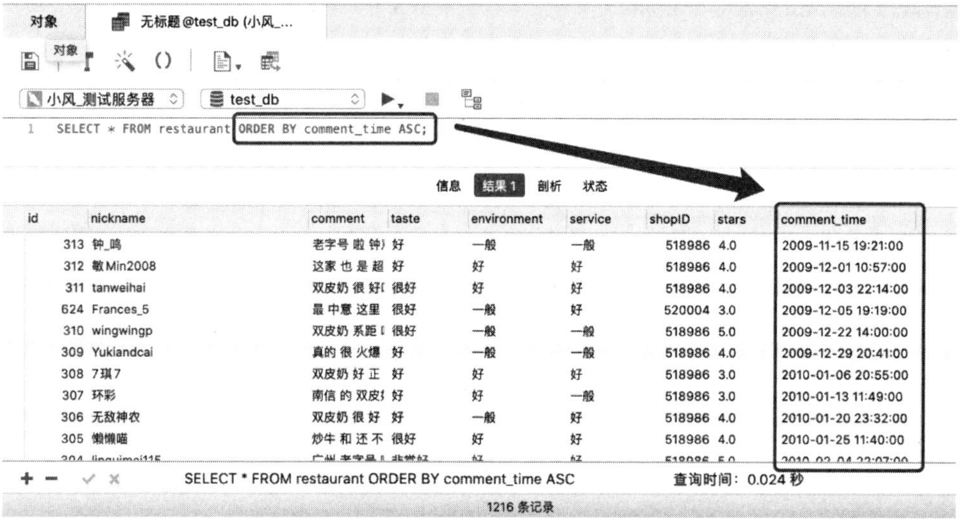

图 12-36　对查询结果按照升序方式排列

除了可以按升序方式排列数据，还可以按降序方式排列数据，只需要将语句末尾的 ASC 改为 DESC 即可，查询结果如图 12-37 所示。

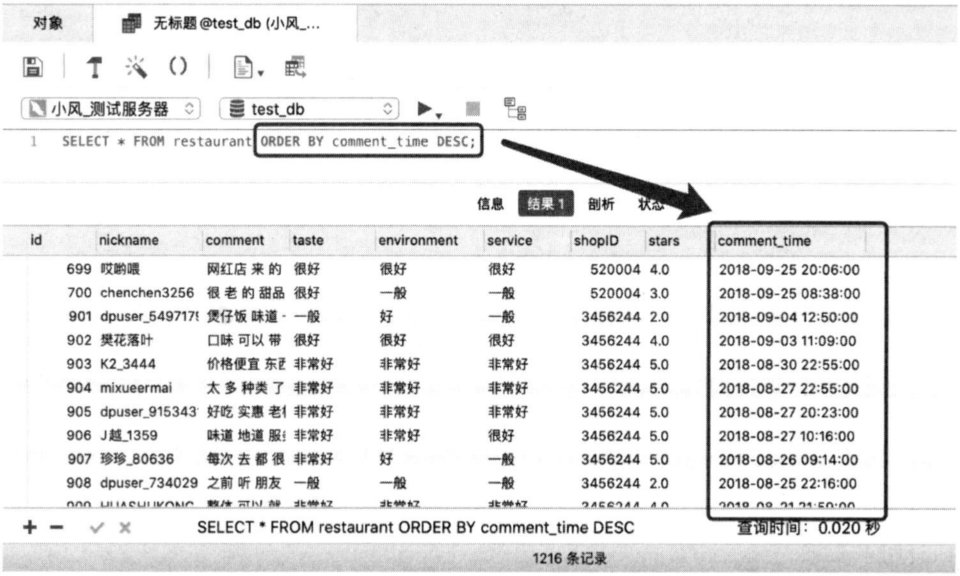

图 12-37　对查询结果按照降序方式排列

在上面的两个案例中，我们都是基于单列对查询结果进行排序的，而在 ORDER
BY 后面也可以指定按多列来进行排序。如图 12-38 所示，在 ORDER BY 后面提供了
两个列名，一个是 shopID，一个是 comment_time，并且在每个字段的后面指定了排
序规则，shopID 按照升序方式排列，comment_time 按照降序方式排列。仔细观察可
以发现，查询结果中，shopID 确实是按升序方式排列的，但 comment_time 并不是完
全按降序方式排列的，而是当 shopID 相同的时候，对应的 comment_time 才按降序方
式排列。因此，对于在 ORDER BY 后面指定两列的排序规则，查询结果会先按第一
列的规则排序，然后在此基础上再按第二列的规则排序。

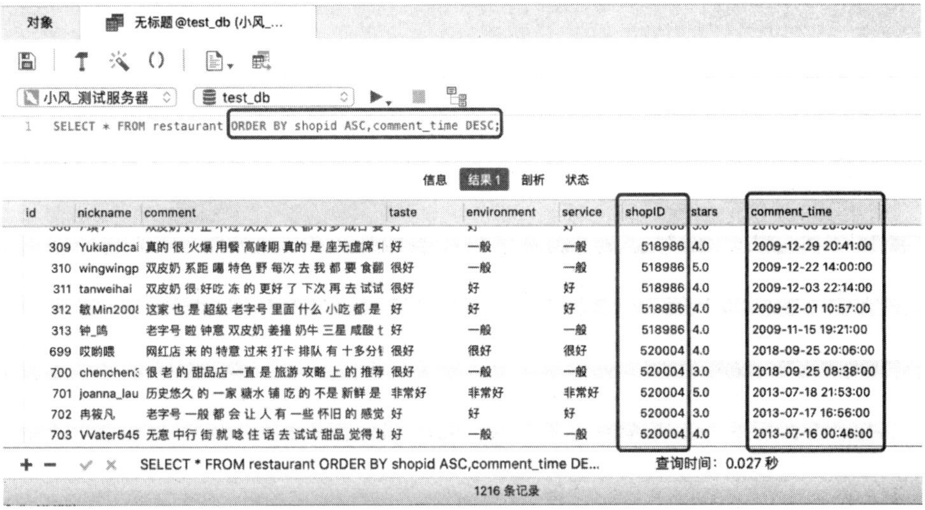

图 12-38　对查询结果中的多列数据排序

ORDER BY 的通用语法为：

```
SELECT * FROM 表名 ORDER BY 列名 1 ASC | DESC;
SELECT * FROM 表名 ORDER BY 列名 1 ASC | DESC, 列名 2 ASC | DESC;
```

● GROUP BY

SQL 语句中的 GROUP BY 主要用来对查询结果进行分组。该怎么理解分组呢？
实际上就是将查询结果按一个或多个字段分组，若字段值相同，就把它们划分到一个
组内。

下面结合前面的例子来说明。在 restaurant 表中，记录如图 12-39 所示。其中，
shopID 字段是用来区分不同餐厅的 ID，comment 字段用于记录每一条单独的评论内
容。基于这张数据表，若想要统计不同店铺分别有多少条评论，该如何查询呢？

| id | nickname | comment | taste | environment | service | shopID | stars | comment_time |
|---|---|---|---|---|---|---|---|---|
| 211 | matthewing | 食物 很 好 但是 在 非常 非常 多人 星期日 去 的 根本无法 进入 | 非常好 | 非常好 | 好 | 518986 | 5.0 | 2013-02-27 14:16:00 |
| 212 | guiyue928 | 双皮奶 实在 太甜 太腻 了 鲜虾 云吞面 云吞 还行 但 只能 说好 | 一般 | 一般 | 一般 | 518986 | 2.0 | 2013-02-23 18:24:00 |
| 213 | 蛋铵 | 在 地图 上 就 有 推荐 这家 很 好奇 所以 特地 跑去 尝 因为 略 | 差 | 好 | 好 | 518986 | 1.0 | 2013-02-22 14:23:00 |
| 214 | icing2013 | 可能 因为 人 实在 是 太多 吧 双皮奶 非常 不 到位 服务员 都 懒 | 非常好 | 好 | 好 | 518986 | 1.0 | 2013-02-17 16:58:00 |
| 215 | 6爱美食爱摄影6 | 双皮奶 的 味道 还 可以 也许 我们 赶上 春节 假期 人 很多 感觉 | 好 | 一般 | 一般 | 518986 | 3.0 | 2013-02-15 17:29:00 |
| 216 | 面具仔 | 哇塞 好似 吴塞钱 嘎 周围 都 人头 涌涌 坐 个 位 都 要 自己 去 | 很好 | 好 | 好 | 518986 | 5.0 | 2013-02-15 15:31:00 |
| 217 | irislamlam | 老字号 很多 人 排队 就 姜撞奶 和 双皮奶 好吃 听说 还 有 个 云 | 好 | 一般 | 差 | 518986 | 3.0 | 2013-02-12 18:58:00 |
| 218 | Kou咪 | 老字号 果然 名 不 虚传 热闹 位置 要 等 双皮奶 真系 有 得 刀 | 很好 | 很好 | 很好 | 518986 | 4.0 | 2013-02-07 21:26:00 |
| 219 | powerlink | 十年 前来 广州 就 在 这里 吃 价位 是 翻 了 两倍 不过 出品 还 | 很好 | 很好 | 差 | 518986 | 4.0 | 2013-02-05 14:47:00 |
| 220 | wo在路上 | 双皮奶 确实 做 的 不错 上面 厚厚 一层 奶皮 开后 像 果冻 | 非常好 | 一般 | 好 | 518986 | 5.0 | 2013-02-05 14:27:00 |
| 221 | 李12122 | 东西 确实 很 好吃 鲜虾 云吞面 好吃 吃到 是 点单 的 服务员 好 | 好 | 一般 | 差 | 518986 | 4.0 | 2013-02-04 18:54:00 |
| 222 | 無人稀罕我 | 食 过 佢 嘅 双皮奶 感觉 太甜 啦 喂喂 成日 都 好多人 要 摺位 | 好 | 好 | 好 | 518986 | 4.0 | 2013-02-01 20:33:00 |
| 223 | 百毒咸猪腿 | 这间 南信 吃 甜品 每次 无论 咩 时间段 都 是 甘多人 密密麻麻 | 好 | 很好 | 好 | 518986 | 4.0 | 2013-02-01 17:53:00 |
| 224 | 园飞飞 | 每次 去 上下 九 必点 牛 三星 汤赞 到 爆 但是 姜撞奶 双皮奶 付 | 非常好 | 很好 | 很好 | 518986 | 5.0 | 2013-01-30 12:19:00 |
| 225 | 小妮青蛙 | 每次 到 下 九 都 会 经过 这间 甜品店 店面 不算 大 装饰 初款 | 一般 | 一般 | 一般 | 518986 | 3.0 | 2013-01-25 21:24:00 |
| 226 | sammi_mi | 老字号 值得 去 尝尝 双皮奶 和 奶糊 都 不错 等 厨友 去 吃的 | 很好 | 很好 | 很好 | 518986 | 4.0 | 2013-01-20 11:12:00 |
| 227 | charlietan | 第一次 去 是 大学 时候 同学 带 我 去 的 牛 三星 还 不错 但是 | 好 | 一般 | 好 | 518986 | 3.0 | 2013-01-15 10:27:00 |
| 228 | vlxx | 双皮奶 牛 三鲜 分量 足 一碗 蚊 我 地 牛 三鲜 好 点赞 一份 火 | 很好 | 一般 | 好 | 518986 | 4.0 | 2013-01-13 23:59:00 |
| 229 | 人仔细细个 | 人超多 的 要 等位 不过 出品 还 是 不错 的 很 有 西关 风味 超是 | 非常好 | 一般 | 一般 | 518986 | 5.0 | 2013-01-04 09:33:00 |
| 230 | 饱啊 | 一般 没有 想象 中 的 好 奇怪 怎么 这么 多人 但是 奶 真的 很 l | 一般 | 一般 | 一般 | 518986 | 1.0 | 2013-01-02 12:32:00 |
| 231 | 天使听涛告 | 老字号 果然 名 不虚传 双皮奶 够香 红豆 双皮奶 有 新惹 鲜虾 | 很好 | 好 | 好 | 518986 | 5.0 | 2012-12-30 15:12:00 |
| 232 | katy2008 | 我们 是 老 广州 的 双皮奶 是 我们 的 最 爱 去 哪 个 老字号 | 非常好 | 非常好 | 非常好 | 518986 | 5.0 | 2012-12-28 12:46:00 |

图 12-39　restaurant 表

撇开 SQL 语句，其实最终我们希望呈现的是类似于表 12-3 这种形式的结果，也就是说，需要把 shopID 一样的数据值都找出来，只显示一行，对于同一个店铺的评论在这个查找过程中需要进行计数，将属于同一个 shopID 的评论计数后记录在评论数量字段值中，即可满足我们的需求。

表 12-3　shopID 与评论数量统计表

| shopID | 评论数量 |
|---|---|
| 11111 | 666 |
| 22222 | 6767 |
| 33333 | 787 |
| 44444 | 12 |
| 55555 | 4545 |
| 66666 | 787878 |

那么如何使用 GROUP BY 呢？由于涉及计数，需要结合前面提到的 count() 聚合函数来一起使用，用 SQL 语句来表示的话，如图 12-40 所示。其中的 GROUP BY shopid 语句就是指将数据按 shopID 进行分组，也就是如果 shopID 的字段值一样，会被划分为同一组。由于还需要将不同店铺对应的评论总数也查询出来并显示，所以又添加了聚合函数 count() 来计算评论总数。

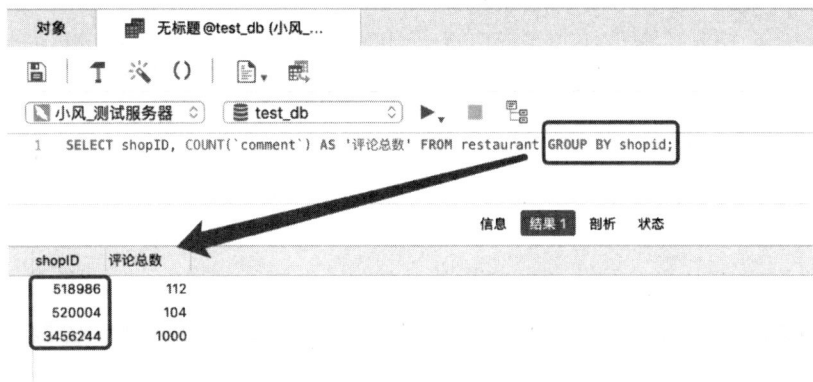

图 12-40 使用 GROUP BY 查询数据

结合上面的案例，对于 GROUP BY，当在 SQL 语句中使用时，通用语法为：

```
SELECT 列名 1, count(列名 2) FROM 表名
WHERE 条件
GROUP BY 列名 1
```

在上面的基础上，如果不仅想知道不同店铺的评论总数，还想知道这些评论的具体内容，就可以结合另一个函数 GROUP_CONCAT()一起实现。这个关键词的作用是将 GROUP BY 之后，同一组中的字段值连接起来，并返回一个字符串进行显示。在默认的情况下，每个字段值之间都会以逗号分隔。于是，加入 GROUP_CONCAT(列名)函数之后，最终的查询结果如图 12-41 所示。

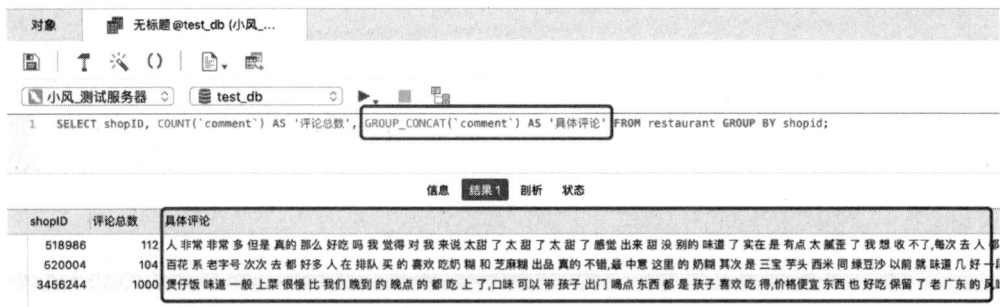

图 12-41 使用 GROUP_CONCAT()函数拼接字符串后的查询结果

● HAVING

SQL 语句中的 HAVING 与 WHERE 子句有类似之处，都是用来对查询结果进行筛选的，但不同点在于 HAVING 是针对聚合函数的。

在前面案例的基础上，如果想要继续筛选评论总数大于 500 的店铺及评论信息，理论上需要在 WHERE 子句中添加条件，但由于 WHERE 子句中无法将聚合函数指定为条件，所以只能使用 HAVING 了。如图 12-42 所示，在前面的 SQL 语句后加上 HAVING 子句，其中便将聚合函数作为条件来对数据进行筛选，这样便能正常查询出想要的数据。

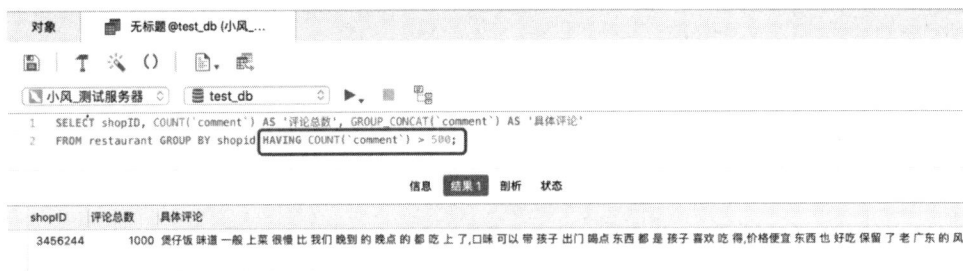

图 12-42　使用 HAVING 查询数据

结合上面的案例，对于 HAVING 子句来说，当在 SQL 语句中使用时，通用语法为：

```
SELECT 列名 1, 聚合函数(列名 2) FROM 表名
WHERE 普通条件 GROUP BY 列名 1
HAVING 聚合函数(列名 2)相关条件
```

5. 高级查询

在前面查询数据时，都是针对单张数据表查询数据的，实际上，不仅可以从一张数据表中查询数据，也可以从多张数据表中查询。下面就来了解一下如何通过 SQL 语句实现从多张数据表查询数据。

为了能够更好地进行讲解，在这里新建了一个数据库，并在数据库中新建了几张数据表，表名分别为 city、country 和 language，每张数据表用于记录不同的数据。下面看看这些不同的数据表的结构及作用。

首先是 city 表，它用于存储城市的基本信息，包括城市名称、国家编码、地区和人口，分别使用 Name、CountryCode、District、Population 字段来表示，并且在该数

据表中还将自增 ID 设置为主键，CountryCode 字段设置为外键，如图 12-43 所示。

| 名 | 类型 | 长度 | 小数点 | 不是 null | 虚拟 | 键 | 注释 |
|---|---|---|---|---|---|---|---|
| ID | int | 11 | 0 | ✓ | ☐ | 🔑 | |
| Name | char | 35 | 0 | ☑ | ☐ | | 名称 |
| CountryCode | char | 3 | 0 | ☑ | ☐ | | 所属国家编码 |
| District | char | 20 | 0 | ☑ | ☐ | | 地区 |
| Population | int | 11 | 0 | ☑ | ☐ | | 人口 |

图 12-43　city 表的结构

另一张数据表的表名为 country，用于存储部分国家的基本信息，包括国家编码、国家名称、洲、区域、面积、人口、人口平均预期寿命、国民生产总值、政府形式、国家领导人，并将国家编码字段（也就是 Code 字段）设置为主键，如图 12-44 所示。

| 名 | 类型 | 长度 | 小数点 | 不是 null | 虚拟 | 键 | 注释 |
|---|---|---|---|---|---|---|---|
| Code | char | 3 | 0 | ✓ | ☐ | 🔑 | 国家编码 |
| Name | char | 52 | 0 | ☑ | ☐ | | 国家名称 |
| Continent | char | 52 | 0 | ☑ | ☐ | | 洲 |
| Region | char | 26 | 0 | ☑ | ☐ | | 区域 |
| SurfaceArea | decimal | 10 | 2 | ☑ | ☐ | | 面积 |
| Population | int | 11 | 0 | ☑ | ☐ | | 人口 |
| LifeExpectancy | decimal | 3 | 1 | ☐ | ☐ | | 人口平均预期寿命 |
| GNP | decimal | 10 | 2 | ☐ | ☐ | | 国民生产总值 |
| GovernmentFor | char | 45 | 0 | ☑ | ☐ | | 政府形式 |
| HeadOfState | char | 60 | 0 | ☐ | ☐ | | 国家领导人 |

图 12-44　country 表的结构

第三张数据表的表名为 language，用于存储不同国家使用的语言及这些语言的占比情况，包括国家编码、语言、是否官方语言和语言占比，分别使用 CountryCode、Language、IsOfficial、Percentage 字段来表示，其中 CountryCode 与 Language 被设置成了主键，CountryCode 被设置成了外键，如图 12-45 所示。

| 名 | 类型 | 长度 | 小数点 | 不是 null | 虚拟 | 键 | 注释 |
|---|---|---|---|---|---|---|---|
| CountryCode | char | 3 | 0 | ✓ | ☐ | 🔑 | 国家编码 |
| Language | char | 30 | 0 | ✓ | ☐ | 🔑2 | 语言 |
| IsOfficial | enum | | | ☑ | ☐ | | 是否官方语言 |
| Percentage | decimal | 4 | 1 | ☑ | ☐ | | 语言占比 |

图 12-45　language 表的结构

（1）多表查询

了解这三张数据表的结构和作用之后，再来看看如何从多张数据表中查询数据。下面先试试直接从两张数据表中查询所有数据。

直接按照 SQL 语句 SELECT * FROM city, country 进行查询，查询结果如图 12-46 所示。从图 12-46 可以看出，直接查询两张数据表的话，返回结果中的列数是这两张数据表的列数总和，而行数则是这两张数据表的行数的乘积。这种多表查询方式还有另一个名字，叫作笛卡尔查询。

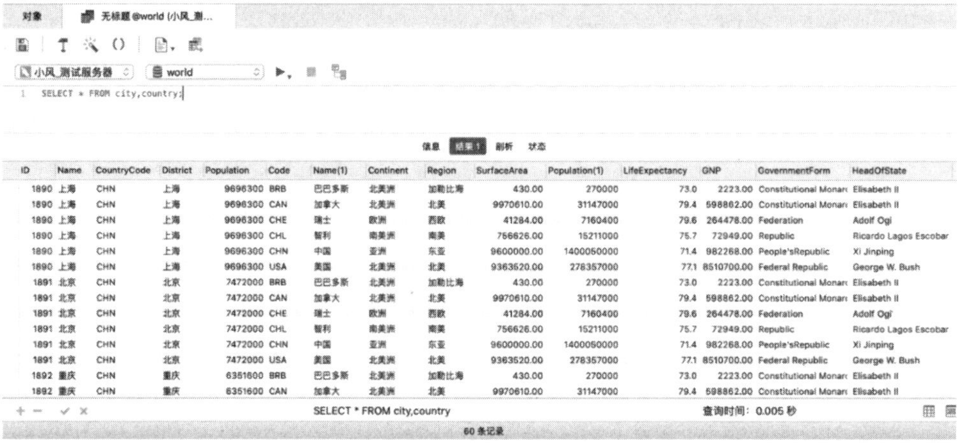


| ID | Name | CountryCode | District | Population | Code | Name(1) | Continent | Region | SurfaceArea | Population(1) | LifeExpectancy | GNP | GovernmentForm | HeadOfState |
|---|---|---|---|---|---|---|---|---|---|---|---|---|---|---|
| 1890 | 上海 | CHN | 上海 | 9696300 | BRB | 巴巴多斯 | 北美洲 | 加勒比海 | 430.00 | 270000 | 73.0 | 2223.00 | Constitutional Monar | Elisabeth II |
| 1890 | 上海 | CHN | 上海 | 9696300 | CAN | 加拿大 | 北美洲 | 北美 | 9970610.00 | 31147000 | 79.4 | 598862.00 | Constitutional Monar | Elisabeth II |
| 1890 | 上海 | CHN | 上海 | 9696300 | CHE | 瑞士 | 欧洲 | 西欧 | 41284.00 | 7160400 | 79.6 | 264478.00 | Federation | Adolf Ogi |
| 1890 | 上海 | CHN | 上海 | 9696300 | CHL | 智利 | 南美洲 | 南美 | 756626.00 | 15211000 | 75.7 | 72949.00 | Republic | Ricardo Lagos Escobar |
| 1890 | 上海 | CHN | 上海 | 9696300 | CHN | 中国 | 亚洲 | 东亚 | 9600000.00 | 1400050000 | 71.4 | 982268.00 | People'sRepublic | Xi Jinping |
| 1890 | 上海 | CHN | 上海 | 9696300 | USA | 美国 | 北美洲 | 北美 | 9363520.00 | 278357000 | 77.1 | 8510700.00 | Federal Republic | George W. Bush |
| 1891 | 北京 | CHN | 北京 | 7472000 | BRB | 巴巴多斯 | 北美洲 | 加勒比海 | 430.00 | 270000 | 73.0 | 2223.00 | Constitutional Monar | Elisabeth II |
| 1891 | 北京 | CHN | 北京 | 7472000 | CAN | 加拿大 | 北美洲 | 北美 | 9970610.00 | 31147000 | 79.4 | 598862.00 | Constitutional Monar | Elisabeth II |
| 1891 | 北京 | CHN | 北京 | 7472000 | CHE | 瑞士 | 欧洲 | 西欧 | 41284.00 | 7160400 | 79.6 | 264478.00 | Federation | Adolf Ogi |
| 1891 | 北京 | CHN | 北京 | 7472000 | CHL | 智利 | 南美洲 | 南美 | 756626.00 | 15211000 | 75.7 | 72949.00 | Republic | Ricardo Lagos Escobar |
| 1891 | 北京 | CHN | 北京 | 7472000 | CHN | 中国 | 亚洲 | 东亚 | 9600000.00 | 1400050000 | 71.4 | 982268.00 | People'sRepublic | Xi Jinping |
| 1891 | 北京 | CHN | 北京 | 7472000 | USA | 美国 | 北美洲 | 北美 | 9363520.00 | 278357000 | 77.1 | 8510700.00 | Federal Republic | George W. Bush |
| 1892 | 重庆 | CHN | 重庆 | 6351600 | BRB | 巴巴多斯 | 北美洲 | 加勒比海 | 430.00 | 270000 | 73.0 | 2223.00 | Constitutional Monar | Elisabeth II |
| 1892 | 重庆 | CHN | 重庆 | 6351600 | CAN | 加拿大 | 北美洲 | 北美 | 9970610.00 | 31147000 | 79.4 | 598862.00 | Constitutional Monar | Elisabeth II |

图 12-46　笛卡尔查询

结合上面的案例，可以看出在使用 SQL 语句直接进行多表查询时，通用语法为：

```
SELECT * FROM 表名1, 表名2
```

（2）连接查询

连接查询其实是建立在多张数据表基础上的查询，相对于前面这种直接的多表查询方式，连接查询更加实用。因为实际工作中的数据往往会按照不同的业务类型分散在不同的数据表中存放，查询时会将两张或多张数据表里的共同字段作为连接的依据，返回满足条件的所有数据。在查询过程中，会将其中的一张数据表作为主表，并将其他数据表中的记录有选择性地连接到主表的结果中。通过 SQL 语句进行连接查询时，共有 4 种不同类型的连接方式，下面分别结合案例来看一下。

- 内连接（INNER JOIN）

先介绍一下最常见的内连接。city 表中已经包含城市、所属国家编码等相关信息，如果我们希望将对应的国家名称也展示在查询结果中，会发现缺少国家名称数据，而

country 表中包含国家名称，并且 country 表和 city 表可以通过同样的国家编码字段连接在一起，这样就可以编写出如图 12-47 所示的 SQL 语句。在 SQL 语句中我们指定了需要在查询结果中显示的字段名称，并且为其指定了别名，最终的查询语句和对应的查询结果如图 12-47 所示。

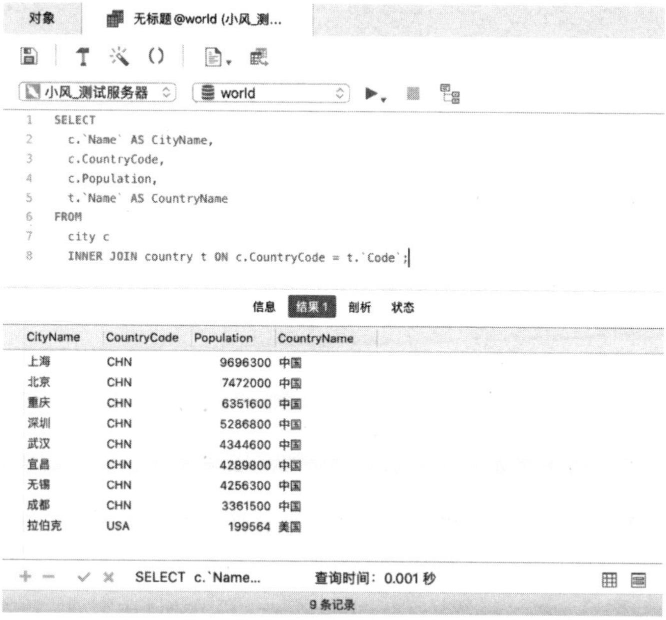

图 12-47　内连接查询

在使用 INNER JOIN（也就是内连接）的方式撰写 SQL 语句时，其实也是有一定的方法的。可以先确定其中的主表是哪一张，也就是准备基于哪张数据表添加数据，直接使用 SELECT * FROM 主表名查询即可。完成这一步后，再确定想要连接的数据表，此时使用 INNER JOIN 连接名表查询，接下来则应明确这两张数据表是通过哪个字段连接起来的，这样就完成了内连接查询。对于 SELECT 语句中的查询条件和排序语句，在内连接中依然是适用的，根据需要加上即可。

使用 INNER JOIN 方式查询时，通用语法为：

```
SELECT 多个列名
FROM 主表名 a
INNER JOIN 连接表名 b
ON a .列名 = b.列名;
```

在连接查询中，除了有内连接，还有外连接。外连接又包含 3 种不同的连接方式，分别是左外连接、右外连接和全部外连接，即 LEFT OUTER JOIN、RIGHT OUTER JOIN 和 FULL OUTER JOIN，有时也会将这 3 种外连接方式简称为左连接（LEFT JOIN）、右连接（RIGHT JOIN）和全连接（FULL JOIN）。

● 左连接（LEFT JOIN）

在内连接的基础上，将内连接替换成左连接，也就是如图 12-48 所示的 LEFT JOIN 位置，替换之后查看查询结果可以发现，与内连接相比多出了一行记录。仔细分析这里的逻辑，首先在连接两张数据表的时候，会根据左表（city 表）中的 CountryCode 字段与右表（country 表）中的 Code 字段进行比对，如果有值一样的记录，则将右表关联到左表中，在右表中根据 GBR 这个 Code 值进行查询时，并没有在 country 表中找到对应的记录，但左表中存在该记录。也就是，会优先保证返回左表中存在的行，如果左表中的字段值在右边中没有记录，则以 NULL 进行填充，所以最后一行记录中多出了 CountryName 为空的记录，如图 12-48 所示。

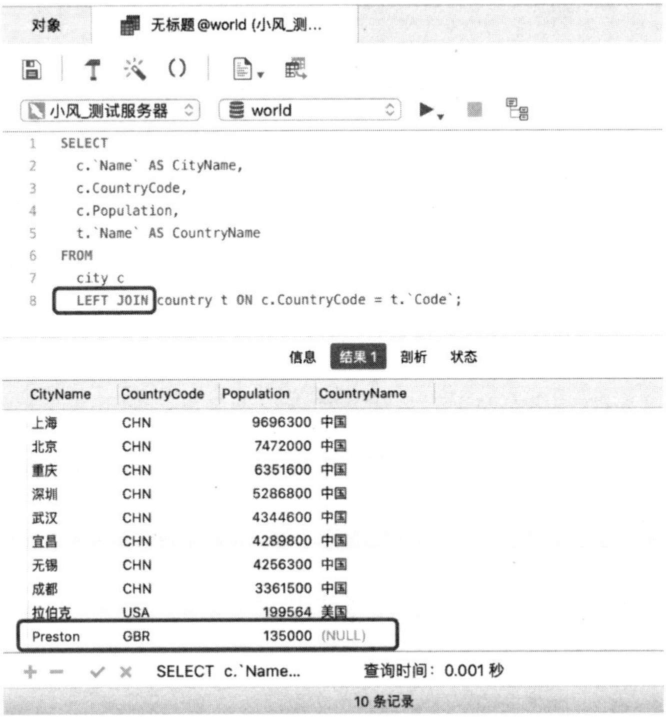

图 12-48　左连接查询

结合上面的案例，左连接的通用语法为：

```
SELECT 多个列名
```

```
FROM 主表名 a
LEFT JOIN 连接表名 b
on a .列名 = b.列名;
```

- 右连接（RIGHT JOIN）

了解了左连接的逻辑之后，右连接的逻辑与之类似。左连接是优先保证返回左表中存在的行，而右连接则是优先保证返回右表中存在的行。

对照图 12-49 中的查询结果，我们来分析一下，首先既然要优先保证右表中的数据能正常返回，也就是说要保证右表中 Name 字段对应的值全部展示在结果中，而右表中的国家包含了巴巴多斯、加拿大、瑞士、智利、中国、美国这 6 个国家，所以从查询结果也可以看出，CountryName 字段对应的值包含了这几个国家。在返回右表中的记录之后，接下来才会根据左表中的 CountryCode 字段与右表中的 Code 字段的值进行匹配，能匹配上的话，就将左表记录关联到右表中，没有匹配上的话，则在保证返回右表记录的基础上，将剩余字段值用 NULL 来进行填充，也就是在查询结果中能看到的但在左表中没有的 4 个国家对应的信息被填充了为空的记录。

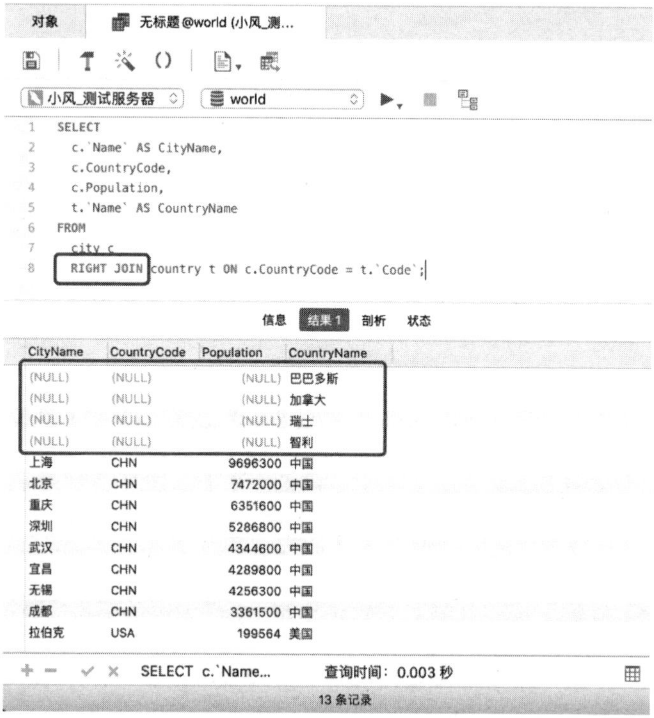

图 12-49　右连接查询

结合上面的案例，右连接的通用语法为：

```
SELECT 多个列名
FROM 主表名 a
RIGHT JOIN 连接表名 b
ON a .列名 = b.列名;
```

- 全连接（FULL JOIN）

在 MySQL 数据库中，并不支持 FULL JOIN 方式查询，但在 SQL Server 数据库中可以正常运行该语句。

对于 FULL JOIN 语句，它兼具了左连接与右连接的特点。通过全连接（FULL JOIN），最后会返回左表与右表中的所有行，而且如果左表中的行在右表中没有匹配的记录或右表中的行在左表中没有匹配的记录，会将这些行同时全部返回，并在匹配不到记录的位置以 NULL 进行填充。